BERICHTE ZUR BERUFLICHEN BILDUNG

Ulrich Blötz (Hrsg.)

Planspiele und Serious Games in der beruflichen Bildung

Auswahl, Konzepte, Lernarrangements, Erfahrungen –
Aktueller Katalog für Planspiele und Serious Games 2015

Bibliografische Information der Deutschen Nationalbibliothek
Die Deutsche Nationalbibliothek verzeichnet diese Publikation in der Deutschen Nationalbibliografie; detaillierte bibliografische Daten sind im Internet über http://dnb.ddb.de abrufbar.

ISBN 978-3-7639-1168-4

W. Bertelsmann Verlag GmbH & Co. KG
Postfach 10 06 33
33506 Bielefeld
Internet: wbv.de
E-Mail: service@wbv.de
Telefon: (05 21) 9 11 01-11
Telefax: (05 21) 9 11 01-19
Bestell-Nr.: 111.066

© 2015 by Bundesinstitut für Berufsbildung, Bonn
Herausgeber: Bundesinstitut für Berufsbildung, 53142 Bonn
Internet: www.bibb.de
E-Mail: zentrale@bibb.de

Umschlag: CD Werbeagentur Troisdorf
Satz: Christiane Zay, Potsdam
Druck und Verlag: W. Bertelsmann Verlag, Bielefeld
Printed in Germany

5. überarbeitete Auflage

ISBN 978-3-7639-1168-4

Vorwort

Die Multimedia-Publikation „Planspiele und Serious Games in der beruflichen Bildung" versteht sich als Handreichung zum berufsbezogenen Einsatz von Lernspielen. Mit ihr deckt das BIBB nunmehr in der fünften Neuauflage den Informationsbedarf zur Nutzung der Lernspielidee für die Vermittlung beruflicher Schlüsselqualifikationen ab. Angesprochen sind Bildungs-, Personal-, Organisations- und Unternehmensverantwortliche, aber auch Trainer und Lehrkräfte, die nach attraktiven Trainings- und Lernspielkonzepten suchen. Die Publikation will das vielfältige, aber unübersichtliche Angebot an Planspielen und Serious Games und die darin enthaltenen Lernideen für die berufliche Bildung transparent machen.

Den Inhalten liegen Ergebnisse aus Forschungen und zahlreichen Modellversuchen des BIBB[1] zugrunde, in denen die Anwendung von **Simulationen und Lernspielen** für berufliches Lernen thematisiert ist.

Planspieltrainer und -anwender haben im Rahmen eines BIBB-Forschungsprojektes[2] vielfältige Erfahrungsbeiträge geleistet. Diese sind Gegenstand der Publikation. Darüber hinaus wurde versucht, die Vielfalt des Marktes an Panspielen und Serious Games, der in Deutschland über 600 verschiedene Angebote repräsentiert, durch Klassifikation der unterschiedlichen Angebote für die gezielte Auswahl von Spielen überschaubar zu machen.

Katalogisiert sind derzeit[3] mehr als 600 aktuelle deutschsprachige Angebote an Planspielen und Serious Games, darunter auch Spielentwicklungen aus Österreich und der Schweiz.

---

[1]   In zahlreichen Modellversuchen des BIBB wurden Planspiele entwickelt, die Modellversuchsträger in ihrer Bildungsarbeit nutzen und die in der Berufsbildungspraxis z. T. weite Verbreitung gefunden haben. Stellvertretend dafür stehen das im BIBB-Modellversuch „Organisationsentwicklung im Handwerk durch planspielgestützte Lernarrangements in der Aufstiegsfortbildung" entwickelte und vom Handwerk inzwischen gut angenommene Unternehmensplanspiel HANDSIM sowie der im BIBB-Modellversuch „Vernetztes Denken" entwickelte Netzmodellierer HERAKLIT, mit dem die Eigenherstellung von (Planspiel-)Simulationen möglich ist. Erläuterungen dazu enthalten Fachbeiträge dieses Buches von THIERMAIER, THIEME/MOTZKAU und BALLIN. Erfahrungen des BIBB zur Planspielentwicklung und -anwendung sind insbesondere unter dem Aspekt der beruflichen Handlungskompetenz als Projektpartner (E. FÖRSTER) in das Leonardo-Projekt SIMGAME eingeflossen. Zu SIMGAME enthalten die Beiträge von KRIZ und HENSE ausführliche Informationen. Im Weiteren sind hier „Simba" und „Hanse", „TAU", „HeiCon" und „Burnout", „E-Commerce", „Kugelschreiberfabrik" neben älteren Planspielentwicklungen („Eule", „BPA", „ISA" des BIBB-Modellversuches „Wolfsburger Kooperationsmodell – WOKI") zu erwähnen. Selbstverständlich enthält dieses Buch auch zu diesen Spielen Erläuterungen bzw. Verweise.

[2]   Es handelt sich um das BIBB-Forschungsprojekt „Entwicklung planspielgestützter Lernarrangements in der kaufmännischen Aufstiegsfortbildung", in dem es darum ging, Konzepte für das Training von unternehmerischem Denken und Handeln auf der Grundlage von Planspieltraining zu identifizieren. Ausführliche Projekterläuterungen enthalten die Fachbeiträge von STÜRZER, WALTER und BLÖTZ auf der DVD. Weitere Veröffentlichungen enthalten der Berufsbildungsbericht 1998 sowie die BWP 1/00.

[3]   Die Erstauflage des Buches bildete den Auftakt für eine Online-Beratungsplattform des BIBB zum Planspieltraining, die Planspielanbietern die öffentliche Darstellung und Pflege ihrer Angebotsinformationen ermöglicht (siehe auch Kapitel 8 des Fachbuches). Die hohe Akzeptanz zeigt die Anzahl der katalogisierten Planspiele und Serious Games, die von der ersten bis zur nunmehr fünften Auflage von rd. 200 auf deutlich über 600 anstieg.

Dieser für den deutschsprachigen Raum beinahe vollständige Angebotsüberblick wird durch Angebotsübersichten von Rohn[4] bis Anfang der 1990er-Jahre sowie Publikationen von Graf[5], Mühlbradt/Geilhardt[6], Högsdal[7], Mellander[8] sowie die internationale Planspielliteratur, insbesondere die Zeitschrift Simulation & Gaming, ergänzt. Zum Teil handelt es sich hier allerdings um veraltete Angebotsinformationen. Lediglich volkswirtschaftliche Planspiele, die gegenwärtig vornehmlich im Hochschulunterricht eingesetzt werden, sowie einige unternehmensinterne Planspielangebote sind nicht exemplarisiert, folgen aber den im Buch aufgezeigten Planspielprinzipien.

Die Publikation besteht aus
- Fachbuch,
- DVD,
- Internet-Website.

Das Fachbuch führt in die Lernspielideen, -konstruktion und -anwendungen in der beruflichen Bildung ein. In Kapitel 1 wird anhand von Beispielen erklärt, was Planspiele sind, welche didaktische Originalität sie gegenüber „konkurrierenden" Lehr- und Lernmethoden geltend machen und wie sie in berufliche *Lernprozesse* integriert werden können. Darüber hinaus wird das Lernen mit Planspielen thematisiert. Die Lernspielidee wird als Basis einer neuen Lernkultur vorgestellt.

Zudem wird der/die Leser/Leserin in die unterschiedlichen Formen von Planspielen eingeführt. In Kapitel 2 werden „klassische" Planspielkonzeptionen wie Computer-, Gruppen-, Individual-, Brett- und Fernplanspiele beschrieben sowie Übersichten zum Angebot einzelner Planspielformen gegeben. Kapitel 3 führt in die sogenannten offenen oder Free-Form-Planspiele ein, die für betriebliches Organisationslernen an Bedeutung gewinnen. Kapitel 4 widmet sich den Serious Games und versucht, Planspiele darin einzuordnen.

Kapitel 5 beschreibt Möglichkeiten der Eigenentwicklung von Planspielen. Kapitel 6 trägt den zunehmenden Nachfragen nach der Evaluation von Plan- bzw. Lernspielen und deren Qualitätssicherung Rechnung – einem Thema, dem angesichts der vermehrten Anstrengungen zum Bildungscontrolling eine besonders hohe Bedeutung zukommt.

Den Umgang mit dem Begleitmedium DVD erläutert Kapitel 7. Die DVD enthält einen aktuellen Katalog recherchierter Spielangebote. Der Katalog liefert Suchkriterien, Kurzbeschreibungen von Planspielen und Serious Games sowie Hinweise auf weiterführende Angebotsin-

---

4 Rohn, W. E. (1992a): Europäische Planspielübersicht 1992, 5. Auflage. Deutsche Planspielzentrale, Wuppertal, 1992.
5 Graf, Jürgen (Hrsg.): Planspiel – simulierte Realitäten für den Chef von morgen, Speyer, 1992.
6 Geilhardt, Th. & Mühlbradt, Th. (1995) (Hrsg.): Planspiele im Personal- und Organisationsmanagement. Göttingen, Verlag für angewandte Psychologie.
7 Högsdal, B.: Planspiele: Einsatz von Planspielen in der Aus- und Weiterbildung. Praxiserfahrungen und bewährte Methoden; Manager Seminare Gerhard May Verlags GmbH Bonn, 1996.
8 Mellander, Klas: The Power of Learning – Fostering Employee Growth. Business One Irwin and ASTD – American Society for Training and Development.

formationen. Dazu gehören spielbare Demos und auch Produktpräsentationen, Fachbeiträge zur Anwendung einzelner Planspiele, ein Begriffslexikon, weiterführende Literatur sowie Kontaktadressen von Herstellern und Anbietern. Diese können über den Katalog direkt aufgerufen werden.

Mit dieser Publikation sind erstmalig spielbare Demo-Versionen von Planspielen und Serious Games zusammengestellt, die anwendungsbezogene Angebotsvergleiche ermöglichen. Für einige Spielangebote lagen bis zum Redaktionsschluss keine autorisierten Herstellerbeschreibungen vor. In diesen Fällen wird auf den direkten Kontakt zum Anbieter verwiesen. Über die Online-Planspiel-Beratungsplattform, die durch das BIBB im Zusammenhang mit dieser Publikation eingerichtet wurde, können Aktualisierungen von Angebotsbeschreibungen sowie neue Angebote abgerufen werden. Bitte beachten Sie, dass die Neukennzeichnung von Spielangeboten nicht zwangsläufig Neuentwicklung bedeutet. Es wird damit lediglich das Aufnahmejahr in den BIBB-Planspielkatalog signalisiert.

<Kurz> Dieses Symbol verweist auf eine Kurzbeschreibung zum jeweils genannten Planspielprodukt auf der DVD.

<Demo> Mit diesem Symbol sind Planspielprodukte gekennzeichnet, zu denen Sie auf der DVD eine Demo- oder Präsentationsversion finden.

<Link> Planspielprodukte, zu denen eine Demo-Version per Internet abrufbar ist, sind als Link gekennzeichnet.

Die DVD enthält über hundert Fachbeiträge zu allen aktuellen Planspiel- und Serious-Games-Themen. Sie bilden konzeptionell das Lernspielphänomen ab und wurden für diese Publikation von einem durch das BIBB berufenen Autoren-Arbeitskreis entwickelt. Der Autorenkreis versteht sich auch als Ansprechpartner für Planspiel- und Serious-Games-Interessenten und -Interssentinnen.

<Fach> Dieses Symbol verweist auf einen themenbezogenen Fachbeitrag auf der DVD. Im jeweils genannten Fachbeitrag finden Sie vertiefende Informationen, Erfahrungsberichte oder Ausführungen zu bestimmten Detailaspekten.

Die Internet-Website zu dieser Publikation bietet ein Beratungsforum „BIBB-Planspielforum", über das Trainer- und Entwicklerinformationen sowie Referenzanwendungen abgerufen oder eigene Produkte oder Erfahrungen mitgeteilt werden können. Die Website wird erreicht unter: www.bibb.de/planspielforum.

Das „BIBB-Forum für Planspiele und Serious Games" ist eines der Aktions- und Informationsforen, über die sich Lernspielinteressenten weiterführende Informationen verschaffen können. Weitere Foren und Initiativen werden im Kapitel 8 vorgestellt.

Unser Dank gilt allen Autoren der Fachbeiträge für ihre interessierte Mitarbeit. Den Herstellern und Anbietern von Planspielen danken wir für die Bereitstellung der Produktinformationen. Prof. Dr. R. Lindig sei für die Überlassung der Glossarbegriffe zum Themenkreis „Problemlösen mit Methoden des vernetzten Denkens" gedankt. Trotz sorgfältiger Datenerhebung muss für die Datenlage jegliche Haftung ausgeschlossen werden.

Die Autoren und Autorinnen

Inhalt

Vorwort..		**3**
1.	**Grundzüge einer Planspiel-Didaktik**..	**13**
1.1	Das Planspiel als didaktisches Instrument (Ulrich Blötz).................................	13
1.1.1	Ein typisches Planspielszenario...	13
1.1.2	Planspiele sind experimentelle Lernwelten..	14
1.1.3	Aus der Spielanlage entwickelt sich das didaktische Modell.........................	17
1.1.4	Plausibilität des Planspielmodells ist Voraussetzung für Lernerfolg...............	18
1.1.5	Mit Planspielen trainieren? Planspiele erschaffen multifunktionelle Lernwelten...	20
1.1.6	Lernzielfelder und Zielqualitäten..	22
1.2	Planspiele im Vergleich zu anderen Trainingsmethoden (Ulrich Blötz, Dieter Ballin, Mario Gust)...	26
1.2.1	Planspiel – Serious Game...	27
1.2.2	Planspiel – CBT (Computer Based Training)...	27
1.2.3	Planspiel – WBT (Web Based Training)..	28
1.2.4	Planspiel – Simulations- oder Labormethode...	29
1.2.5	Planspiel – Rollenspiel..	30
1.2.6	Planspiel – Fallmethode..	31
1.2.7	Planspiel – Projektmethode..	31
1.2.8	Planspiel – Szenariotechnik..	33
1.2.9	Planspiel – Unternehmenstheater...	34
1.2.10	Planspiel – Übungsfirma/Juniorenfirma..	34
1.3	Planspielintegration in berufliche Lernkonzepte (Ulrich Blötz)......................	35
1.3.1	Lehrgangsintegriertes Planspielen liefert Synergien.....................................	38
1.3.2	Beispiele für Integrationskonzepte von Planspielen in Lehrgänge................	41
1.3.3	Qualifizierte Planspieltrainer/-innen sind Voraussetzung für gezieltes Planspiellernen...	46
1.4	Planspielformen: Auf Eignung für die Bildungsabsicht prüfen......................	46
1.4.1	Unterschiede zwischen offenen und geschlossenen Planspielen (Mario Gust, Jan H. G. Klabbers)..	51
1.4.2	Operative Planspiele – strategische Planspiele – normative Planspiele (Mario Gust, Jan H. G. Klabbers)..	58
1.4.3	Checkliste für die Auswahl und Entwicklung von Planspielen (Mario Gust, Jan H. G. Klabbers)..	62
1.5	Planspiele und Serious Games – Basis einer neuen Lernkultur (Heinz Mandl, Boris Geier, Jan Hense)...	65

2. Geschlossene Planspiele 71

2.1 Gruppenplanspiele in Brettform 71
- 2.1.1 Beispiel „The Boom Factory" – ein Spiel zur Unterstützung von Organisationsveränderungen in Unternehmen 72
- 2.1.2 Beispiel „Q-Key" – ein Spiel zur Unterstützung von Total Quality Management ... 74
- 2.1.3 Zusammenfassung und didaktische Bewertung 77
- 2.1.4 Übersicht über weitere Brettplanspiele 78

2.2 Computerunterstütze Gruppenplanspiele (Mario Gust, Jan H. G. Klabbers) 84
- 2.2.1 Beispiel „TOPSIM – General Management" – ein Spiel zur Unternehmensführung 86
- 2.2.2 Beispiel „SimulTrain®" – ein Spiel zur Einführung in das Projektmanagement 89
- 2.2.3 Zusammenfassung und didaktische Bewertung 92
- 2.2.4 Kurzbeschreibungen weiterer computerunterstützter Gruppen-Planspiele 94
- 2.2.5 Andere Gruppen-Planspiele 100

2.3 Individual-Planspiele (Dieter Ballin) 103
- 2.3.1 Beispiel „HeiCON" bzw. „Der/Die Manager/-in im Handelsbetrieb" – Controlling-Planspiel für Einsteiger/-innen 104
- 2.3.2 Zusammenfassung und didaktische Bewertung 108
- 2.3.3 Weitere Individual-Planspiele 111

2.4 Fernplanspiel-Wettbewerbe (Mario Gust, Jan H. G. Klabbers, Verena Lenssen) 112
- 2.4.1 Beispiel „MARGA Industry" – Simulation eines Industriebetriebes ... 113
- 2.4.2 Beispiel „MARGA Service" – Simulation eines Dienstleistungsunternehmens 114
- 2.4.3 Didaktische Bewertung 115
- 2.4.4 Weitere Fernplanspiel-Wettbewerbe 116

2.5 Online-Lernumgebungen für Planspiele und Serious Games (Heinz Mandl, Boris Geier, Jan Hense) 117
- 2.5.1 Beispiel: Die „e-Planspiel-Lernumgebung" 118
- 2.5.2 „e-Planspiel-Lernumgebung": Realisierung der Leitlinien problemorientierten Lernens 122
- 2.5.3 Evaluation der „e-Planspiel-Lernumgebung" 126
- 2.5.4 Diskussion der Evaluationsergebnisse der „e-Planspiel-Lernumgebung" 131
- 2.5.5 Zusammenfassung und didaktische Bewertung 132
- 2.5.6 Weitere Online-Spiele und Online-Planspielumgebungen 135

3. Offene Planspiele 137

3.1 Ein offenes Planspiel am Beispiel „CROCUS" 138
- 3.1.1 Der Hintergrund für die Entwicklung von „CROCUS" – cross-cultural management-simulation 138

3.1.2	Der besondere Nutzen	141
3.1.3	Offenes versus geschlossenes Planspiel zum Problemkreis „Interkulturelles Management"	141
3.1.4	Typischer Ablauf der Modellbildung: Die Entwicklung eines offenen Planspiels ...	144
3.2	TRANSFORMAN – eine Simulation zum Management von Transformationsprozessen	147
3.3	Zusammenfassung und didaktische Bewertung	151
3.4	Kurzbeschreibung weiterer offener Planspiele	152

4. Serious Games 157

4.1	Digitale Serious Games (Thorsten Unger, Jannis Goossens, Lisa Becker)	157
4.1.1	Der Begriff Serious Games im Kontext von Simulationen und Planspielen	158
4.1.2	Serious Games in beruflichen Lernkonzepten	160
4.1.3	Einsatzbereiche von Serious Games	163
4.1.4	Klassifikationen von Serious Games	166
4.1.5	Serious Games in der Praxis: Determinanten und Konzeption	170
4.1.6	Serious Games: Praxisbeispiele	172
4.1.7	Zusammenfassung und didaktische Bewertung	176
4.1.8	Weitere digitale Serious Games	178
4.2	Haptische Serious Games (Eric Teske)	180
4.2.1	Narrationsorientiert	181
4.2.2	Prozessorientiert	182
4.2.3	Ereignisorientiert	183
4.2.4	Materialorientiert	183
4.2.5	Didaktische Bewertung von haptischen Serious Games	184
4.2.6	Weitere haptische Serious Games	185

5. Entwicklung von computerunterstützten, kundenspezifischen Planspielen 187

5.1	Die Methode des vernetzten Denkens und Handelns	189
5.2	Der Netzmodellierer und -simulator HERAKLIT	192
5.2.1	Vom HERAKLIT-Netzmodell zum HERAKLIT-Planspiel	195
5.2.2	Netzmodellierung: Elemente und Beziehungen	195
5.2.3	Netzmodellierung: Ressourcenerzeuger und -verbraucher	196
5.2.4	Szenariengestaltung	196
5.2.5	Didaktisches Modell	198
5.2.6	Benutzungsoberfläche	199
5.2.7	Softwaretechnisches	201
5.2.8	Zur Vorgehensweise und zum Aufwand	201
5.3	Weitere Software-Werkzeuge zur Entwicklung offener Planspiele ...	203
5.3.1	GAMMA	204
5.3.2	Simulationsprogramme (Powersim, Ventsim ...)	205

6.	**Evaluation und Qualitätssicherung von Planspielen**	**207**
	6.1 Allgemeine Überlegungen zur Evaluation und Qualitätssicherung von Planspielen	207
	6.2 Zentrale Aspekte für die Durchführung von Evaluationsstudien	210
	6.3 Kritische Anmerkungen zur „traditionellen" Planspielevaluation	211
	6.4 Einige besondere Probleme bei der Evaluation von Planspielen	213
	6.5 Theoriebasierte Evaluation von Planspielen und die Funktion logischer Modelle ..	216
	6.6 SimGame: Ein Beispiel eines logischen Modells im Rahmen einer theoriebasierten Evaluation	218
	6.7 Qualitätskriterien von Planspielprodukten	222
	6.8 Qualitätssicherung im gesamten Planspielprozess	224
	6.9 Qualitätssicherung im Design eines Planspiels	226
	6.10 Qualitätsaspekte bei der Planspieldurchführung	229
	6.11 Qualitätsaspekte beim Debriefing und Metadebriefing von Planspielen	232
7.	**Aufbau und Inhalt der begleitenden DVD (Dieter Ballin)**	**239**
	7.1 Installation	239
	7.2 Hauptmenü	239
	7.2.1 Spiele – alphabetisch	241
	7.2.2 Spiele – suchen	241
	7.2.3 Hersteller, Anbieter	241
	7.2.4 Fachbeiträge	242
	7.2.5 Begriffs-Lexikon	242
	7.2.6 Literaturhinweise	242
	7.3 Planspielbeschreibungen	243
	7.4 Herstellerdaten	245
	7.5 Lexikon-Begriffe	246
	7.6 Zur Datenpflege	246
8.	**Vom Wissen zum Handeln – Informations- und Aktionsforen**	**247**
	8.1 Internet-Website „BIBB-Planspielforum" – Forschung, Beratung und Dienstleistungen für Planspiele in der beruflichen Bildung	247
	8.2 SAGSAGA – Fachverband für Deutschland, Österreich und Schweiz	250
	8.2.1 Zielsetzung	251
	8.2.2 SAGSAGA-Netzwerk	251
	8.2.3 Aktivitäten	251
	8.2.4 Mitgliedschaft	252

8.3		ISAGA International Simulation and Gaming Association (Eric Teske)	252
8.4		Zentrum für Managementsimulation (ZMS) an der Dualen Hochschule Baden-Württemberg Stuttgart (Birgit Zürn, Sebastian Schwägele)	254
8.4.1		Deutscher Planspielpreis	255
8.4.2		Planspiel+	256
8.4.3		Europäisches Planspielforum	257
8.5		XING-Gruppen	257
8.5.1		Simulation & Gaming SimBizz	257
8.5.2		Systemdenken und Strategiesimulationen mit HERAKLIT (Marko Willnecker)	259
8.6		Das Netzwerk Spielpädagogik der Akademie Remscheid (Gerhard Knecht, Marietheres Waschk)	259

9. Gaming Simulation – „State of the Art International 2013" (Willy Christian Kriz) 263

Autoren/Autorinnen des Fachbuchs 273

Autoren/Autorinnen der Fachbeiträge auf der DVD 279

1. Grundzüge einer Planspiel-Didaktik

1.1 Das Planspiel als didaktisches Instrument *(Ulrich Blötz)*

Präambel

Das Lernen und Lehren mit Spielen/Spielkonzepten in der beruflichen Bildung hat eine eigene Didaktik. Ihre Grundzüge werden im Folgenden anhand des Planspiels vorgestellt. Kapitel 4 ergänzt diese für das Lernen und Lehren mit Serious Games. Auf die für die Didaktik wesentlichen Unterschiede zwischen Serious Games und Planspielen wird in Kapitel 1.2.1 eingegangen.

1.1.1 Ein typisches Planspielszenario

Ein typisches, „klassisches" Planspielszenario ist beispielhaft schnell erklärt: Teilnehmende eines Fortbildungsseminars werden in fünf Gruppen geteilt. Sie erhalten den Auftrag, jeweils die Rolle einer Unternehmensführung einzunehmen, sodass durch die Gruppenarbeit insgesamt fünf Unternehmen und deren Führung „simuliert" werden. Die fünf „Unternehmen" bilden miteinander einen Wettbewerbsmarkt, sie „kämpfen" innerhalb von zwei Seminartagen acht simulierte Wettbewerbsjahre lang um Marktanteile. Ein PC-gestütztes Simulationsprogramm berechnet den Markterfolg, indem Planungs-/Investitionsentscheidungen der fünf Unternehmen zu „gesetzten" Markterfolgsfaktoren in (mathematische) Beziehung gesetzt werden und als Betriebsergebnisrechnung für nachfolgende Planjahrentscheidungen wieder zur Verfügung gestellt werden. Ein/-e Planspielleiter/-in begleitet die Teilnehmenden. Neben einer Einführung in das Planspiel unterstützt er die Gruppen bei Spielproblemen und steuert die für den Lernerfolg wichtige Reflexionsarbeit zum „Spielgeschehen"/Erlebten.

Dieses Szenario beschreibt in wesentlichen Zügen die betriebswirtschaftliche Symbolwelt, in der Führungskräfte von Unternehmen wirtschaftliche Führungsarbeit leisten.

Daneben gibt es vielfältige Planspielformen, die andere Umgebungen abbilden/simulieren: Individualplanspiele ohne Trainerbegleitung, Planspiele als Brettspiele bzw. ohne PC-Unterstützung, Planspiele, bei denen der Markt nicht durch Teilnehmende, sondern durch eine PC-Simulation repräsentiert wird, Planspiele, die statt betriebswirtschaftlicher Problemstellungen volkswirtschaftliche Probleme oder auch Kommunikationsprobleme thematisieren, Planspiele, die konkrete Problemstellungen von Unternehmen thematisieren, und Planspiele, die individuell via Internet oder Mailbox gespielt werden.

Alle diese Planspielkonfigurationen haben grundsätzliche didaktische Eigenschaften gemein, die im Folgenden in einem didaktischen Planspielbegriff zusammengefasst werden.

Dazu ist es wichtig, sich die Bestandteile der durch ein Planspiel erzeugten Lernumgebung vor Augen zu halten (Abbildung 1).

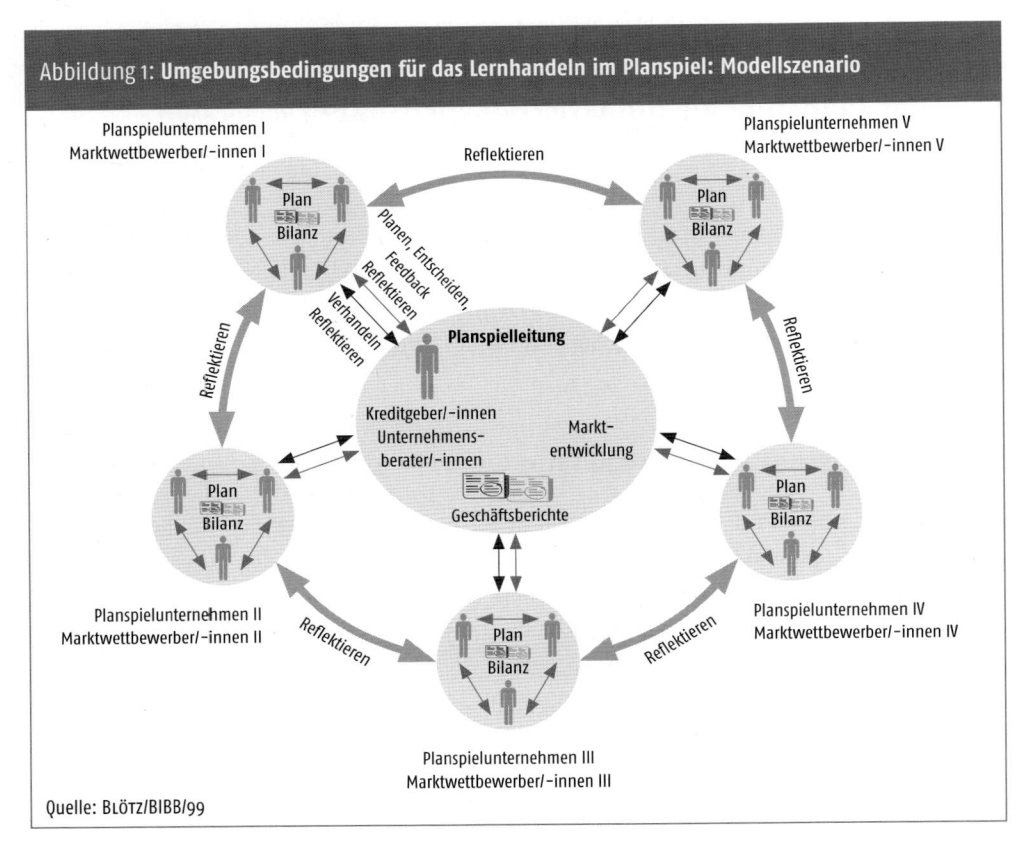

Abbildung 1: Umgebungsbedingungen für das Lernhandeln im Planspiel: Modellszenario

Quelle: BLÖTZ/BIBB/99

1.1.2 Planspiele sind experimentelle Lernwelten

Der Begriff Planspiel kennzeichnet ein Instrument, das zum Simulieren von *planungsbedürftigen* (Handlungs-, Ereignis-)Situationen genutzt wird, um diese besser verstehen, erfahren oder einschätzen zu können.

In Planspielen werden vor allem solche Situationen simuliert, die sich dem schnellen Verstehen, Erfahren oder Einschätzen entziehen, weil sie intransparent, zu komplex oder unbestimmt eintreten bzw. aktuell nicht gegeben sind, also in der realen Arbeitspraxis nur schwer dargestellt werden können. Dazu zählen mögliche, durch (vorausschauende) Planung vermeidbare Gefahren sowie Situationen, die für den Arbeitserfolg bedeutsam sind. Vor allem der Gesichtspunkt „spielerisches Planen" unterscheidet Planspiele von „reinen Simulationen", wie sie in betriebswirtschaftlicher Planungssoftware (Decision Support Systems) oder in Flug- und Fahrsimulatoren genutzt werden. Dennoch ist der Begriff Planspiel für heutige moderne

Planspielanwendungen in beruflichen Arbeits- und Lernzusammenhängen nicht ganz zutreffend. Berufsbezogenes Planspielen bezieht sich nicht auf spielerische Absichten, sondern dient arbeits- bzw. lernbezogenen Zwecken und grenzt sich damit vom bloßen Spielvergnügen ab. Im Rahmen der Planspielentwicklung wird deshalb der arbeitsnahen Modellbildung im Allgemeinen große Aufmerksamkeit geschenkt.

Die pädagogische Planspielidee hat sich abgesehen von ihrer Anwendung in militärstrategischen Übungen in der beruflichen Bildung zuerst bei der Weiterbildung von Managern durchgesetzt. Dort wurde sie vornehmlich genutzt, um betriebswirtschaftliche Zusammenhänge an einem dynamischen Modell zu verdeutlichen. Der didaktische Charme bestand darin, dass die Teilnehmenden selbst Teil dieses Modells wurden (siehe Abbildung 1). Sie selbst gingen als personeller Faktor in das Modell ein, und damit war offensichtlich eine hohe Identifikation mit der Methode geschaffen. Dies zeigte sich in hohem Spielengagement der Teilnehmenden. Es schien, als würde vergessen, dass es ein Spiel sei. Ähnliche Identifikationen liefert z. B. gelegentlich die Projektmethode. Planspielen nach dem eingangs skizzierten Szenario erzeugt zudem eine hohe Gruppen- und Handlungsdynamik. In Planspielseminaren ist „etwas los". Das Identifikationspotenzial und die Handlungsdynamik sowie die Fähigkeit von Planspielsimulationen, komplexe Prozesse plausibel darzustellen, haben wesentlich zu ihrer Verbreitung und Akzeptanz beigetragen.

Der originäre Kern der Planspielmethode weist gegenüber anderen Methoden bzw. „Lernwelten" beruflicher Bildung folgende Merkmale auf:

▶ Für experimentelles Handeln/Probehandeln wird ein *Labor* (eine Handlungsumgebung) bereitgestellt oder während des Spiels geschaffen.
▶ Der/Die *Spieler/-in* wird *Teil der Laboranordnung (Simulation)*. Er/Sie experimentiert mit dem abgebildeten Gesamtprozess und damit auch mit sich selbst. Beim Experimentieren setzt er/sie sich die Ziele, soweit ihm/ihr Spielregeln dies nicht vorschreiben, selbst.
▶ Die Auswirkungen der vollzogenen Handlungen werden simuliert, und der *Handlungserfolg* wird *rückgekoppelt*. Dazu werden neben mathematischen Modellen in einigen Planspielen auch Kommunikationsmodelle zur Prüfung einer vorgeschlagenen Aktion genutzt; hier überschneidet sich die Planspielphilosophie mit der des Rollenspiels. Die Rückkopplung generiert neue Planungsarbeit und die Fortsetzung der Simulation.
▶ Es werden „Simulationsschleifen" erzeugt, die *das Verhalten des abgebildeten sozialen (also z. B. betriebswirtschaftlichen) Systems verfolgen* lassen. Mit Planspielen kann das Verhalten sozialer Systeme erkannt, erklärt und erfahren werden.
▶ *Gegenstand des Planspiellernens sind Handlungen und ihre Folgen* (die im Zusammenhang mit planungsbedürftigen Ereignissen stehen).

Die Gestaltungsphilosophie des Planspiels geht von einer speziellen Lernprozesskonstruktion aus. Grundlage ist das Spiel, d. h. die Spielidee, die Spielregeln, die Verfolgung des Spiels durch den/die Lerner/-in. Das Planspielangebot schafft für den/die Lerner/-in eine Handlungsumgebung und enthält Handlungsaufforderungen, die Handlungsmittel und -bedingungen. Im einführend skizzierten Unternehmensplanspiel wird die Handlungsumgebung durch die Planspielsoftware erzeugt. Dazu gehören weiterhin das Teilnehmerhandbuch, die PC-Simulation sowie die soziale Organisation (Gruppenbildung, Trainerrolle ...). Die typische Lernumgebung wird illustriert in Übersicht 1.

Entsprechend der Planspielphilosophie soll der/die Spieler/-in selbst entscheiden, ob und wie er/sie handelt. Handlungsziele und -inhalte entstehen in der Beschäftigung mit der vorgefundenen Handlungsumgebung, dem Spiel. Diese entscheiden über Lerneffekte. Die individuellen Spielziele vermitteln sozusagen die Lernziele. Der/Die Trainer/-in versucht, dies zu steuern.

Übersicht 1: Lernumgebung im Unternehmensplanspiel

Anlässe für Lernziele	Handlungsmittel	Besondere Lernbedingungen
Spielaufforderung Führung eines Unternehmens; Vorgabe von Führungszielen (Gewinn- oder Kostenziele, ökologische Ziele, Reorganisationsziele)	*Spielunterlagen* für* ▶ die generelle Unternehmensplanung und Marketing (Unternehmensziele und -strategien, Unternehmensgleichgewichte, Marketingkonzepte, Beschaffungsmarkt- und Einkaufsoptimierung, Preiskalkulation); ▶ die Erfolgsplanung (Gewinn- und Verlust- sowie Kostenplanung) ▶ Finanz- und Investitionsplanung einschließlich Unternehmensbewertung	*Spielleitung* Reflexion von Spielhandlungen; Ausgleich unterschiedlicher Teilnehmervoraussetzungen; didaktische Steuerung der Teilnehmerhandlungen des selbstgesteuerten Lernens; Simulieren von Entscheidungsdruck durch das Setzen von Zeitlimits; den Spiel(ablauf)berater; den betriebswirtschaftlichen Berater; den Lernmoderator
Spielablauf erfordert Zielbildung/-entscheidungen für betriebswirtschaftliche Analysen, Planungen, Bewertungen, Entscheidungen, Verhandlungen, Präsentationen		
Spielrollen erzeugen Wettbewerbs- und Legitimationsverhalten in der Gruppe; erfordern konsensorientiertes Verhalten in der Gruppe; erfordern Verhandlungsstrategien		*Unternehmens- und Marktsimulation** Handlungsrückkopplung; Bewerten eigener betriebswirtschaftlicher Handlungen; betriebswirtschaftliche Netze im Unternehmen und zwischen Unternehmen und Markt; Unternehmens- und Marktentwicklungen; Handlungsfolgen im Zeitraffer
Unternehmens- und Marktsimulation* erzeugt von vorherigen Handlungsentscheidungen abhängige, neu zu lösende (betriebswirtschaftliche) Folgeprobleme	*Geschäftsberichte* (aus der Simulation): Erfolgs-/Gewinn- und Verlustrechnung/Bilanz; Kennzahlen der Unternehmen/Marktergebnisse/Lagerbestände/Produktentwicklung/Fertigung und Personal; Kostenstellen, -arten und -träger; Plan-Ist-Abweichungen; Finanzbericht; Deckungsbeitrag; Marktforschungsbericht; Wirtschaftsprognosen	*Gruppenarbeit* Lehreffekte, vor allem Erfahrungstransfer; latente Verhaltensbeobachtung und -übernahmen
Informationsvielfalt erfordert Handlungsziele zur Bewältigung von Komplexität (der betrieblichen Funktionszusammenhänge und des Marktes); die Unbestimmtheit (von Entscheidungsbedingungen) erfordert Handlungsziele zur Risikoabschätzung	*Interaktionen* in der Gruppe, in den Spielrollen *Reflexionsphasen* Perioden- und Seminarauswertungen; individuelle Hinweise durch die Planspielleitung; Trainervorträge und Seminardiskussionen	*Spielrollen* Handlungsmotivation aus statusbedeutsamen Rollenübernahmen; Zwang zur Rollenentäußerung; Selbsterleben der Wirkungen eigener Entscheidungen; Selbsterleben in Rollen; Individualisierung des Lernens; Erleben von Unternehmensführung aus der Sicht verschiedener Funktionsrollen

* Bei Volkswirtschaftsspielen entsprechend volkswirtschaftliche Simulationen und Entscheidungsunterlagen
Quelle: Blötz/BIBB

1.1.3 Aus der Spielanlage entwickelt sich das didaktische Modell

Die potenzielle Lernqualität des Planspiels wird wesentlich durch die Spielqualität bestimmt. Die Spielanlage liefert den Rahmen potenzieller Lernziele und -inhalte. Planspielentwickler nehmen Lernziel- und -inhaltsrahmen zum Ausgangspunkt ihrer Planspielkonstruktion und entwickeln Planspiele auf einen bestimmten Vorrat an Lernzielen und -inhalten hin.

In der Praxis ist die Planspielentwicklung an einer Handlungsdramaturgie orientiert: Es soll eine bestimmte Folge von Handlungen „provoziert" werden. Dafür werden eine Spielidee und eine dieser entsprechende Handlungsumgebung erstellt. Diese Handlungsumgebung ist ein bestimmtes soziales System (z. B. der Markt einer Branche), das zum Ausgangspunkt der Entwicklung wird. In diesem Rahmen wird versucht, das Planspielmodell so realitätsnah wie möglich zu gestalten. In nachfolgenden Spieletests wird dann erst das tatsächliche Lernpotenzial des Planspiels voll erschlossen.

Die nachfolgenden Fachbeiträge vertiefen diese Vorgehensweise:

<Fach> Das maßgeschneiderte Planspiel (The taylored business game) – Erfahrungen und Empfehlungen bei der kundengerechten Entwicklung von Brettplanspielen zur Unternehmenslogistik (Rico Wojanowski, Michael Schenk)

<Fach> VerSimBi – Ein Planspiel für die überbetriebliche Ausbildung in der Versicherungsbranche – Kooperative Planspielentwicklung (Herbert Schmidt, Ralf Klotzbuecher)

<Fach> Sind Planspiele langwierig und kompliziert? Eine Abhandlung über die Anforderungen der Planspielmethodik und die Fortbildung von Lehrkräften (Markus Ulrich)

<Fach> Systematisches Komplexitätsmanagement – PC-Simulationen und Planspiele auf der Basis des Vernetzten Denkens (Jürg Honegger, Michael Hartmann)

<Fach> Realitätsnahe Planspiele als didaktisches Element in der beruflichen Bildung am Beispiel eines Lehrgangs zum Industrial Engineering (Thomas Mühlbradt, Gerd Conrads)

<Fach> Unternehmenssimulationen entwickeln im eigenen Mitarbeiter-Team: Komplexitätsmanagement mit einer Mikrowelt (Mathias M. Fischer, Federico Barnabè)

Aus der Planspielpraxis lassen sich zwei Einsatzfälle von Planspielen als eigene didaktische Konzeptionen verstehen:

Im *ersten Fall* wird das Spiel durch die Teilnehmenden weitgehend selbstständig gespielt. Ihre eigene Orientierungsarbeit erzeugt Lerneffekte: Individualplanspiele als PC-Game sowie Fernplanspiele, in denen Planspielgruppen und Trainer/-in räumlich getrennt sind, verfolgen ein solches Konzept. Der Gestaltungsanspruch an solche Spielkonzepte ist recht hoch, weil der/die Planspieler/-in auf sich allein gestellt bleibt, nur begrenzte Rückfragen stellen kann und keine Möglichkeit hat, sein/ihr Handeln mit kompetenter Unterstützung zu reflektieren. Alle für wirksames Lernen der Zielgruppe erforderlichen Tutorials müssen im Angebot enthalten sein.

Im *zweiten Fall* wird das selbstständige Handeln des/der Teilnehmenden durch den/die Trainer/-in gesteuert und reflektiert. Der Lernerfolg lebt hier wesentlich auch von der Reflexionsarbeit des/der Trainers/-in. Dies ist für Zielgruppen wichtig, die während des Einarbeitens in die Handlungslogik des Planspielmodells Bestätigungen oder Korrekturen brauchen, also z. B. für Einsteiger/-innen in die Handlungsproblematik.

Ebenso benötigen anspruchsvolle Zielgruppen, die mit dem Planspiel vertraut sind und entwickelte Lernproblemstellungen bearbeiten wollen, Reflexionshilfe auf dem Niveau der Lernproblemstellung. Dies gilt z. B. für das Verfolgen spezieller betriebswirtschaftlicher Strategien im Planspiel und eine damit verbundene „modellgerechte" Interpretation der Spielresultate. Hier ist die Reflexionsarbeit notwendiger Teil des Planspielkonzeptes. Reflexionsintendierte Lernkonzepte in Planspielen nutzen häufig das „Feedback-Triple": Feedback durch die Unternehmenssimulation, durch die von der Spielleitung gesteuerten Reflexionen zum Spielgeschehen sowie durch Reaktionen in der Gruppe. Der in der Simulation angelegte Zeitraffer macht dabei Neben- und Fernwirkungen des eigenen Handelns sichtbar.

Die Eigenart des bisherigen Planspielentwicklungsvorgehens führt dazu, dass sich das Lernpotenzial von Planspielen erst im Laufe ihrer (langjährigen) Anwendung erschließt. Eine gute Referenz dafür ist das Planspielkonzept der TOPSIM-Reihe von HÖGSDAL[9]. Neben den von HÖGSDAL in seinem Buch dargestellten didaktischen Erfahrungen verdeutlichen die zahlreichen und vielfältigen Fachbeiträge in der hier vorliegenden Publikation den Variantenreichtum in der pädagogischen Anwendung eines Planspielkonzepts.

1.1.4 Plausibilität des Planspielmodells ist Voraussetzung für Lernerfolg

In den Fällen, in denen Planspielmodelle noch nicht ausgereift sind, muss der/die Planspieltrainer/-in die Schwächen des Modells abfangen. Dazu muss er qualifiziert sein; er/sie muss das Modell intentional vertreten und vor allem dessen Schwächen kennen. Dies spricht grundsätzlich für trainergeführte Planspiele. Nicht ausgereifte Planspielmodelle liefern gelegentlich bei unvorhergesehenen Inputs der Planspielteilnehmenden unplausible Reaktionen des abgebildeten sozialen Systems. Können diese als ungewollte Sonderfälle der Simulation erklärt werden, steht dadurch die Plausibilität der Simulation nicht infrage.

Wichtig ist aber, dass ein Planspielmodell strikt „Verletzungen" des gewünschten Verhaltens der Teilnehmenden ahndet. Zum Beispiel soll der/die Teilnehmende erfahren, wie sinnfällig es für „sein"/„ihr" erfolgreiches Kostenmanagement ist, betriebswirtschaftliche Planungsinstrumente systematisch einzusetzen. Er/Sie hat zwar im Spiel durchaus die Möglichkeit, auf Planung zu verzichten und auf „gut Glück" zu handeln. Eine gut abgestimmte Simulation macht ihm/ihr aber schnell die Kosten- und Gewinnachteile seines/ihres Handelns gegenüber „solider" planenden Wettbewerbern sichtbar.

---

9   HÖGSDAL, B.: Planspiele: Einsatz von Planspielen in der Aus- und Weiterbildung. Praxiserfahrungen und bewährte Methoden; ManagerSeminare Gerhard May Verlags GmbH, Bonn, 1996.

\<Fach\> Lern- und Lehrhandeln im Planspiel – Erfolgsfaktoren (Clemens Heidack)

\<Fach\> Komplexität anpacken – Mit Planspielen erfolgreiches Handeln erlernen (Markus Ulrich)

\<Fach\> Realitätsnahe Planspiele als didaktisches Element in der beruflichen Bildung am Beispiel eines Lehrgangs zum Industrial Engineering (Thomas Mühlbradt, Gerd Conrads)

\<Fach\> Unternehmenssimulationen entwickeln im eigenen Mitarbeiter-Team: Komplexitätsmanagement mit einer Mikrowelt (Mathias M. Fischer, Federico Barnabè)

Planspielmodelle erfassen die zu planende Zukunft über eine bestimmte Symbolik (betriebswirtschaftliche Markt- und Unternehmensdaten symbolisieren den Markt bzw. das Unternehmen, die eigentlich soziale Systeme sind; Personaldaten symbolisieren Personen usw.). Zusammenhänge im sozialen System können auch ohne formulierte Gesetzmäßigkeiten entsprechend einschlägigen Erfahrungen plausibel simuliert werden. Zusammenhänge, die sich nicht mathematisch exakt beschreiben lassen, können in einer mathematischen Simulation durchaus als mathematische Faktoren beschrieben werden und näherungsweise plausible Ergebnisse liefern. Mit Netzmodellierern kann über eine qualitative Bewertung von Zusammenhängen beachtliche Plausibilität erreicht werden. Siehe dazu Kapitel 5.

Zwar fördert die Wirklichkeitsnähe der Simulation das Lernen, aber diese ist nicht notwendigerweise an das komplette „Nachzeichnen" realer Arbeitsplätze gebunden. Die Beschränkung der Simulation auf wenige realitätsnahe Handlungsaspekte bedeutet nicht nur für das Lernen wünschenswerte didaktische Vereinfachungen, sondern schafft auch branchen- und berufsübergreifende Lernansätze, die „Schlüsselqualifikationen", d. h. überfachliche Qualifikationen, intensiv fördern. Eine solche gezielte Formulierung von Planspielumgebungen steht jedoch noch am Anfang, wenngleich hierzu anzumerken ist, dass die Planspielangebote grundsätzlich radikale Beschränkungen in der Simulation der Wirklichkeit eingehen; betriebs- und volkswirtschaftliche Planspiele bilden stets (ausgewählte) Datenkränze von Unternehmen und Märkten ab sowie (und das auch nur bei Gruppen-Planspielen) ausgewählte Interaktionsbeziehungen in der Führungsarbeit. Auch Verhaltensplanspiele konzentrieren sich stets auf Ausschnitte beruflichen Verhaltens.

> **Übersicht 2: Didaktisches Grundgerüst für Planspiele (hier: Unternehmensplanspiele)**
>
> *Zusammenfassung: Didaktisches Grundgerüst für Unternehmensplanspiele*
>
> **Simulation:** Die betriebswirtschaftliche Handlungswelt des/der Managers/Managerin wird modelliert. Hierfür werden Funktionsstrukturen, Daten/Bilanzstrukturen und -entwicklungen, Führungsinstrumente eines realen Unternehmens zugrunde gelegt, ebenso reale Konkurrentenprofile, Marktdaten und Einflussgrößen. Je nach Zielgruppe entsteht eine branchenspezielle, unternehmensspezielle oder eine als typisches Beispiel entfaltete „General-Management"-Simulation. Die Simulation wird anhand der gewählten Spielorganisation umfangreich auf realitätsnahe Plausibilität ausgetestet.
>
> **Planspielorganisation:** Handlungsregeln, Informationsgrundlagen und Hilfen für die Teilnehmenden werden festgelegt und auf die einzelnen Zielgruppenbedarfe ausgetestet. Der/Die Teilnehmende wird damit zugleich als „authentischer" Teil der Simulation verortet.
>
> Der/Die Spieler/-in entscheidet selbst, ob und wie er/sie handelt; er übernimmt Verantwortung für sein/ihr Handeln; mit den Wirkungen seiner/ihrer Handlungen, die ihm/ihr durch die Simulation mitgeteilt werden, muss er/sie selbstständig umgehen; dabei kann er/sie durch die Teamkommunikation, Informationen und andere tutorielle Hilfen sein/ihr Handeln erfolgreicher gestalten. Der Konkurrentenmarkt wird durch die im Planspiel handelnden Personen gebildet. Konkurrenzsituationen werden dadurch authentisch, transparent und auswertbar. Ergänzungsszenarien mit weiteren führungsrelevanten Interaktionsaufgaben (Kreditverhandlungen mit Banken; Unternehmensberatung ...) werden je nach Bedarf integriert.
>
> **Lernorganisation:** Die durch den/die Planspielleiter/-in oder die Gruppe selbst zu leistenden lernwichtigen Reflexionsphasen werden festgelegt.
>
> Das Lernhandeln ist am sog. Managementzyklus orientiert (Erfassen und Bewerten der Situation; Steuerungsentscheidungen; Beobachten seiner Auswirkungen). Die darin angelegten Handlungswiederholungen liefern Übungseffekte. Ansteigende Anforderungen und neuartige Handlungsaufgaben (z. B. Reagieren auf unvorhergesehene Marktkrisen) werden in den Spielablauf integriert. Das Simulationsmodell ahndet strikt Handlungs-(z. B. Planungs-) Schwächen des/der Teilnehmenden.
>
> **Lernmotivation:** Wird dreifach gestützt durch 1. Spielinteresse/Konkurrenztrieb, 2. Zwang zum Handeln/Entscheiden, zur Ausführung bestimmter Handlungen, die erlernt werden sollen, und 3. durch Selbstbehauptung in der Gruppe: Übernahme von Handlungsverantwortung gegenüber den anderen Teilnehmenden (als Gruppenmitglied, als Teilnehmender im Marktmodell).
>
> Quelle: BLÖTZ/BIBB

1.1.5 Mit Planspielen trainieren? Planspiele erschaffen multifunktionelle Lernwelten

Die vorstehenden Ausführungen haben gezeigt, dass der Planspieleinsatz verschiedenen Lernzielen dient. Der Begriff Planspieltraining ist hier zumindest mehrdeutig. So wie der Frontalunterricht eine Lernwelt darstellt mit einer Reihe nicht intendierter, aber durchaus wertvoller Lerneffekte, so sind Planspiele Lernwelten mit komplexem Lernerleben. Angesichts der üblichen Komplexität einer Planspielkonstruktion und des erforderlichen Zeitumfanges für ihre Anwendung ist es pädagogisch wenig zweckmäßig, das Planspiel nur als eine Lernmethode zu begreifen.

Sinnvoller ist es, Planspiele als Instrumente für das Erzeugen einer speziellen Lernwelt zu sehen und zu nutzen.

<Fach> Evaluation von Wissensvermittlung durch Planspielen – Methoden und Erkenntnisse aus der wirtschaftspädagogischen Forschung (Ulrich Getsch, Jens Simon)

<Fach> Theoriebasierte Evaluation von Planspielen (Jan Hense)

<Fach> Machen Planspiele klüger? – Zur Förderbarkeit von vernetztem Denken durch modellgestützte Planspiele (Albert Heinecke, Dietrich von der Oelsnitz)

<Fach> Mit vernetztem Denken Probleme lösen (Walter Braun)

<Fach> Unklarheiten im Unternehmen – genau der richtige Moment für ein Planspiel (Eric Treske, Karin Orle)

<Fach> Strategisches Denken aus dem Computer? – Über den Nutzen eines Trainings allgemeiner Problemlösestrategien (C. Buerschaper, G. Hofinger, R. von der Weth)

<Fach> Systematisches Komplexitätsmanagement – PC-Simulationen und Planspiele auf der Basis des Vernetzten Denkens (Jürg Honegger, Michael Hartmann)

<Fach> Mini-Sims als Reflexions-Katalysatoren: Didaktische Ergänzungen zur Komplexitätshandhabung (Karin Halbritter, Marko Willnecker)

<Fach> Unternehmenssimulationen entwickeln im eigenen Mitarbeiter-Team: Komplexitätsmanagement mit einer Mikrowelt (Mathias M. Fischer, Federico Barnabè)

<Fach> Realitätsnahe Planspiele als didaktisches Element in der beruflichen Bildung am Beispiel eines Lehrgangs zum Industrial Engineering (Thomas Mühlbradt, Gerd Conrads)

<Fach> Multiplayer-Strategiespiele für mehrere Tausend Teilnehmende – Das Simulationssystem M3 (Man-Model-Measurement) (Helge Rosé, Mirjam Kaplow)

<Fach> Planspiele und digitale Lernspiele – Neue Edutainment-Welle und Potenziale neuer Lernformen in der beruflichen Bildung (Sabine Seufert, Christoph Meier)

Im BIBB-Forschungsprojekt wurde u. a. der Frage nachgegangen, inwieweit vorhandene Planspielangebote für Anliegen der beruflichen Bildung, insbesondere Trainingsanliegen, zweckmäßig sind. Wegen der allgemeinen Schwierigkeit, Lerneffekte zu messen, folgte die Untersuchung der These, dass Teilnehmerhandlungen, die für die Teilnehmenden einen gewissen Neuigkeitswert haben, ein hohes Lernpotenzial, bei mehrmaligen Wiederholungen auch ein hohes Trainings-, d. h. Übungspotenzial, aufweisen. Hierzu wurden mehrere Planspiele auf Planspielhandlungen und Planspielerleben hin analysiert. Es wurde gefragt, welche Teilnehmerhandlungen und welches Teilnehmererleben das Planspiel erzeugt und wie Teilnehmende die Lernwirkung der Handlungen und der Erlebnisse für sich einschätzen.

<Fach> Eine entsprechende Beispielaufnahme eines Planspiels ist im Fachbeitrag „Lernhandlungen im Handelsplanspiel – exemplarische Aufnahme und Schlussfolgerungen (Ulrich Blötz)" beschrieben.

Zur Beschreibung von Planspieleffekten sei zunächst eine Beobachtung angemerkt: Immer wieder wird versucht, Planspielziele anhand herkömmlicher Zieltaxonomien (z. B. Kenntnisse, Fähigkeiten, Fertigkeiten) zu beschreiben: Dies führt nicht selten zu umfangreichen Lernziel-/-effektlisten. Nachfrager/-innen sind jedoch häufig nicht in der Lage, die Qualität dieser Angebotsbeschreibung zu beurteilen. Für 2-Tages-Seminare erscheinen diese Lernziellisten unglaubwürdig. Zudem bezieht eine Zielformulierung wie „Kenntnisse und Handlungstraining zur Unternehmensführung" ihre Attraktivität aus ihrer Ungenauigkeit, die immer Gültigkeit hat, ganz gleich wie geringfügig der diesbezügliche Lernerfolg auch sein mag. Nicht selten wird der Planspielteilnehmer im Nachgang das Gefühl nicht los, aus dem vollmundigen Angebot nichts Entsprechendes gelernt zu haben, obgleich das Planspiel für ihn ziemlich handlungsintensiv war. Dazu kommt, dass Planspielseminare fast immer Teilnehmende mit heterogenen Planspielvoraussetzungen haben, woraus bei gleichen Zielen nicht für alle ersichtlich wird, wie die unterschiedlichen Voraussetzungen in zwei bis fünf Planspieltagen auf ein (Ziel-)Niveau gebracht werden sollen.

Eine Möglichkeit, diesen (unnötigen) Mangel in der Produktbeschreibung von Planspielangeboten zu beheben und seine pädagogische Wertigkeit stringenter zu verdeutlichen, liegt darin, den Lernweltcharakter des Planspiels in den Zielen konkreter zu beschreiben.

1.1.6 Lernzielfelder und Zielqualitäten

In den Planspielaufnahmen des BIBB-Projektes wurden vier Lernzielfelder herausgearbeitet, die Teilnehmende wahrnehmen:
- ▶ Lernzielfeld *„Sachhandlungen"*: Planen, Entscheiden, Auswerten, Analysieren, Konstruieren ...
- ▶ Lernzielfeld *„Sozialhandlungen"*: Verhandeln, Präsentieren, konfliktlösende Kommunikation, organisationsherstellende Kommunikation ...
- ▶ Lernzielfeld *„Sacherleben"*: Erleben von Sachzusammenhängen (z. B. betriebswirtschaftliche Zusammenhänge der Entscheidungen in einzelnen Unternehmensbereichen oder Marktzusammenhänge), Erleben des Verhaltens des abgebildeten sozialen Systems über mehrere Entwicklungsperioden ...
- ▶ Lernzielfeld *„Sozialerleben"*: Erleben von Eigen- und Fremdverhalten in „Sach- oder Sozialsituationen", Erleben von Zusammenhängen im modellierten sozialen System ...

Im Einzelnen haben Planspielteilnehmer/-innen (Mitarbeitende im Einzelhandel, Teilnehmende an Aufstiegsfortbildungen) folgende Lernzielqualitäten (aus der Teilnahme an Unternehmensplanspielen) abgeleitet:

▶ Zielqualität „*Erleben*": bedeutet lernrelevante (gefühlsbetonte) Erlebnisse des/der Teilnehmenden zu
  - sich selbst, d. h. seinen/ihren Handlungserfolgen/-misserfolgen, Handlungsschwierigkeiten bei der Bewältigung der Planspielaufgabe, Bedeutung bestimmter Handlungen für Erfolg und Misserfolg als aktives Erleben,
  - dem Anforderungsbewältigungsverhalten der anderen Planspielgruppenmitglieder, aus dem Folgerungen für das eigene Verhalten abgeleitet werden,
  - dem (Planspiel-)Führungsverhalten/Problemlöseverhalten des Trainers/der Trainerin als passives Erleben,
  - Anforderungssituationen sowie Erfolgs- und Crash-Situationen bei der „Unternehmensführung" (durch die Gruppe und durch andere), gleichfalls als passives Erleben, mit dem das eigene „Risikobewusstsein" angereichert wird.
▶ Zielqualität „Erfahren": bedeutet Erkenntnisgewinn während des Planspielens (auch auf der Basis von Erleben) zu
  - Anforderungen an Unternehmensführung, an Verhalten, an Kommunikation, an systematisches und an intuitives Vorgehen, an die Nutzung von Führungsmitteln, bewusst geworden durch aktives Planspielhandeln,
  - eigenen Qualitäten der Anforderungsbewältigung und ihrer Verbesserungswürdigkeit, bewusst geworden durch den Vergleich mit Handlungsqualitäten anderer Planspielteilnehmenden oder durch Hinweise des Trainers/der Trainerin,
  - Arbeitszusammenhängen, Ursache-Wirkungs-Beziehungen (z. B. betriebswirtschaftlicher Art), wie sie im Planspielablauf deutlich werden und soweit sie für den/die Planspielteilnehmer/-in neu sind,
  - dem Nutzen systematischer Planung und der Anwendung betriebswirtschaftlicher Instrumente in der eigenen Arbeitspraxis – hervorgerufen durch Einsichten bei der Bewältigung von Führungsaufgaben im Planspiel.
▶ Zielqualität „Trainieren": bedeutet mehrmalige Handlungsausführung mit dem Ziel, deren Qualität zu verbessern; dies trifft im Planspiel je nach Konfiguration z. B. zu für
  - Arbeiten zur Entscheidungsvorbereitung, z. B. Planungsrechnen, Auswerten von Betriebsergebnissen, Planen von Entwicklungsszenarien,
  - Führungskommunikation wie Präsentieren und Verhandeln.

In den Befragungen wurde deutlich, dass das jeweilige Planspielangebot die Erlebnisqualitäten (bei den erfassten Unternehmensplanspielen bezog sich das auf das Erleben von Unternehmensführung), besonders das nicht rationale, gefühlsbezogene Erleben, vernachlässigte, obwohl gerade diese Erfahrung den Teilnehmenden für die Entwicklung ihres Führungsrisikobewusstseins wichtig schien. Für viele Teilnehmende schien die Bewährung in der Rolle des Unternehmensführers/der Unternehmensführerin wichtig, d. h. nicht nur die Frage: „Was heißt Führung eines Unternehmens?", sondern es wurde auch das Erleben des eigenen Umgangs mit den Anforderungen als wichtiger Lerneffekt empfunden. Für das Selbsterleben haben Planspiele offenbar wirkungsvollere Voraussetzungen als für das Fremdbeurteilen.

Ebenso waren für die Teilnehmenden weniger der Spielerfolg, d. h. Wettbewerbserfolg, wichtig als vielmehr die einzelnen negativen wie positiven Handlungserfahrungen, die sie selbst gewonnen oder auch an anderen beobachtet haben. Die Bedeutsamkeit bzw. Anerkennung der Spielerfahrungen anderer Teilnehmender spricht für den Gruppen-Planspielansatz.

Planspiele werden als experimenteller Ort für die Überprüfung der Nützlichkeit von „theoretischem" respektive aggregiertem Wissen für den Handlungserfolg wahrgenommen, im Besonderen deshalb, weil das Wissen sich hier unter immer wieder anderen/neuen, auch überraschenden Situationen bewähren muss/kann. Diese Planspieleigenschaft liefert quasi eine Brücke für den Transfer von theoretischem Wissen in die Alltagspraxis.

Die o. g. Lernzielqualitäten können sozusagen matrixartig in Beziehung zu didaktischen Funktionen (Motivation, Einführung, Vertiefung, Anwendung, Übung) gesetzt werden. Daraus lassen sich „Kernanlässe" für den Planspieleinsatz ableiten.

Solche Kernanlässe für das im Einführungsbeispiel skizzierte Unternehmensplanspiel sind folgende:

(1) Unternehmerisches Denken und Handeln soll thematisiert werden: Im Spielablauf findet ein Lernprozess statt, indem aus der Rollensicht des Unternehmers Erfahrungen zur Führung eines Unternehmens, zu den Führungsaufgaben, Führungsinstrumenten, Führungssichten und Bedingungen für Führungserfolg gewonnen werden.

(2) Bestimmte Arbeitsmethoden und -techniken sollen eingeübt, gefestigt oder vertieft werden: Training spezieller betriebswirtschaftlicher Aufgaben wie Planungsrechnen/Kostenkalkulationen, Deckungsbeitragsrechnung, Bilanzieren, Marketing oder Verhandlungsführung und Ergebnispräsentation.

(3) Schlüsselqualifikationen sollen gefördert werden: Planspielanlass kann die Förderung allgemeiner Fähigkeiten sein, im Besonderen Förderung des Umgangs mit vernetzten Strukturen, des Umgangs mit Unbestimmtheit beim Entscheiden, Förderung von Problemlösefähigkeit, Förderung von strategischem Denken. Hierfür muss der Planspielablauf bzw. das Reflektieren des Planspielgeschehens entsprechend organisiert werden.

(4) Team- und Persönlichkeitsentwicklung sollen forciert werden: Seminarteilnehmer/-innen sollen sich durch Planspielen schnell und intensiv kennenlernen, es sollen damit Lerngruppen/soziale Lernbezüge gefestigt werden. Teilnehmende sollen sich selbst in der Planspielrolle erleben, sie sollen das Feedback der Gruppe auf ihr Rollenverhalten erleben.

Das Gruppen-Planspielen soll ein gemeinsames Spielproblembewusstsein erzeugen; diese Eigenschaft der Gruppen-Planspielmethode wird zunehmend für abteilungsübergreifende betriebliche Problemlösungsprozesse genutzt. Die Planspielteilnehmer/-innen sollen von dem während des Planspielens stattfindenden Informations- und Erfahrungsaustausches profitieren (Planspielen als Erfahrungstransfer).

(5) Risiken von Existenzgründungen und Strategieentscheidungen sollen minimiert werden: Sinn, Nutzen und Grenzen systematischer Betriebswirtschaft zur Führung eines Unternehmens können thematisiert werden. Unternehmerisches Risikobewusstsein kann trainiert werden, d. h., verschiedene betriebswirtschaftliche Strategien können erprobt werden. Das Planen und Bewerten von Unternehmensentwicklungen kann erprobt werden.

(6) Teilnehmende sollen betriebliche Funktionssichten erleben, die sie im betrieblichen Alltag nicht einnehmen.

Für den Planspieleinsatz in der Berufsausbildung scheint besonders der letztgenannte Planspielanlass von weitgreifender praktischer Bedeutung, da hier die Teilnehmenden – anders als im Rollenspiel – durch die installierte Handlungsumgebung in glaubwürdige Funktionsrollen „eintauchen" und damit Funktionsschnittstellen, aber auch die funktionsbedingte Sichtweise des/der Vorgesetzten erlebbar werden. Das funktionsspezielle unternehmerische Denken und Handeln des Mitarbeiters/der Mitarbeiterin im Unternehmen, seine/ihre spezielle Teilhabe an der Unternehmensführung kann auf diese Weise erlebbar thematisiert werden.

<Fach> Soziale Simulation und Planspiel in pädagogischer Perspektive (Manfred Geuting)

Planspielen fordert die Anwendung von Wissen und liefert zugleich Motive für eine systematische Aneignung. Übersicht 3 fasst planspieldidaktisch bedeutsame Lernmotive am Beispiel betriebswirtschaftlicher Planspiele zusammen.

Übersicht 3: **Lernmotivationen und Planspieleinsatz**

Lernmotivationen	Erfüllbar durch:
Abschlussmotiv: Sich erfolgreich auf eine betriebswirtschaftliche Abschlussprüfung vorbereiten	Interiorisieren betriebswirtschaftlicher Zusammenhänge
Wissens-/Erlebnismotiv: Führungswissen (was Unternehmensführung bedeutet/ welche Anforderungen sie stellt) erfahren	Unternehmensführung situativ erleben, Anforderungen erfahren
Problemlöse-/Probiermotiv: Erwerb von betriebswirtschaftlicher Problemlöseerfahrung durch Vergleich von Strategien	Spielen individueller Problemlöseszenarien
Handhabungsmotiv: Umgang mit betriebswirtschaftlichen Instrumenten (der Branche)	Betonung der betriebswirtschaftlichen Instrumente im Spiel (Planungsrechnen, Szenarien, Marktforschungsberichte, Geschäftsberichte ...)
Konkurrenzmotiv: Besseres Verstehen/Fokussieren der Konkurrenz, des/der Kunden/Kundin sowie des Marktes, seiner eigenen Fähigkeiten	Konkurrenz-Planspiele
Austauschmotiv: Bedürfnis nach Erfahrungsaustausch unter „Branchen- oder Funktionskollegen"	Planspiele in Gruppen; Betonung der Gruppendiskussionen
Führungsmotiv: Führungssichten des übergeordneten Managements nachvollziehen wollen	Das (übergeordnete) Management spielen; dessen Funktionssichten betonen
Quelle: Blötz/BIBB	

1.2 Planspiele im Vergleich zu anderen Trainingsmethoden
(Ulrich Blötz, Dieter Ballin, Mario Gust)

Da je nach fachwissenschaftlicher Betrachtung des/der Betriebswirtschaftlers/Betriebswirtschaftlerin, Informatikers/Informatikerin, Didaktikers/Didaktikerin etc. unterschiedliche Begriffsfassungen von Planspielen erwartet werden dürfen, sei ausdrücklich vermerkt, dass hier die didaktische Sichtweise eines Planspiels im Vordergrund steht. Insofern steht der Planspielbegriff im Kontext zu didaktischen Begriffen (Lehr-, Lernmethode/-instrument/-umgebung, Computer Based Training und weiteren „verwandten", konkurrierenden Methoden wie z. B. Simulationsmethode, Rollenspiel, Fallmethode, Übungsfirma).

<Fach> Soziale Simulation und Planspiel in pädagogischer Perspektive (Manfred Geuting)

Im Folgenden wird versucht, die jeweiligen didaktischen Originalitäten, welche die Methodenauswahl maßgeblich bestimmen, zueinander in Beziehung zu setzen.

1.2.1 Planspiel – Serious Game

Der Begriff Serious Game kann als Oberbegriff genutzt auch das Planspiel einschließen. Betrachtet man die aktuelle Angebotslandschaft von Planspielen und Serious Games, so fällt aus didaktischer Sicht aber ein wesentlicher Unterschied auf: Planspiele werden meist als Trainingsinstrument (für geistiges Handlungstraining) angeboten und simulieren dafür Prozesse – Serious Games werden meist als wissensbezogene Angebote dargestellt, mit dem Zweck, spielerisch und medial modern und damit attraktiv Informationen und Botschaften besser zu vermitteln (vgl. Kapitel 4).

Didaktisch ist beiden gemeinsam, dass der Lernende in eine simulierte „Welt" eintaucht und in dieser Welt „spielt" und zugleich interaktiver, aber authentischer Teil dieser Welt wird. Der Lernende identifiziert sich mit der Spielrolle, daraus entsteht Spiel- und damit Lernmotivation. Didaktisch ist weiterhin gemeinsam, dass über das spielerische Handeln Lernhandeln erzeugt wird, und zwar meist in beruflichen Kontexten. Planspiele und Serious Games eignen sich im beruflichen Kontext als Selbstlernangebote (sofern sie als solche konstituiert sind) und als Bestandteil von beruflichen Weiterbildungsmaßnahmen/-seminaren.

Wenn auch Serious Games gelegentlich die Planspielkonstruktion (vgl. Kapitel 1.1.1) nutzen, so manifestiert das Planspiel den konstruktiven und damit auch didaktischen Unterschied zwischen beiden: Ein Planspiel wird stets als experimentelle Lernwelt – so schlicht diese auch immer sein mag – konstruiert, und es bildet stets einen Prozess ab – es simuliert einen Prozess, sonst ist es kein Planspiel. Damit diese experimentelle „Lernwelt" pädagogisch effektiv wird, braucht sie eine Phase der Reflexion dessen, was gelernt wurde. Dies macht Planspiele in der Regel nur als pädagogisch (von einem Planspieltrainer) geführte Bildungsveranstaltungen effektiv.

Serious Games dagegen erfreuen sich deswegen einer wachsenden Nachfrage, weil sie sich als moderne Medien wie z. B. Adventurespiele für eine Vielzahl von Aktivierungs-, Vermittlungs- und Aufklärungsanlässen eignen, ohne dass eine spezielle pädagogische Begleitung vonnöten ist. Sie sind zudem auch nicht an die Simulation eines Prozesses gebunden, wenngleich dies ein Konstruktionsmerkmal sein kann.

1.2.2 Planspiel – CBT (Computer Based Training)

CBTs umfassen begrifflich prinzipiell auch computergestützte Planspiele, stellen dennoch eine in der Bildungspraxis von Planspielen zu unterscheidende Kategorie dar. Im Kern handelt es sich bei CBTs um individuelle PC-Lernprogramme, die das Lehrbuchlernen und programmierte Lernen mit den Vorzügen der Multimediatechnik vereinigen. CBTs bedienen das entdeckende Lernen sowie das Üben von Aufgabenlösen bzw. (geistigen) Handlungen bis hin zum individuell gestalteten Erlernen aggregierten Wissens. Sie werden zunehmend das Selbstlernmedium an sich. CBT-Ansätze werden auch für Planspielentwicklungen, aber mehr noch für die Entwicklung von Serious Games verwendet. Verbreitet ist die Kopplung von Planspiel und Wissensbasen/Lernprogrammen zu betriebswirtschaftlichen Grundlagen im Planspielangebot. CBTs ersetzen dabei bzw. erweitern die tutoriellen Leistungen von Planspielangeboten.

Didaktisch bedeutsam scheint auch die Kopplung von Planspielen und (planspielexternen) CBTs zur Unterstützung des Planspielens.

<Fach> SimConsult: Betriebswirtschaftliches Lern-System auf Planspielbasis (Martina Kollmannsperger, Rolf Bronner)

<Fach> Planspiele und digitale Lernspiele – Neue Edutainment-Welle und Potenziale neuer Lernformen in der beruflichen Bildung (Sabine Seufert, Christoph Meier)

<Fach> „Super im Markt" – Handlungssimulation für Jugendliche zu einem Arbeitstag im Supermarkt im Auftrag der METRO Group (Erika Herrenbrück)

<Fach> Existenzgründungsplanspiel „Selbst-ständig ist die Frau" (Renate Birgmayer)

1.2.3 Planspiel – WBT (Web Based Training)

Unter WBT versteht man im Allgemeinen die Bereitstellung von CBTs und damit auch Planspielen im Internet oder Intranet der Unternehmen. Gegenüber der Distribution von CBTs per USB-Stick oder DVD bietet die Bereitstellung von Lehr- und Lerninhalten über das Netz erhebliche Kostenvorteile, eine schnellere und einfachere Aktualisierung und einen einfacheren Datenaustausch, der weitreichende Individualisierungsmöglichkeiten bietet. Zudem kann aus den WBT-Lerneinheiten heraus auf beliebige Informations- und Datenquellen im Internet verzweigt werden. Die mit dem Internet bereitstehenden Kommunikationsmöglichkeiten lassen sich gerade im Planspielbereich zu einem leistungsfähigen „Tele-Tutoring" erweitern. WTB erweitert den Spielraum für Fernwettbewerbsplanspiele. Es ermöglicht Szenarien, an denen sich Hunderte Planspielteilnehmende beteiligen können.

<Fach> Multiplayer-Strategiespiele für mehrere Tausend Teilnehmer – Das Simulationssystem M3 (Man-Model-Measurement) (Helge Rosé, Mirjam Kaplow)

<Fach> Hybride Qualifizierungskonzepte mit Simulationen/Planspielen, Web Based Training und Classroom-Settings (Peter Miez-Mangold)

<Fach> Metro Business Simulation – Best-Practice beim Blended-Learning (Thomas Hamela, Nils Högsdal)

<Fach> Planspielen in der beruflichen Ausbildung – Erfahrungsbericht über den Einsatz eines Internetplanspiels zu E-Commerce (Christel Keller, Nicolas Schöpf)

<Fach> DoLoRES – ein Planspiel zur Logistikausbildung von Studenten und Mitarbeitern in kleinen und mittleren Unternehmen (Michael Ott)

<Fach> SELL THE ROBOT – Ein webbasiertes Planspiel für das B2B-Marketing (Uwe Manschwetus, Tobias Stöber)

1.2.4 Planspiel – Simulations- oder Lernmethode

Begrifflich ist das Planspiel der Simulationsmethode unterzuordnen, wenngleich die Herkunft der Simulationsmethode, die visuelle/auditive Simulation von Erscheinungen/Ereignissen/Sachverhalten/Prozessen, doch eine andere Art von Lehrmittel bedeutet.

Bei der Simulationsmethode kommt es im Wesentlichen auf das Visualisieren, Hörbar- oder Messbarmachen (Demonstrieren) von schwer zugänglichen Erscheinungen durch Simulation von Prozessen an. Bei Planspielen hingegen steht nicht das vordergründige Darstellen, sondern die Handlungserfahrung im Vordergrund.

Eine Kopplung von Planspiel und Simulationsmethode in ihrer hier beschriebenen Eigenschaft findet z. B. statt, indem die Entwicklung von Preis-Absatz-Kurven als betriebswirtschaftliche Erscheinungen entsprechend dem Planspielerfolg gezeigt wird oder indem der Zusammenhang zwischen Vertriebserfolg und Vergütung aufgezeigt wird.

> <Fach> Realitätsnahe Planspiele als didaktisches Element in der beruflichen Bildung am Beispiel eines Lehrgangs zum Industrial Engineering (Thomas Mühlbradt, Gerd Conrads)

> <Fach> Unternehmenssimulationen entwickeln im eigenen Mitarbeiter-Team: Komplexitätsmanagement mit einer Mikrowelt (Mathias M. Fischer, Federico Barnabè)

> <Fach> Beer Game reloaded – Erfahrungsbericht und Spielvarianten der Supply Chain Simulation „Beer Game" an der Hochschule Ludwigshafen am Rhein (Stefan Bongard)

> <Fach> Mini-Sims als Reflexions-Katalysatoren: Didaktische Ergänzungen zur Komplexitätshandhabung (Karin Halbritter, Marko Willnecker)

> <Fach> Funktionen eines unternehmensspezifischen Management-Planspiels in einem PE-Konzept der Deichmann-Gruppe (Jörg Wins)

> <Fach> Multiplayer-Strategiespiele für mehrere Tausend Teilnehmer – Das Simulationssystem M3 (Man-Model-Measurement) (Helge Rosé, Mirjam Kaplow)

> <Fach> Dynamische Szenarien – Schlüssel für erfolgreiche Unternehmensstrategien – Entwicklung und Einsatz dynamischer Szenarien bei Unternehmensplanung und -führung (Rainer Michaeli)

> <Fach> Systematisches Komplexitätsmanagement – PC-Simulationen und Planspiele auf der Basis des Vernetzten Denkens (Jürg Honegger, Michael Hartmann)

> <Fach> Methoden, Menschen, Modelle – Seminarkonzepte für Versicherungsplanspiele (Ralf Klotzbücher, Herbert Schmidt)

> <Fach> Von der Balanced Scorecard zur computerunterstützten Entscheidungssimulation (Dieter Ballin)

<Fach> Management eines Wellness-Hotels mit der Dynamic Scorecard –Anwendungsbeispiel zur kundenspezifischen Planspielentwicklung (Falko Wilms, Margret Richter)

<Fach> Aufbau und Struktur eines Performance-Simulators zur Erreichung von Finanz- und Marketingzielen im Auftrag einer österreichischen Großbank (Aaron R. Jakob, Dieter Ballin)

1.2.5 Planspiel – Rollenspiel

Rollenspiele simulieren Gesprächssituationen und Situationen, in denen kommunikatives und fachliches Verhalten geübt wird. Zwar üben sich Planspielteilnehmende auch in der Rolle des/ der Unternehmensführers/Unternehmensführerin oder Bereichsleiters/Bereichsleiterin, dennoch ist der Unterschied zwischen Plan- und Rollenspiel insofern bedeutsam, als beim Planspielen das planende Handeln im Zentrum steht. Indem durch Übernahme von Planspielrollen seitens der Planspieltrainer/-innen – z. B. als Bankenvertreter/-innen oder Unternehmensberater/-innen – gezielt Verhandlungssituationen in das Planspiel eingebaut werden, verschmelzen Plan- und Rollenspielansatz. Auch die arbeitsteilige Gruppenarbeit in Wettbewerbsplanspielen kann Rollenspielcharakter tragen. Verschmelzungstendenzen zwischen Plan- und Rollenspiel gibt es auch aus Rollenspielkonzepten heraus, indem in Verhaltensplanspielen z. T. ein der Spielidee zugrunde liegender Rollenspielansatz mit dem Planspielansatz „angereichert" wurde. Beispiele dafür werden in folgenden Fachbeiträgen der DVD beschrieben.

<Fach> Das Verhaltensplanspiel – Eine Simulation des prozesshaften Zusammenspiels zwischen weichen und harten Faktoren der Wirklichkeit (Rainer Neubauer)

<Fach> Planspiele zur Team-Entwicklung, Führung und Kommunikation (Artur Kaiser, Manfred Kaiser)

<Fach> Planspielgestützte Gruppenarbeit zur Weiterentwicklung des Unternehmenskonzeptes eines Energieversorgers (Birgit Sauter)

<Fach> Konstruktivistische Planspielansätze zum Erwerb von Teamkompetenzen (Brigitta Nöbauer, Willy C. Kriz)

<Fach> Die Aufstellungsmethode als Planspiel- und Simulationsmöglichkeit – Komplexitätsverarbeitung und simulierte Realität im Projekt (Wilfried Reiter)

<Fach> Großgruppenplanspiele als Interventionsmethode (Willy C. Kriz, Nicole J. Saam)

<Fach> CRUZ DEL SUR© – Schulentwicklung durch Gaming Simulation (Klaus Masch)

<Fach> Knowledge diversity – In drei Tagen 95 % des Wissens einer Gruppe auf alle Köpfe verteilen! (Mario Gust)

<Fach> Personalentwicklung mit Planspiel- und Outdoor-Training – Theoretische Grundlagen, Gemeinsamkeiten und Unterschiede (Thomas Eberle)

<Fach> Mit Planspielen Politik spielerisch vermitteln (Stefan Rappenglück)

<Fach> Wifuzitake® – Ein Planspiel für Betriebliche Weiterbildung (Renate Birgmayer)

<Fach> Der Struwwelmanager – Ein ernsthaftes haptisches Spiel für Manager (Joachim Zischke)

Dies bedeutet jedoch nicht, dass hier die Bezeichnung Planspiel auch gegen die Bezeichnung Rollenspiel ausgetauscht werden könnte. In diesen Fällen ist nicht die verbale oder gestische Übung vordringlich, sondern die Rollenhandlungen dienen dem Erlernen bzw. besseren Begreifen der Unternehmensplanung und -gestaltung.

Im Übrigen bietet die Verzahnung von Plan- und Rollenspiel günstige Perspektiven für die Verbreitung des Rollenspiels als Trainingsinstrument in der beruflichen Bildung, weil damit die Akzeptanzschwelle für das Rollenspielen gesenkt wird.

1.2.6 Planspiel – Fallmethode

Planspiele sind sozusagen eine komplexe Umsetzung der Fallmethode. Die Fallmethode bezieht sich auf das erarbeitende/entwickelnde/lösende/übende Handeln in fiktiven oder (berufsrealen) Fallsituationen. Die Integration fallmethodischer Aufgaben in das Planspiel ist inzwischen üblich. Hierfür gibt z. B. Högsdal umfangreiche Hinweise.[10] Die Fallmethode dient also vornehmlich dem lernenden Bearbeiten abgegrenzterer Aufgaben, als diese Planspiele repräsentieren. Für die Integration von Planspielen in umfangreichere Bildungsmaßnahmen kann die weitere Nutzung von Planspieldaten in fallmethodischen Aufgaben erhebliche Integrationseffekte liefern.

<Fach> HANSE – Planspiel für die Aus- und Weiterbildung im Einzelhandel (Renate Neubert)

<Fach> Einsatz des Planspieles SELL THE ROBOT in der beruflichen Weiterbildung am Beispiel von Weiterbildungsstudiengängen und eines Fallstudienseminars als Angebot der VDI-Online-Lernplattform CAMPUS (Uwe Höft, Uwe Manschwetus, Tobias Stöber)

1.2.7 Planspiel – Projektmethode

Die Projektmethode wurde von einigen Personalentwicklern großer Unternehmen als effizientere Alternative zum Planspiel für die Juniormanagerfortbildung im Unternehmen proklamiert, etwa nach dem Motto: Das Planspiel ist tot, es lebe das Action Learning!

---

10 Högsdal: a. a. O.

Der Projektmethode (amerik. Action Learning) liegt konkrete Problemlösearbeit im und für das Unternehmen zugrunde. Es findet also Erfahrungslernen in der Arbeit statt, allerdings im Rahmen des „geschützten Raumes" eines Traineeprogrammes. Häufig laufen solche Traineeprojekte über mehrere Monate, ermöglichen also intensives Lernhandeln. Dies ist ein originärer didaktischer Vorteil gegenüber möglichen Planspielansätzen, wenngleich es auch (Fern-)Planspiele gibt, die über mehrere Monate intensives Lernhandeln erzeugen. Ein weiterer Vorteil der Projektmethode im Sinne solcher Traineeprojekte ist die Verbindung von produktivem (Unternehmens-)Problemlösen und (dabei mehr oder weniger tutoriell begleitetem) Lernen.

Einige didaktische Vorteile, die Planspielen hat, leistet diese Methode jedoch nicht:
▶ Planspiele ermöglichen das zeitliche Raffen von Problemsituationen;
▶ Planspiele können mögliche Auswirkungen von Problemlösehandeln auf das Unternehmen und den Markt zeigen;
▶ Planspiele können die Dynamik der Problementstehung und der Anforderungen an Problemlösen für relativ viele betriebswirtschaftliche Problemsituationen erfahrbar machen;
▶ Planspiele können nicht leicht erkennbare Neben- und Fernwirkungen von Entscheidungen transparent machen;
▶ Planspiele ermöglichen ein für die Realität risikoloses Ausprobieren;
▶ Planspiele ermöglichen die Betrachtung eines Problems aus unterschiedlichsten Perspektiven heraus;
▶ Planspiele können das Handeln und Erleben verschiedener Rollensituationen im Zeitrafferprinzip thematisieren.

Verhaltensplanspiele bzw. Free-Form-Games stellen in gewisser Weise eine Hybridform von Projektmethode und Planspiel dar, durch welche sich die Vorteile beider Methoden z. T. bündeln lassen. Sie thematisieren konkrete Organisationsentwicklungsprobleme des Unternehmens und bearbeiten diese mithilfe von Planspielszenarien. Möglicherweise liegt darin die (eine) Zukunft effizienter Traineeprogramme. Allerdings ist der Vorbereitungsaufwand solcher Fortbildungsszenarien hoch; sie erfordern eine umfangreiche Problemaufbereitung im Sinne von Unternehmens(bereichs)analysen. Vorstellbar wäre hier eine Kopplung von Projektarbeit zur Entwicklung solcher Planspielvorleistung, anschließendem Planspielen und dessen Auswertung für Reorganisationsmaßnahmen im Unternehmen im Rahmen von Traineeprogrammen. Solcher Fortbildungsansatz ist jedoch nur für Unternehmen mit entsprechenden Aus- und Weiterbildungskapazitäten denkbar.

<Fach> Mitarbeiterbefragung und was dann? Lernen mit offenen Planspielen in der Organisationsentwicklung (Mario Gust, Jan H. G. Klabbers)

<Fach> Kunden- und prozessorientiert arbeiten – Planspielgestützte Seminare zum Business-Reengieering (Peter Rally, Wolfgang Schweizer)

<Fach> Funktionen eines unternehmensspezifischen Management-Planspiels in einem PE-Konzept der Deichmann-Gruppe (Jörg Wins)

<Fach> Die Aufstellungsmethode als Planspiel- und Simulationsmöglichkeit – Komplexitätsverarbeitung und simulierte Realität im Projekt (Wilfried Reiter)

<Fach> Strategieoptimierung mit Vernetztem Denken und Entscheidungssimulationen in der Gesundheitswirtschaft (Margret Richter, Falko Wilms)

<Fach> Der Weg ist das Ziel – Entwicklung eines Planspiels mit Nachwuchsführungskräften (Johann Bachner, Marko Willnecker)

In kleinen und mittelständischen Unternehmen sind ohnehin andere Formen von Juniormanagertraining bzw. Managementtraining erforderlich. Hier mangelt es sowohl an Zeit, tutorieller Begleitung als auch an finanziellen Mitteln, um Traineemaßnahmen, wie sie in Großunternehmen üblich sind, zu realisieren. Das bedeutet zugleich, dass die Projektmethode in der Managementfortbildung insoweit auch bestimmte Rahmenbedingungen voraussetzt, die in den mittelständischen Unternehmen – also der weitaus größeren Zahl von Unternehmen – nicht gegeben sind. Deshalb kommen hier Trainingsansätzen wie dem Planspiel wachsende Bedeutung zu. Ihre Bedeutung wächst in dem Maße in dem Bedarfe nach dem Erwerb von Führungserfahrung ohne Risiko wachsen.

1.2.8 Planspiel – Szenariotechnik

Ziel der Szenariotechnik ist es, Ereignis- und Aktionsbündel zu entscheidungsreifen, alternativen Zukunftsprojektionen auszuarbeiten. So verstanden handelt es sich bei der Szenariotechnik um eine Planungstechnik. Wird diese Technik um spielerische Elemente angereichert, um beispielsweise gar nicht so offensichtliche Entwicklungsmöglichkeiten zu entdecken oder um sich in eine der alternativen Zukunftsprojektionen „einzudenken" oder „einzuleben", sind die Übergänge zum Planspielen fließend.

Gegenstand von betriebswirtschaftlichen Szenarien ist beispielsweise das Verhalten der Konkurrenz, die mit einer Produktinnovation möglicherweise schneller auf den Markt kommt als das eigene Unternehmen, oder es werden Änderungen im Konsumentenverhalten, z. B. Trend zum Kleinwagen, bevorzugter Kauf von Ökoprodukten, vorweggenommen. Auch die Änderung einer gesamten Marktstruktur kann Gegenstand von Szenarien sein, wie der folgende Fachbeitrag belegt:

<Fach> Planspielgestützte Gruppenarbeit zur Weiterentwicklung des Unternehmenskonzeptes eines Energieversorgers (Birgit Sauter)

Die in Szenarien entworfenen Zukunftsprojektionen können sich auch auf Krisen- oder Katastrophensituationen beziehen, für die Verhaltensmaßnahmen trainiert werden sollen:

<Fach> Planspiele und Simulationen für das Verhaltenstraining in kritischen Situationen: Das Beispiel MS ANTWERPEN (Stefan Strohschneider, Susanne Starke)

<Fach> Diagnosis for Crop Protection – ein Planspiel in der phytomedizinischen Ausbildung (Thorsten Kraska, Terry Stewart)

<Fach> Szenarienentwicklung beim systemorientierten Management (Dieter Ballin)

<Fach> Dynamische Szenarien – Schlüssel für erfolgreiche Unternehmensstrategien – Entwicklung und Einsatz dynamischer Szenarien bei Unternehmensplanung und -führung (Rainer Michaeli)

1.2.9 Planspiel – Unternehmenstheater

In den letzten Jahren hat das Schauspiel als Spielform Eingang in die berufliche Bildung der Unternehmen gefunden. Je nach Zielsetzung werden Problemstellungen des Gesamtunternehmens oder von Teilbereichen von einem/einer Spielleiter/-in inszeniert und den Mitarbeitern des Unternehmens von professionellen Schauspielern/Schauspielerinnen vorgeführt oder von den Mitarbeitern/Mitarbeiterinnen selbst aufgeführt. Folgende Formen des bedarfsorientierten Theateransatzes werden heute praktiziert:

▶ „schlüsselfertige" Stücke zu einem bestimmten Thema werden übernommen,
▶ die Probleme werden im Unternehmen erhoben und von einem/einer professionellen Autor/-in in einem Stück verarbeitet,
▶ Improvisationen zu einem bestimmten Thema,
▶ interaktives Forumtheater, bei dem die zuschauenden Mitarbeiter/-innen den Fortgang der von professionellen Schauspielern/Schauspielerinnen vorgespielten Handlung beeinflussen können,
▶ Elemente der Theaterarbeit zur Persönlichkeits- und Teamentwicklung.

Je nach Theaterform gibt es mehr oder weniger Nähe zu Planspielen. Ein Stück nach Maß hat hinsichtlich der Genauigkeit der betrieblichen Problemwiedergabe eine starke Nähe zu firmenspeziell entwickelten offenen Planspielen. In einem Stück „von der Stange" ist der Bezug allgemeiner und nicht speziell zum beauftragenden Unternehmen hergestellt. Der entscheidende Unterschied zwischen beiden Formen ergibt sich außerdem aus dem Grad der Beteiligung der Mitarbeiter/-innen.

<Fach> Das Theateranimierte Planspiel©: Neues Leben im Planspiel-Lernen (Richi Diener)

1.2.10 Planspiel – Übungsfirma/Juniorenfirma

Übungsfirmen haben in Deutschland als Lernorte für das Training kaufmännischer Sachbearbeitung weite Verbreitung. Sie sind in einem Übungsfirmennetz als „Markt", der durch den

Deutschen Übungsfirmenring organisiert wird, tätig. Inzwischen sind auch internationale Beziehungen zwischen Übungsfirmen im europäischen Rahmen üblich.

Zwischen Übungsfirmen findet ein fiktiver Warenaustausch statt; die Zentrale des Deutschen Übungsfirmenringes simuliert weitere Geschäftspartner wie Banken und Versicherungen. Die Teilnehmenden von Übungsfirmen übernehmen z. T. im Rahmen eines geplanten Arbeitsplatztausches die Rolle des/der kaufmännischen Bereichsleiters/Bereichsleiterin. Insoweit ist auch Managementtraining möglich. Als Schwachstelle des Übungsfirmenkonzeptes gilt aber die geringe Intensität der Trainingshandlungen, da diese stark an die Kommunikationsprozesse zwischen den Übungsfirmen gebunden sind. Auch „Füllkonzepte" mittels fallmethodischer und seminaristischer Konzepte konnten diese Schwachstelle bislang nicht beheben. Da sich die Klientel von Übungsfirmen hauptsächlich aus Umsteigern sowie Umsteigerinnen in kaufmännische Berufe rekrutiert, ist das Übungsfirmenkonzept im Wesentlichen auf die Vermittlung von Sachbearbeiterqualifikationen festgelegt und daher nicht für das Managementtraining vorgesehen und gestaltet. Juniorenfirmen, die im Unterschied zu Übungsfirmen reale Töchter von Mutterunternehmen sind und bestimmte reale Produkte herstellen und mithilfe der Infrastruktur des Mutterunternehmens vertreiben, bemühen sich stärker um Lernkonzepte für das Training unternehmerischen Denkens und Handelns. Zielgruppen von Juniorenfirmen sind Auszubildende, die die Juniorenfirma im Rahmen ihrer Ausbildung durchlaufen. Juniorenfirmen sind noch wenig verbreitet. Eine Integration von Übungs- bzw. Juniorenfirmenkonzept und Planspielkonzepten steht aus.[11]

Denkbar ist allerdings ein Übungs- oder Juniorenfirmenkonzept speziell für Führungsnachwuchs. Dies würde jedoch Veränderungen in den Handlungskonzepten voraussetzen. Für Übungsfirmen ist dies bei dem installierten Verbundsystem von Übungsfirmen derzeit kaum vorstellbar. Es könnte aber Anregung für ein Modellprojekt sein.

1.3   Planspielintegration in berufliche Lernkonzepte *(Ulrich Blötz)*

Planspiele haben als Seminarmethode bzw. als geschlossenes Seminarangebot in Deutschland in den letzten Jahrzehnten einen beständigen Bedeutungszuwachs erfahren. Die Ursachen sind dafür nicht einfach und nicht nur in der didaktischen Nützlichkeit/Bewährung der Planspielmethode zu suchen. Aus der bisherigen Beobachtung des Planspielmarktes sieht der Autor zunächst vor allem vier Gründe für die bisherige (nicht völlig ungetrübte) Planspielerfolgsstory, die sich vor allem im Markt beruflicher Bildung vollzogen hat:
- ▶ Die Attraktivität der Methode im Vergleich zu anderen, vor allem den klassischen Bildungsmethoden des schulischen Lernens, die vor allem im spielerischen Wettbewerbshandeln begründet ist.

---

11   KUTT, Konrad: Juniorenfirmen und Umweltschutz. BIBB, Berlin, 1995.

- Der ungestillte Bedarf nach wirksamen Methoden zum effizienten Erlernen betriebswirtschaftlicher Unternehmensführung sowie zur Lösung von Führungsproblemen, der nach wie vor den Hauptanlass für die Planspielanwendung in der beruflichen Bildung liefert.
- Die in den letzten Jahrzehnten relativ großzügigen Etats der (größeren) Unternehmen für berufliche Bildung, die das Probieren bzw. Nutzen innovativer Bildungsangebote, zu denen Planspiele prinzipiell auch heute noch zu zählen sind, erleichterten.
- Die schnelle Entwicklung der PC-gestützten Interaktionsmedien, die die Vielfalt und Verbreitung von Planspielen stark gefördert hat.

Die Attraktivität des Planspielangebotes im Bildungsmarkt besteht vor allem darin, dass seine Akzeptanz bei Lernern/Lernerinnen wie Bildungsveranstaltern häufig gleichermaßen hoch ist. Planspiele lockern herkömmliche schulische Lehrgangsangebote auf, sind ein Beitrag für die Methodenvielfalt des beruflichen Lernens, bieten aber darüber hinaus einen für die Umsetzung des Paradigmas „Vermittlung von Handlungskompetenz" didaktisch grundsätzlich bedenkenswerten Ansatz zur Erschließung von Lernmotivation in Lehrgängen beruflicher Fortbildung sowie in der Aus- und Organisationsentwicklung:

Planspiele können quasi als „Trojanisches Pferd" in der schulisch orientierten beruflichen Bildung wirken, um arbeitsnahes Lernhandeln in schulischen Organisationsformen schnell zum Standard zu machen und damit zum Einsatz weiterer Trainingsmethoden zu motivieren. Sie profitieren hier von ihrer Akzeptanz sowie von den relativ unproblematischen Einsatzvoraussetzungen. Deswegen können sie auch „Vorreiter" für weitere, schwieriger zu installierende/integrierende Trainingsmethoden sein wie komplexere Rollenspiele oder Trainingsserien.

<Fach> Integration von Planspielen in Weiterbildungslehrgänge – ein evaluiertes Modell (Thomas Stürzer)

<Fach> Integriertes Planspielen im Trainingskonzept der Fortbildung zum Tagungsfachwirt (Klaus Beckmann, Adele Heinz)

<Fach> Funktionsplanspiele in der Fortbildung zum Betriebswirt des Handwerks (Klaus-Dieter König)

<Fach> HandSim®2 – Planspielen im Handwerk – Ein Erfahrungsbericht (Klaus-D. König, Thomas Stürzer)

<Fach> VerSimBi – Ein Planspiel für die überbetriebliche Ausbildung in der Versicherungsbranche – Kooperative Planspielentwicklung (Herbert Schmidt, Ralf Klotzbuecher)

<Fach> Einsatz des Planspiels „Mein Unternehmen" zur Simulation von Unternehmens- und Entscheidungsprozessen und Entwicklung von Handlungskompetenzen (Sigrid Salzer)

<Fach> Planspielen in der beruflichen Ausbildung – Erfahrungsbericht über den Einsatz eines Internetplanspiels zu E-Commerce (Christel Keller, Nicolas Schöpf)

<Fach> Planspiel Kugelschreiberfabrik – Prozessorientierung für Auszubildende (Margit Frackmann, Thomas Bruse, Wilfrid Lammers)

<Fach> Kooperatives Planspieldesign – Entwicklung eines Planspiels unter Lehrerbeteiligung am Beispiel Möbel-Messe München, einem Planspiel für Schüler des BGJ-Holztechnik (Angelika Dufter-Weis)

<Fach> Fallstudie: Entwicklung einer Simulation von Unternehmensprozessen für kaufmännisch-gewerbliche Azubis (Erika Herrenbrück)

<Fach> Erfolgreiches Speditionsmanagement trainieren: Wie sich Führungsnachwuchs und Führungskräfte mit einem Planspiel auf ihre Managementaufgaben vorbereiten (Ingrid Göpfert, Axel Neher)

<Fach> DoLoRES – Ein Planspiel zur Logistikausbildung von Studenten und Mitarbeitern in kleinen und mittleren Unternehmen (Michael Ott)

In der betrieblichen Fortbildung gehören Planspiele neben der Fallmethode zu den am häufigsten eingesetzten Methoden der Managementfortbildung. Inzwischen gibt es verschiedentlich Ansätze, die Planspiele zugleich als Arbeitsinstrument nutzbar zu machen. Das heißt, Planspiele sollen mit echten Unternehmensdaten „gefüttert" werden, mit denen dann verschiedene Entwicklungsszenarien des Unternehmens bzw. des Branchenmarktes durchgespielt werden und dadurch die Entscheidungsfindung für die strategischen Unternehmensentwicklungen unterstützt wird. Diese Planspielfunktion ist für Individual-Planspiele angedacht, bei denen der Branchenmarkt nicht durch die (fünf) Planspielunternehmen erzeugt wird, sondern durch relativ aktuelle Marktdaten per Computer widergespiegelt wird. Der/Die Planspieler/-in spielt dann mit seinem/ihrem Unternehmen gegen den simulierten Markt. Das Planspielergebnis, d. h. der Computer, liefert sicherlich keine Szenarien, die dem/der Unternehmer/-in die Entscheidungen abnehmen; interessant aber ist der arbeitsmotivierte Spielansatz, der letztlich eine bessere Übersicht über Risiken des Unternehmens und damit dezidierte Lerneffekte ermöglicht.

Derzeit mangelt es für eine stringentere Umsetzung dieses Planspiellernens an einem dafür notwendigen „Datenkomfort". Sowohl die betriebswirtschaftlichen Daten des Unternehmens als auch die relevanten Branchenmarktdaten müssen schnell und unkompliziert zugriffsfähig sein. Die dafür erforderliche Datenpflege in den Unternehmen und Branchen ist noch nicht in einem hinreichenden Umfang vorhanden. Versucht wird, mit einer „Online"-Bereitstellung der Branchendaten durch sogenannte „Agententechnologie" das Pflegeproblem zu lösen.

<Fach> Entwicklung eines Unternehmensplanspiels für das Handwerk (Michael Motzkau, Harald Thieme)

Seit Längerem werden Verhaltensplanspiele bei Organisationsentwicklungsmaßnahmen im Unternehmen eingesetzt. Ihre Funktion besteht darin, mit dem Durchspielen möglicher Entwicklungsszenarien, der Unternehmensorganisation die Entscheidungssicherheit für Organisationsmaßnahmen zu verbessern und zugleich auch Entwicklungspotenziale zu erkennen.

<Fach> Orientierungs-Center mit Planspielübung: Talent zur Führungskraft gefahrlos erproben (Andreas von Studnitz)

<Fach> Internetbasierte simulative Spiele und Self-Assessments als Hilfe für die Berufs-, Studien- und Ausbildungswahl (Kristof Kupka)

<Fach> Das Verhaltensplanspiel – Eine Simulation des prozesshaften Zusammenspiels zwischen weichen und harten Faktoren der Wirklichkeit (Rainer Neubauer)

<Fach> Moderne Managementparadigmen als Planspiel-Grundlage – Konzepte und praktische Erfahrungen (Jan H. G. Klabbers, Mario Gust)

<Fach> Unternehmensplanspiele im organisationalen Wissensmanagement (Rüdiger Reinhardt, Peter Pawlowsky)

<Fach> Planspiele als Baustein bei der Einführung von Wissensmanagement in KMU (Willy Steincke)

<Fach> Mitarbeiterbefragung und was dann? Lernen mit offenen Planspielen in der Organisationsentwicklung (Mario Gust, Jan H. G. Klabbers)

<Fach> Training internationaler Geschäfts- und Kommunikationskompetenzen mit dem BWL-Planspiel Investor Industrie (Thomas Helle)

<Fach> Funktionen eines unternehmensspezifischen Management-Planspiels in einem PE-Konzept der Deichmann-Gruppe (Jörg Wins)

<Fach> Personalentwicklung mit Planspiel- und Outdoor-Training – Theoretische Grundlagen, Gemeinsamkeiten und Unterschiede (Thomas Eberle)

<Fach> Die Aufstellungsmethode als Planspiel- und Simulationsmöglichkeit – Komplexitätsverarbeitung und simulierte Realität im Projekt (Wilfried Reiter)

<Fach> Business Performance Improvement – Von systemischen Aufstellungen zur technischen Objektsimulation (Wilfried Reiter, Dieter Ballin, Thorsten Teigeler)

1.3.1 Lehrgangsintegriertes Planspielen liefert Synergien

Der Einsatz von Planspielen im Studium sowie in der Aus- und Weiterbildung wird bislang nicht mit dem Ziel betrieben, dadurch bestimmte Phasen der Wissensaneignung zu substituieren. Der Planspieleinsatz beinhaltet insoweit keine Einsparpotenziale für Lehrgangszeiten. Im Gegenteil: Planspiele dienen in Lehrgängen bislang der Erweiterung des Methodenangebotes zur Anwendung und Festigung erworbenen (betriebswirtschaftlichen) Wissens und werden häufig als Zusatzseminare angeboten. Ihr Einsatz führt meist sowohl aus Veranstalter- und auch aus Teilnehmersicht zu einem attraktiveren Bildungsangebot.

Untersuchungen des BIBB zur Planspielintegration in Lehrgänge der beruflichen Aufstiegsfortbildung zeigen, dass sich grundsätzlich mehrere didaktische Konzepte für den Planspieleinsatz anbieten, die je nach Lehrgangsorganisation und Teilnehmervoraussetzungen und -interessen zu gestalten sind.

Die nachfolgenden Fachbeiträge beinhalten Erfahrungen und Überlegungen zur Einbettung von Planspielen in bestehende Bildungskonzepte:

<Fach> Nutzung klassischer Unternehmensplanspiele für Existenzgründerseminare (Dieter Walter)

<Fach> Lehrerfortbildung: Planspieleinsatz im Handel – Längsschnittstudie zum Anwendungstransfer (Ewald Blum)

<Fach> Unternehmensplanspiele – eine Methode für den wirtschaftswissenschaftlichen Unterricht beruflicher Schulen? (Ewald Blum)

<Fach> Realitätsnahe Planspiele als didaktisches Element in der beruflichen Bildung am Beispiel eines Lehrgangs zum Industrial Engineering (Thomas Mühlbradt, Gerd Conrads)

<Fach> Integration von Planspielen in Weiterbildungslehrgänge – ein evaluiertes Modell (Thomas Stürzer)

<Fach> Kooperatives Planspieldesign – Entwicklung eines Planspiels unter Lehrerbeteiligung am Beispiel Möbel-Messe München, einem Planspiel für Schüler des BGJ – Holztechnik (Angelika Dufter-Weis)

<Fach> Einsatz des Planspieles SELL THE ROBOT in der beruflichen Weiterbildung am Beispiel von Weiterbildungsstudiengängen und eines Fallstudienseminars als Angebot der VDI-Online-Lernplattform CAMPUS (Uwe Höft, Uwe Manschwetus, Tobias Stöber)

<Fach> Der Nutzen unterschiedlicher Planspiel- und Simulationskonzepte für Unternehmen und Manager (Mario Gust, Jan H. G. Klabbers)

<Fach> Funktionen eines unternehmensspezifischen Management-Planspiels in einem PE-Konzept der Deichmann-Gruppe (Jörg Wins)

Untersuchte Planspieleinsätze[12] deuten insbesondere auf folgende didaktische Vorteile hin:
▶ Die didaktischen Möglichkeiten eines Planspiels lassen sich besser erschließen, wenn es in größere Lehr-/Lerneinheiten integriert ist. Dann nämlich können typische Schwachstellen

---

12 Die hier dargestellten Einsichten basieren auf Evaluationen von Planspieleinsätzen in der unternehmensbezogenen Fortbildung bei SPAR sowie in der Handelsfachwirtfortbildung an der IHK Berlin sowie auf Erfahrungsbeiträgen von Planspielleitern sowie Planspielleiterinnen.

geschlossener Planspielseminare, wie zu knappe Einführungs-, Trainings- und Experimentierzeiten und fehlende Zeiten für das Ausgleichen mangelnder betriebswirtschaftlicher Voraussetzungen der Teilnehmenden, beseitigt und sogar in Stärken des Planspielangebotes verwandelt werden. In vorlaufenden Lehrgangsphasen kann durch Fallaufgaben auf die (anspruchsvolle) Planspielsituation schrittweise hingeführt werden. Planspiele können mit für die Teilnehmenden erlebbarem Gewinn mehrfach bzw. wiederholend eingesetzt werden. Es können auch verschiedene Planspiele gekoppelt werden.

- Unternehmensplanspiele eignen sich besonders, das Wissen einzelner Lehrgangsfächer miteinander zu vernetzen. Das Planspielgeschehen lässt sich dabei fach- oder themenbezogen akzentuieren, sodass Wissenszusammenhänge aus der jeweiligen Fächersicht thematisiert werden können. Akzentuierungen, z. B. Training bestimmter kaufmännischer Funktionen, können durch den Einsatz funktionsspezifischer Planspiele wie Marketing- und Produktionsplanspiele verstärkt werden. Weitere Akzentuierungen des Trainings liefern Volkswirtschafts- und Verhaltensplanspiele. Im Erprobungsfall wurde ein Handelsplanspiel akzentuiert in verschiedenen „Fortbildungsfächern" eingesetzt.

- Die im Planspiel entstehenden (z. B. betriebswirtschaftlichen) Datenfälle können im weiteren Lehrgangsverlauf vielfältig genutzt werden.

- Planspiele sind grundsätzlich offen für die Integration weiterer Lernsequenzen und -methoden in den Spielablauf. Dafür eignen sich z. B. „Spielpausen" zwischen den Planungs-/Entscheidungsrunden. Sie können damit auch den Rahmen für einen komplexen (z. B. betriebswirtschaftlichen) Lehrgang liefern, im Besonderen, wenn sie mit weiteren Trainings verknüpft werden. Diese Option ist deshalb hervorhebenswert, weil dann die im Planspiel angelegten Handlungsansätze, wie Handlungswiederholungen/Übungen, Erproben/Spielen unterschiedlicher Ausgangssituationen und Handeln in verschiedenen Funktionsrollen, lernorganisatorisch weitgehend umgesetzt werden können.

Auch sei hier angemerkt, dass die Potenziale von Planspielen zum Kommunikationstraining mit den herkömmlichen Planspielabläufen, z. B. den Präsentationsphasen im Planspiel, erst in Anfängen erschlossen sind. Sind aber solche „natürlichen" Lernzielqualitäten des Planspiels erst im Bewusstsein des/der Trainers/Trainerin, können sie sukzessive gefördert werden, z. B. durch zusätzliche projektierte Planspielereignisse. Dazu gehören Gruppendiskussionen zu Planspielaufgaben oder „nebengeschaltete" Rollenspielsituationen mit Verhandlungsaufgaben, die Analyse des Führungsverhaltens etc.[13]

---

[13] WALTER, Dieter; MUSCH, Reinfried; PECHE, Norbert: Endbericht zum BIBB-Forschungsauftrag: „Trainingsgestützte Fortbildung zum Handelsfachwirt". Berlin, 1998 (Fachbeitrag auf der DVD zum Fachbuch).

1.3.2 Beispiele für Integrationskonzepte von Planspielen in Lehrgänge

Die Integration von Planspielen in längerfristige Bildungsmaßnahmen, denen in der Regel ein detaillierter Lehrplan zugrunde liegt, erfordert umfassende curriculare Vorarbeiten, da der Lehrplan mit den Einsatzmöglichkeiten abgestimmt werden muss. Nachfolgend werden Empfehlungen dargestellt, wie sie sich aus dem BIBB-Modellversuch „HANDSIM" ergeben. „HANDSIM" ist ein Unternehmensplanspiel, mit dem anhand einer prototypischen Datenstruktur eines (Elektro-)Handwerksbetriebs die betriebswirtschaftliche Unternehmensführung sowie die Entwicklung eines Unternehmens aus der Gründung heraus trainiert werden können. Ausführlichere Informationen zu HANDSIM und den begleitenden Modellversuchen enthalten die folgenden Fachbeiträge:

<Fach> Integration von Planspielen in Weiterbildungslehrgänge – ein evaluiertes Modell (Thomas Stürzer)

<Fach> Integration von Unternehmensplanspielen in die Handwerksfortbildung – Modellversuch der Handwerkskammer Berlin (Markus Thiermeier)

<Fach> Entwicklung eines Unternehmensplanspiels für das Handwerk (Michael Motzkau, Harald Thieme)

<Fach> HandSim®2 – Planspielen im Handwerk – Ein Erfahrungsbericht (Klaus-D. König, Thomas Stürzer)

<Fach> Lehrerfortbildung: Planspieleinsatz im Handel – Längsschnittstudie zum Anwendungstransfer (Ewald Blum)

Ein Einsatz von Planspielen in Abschlussprüfungen (staatlich) geregelter Bildungsmaßnahmen ist bislang nicht bekannt.

Auf ihre Eignung für Prüfungszwecke müssten Planspielkonzepte untersucht werden. Das BIBB hat vorläufige Standpunkte zum Einsatz von Planspielen in der Prüfungspraxis zusammengetragen:

<Fach> Zur Eignung von Planspielen und computersimulierten Szenarien für (geregelte) Prüfungen (Margit Ebbinghaus)

Empfehlungen und Ausarbeitungen für die Einsatzvorbereitung und curriculare Integration beinhaltet der nachfolgende Schwerpunkt-Fachbeitrag, aus dem eine „punktgenaue" Abstimmung des Planspieleinsatzes mit dem Lehrplan zur Fortbildung zum/zur Handelsfachwirt/-in ersichtlich ist.

<Fach> Endbericht zum BIBB-Forschungsauftrag: Trainingsgestützte Fortbildung zum Handelsfachwirt (Dieter Walter, Reinfried Musch, Norbert Peche)

Für den erfolgreichen Planspieleinsatz in lehrplangebundenen Bildungsmaßnahmen sind nach bisherigen Erfahrungen folgende Kriterien maßgeblich:
- ▶ Motivationen der Teilnehmenden zur Ausgangsüberlegung für das Integrationskonzept machen,
- ▶ Varianten der Planspieleinführung in das Lehrgangsgeschehen bereitstellen,
- ▶ lehrgangsspezifischen „Einführungs-Kit" erstellen,
- ▶ zielgruppengerechte Gestaltung des Planspielablaufes.

Motivation der Teilnehmenden
Die Teilnahme an Lehrgängen zur Vorbereitung auf die Meisterprüfung im Handwerk entspringt meist einer Mischmotivation aus „Erwerb des großen Befähigungsnachweises" und Qualifikationsverbesserung evtl. auch für die eigene Betriebsgründung oder -übernahme. Die Teilnehmermotivation kann hierfür in zweifacher Weise aufgegriffen werden:

A: Das Planspiel dient dem betriebswirtschaftlichen „Wissenstest" und der Festigung von Wissen in der Prüfungsvorbereitung; zentrale betriebswirtschaftliche Sachverhalte der Arbeit mit Bilanzen, mit Gewinn- und Verlustrechnung, Finanzierung, Auftragskalkulation, die Gegenstand der Prüfung sind, werden im Planspiel in einen Handlungszusammenhang gestellt. Das Planspielen schafft bei den Teilnehmenden zusätzliche „Erinnerungsbilder" zur Verwendung betriebswirtschaftlicher Instrumente und Verfahren sowie zu Zusammenhängen.

B: Das Planspiel thematisiert Lern- oder Problemschwerpunkte, die für die Teilnehmenden von besonderem Interesse sind: Anforderungen an die Führung eines eigenen Betriebes, Umgang mit bestimmten Auftragssituationen, Finanzierungsfragen bei einer Betriebsübernahme oder -gründung, Angebotskalkulationen usw.

Varianten der Planspieleinführung in das Lehrgangsgeschehen
Variante I: Das Planspiel wird für eine interessierte Teilnehmergruppe, die durch gezielte Ansprache gewonnen wird, als Planspielseminar angeboten (Freitagabend-/Samstagvormittagseminar). Im Berliner Modellversuch fanden sich innerhalb eines Meisterkurses vier bis sechs Teilnehmende. Teilnehmende aus zwei Kursen wurden jeweils in einem Planspielseminar zusammengefasst. Es wird als Planspielthema Variante A oder B vereinbart. Bei Erfolg wird entweder die Weiterführung des Seminars zu einem nächsten Zeitpunkt oder sein Einsatz im Kurs vereinbart.

Variante II: Das Planspiel wird im Rahmen eines Themenschwerpunktes im Kurs (gleichfalls über zwei halbe Tage) eingesetzt. Hierfür setzt der Themenschwerpunkt einen Planspielanlass. Auch hier wird sich für Variante A oder B entschieden. Bei Erfolg werden mit den Teilnehmenden weitere Planspielanlässe innerhalb oder außerhalb des Kurses vereinbart. Für die Platzierung des Unternehmensplanspiels innerhalb des Kurses Teil III der Meistervorbereitung gibt es drei günstige Anlässe:

- ▶ Zum Abschluss der Ausbildung in den Abschnitten „Rechnungswesen" oder „Wirtschaftslehre",
- ▶ als jeweilige Bündelung praktischer Fälle zur Wissensanwendung (Fallrechnungen), z. B. zur Auftragskalkulation, Kostenrechnung, Bilanzierung,
- ▶ als erster Abschnitt der unmittelbaren Prüfungsvorbereitung, in dem durch das Planspielen Schwachstellen der Teilnehmenden offengelegt werden, die Schwerpunkte der Prüfungsvorbereitung liefern.

Der Nachteil der oben skizzierten Einführungsvarianten besteht in der fehlenden „Gewöhnung der Teilnehmenden" an die für sie relativ komplexe Struktur der Planspielaufgabe. Der erste halbe Tag ist zur Gewöhnung erforderlich. Erst der zweite halbe Tag macht den Teilnehmenden begreiflich, wie sie mit dem Planspiel als Lerninstrument umgehen, welche eigenen Lehransprüche sie an das Instrument stellen können. Besser ist, die Gewöhnungsphase zu verteilen, indem bereits vor dem Planspieleinsatz im Kurs durch gezielte Fallarbeit auf die Daten- und Aufgabenstruktur des Planspiels vorbereitet wird.

Variante III: Hier werden unter Beteiligung der Fachlehrer/-innen Fallaufgaben und Übungen mit Kennzahlen und Aufgaben der Periode 0 des Planspiels in die Lehrgangsschwerpunkte und den Lehrgangsablauf geplant.[14]

Die Behandlung der in der Übersicht kursiv gedruckten Fallthemen Preiskalkulation, Kostenanalyse und Zeitplanung sind die „Minimalvariante" einer „Vorab"-Planspieleinführung.

Je nach aktuellen Lernvoraussetzungen der Teilnehmenden sind verschiedene Aufgaben-/Übungsfolgen sinnvoll.

Eine Ausweitung der Idee, das Planspielen mit Fallaufgaben zu verknüpfen, mündet in einen planspielintegrierenden „Umbau" des Rahmenstoffplanes. Hierfür bietet sich auch eine „Nachbehandlung" der Planspieldaten und -erlebnisse in weiterführenden Fallaufgaben/Übungen entsprechend der Übersicht an. Der BIBB-Modellversuch „HANDSIM" liefert für die Meistervorbereitung Teil III und für die Fortbildung zum/zur Betriebswirt/-in des Handwerks Vorschläge.

---

14 Die folgenden Fallaufgaben/-übungen sind nach Abschluss des Modellversuchs als Modellversuchsprodukte erhältlich bei MCT GmbH Berlin.

Übersicht 4: Beispiel einer lehrplanbezogenen Zuordnung von Planspielaufgaben

Fallaufgaben/Übung	Platzierung im Lehrgang „Vorbereitung auf die Meisterprüfung"
Ausarbeitung und Präsentation von Zielen und Strategien für das eigene Unternehmen in einer konkreten Situation und Umgebung	2.1.1 Grundsätze zur Gesamtplanung eines Unternehmens nach dem Unternehmensziel 2.1.2 Markt- und Standortanalyse
Entwurf und Präsentation eines Werbekonzepts für die eigene Unternehmung	2.2.4 Absatz
Preiskalkulation inklusive Berechnung eines Stundenverrechnungssatzes Übung: Deckungsbeitragsrechnung für Güter/Leistungen/Kunden/Regionen	1.2.5 Kostenträgerrechnung (Kalkulation) 1.2.6 Die Zuschlagskalkulation 1.2.5 Kostenträgerrechnung
Fallbeispiel und Übung: „Planerfolgsrechnung"	1.1.7 Die Gewinn- und Verlustrechnung
Kostenanalyse einer konkreten Unternehmung für eine Periode	1.3.4 Auswertung der Kostenrechnung
Fallbeispiel: Finanzanalyse und -planung inkl. Cashflow	1.3.3.3 ... Der Cashflow 2.5.2 Arten der Finanzierung 2.5.3 Kapitalbedarfsermittlung, Investitionsplan und Finanzierungsplan 2.5.4 Der Kredit als Finanzierungsmittel 2.5.5 Spezielle Finanzierungshilfen für das Handwerk 2.5.6 Der Finanzplan
Fallbeispiel: Bilanzanalyse	1.1.2.2 Die handelsrechtlichen Bestimmungen zu Bilanzierung und Jahresabschluss 1.1.6 Inventar und Bilanz 1.3.3 Die Auswertung des Jahresabschlusses und buchhalterischer Zwischenabschlüsse
Aufstellen eines Zeitplanes für eine Periode (Woche, Monat) auf der Basis eines Leistungsplanes	2.2.3 Leistungserstellung 2.3.4 Organisation des Arbeitsablaufes
Aufstellen eines optimalen Materialbeschaffungsplanes für eine Periode (Woche, Monat) auf der Basis eines Leistungsplanes und konkreter Lieferbedingungen	2.2.2 Beschaffung
Aufstellen eines optimalen Personalplanes (Struktur, Einsatz, Anreize) für eine Periode (Woche, Monat, Jahr) auf der Basis eines Leistungsplanes	2.4 Personalorganisation
Aufstellen eines optimalen Betriebsmittelplanes (Bestand und Einsatz, Instandhaltung, Investitionen, Mieten, Leasen oder Kaufen) für eine Periode (Woche, Monat, Jahr) auf der Basis eines Leistungsplanes	2.3.2 Organisationsbereich „Betriebsstätte" 2.3.3 Organisationsbereich „Betriebsmittel"
Übung an einer Planspielsituation: „Betriebsvergleich"	1.3.7 Betriebsvergleich

Quelle: BIBB-Modellversuch „Organisationsentwicklung im Handwerk durch planspielgestützte Lernarrangements in der Aufstiegsfortbildung", Handwerkskammer Berlin, Projektleitung: Dr. Stürzer, MCT GmbH

Lehrgangsspezifischer Einführungs-Kit

Einige Planspielteilnehmer/-innen sind in der Regel auch nach umfangreicher Spieleinführung nicht in der Lage, anhand der ihnen zur Verfügung stehenden Spielunterlagen strukturierte und konzeptionell durchdachte Entscheidungen zu treffen. Hier ist ein zusätzlicher Einführungs-Kit nützlich:

Während die üblichen Teilnehmerunterlagen (das Handbuch) die Ausgangssituation und die bisher erfahrenen betriebswirtschaftlichen Wirkungszusammenhänge beschreiben sowie die (Betriebsergebnis-)Berichte darstellen, auf deren Grundlage zu planen ist, liefert der Einführungs-Kit zusätzlich einen beispielhaften Planungsablauf, der durch die Teilnehmenden leicht nachvollzogen werden kann und dessen einzelne Planungsschritte in ihrer Sinnhaftigkeit nochmals erläutert sind.

Zielgruppengerechte Gestaltung des Planspielablaufes

Der Ablauf des Planspiels sollte folgende Anforderungen erfüllen:
▶ Ansteigender Schwierigkeitsgrad der Entscheidungssituationen in den einzelnen Spielperioden;
▶ pro Spielperiode werden weitere Analyseinstrumente (Kosten-/Leistungsrechnung, Marktanalyse, Finanzierung und Liquidität, Bilanzanalyse u. a.) einbezogen;
▶ aktualitätsbezogene Marktdaten (Wirtschaftsprognose).

Das folgende Ablaufbeispiel (welches als Teil der Planspielunterlagen den Teilnehmenden vor dem Entscheidungsprozess jeder Periode vom Planspieltrainer oder der Planspieltrainerin übergeben wird) ist hier nur als eine Variante zu verstehen, die je nach Lernbedarf der Teilnehmenden zu gestalten ist:

Übersicht 5: Beispiel einer zielgruppengerechten Planspielgestaltung durch realitätsnahe Ereignisszenarien		
	Szenariobeschreibung	**Ergänzungsvorschläge**
1. Periode	Einarbeitung, Aneignung von Entscheidungsroutinen	
2. Periode	Ausschreibung eines Auftrages, Angebot erarbeiten, Vertragsverhandlungen mit Kunden	
3. Periode	Mehrere Ausschreibungen, Nachfragerückgang bei Kleinaufträgen, Geschäfts- bzw. Sortimentserweiterung	Arbeitsunfall; Gesellen/Gesellinnen stehen nur durchschnittlich 24 Stunden zur Verfügung
4. Periode	Veränderung der Nachfragestruktur bei insgesamt sich erholender Nachfrage	Erhöhung der Lieferantenpreise für Material (10 %), Handelsware (15 %) und Investitionsgüter (20 %). Die Zahlungsmoral der Kunden verschlechtert sich: 60 % im gleichen Quartal, 35 % im nächsten, 5 % Forderungsausfall
5. Periode	Stabiles Marktwachstum insgesamt, Nachfragesprung bei Leuchten	EZB erhöht Leitzinsen, entsprechend höhere Zinsen und Annuitäten bei Krediten
6. Periode	Stabiler Markt, demzufolge Routine und Zeit für ein Gesamtfazit	
Quelle: BIBB-Modellversuch „Organisationsentwicklung im Handwerk durch planspielgestützte Lernarrangements in der Aufstiegsfortbildung", Handwerkskammer Berlin, Projektleitung: Dr. Stürzer, MCT GmbH		

1.3.3 Qualifizierte Planspieltrainer/-innen sind Voraussetzung für gezieltes Planspiellernen

Lernwirksames Planspielen setzt ein gezieltes Reflektieren bzw. Bewerten des Planspielgeschehens voraus. Dies ist eine der drei grundsätzlichen Aufgaben der Planspielleitung: Sie führt in das Planspiel ein, unterstützt die Gruppen bei Spielproblemen und steuert die Reflexionen zum Spielerleben. Die Planspielleitung muss nicht nur das Planspiel selbst, d. h. seine fachliche (betriebswirtschaftliche) und mediale Seite, beherrschen, sie muss vor allem auch eine pädagogisch qualifizierte Reflexionsarbeit leisten können. In der Regel bedarf dies umfangreicher Spielerfahrung. Bei Ersteinsatz von Planspielen sollten erfahrene Trainer/-innen hinzugezogen werden. Planspielanbieter können hierfür meist Trainer/-innen empfehlen oder bieten Trainerseminare an.

<Fach> Trainerkompetenz als Erfolgsfaktor für die Qualität in Planspielen (Willy C. Kriz)

<Fach> Lehrerfortbildung: Planspieleinsatz im Handel – Längsschnittstudie zum Anwendungstransfer (Ewald Blum)

<Fach> Anforderungen an Planspielleiter – Planspielleiterseminare (Kai Neumann)

<Fach> Sind Planspiele langwierig und kompliziert? Eine Abhandlung über die Anforderungen der Planspielmethodik und die Fortbildung von Lehrkräften (Markus Ulrich)

<Fach> Den Lernerfolg mit Debriefing von Planspielen sichern (Willy C. Kriz, Brigitta Nöbauer)

Grundlagenkenntnisse der mathematischen Spieltheorie zur Bewertung von Strategiealternativen bilden einen weiteren Baustein im Anforderungskatalog an Planspieltrainer:

<Fach> Spieltheoretische Aspekte im Planspiel – Optimierung, Entscheidung und Strategie (Ulrich Holzbaur)

1.4 Planspielformen: Auf Eignung für die Bildungsabsicht prüfen

In diesem Abschnitt geht es vor allem darum, die Konstruktionen/Spielansätze zu unterscheiden und ihre jeweilige Verwertung für berufliche Lernprozesse zu verdeutlichen. In den nachfolgenden Kapiteln 2 und 3 werden Angebotsbeispiele beschrieben und Übersichten über das aktuelle Angebot einzelner Planspielformen gegeben.

In der Literatur sind unterschiedliche Klassifikationsansätze für Planspiele nachzulesen. Verwiesen sei hier auf eine häufiger zitierten von HÖGSDAL.[15] In diesem Abschnitt wird unter Nutzung gängiger Planspielklassifikationsbegriffe versucht, das Planspielangebot

---

15 HÖGSDAL 1996, a. a. O.

nach Merkmalen zu unterscheiden, die für die pädagogisch intendierte Planspielauswahl wichtig sind.

Übersicht 6: Planspielformen

Klassifikation nach Art des/der			
Spielmediums	Modellbereichs/ (Bezugssystems)	tutoriellen Begleitung	sozialen Arrangements
PC-gestützte interaktive Planspiele	Unternehmensplanspiele (allgemein)	trainergeführte Planspiele	Gruppen-Planspiele im Parallelbetrieb
formulargestützte Planspiele	Funktionsplanspiele	Planspiele ohne Trainer	Gruppen-Planspiele mit Wettbewerb
Interaktive Online-Spiele	Branchen-Planspiele	Online-Tutorials	Individual-Planspiele
Wettbewerbszentrale (elektronisch)	Verhaltens-, Rollenplanspiel		Fernplanspielwettbewerbe
Wettbewerbszentrale (konventionell)	frei gestaltbar (offen) (Free-Form-Games)		
Brettplanspiele			

Quelle: BLÖTZ/BIBB, BADURA/KHS

Das Planspielangebot, das im deutschsprachigen Raum über 500 Produkte zählt, fußt im Prinzip auf wenigen Konstruktionsmustern, die in ihrer Kombination zu einer Vielfalt an Planspielkonfigurationen führen. Die „Übersicht 6: Planspielformen" zeigt vier für die Entwicklung und Auswahl von Planspielen wesentliche Kriterien: das verfügbare Spielmedium, den zu behandelnden Realitätsausschnitt (den Modellbereich), das tutorielle Begleitsystem und das soziale Arrangement.

Das Spielmedium bestimmt, in welcher Form der/die Planspieler/-in mit dem Simulationsmodell interagiert, d. h., über welches Medium er seine Entscheidungen vornimmt und wie er Rückmeldungen über die Auswirkungen seiner Entscheidungen erhält.

Dient ein PC als Spielmedium (Computer-Planspiel), werden zwei Vorgehensweisen praktiziert: Bei interaktiven Computer-Planspielen gibt der/die Planspieler/-in seine Eingaben direkt in einen PC selbstständig ein, die Simulation erfolgt umgehend an seinem PC, und der/die Planspieler/-in erhält die Auswertungen ohne Zeitverzögerung. Bei formulargestützten Computer-Planspielen werden die ausgefüllten Entscheidungsformulare zur Eingabe an einen zentralen PC, auf dem die Simulations- und Planspielsoftware läuft, übermittelt (elektronisch oder manuell). Auf dem zentralen PC (häufig ein Notebook oder Laptop des Planspielleiters) werden dann die Eingaben ausgewertet und anschließend dem/der Spielenden für die nächste Runde zur Verfügung gestellt.

Bei interaktiven Online-Spielen (Internet- und Intranet-Planspielen) ist der/die Teilnehmende direkt mit einer geeigneten Planspiel-Software auf einem Bildungsserver verbunden, die seine/ihre Eingaben wie beim interaktiven PC-Planspiel sofort auswertet und ihm/ihr die Berichte und Ergebnisse zurückmeldet.

Zwischen dem/der Planspielenden und der Simulations- bzw. Planspielsoftware kann – wie bei Fernplanspielen üblich – eine Wettbewerbszentrale als zwischengeschaltetes Medium fungieren. Die Wettbewerbszentrale übernimmt dann die Abwicklung des gesamten Datenverkehrs unter Nutzung der Kommunikationsmöglichkeiten des Internets oder in konventioneller Form per Post und Ergebnisversand.

Brettplanspiele nutzen Spielfiguren und/oder Spielbretter als Medium zur Interaktion. Das dem Planspiel zugrunde liegende Modell ist nicht an eine Software gebunden, vielmehr drückt es sich durch das in der Spielanleitung festgelegte Regelsystem aus.

Der in einem Planspiel abgebildete *Modellbereich* (das Bezugssystem) bildet – kombiniert mit der Zielgruppe – ein zweites wichtiges Auswahl- und Konstruktionskriterium. Behandelt das Planspiel schwerpunktmäßig das Führungs-, Entscheidungs- und Planungsmodell eines möglichst allgemein gehaltenen Unternehmens, spricht man von General-Management-Planspielen, Business-Simulationen oder Unternehmensplanspielen allgemein. Das im Spiel abgebildete Modell berücksichtigt bei diesen Spielen stets die Gesamtperspektive der Unternehmensführung, ohne allerdings auf die Besonderheiten einer Branche einzugehen.

Branchen-Planspiele spezifizieren das betriebswirtschaftliche Modell eines Wirtschaftszweiges genauer. Allerdings sind auch bei ihnen Einschränkungen zu beachten, da die üblichen Brancheneinteilungen häufig zahlreiche Unterbranchen aufweisen, die nur auf einem hohen Abstraktionsgrad Gemeinsamkeiten aufweisen. Nicht zu unterschätzen sind auch Unterschiede, die sich aus Unternehmensgrößen ergeben, so ist der „Tante-Emma-Laden" um die Ecke ebenso ein Handelsbetrieb wie der METRO-Konzern.

Von Funktionsplanspielen spricht man, wenn der abgebildete Modellbereich die Belange, Planungs-, Organisations- und Arbeitstechniken eines betrieblichen Funktionsbereiches, wie Absatz- oder Produktionswirtschaft, im besonderen Maße berücksichtigt. Die Stärke von Funktionsplanspielen bildet gleichzeitig auch ihre große Schwäche. Die größere Realitätsnähe für einen oder mehrere Funktionsbereiche wird auf Kosten der ganzheitlichen Sicht eines Unternehmens erkauft.

Verhaltens- und Rollenplanspielen liegt kein mathematisiertes Modell zugrunde, wie dies bei den zuvor geschilderten Betriebswirtschafts-Planspielen der Fall ist. Betriebswirtschafts-Planspiele können sich auf ausgefeilte Theorien der Betriebswirtschaftslehre stützen. Moderne Verhaltensplanspiele beziehen sich auf qualitative Konzepte einer verhaltenswissenschaftlich orientierten Betriebswirtschaftslehre, der Managementlehre, der Organisationstheorie und/oder dem amerikanischen Konzept des Organizational Behavior. Ein mögliches Anliegen kann z. B. sein, die individuellen „mentalen Modelle" der Unternehmensmitarbeiter abzubilden und ein geeignetes Instrumentarium bereitzustellen, um ein von der Gesamtorganisation getragenes, gemeinsames mentales Modell zu entwickeln. Verhaltensplanspiele eignen sich vor allem dann, wenn es um die gezielte Einführung und Förderung von Organisations- und

Personalentwicklungsmaßnahmen wie Teamentwicklung, Kunden- und Prozessorientierung u. a. geht.

Den zuvor geschilderten Planspielarten ist trotz aller Verschiedenheit gemeinsam, dass dem Planspiel ein mehr oder minder fest vorgegebenes Modell zugrunde liegt. Das Modell wurde von Fachleuten (Experten sowie Expertinnen) entwickelt und im dafür vorgesehenen Modellbereich (Branche, Funktionsbereich) erprobt.

In gewissen Grenzen (z. B. Art des praktizierten Kostenrechnungssystems oder Anzahl der Konkurrenten am Markt) kann das Spielmodell konkreten Handlungssituationen angepasst werden. Grundsätzlich sind die Modelle aber starr und unveränderlich. Der/Die Planspieler/-in lernt das, was die Modellentwickler für richtig (und wichtig) erkannt haben. Der/Die Planspieler/-in „lernt am Modell". Dieses Lernverhalten kennzeichnet geschlossene Planspiele (engl. Rigid-Rule-Games). Bei den noch genauer zu beschreibenden Free-Form-Games oder offenen Planspielen sind drei Varianten zu unterscheiden:

a) Es ist kein festes Modell vorgegeben, vielmehr ist es Aufgabe des Planspielteams, ein eigenes Modell selbst zu entwickeln. Sie „lernen im Prozess" – der Modellentwicklung. Die dabei entstehenden Realitätsausschnitte (= Modellbereiche) sind frei gestaltbar und gruppenindividuell auswertbar;
b) das Szenario enthält eine modellhafte Abbildung, die von den Teilnehmenden eingehend untersucht wird;
c) Mischformen von offenem und geschlossenem Planspielmodell.

Als drittes Auswahl- und Konstruktionskriterium dient die *tutorielle Begleitung*. Von den oben genannten Grundaufgaben der Planspielleitung (Einführung in das Planspiel, Unterstützung bei Spielproblemen und Reflexion zum Spielerleben) können die beiden ersten durch eine professionelle Spielentwicklung und durch multimedial gestaltete CBTs, WBTs oder andere Begleitmedien (wie Video) in Online-Tutorials am ehesten ersetzt werden. Als Kernaufgabe der tutoriellen Begleitung bleibt allerdings auf absehbare Zeit die zu leistende Reflexionsarbeit zur Auswertung der Lernerträge bestehen. Inwieweit hierfür bei vollständiger Organisation der Tutorials über das Internet Präsenzphasen erforderlich sind, oder ob sich diese durch Video-Conferencing und andere Techniken vollständig ersetzen lassen, wird sich zeigen.

Das vierte Auswahl- und Konstruktionskriterium ist das *soziale Arrangement*. Von Gruppen-Planspielen spricht man, wenn das Planspiel im Rahmen einer Unterrichtsveranstaltung (Seminar, Lehrgang, Aus-, Fort- oder Weiterbildungsmaßnahme) durchgeführt wird und die Teilnehmenden wie oben beschrieben als Gruppe eine vorgegebene Rolle (in der Regel Unternehmensführung) wahrnehmen. In der Spielkonzeption von Bedeutung ist hierbei noch die Unterscheidung zwischen Parallelbetrieb und einem „echten Wettbewerb". Beim Parallelbetrieb führen alle Gruppen das gleiche Unternehmen unter gleichen Bedingungen. Die Entscheidungen einer Gruppe haben keinen direkten Einfluss auf die Entscheidungssituationen der anderen Gruppen (höchstens indirekt über die Spielleitung). Aufgabe einer Gruppe in dieser Konfiguration ist es, unter gleichen Bedingungen wie die anderen Gruppen ein im Sinne des Spielzieles bestes Ergebnis zu erzielen. Anders ist ein Gruppen-Planspiel mit Wettbewerb organisiert: Dort führt jede Gruppe ein anderes (zwar gleichartiges) Unternehmen der gleichen Branche. Dort beeinflussen die Entscheidungen der anderen Gruppen als Rahmendaten die Entscheidungen der eigenen Gruppe, da alle Gruppen sich auf dem gleichen Markt bewegen. Die Gruppen stehen in unmittelbarer Konkurrenz zueinander. Aufgabe einer Gruppe in dieser Konfiguration ist es, sich bestmöglich auf dem gemeinsamen Markt zu bewähren (ggf. durch Erreichung eines Monopols). Bei der Auswahl und Entwicklung von Planspielen ist dementsprechend zu überprüfen, ob das Marktumfeld des jeweiligen Unternehmens eher polipolistische Züge (zahlreiche Marktteilnehmer/-innen mit geringer gegenseitiger Beeinflussung) oder oligopolistische Züge (wenige Marktteilnehmer/-innen mit starker gegenseitiger Beeinflussung) trägt.

Bei Individual-Planspielen spielt ein/-e Akteur/-in gegen ein Modell (in der Regel ein Computerprogramm). Spielziel und -aufgabe unterscheiden sich nicht grundsätzlich vom Gruppen-Planspiel. Auch Individual-Planspiele können im Parallelbetrieb oder mit Wettbewerb organisiert werden. Bei Letzteren spricht man von Multiplayer-Games, in Ersteren dokumentieren die Teilnehmenden ihren Spielerfolg in „Hall of Fames" oder in Listen der „Ewigbesten". Eine Zwischenform bilden Individual-Planspiele im Partnermodus, bei denen je zwei oder drei Teilnehmende ihre Entscheidungen und Planungen untereinander abstimmen, dann jedoch als „Individuum" in das Spiel einbringen.

Während bei Gruppen-Planspielen sich die Teilnehmenden in der Regel kennen und keine Konkurrenten/Konkurrentinnen sind, weil sie der gleichen Organisation oder dem gleichen Unternehmen angehören, ist dies bei Fernplanspiel-Wettbewerben nicht der Fall. Die teilnehmenden Gruppen oder Individualspieler/-innen sind Konkurrenten und Konkurrentinnen.

Zwar sind sie keine Konkurrenten/Konkurrentinnen auf dem Markt, aber Konkurrenten/Konkurrentinnen als Spielteams. Bei der Integration und Auswahl von Fernplanspiel-Wettbewerben für den Einsatz in Bildungskonzepten sollte diesem Umstand Beachtung geschenkt werden, da er die Realitätsnähe erneut um eine Ebene höher verlagert und die Reflexionsarbeit erschwert; denn der Fokus verschiebt sich bei Fernplanspiel-Wettbewerben sehr schnell auf das Verhalten als „Spielkonkurrent/-in" und lässt die „echte" Marktkonkurrenz sehr schnell in Vergessenheit geraten.

Da sich nahezu alle Auswahl- und Entwicklungskriterien miteinander kombinieren und durchweg sinnvolle Konfigurationen entstehen lassen (z. B. interaktives Online-Branchenspiel mit Tutorials als Individual-Planspiel oder interaktives PC-Funktionsplanspiel mit Trainerbegleitung als Gruppen-Planspiel im Parallelbetrieb) ergeben sich rein rechnerisch mehrere Hundert Planspielkonfigurationen.

Das Planspielangebot wird zurzeit von betriebswirtschaftlichen Gruppen-Planspielen dominiert. Sie haben für die Ziele und Organisationsformen beruflicher Bildung die weittragendsten Optionen. Zunehmende Bedeutung gewinnen computerunterstützte Individual-Planspiele, da sie das beste Preis-Leistungs-Verhältnis (durch den geringen Anteil der Trainerkosten) vorweisen können und somit für Klein- und Mittelstandsunternehmen eine preiswerte Bildungsalternative bilden. Offene Planspiele bewähren sich zunehmend bei der Integration von normativen, strategischen und operativen Managementaufgaben.

1.4.1 Unterschiede zwischen offenen und geschlossenen Planspielen
(Mario Gust, Jan H. G. Klabbers)

Wie oben angedeutet, ist die elementarste Unterscheidung von Planspielen die des Spielansatzes. Ein *geschlossenes Spiel* (engl.: *Rigid-Rule-Game*) und ein offenes Spiel (engl.: *Free-Form-Game*) bezeichnen zwei Klassen unterschiedlicher Spielkonzepte. Sie unterscheiden sich auch in der Angebotsform.

Geschlossene Planspiele haben feste Spielregeln; sie dominieren das Planspielangebot

In Kapitel 1.1 ist ein typischer Konstruktionsrahmen eines geschlossenen Spiels skizziert. Die Teilnehmenden werden in eine bestimmte vorbereitete Handlungssituation gesetzt. Es gibt eine Spielanleitung. Die Aufgabe ist, das Spiel möglichst erfolgreich zu spielen.

Die Lernaufforderungen entstehen aus einer sogenannten gesetzten Lernumgebung. Sie wird gesetzt durch den programmierten Algorithmus der Simulation und durch Kommunikationsregeln.

Eine mathematische Abbildung des Verhaltens und der Funktion zwischen den Variablen einer Arbeits-(oft Führungs-)Umgebung, gekoppelt mit einem Führungsrollenspiel, bildet die „klassische" Konstruktion eines geschlossenen Planspiels (siehe auch Abbildung 1).

Im Fall des Unternehmensplanspieles schlüpft der/die Planspielteilnehmende in die Rolle eines/einer Unternehmers/Unternehmerin oder Bereichsleiters/Bereichsleiterin, Qualitätsbeauftragten usw. Die Simulation, eine Modellrechnung, bewertet die Auswirkungen seiner/ihrer Handlungen/Entscheidungen auf die modellierte Umgebung und bewertet damit den Handlungserfolg. Die Ergebnisse werden dem/der Planspieler/-in mitgeteilt. Sein/Ihr Handlungserfolg wird dadurch rückgekoppelt. Das Spielkonstrukt liefert so einen (Lern-)Handlungszyklus, der wiederholt durchlaufen wird. Planspiele und Simulationen durchlaufen den folgenden Lernzyklus:

(1) den Teilnehmenden wird ein Kontext angeboten, der der symbolischen Welt ihrer Arbeitsumgebung entspricht,
(2) es wird in der Gruppe von Teilnehmenden ein Dialog über die gemachten Erfahrungen stimuliert,
(3) es werden Wissenskonzepte zur erfolgreichen Arbeit (Fragen des Managements, der Organisation und zu Formen der Kommunikation und Zusammenarbeit) entwickelt, und
(4) es werden Handlungsstrategien (z. B. Wege, ein Unternehmen unter turbulenten Umgebungsbedingungen zu führen) entwickelt und mit Hoffnung auf Erfolg ausprobiert.

Im geschlossenen Spiel sind je nach Anlage mehrere Problemstellungen abgebildet, die unterschiedliche Planungs-, Steuerungs-, Auswertungs- und Verhandlungsaufgaben „formulieren". Zur Verdeutlichung wird hier nochmals das Einführungsbeispiel zu Abschnitt 1.1 herangezogen. Hier wird die betriebswirtschaftliche Umgebung eines/einer Unternehmensleiters/-leiterin simuliert, d. h. das betriebswirtschaftliche Verhalten des Unternehmens in seinem Absatzmarkt und das betriebswirtschaftliche Verhalten der einzelnen Unternehmensbereiche, Produktion, Lager, Absatz, Finanzierung, die der/die Unternehmensleiter/-in steuern muss. Durch die Übernahme unterschiedlicher Rollen wird die „innere" bzw. subjektive Seite der Handlungsumgebung simuliert.

Für den/die Lerner/-in entstehen bei Eintritt in das Spiel zwei Handlungsaufgaben:

▶ Handlungsaufgabe betriebswirtschaftliche Führung (Planung, Steuerung, Auswertung):
Er/Sie erhält den Auftrag, jeweils die Rolle eines oder mehrerer Funktionsbereiche oder der Unternehmensleitung einzunehmen, sodass durch die Gruppenarbeit mehrere branchengleiche Unternehmen und deren Führung „simuliert" werden. Die fünf „Unternehmen" bilden miteinander einen Branchenwettbewerbsmarkt, sie „kämpfen" mehrere simulierte Wettbewerbsperioden(-jahre) lang um Marktanteile; durch die Seminarleitung zur Verfügung gestellte „Marktforschungsberichte" liefern für die Führungsentscheidungen benötigte aktuelle Branchenmarktinformationen. Die Teilnehmenden planen mit branchenüblichen betrieblichen Planungshilfen Investitions- und Kostenentscheidungen auf der Grundlage bisheriger Bilanzen „ihres Unternehmens". Mithilfe der PC-gestützten Modellrechnung werden die Folgen auf das Betriebsergebnis des Einzelunternehmens und seine Stellung im Markt (der durch die Planspielunternehmen gebildet ist) errechnet. Die Auswertung erfolgt in Form von Geschäftsberichten (Bilanzen, Kennzahlen) als Grundlage für neue Wettbewerbsperioden. Es können mehrere, in vielen Spielen bis zu acht, Perioden simuliert und gespielt werden.

▶ Handlungsaufgabe Verhandeln:
Die Planspielleitung übernimmt Rollen als Kreditgeber und als Unternehmensberater. Planspielteilnehmende können bzw. müssen mit dem Kreditgeber verhandeln und können sich „kostenpflichtig" beraten lassen, d. h., hier werden entsprechende Kommunikationsregeln gesetzt. Des Weiteren übernehmen Teilnehmende (aufgrund von gesetzten Funktionsteilungen bei der Unternehmensführung) Rollen als Bereichsleiter/-innen. Sie treten bei der Entwicklung der Unternehmenspolitik zu den anderen „Bereichsleitern/-leiterinnen" des Unternehmens zum Abgleich der Abteilungsinteressen in Verhandlung.

In diesen Handlungsrahmen können durch die Planspielleitung verschiedene Schwerpunkte gesetzt werden:

▶ Betonung von Einzelhandlungen als Lernziele (hier eine Auswahl: sorgfältiges Planen, intensives Analysieren des Betriebsergebnisses, intensives Analysieren des Marktes, intensive Vorbereitung und Durchführung von Verhandlungen, intensive Vorbereitung und Durchführung von Präsentationen des Unternehmens);

- Betonung des gesamten Handlungsspektrums zur Erfüllung der Funktionsrolle/Demonstration der Anforderungsvielfalt der Funktion;
- Betonung der Handlungssystematik, z. B. Demonstration des Managementprozesses, bei dem in jeder neuen Spielperiode die gleichen Handlungsphasen anhand von neuen Ausgangszielen erprobt werden (siehe Abbildung 2);

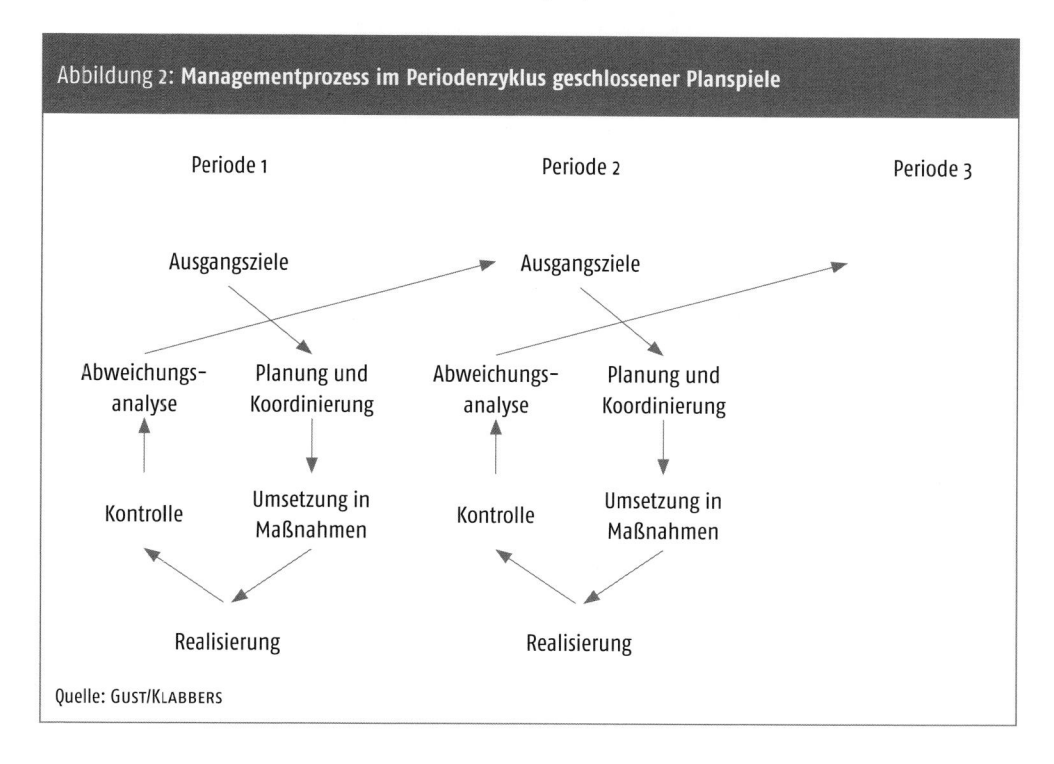

Abbildung 2: Managementprozess im Periodenzyklus geschlossener Planspiele

Periode 1 — Periode 2 — Periode 3

Ausgangsziele → Planung und Koordinierung → Umsetzung in Maßnahmen → Realisierung → Kontrolle → Abweichungsanalyse

Quelle: Gust/Klabbers

- Betonung von Ereignissen/Demonstration von Ereignissen, z. B. Ungleichgewichte im Markt, Ungleichgewichte im Unternehmen, Insolvenzsituationen und ihre Ursache, falsche Materialplanung usw.

Offene Planspiele liefern eine Organisation zur Herstellung und Erprobung einer Simulation; Handlungsregeln werden weitgehend vermieden

Offene Spiele haben zwar auch Regeln, nach denen sie gestaltet werden, sie haben aber kein vorgefertigtes Regelsystem, nach dem die Teilnehmenden handeln; Spielregeln werden erst im Verlauf des Spiels bzw. im Rahmen der gemeinsamen Entwicklung der Simulation vereinbart. Solche Spiele haben auch eine feste Ablaufstruktur, aber die Probleme werden vom Spielleiter oder von der Spielleiterin nicht explizit vorbestimmt.

Um die Unterschiede zwischen offenen und geschlossenen Planspielen hervorzuheben, werden im Folgenden Merkmale verglichen. Ein genereller Unterschied leitet sich ab aus der Ausgangsfrage, die dem Spiel zugrunde liegt. In offenen Planspielen wird die Ausgangsfrage, die der/die Planspielleiter/-in stellt, offen formuliert: „Dies ist die Situation: Was wollen Sie tun?" In geschlossenen Planspielen wird dagegen gefragt: „Dies ist das Problem: Wie wollen Sie es lösen?"

Diese unterschiedlichen Ausgangsfragen gestalten den Spielverlauf weitreichend unterschiedlich, so in der Art, wie die Gruppen am Anfang instruiert werden, welche Rolle der/die Trainer/-in und die Mitspieler/-innen übernehmen, welche Bedeutung Regeln im Fortgang des Spiels haben usw. Übersicht 7 listet die Unterschiede idealtypisch auf.[16]

Übersicht 7: Unterschiede zwischen geschlossenen und offenen Planspielen

Geschlossene Spiele	Offene Spiele
„Dies ist das Problem: Wie wollen Sie es lösen?"	„Dies ist die Situation: Was wollen Sie tun?"
1. Spieleinführung HOMOGEN Die Spieler/-innen werden in der Einführung durch den/die Trainer/-in ermuntert, gemeinsame Annahmen über das Spiel und ein Gefühl der Gemeinsamkeit in der Planspielgruppe zu entwickeln.	vs. HETEROGEN Die Einführung soll Heterogenität der Gruppe und ihrer Sichtweisen bewusst machen.
2. Rolle des Trainers/der Trainerin DIREKTIV Der/Die Trainer/-in wird als eine wohlwollende Autoritätsperson wahrgenommen. Trainer/-innen formieren die Teams, geben Instruktionen, beantworten Fragen und werden als Kontrollinstanz angesehen.	vs. NONDIREKTIV Die Spieler/-innen werden nicht ermuntert, den/die Trainer/-in als einen Direktor zu betrachten, der die Führung übernimmt. (Dies kann auch negative Gefühle hervorbringen. Trainer/-innen sagen und tun wenig.)
3. Umgang mit Individualität FUNKTIONSBEDINGT Unterschiede zwischen Spielern/Spielerinnen werden als funktionsbedingt dargestellt und durch Arbeitsteilung unterstützt.	vs. PERSOENLICHKEITSBEDINGT Unterschiede zwischen Spielern/Spielerinnen werden nicht unbedingt als funktionsbedingt dargestellt. Deshalb sind Konflikte wahrscheinlicher.
4. Zeitorientierung VERGANGENHEITSORIENTIERT Das Setting des Spiels und die Charaktere haben eine Vergangenheit. Spieler/-innen werden eingeladen, sich vorzustellen, was vor den eigentlichen Spielaktionen geschah. Sie beginnen mit einem Merkmal einer Krise.	vs. GEGENWARTSORIENTIERT Das Setting hat keine Vergangenheit, und alle Aktionen finden auf der „Bühne" statt. Den Spielern/Spielerinnen wird eine Situation präsentiert, keine Krise.

---

16 Nach CHRISTOPHER, E. M.; SMITH, L.: Leadership Training through Gaming, S. 149 ff., 1987, New York, und CHRISTOPHER, E. M.; SMITH, L.: Informal Communications. In: Simulation & Games, March 1988, London.

Geschlossene Spiele	Offene Spiele
5. Stellenwert der Regeln REGELORIENTIERT Die Charaktere werden durch die Detailinformationen und spezielle Rolleninstruktionen festgelegt. Spieler/-innen werden in Gruppen oder Untergruppen aufgeteilt. Alle spielen nach den gleichen Regeln.	vs. NATURWÜCHSIG Es gibt nur wenige Regeln, wenige Details werden vorbereitet; dadurch entwickelt sich das Spiel zufällig anhand der Einfälle der Spieler/-innen. Anzahl und Zusammenstellung der Teilnehmer sind verhältnismäßig unwichtig. Die Gruppenanzahl kann ungerade sein, Individuen können allein arbeiten. Die Regeln werden individuell interpretiert.
6. Fokus der Handlungen KRISENORIENTIERT Der Eingriff der Spieler/-innen ist häufig ein Moment einer Krise.	vs. PROZESSORIENTIERT Die Spieler/-innen werden eher zu einer Reise eingeladen, als sich mit einer Krise herumzuschlagen. Deshalb gibt es vielfältige Positionen und weitschweifige Aktionen.
7. Ablaufstruktur STRUKTURIERT Es gibt unterscheidbare Stufen oder Schritte im Spielverlauf, die vom Spielleiter gesteuert werden und in ziemlich regulären Intervallen auftreten. Das Ziel und der Effekt ist, dass sich die Aktionen in spezifischen Linien entwickeln.	vs. UNSTRUKTURIERT Stufen im Spielverlauf sind nicht klar markiert. Einige können wichtiger als andere sein. Veränderungen ergeben sich aus den Aktivitäten der Spieler/-innen und sind auf generelle Gründe zurückzuführen. Geschwindigkeit und Rhythmus variieren. Es gibt keine vom Spielleiter gesteuerte Ordnung und Balance.
8. Handlungsrichtung ZIELORIENTIERT Jeder Schritt entwickelt sich logisch aus dem vorangegangenen. Die Aktionen sind ziel- und vorwärtsorientiert.	vs. PROZESSORIENTIERT Unwichtige Aktionen entwickeln sich aus wichtigeren in einer eher nicht logischen Art. Die Charaktere sind am Prozess ausgerichtet und gegenwartsorientiert.
9. Arbeitsrichtung PROBLEMORIENTIERT Kooperative, instrumentale Problemlösung und Ergebnisorientierung werden im Fortgang immer stärker angeregt.	vs. ZUFALLSORIENTIERT Die Betonung liegt auf den Reaktionen der Teilnehmer/-innen, die sich entwickeln. Wenig Planung von Ereignissen gibt dem Zufall Raum. Ereignisse sind vielfältig; das Verhalten in den Ereignissen ist wichtig.
10. Entscheidungsfreiheit EINGESCHRÄNKT Die Wahlmöglichkeiten der Teilnehmer werden zunehmend durch eintretende Ereignisse beschränkt.	vs. FREI Es gibt vielfältige Aktionslinien und ein Bedürfnis nach individuellen Entscheidungen. Ereignisse häufen sich nicht an, um die Teilnehmer zu beschränken.
11. Verhaltensnormierung NORMIERT Das Interesse des Trainers/der Trainerin ist mehr darauf ausgerichtet, wie die Spieler ein Problem lösen, als darauf, was sie tun, und dies prägt die Ergebnisbewertung. Es gibt eine gewisse Zwangsläufigkeit.	vs. AUTONOM Die Spieler/-innen agieren autonom und sind nur durch ihr eigenes Verhalten eingeschränkt. Es gibt Raum für abweichende Meinungen und Verhalten.
12. Umgang mit Konflikten HARMONIEORIENTIERT Spieler/-innen beziehen Vergnügen aus den geteilten Erfahrungen. Konflikte werden als aussöhnbar angesehen. Es gibt Lösungen.	vs. REALISTISCH Spieler/-innen finden sich selbst mehr nachdenklich als erfreut. Es fehlt an Sicherheit, und es gibt ein Bewusstsein für neue Möglichkeiten.

Quelle: GUST/KLABBERS nach CHRISTOPHER/SMITH

Geschlossene und offene Planspiele setzen unterschiedliche Lehranforderungen

Geschlossene Planspiele sind für die Teilnehmenden komplizierte Systeme, die von ihnen am Anfang eines Seminars nur schwer zu durchschauen sind. Die Teilnehmenden tendieren zu „ballistischem Entscheidungsverhalten". Sie verfolgen eine „Black-Box"-Steuerung, setzen falsche Schwerpunkte und blenden Widersprüche aus.[17]

Dieses Verhalten kann nur mithilfe des Trainers/der Trainerin überwunden werden. Theoretisch kann in einem geschlossenen betriebswirtschaftlichen Planspiel ein Unternehmen erfolgreich an einem Markt agieren, ohne auch nur die geringste betriebswirtschaftliche Sachkenntnis zu entwickeln. Ein wirklicher Lernprozess über betriebswirtschaftliches Zusammenhangswissen entsteht nur dann, wenn die Teilnehmenden angehalten sind, ihre Entscheidungen sinnvoll vorzubereiten und die realisierten Konsequenzen genau zu untersuchen. Betriebswirtschaftliches Wissen entsteht nur dann, wenn die Teilnehmenden die ihren Zielen und Strategien zugrunde liegenden Normen und Standards infrage stellen und die notwendig werdenden Korrekturen in operationale Maßnahmen umsetzen.

Offene Planspiele zielen stärker als geschlossene Planspiele auf „das Lernen lernen" ab. Der/Die Trainer/-in versucht, hilfreich zu sein, um einen Dialog über die abgelaufene Kommunikation und über die Art, mit Konflikten umzugehen, zu entwickeln und zu erhalten. Der/Die Trainer/-in unterstützt die Teilnehmenden darin, diese Erkenntnisse auf andere Situationen zu übertragen. Einer Aktions- und Entscheidungsphase folgt immer eine mindestens ebenso intensive Phase der Reflexion über die gemachten Erfahrungen und die Untersuchung ihrer Bedeutung für die einzelnen Seminarteilnehmer/-innen.

<Fach> Der Nutzen unterschiedlicher Planspiel- und Simulationskonzepte für Unternehmen und Manager (Mario Gust, Jan H. G. Klabbers)

<Fach> Den Lernerfolg mit Debriefing von Planspielen sichern (Willy C. Kriz, Brigitta Nöbauer)

Planspielangebote empfehlen erfolgreiche Handlungs- und Anschauungsphilosophien: Sie sind auf ihre Eignung für das Bildungsanliegen zu überprüfen

Die Modelle der Planspiele haben, wie bereits erwähnt, Struktur-/Erfahrungsvorbilder in der Praxis, oder sie bilden in der Spielidee bestimmte Handlungslehren bzw. Anschauungen ab.

Im Allgemeinen ist das Planspielmodell umso vorteilhafter, je mehr es die konkrete Handlungsumgebung des/der Lerners/Lernerin abbildet; d. h. aber nicht, dass ein branchenspezielles Planspiel für die branchenspezielle Zielgruppe geeigneter ist als z. B. ein branchenneutrales Spiel. Es kommt hier auf die „Handlungsempfehlung" an, die durch das Planspiel vermittelt werden soll.

---

17 DÖRNER, D.: Die Logik des Mißlingens, 1989, Reinbek.

Geschlossene Planspiele, die betriebswirtschaftliche Umgebungen abbilden, verfolgen fast ausschließlich folgende Spielansätze:
- ▶ Variante a) Der/Die Teilnehmende wird in einen laufenden betriebswirtschaftlichen Prozess hineingesetzt, er/sie muss versuchen, ihn möglichst erfolgreich weiterzuführen.
- ▶ Variante b) Der/Die Teilnehmende gründet mit Startkapital ein Unternehmen und soll es erfolgreich stabilisieren und entwickeln.

Die zugrunde liegende Handlungsphilosophie ist, dass der/die Teilnehmende durch sorgfältiges Berücksichtigen betriebswirtschaftlicher Zusammenhänge und durch sorgfältiges Planen mit üblichen Planungsmethoden das Unternehmen (im Fall Unternehmensplanspiel) oder einzelne Unternehmensbereiche (im Fall Funktionsplanspiel) sozusagen nach einem klassischen betriebswirtschaftlichen Regelsystem erfolgreich führt. Der pädagogische Nutzen dieser Handlungsphilosophie hängt ab von dem Nutzen ihrer praktischen Verwertung. Es gibt unter den Planspieltrainern/-trainerinnen Vertreter/-innen, die das „Einimpfen" des klassischen betriebswirtschaftlichen Handelns bei Führungskräften über solche „starren betriebswirtschaftlichen Modelle" deswegen für wenig hilfreich halten, weil moderne Betriebsführung heute mehr Flexibilität im Führungsverhalten erfordert, als dort widergespiegelt wird. Sie fordern, dass eine moderne Planspielsimulation nicht nur einseitig Handlungsstrategien der Gewinnmaximierung, wie bei klassischen Unternehmensplanspielen üblich, sondern auch solche der Qualitätssicherung, der Entwicklung von Unternehmensgleichgewichten, zur Entwicklung einer nachhaltigen ökologischen Produktion, zur schnellen Anpassung des Unternehmensprofils an veränderte Marktverhältnisse usw. thematisiert.

Befürworter/-innen klassischer Unternehmensplanspiele betonen, dass die einzelnen Branchen im Umgang mit Betriebswirtschaft unterschiedlich entwickelt sind und es bei Branchen mit geringer Planungskultur darauf ankäme, zunächst ein Bewusstsein und Fähigkeiten für betriebswirtschaftliche Planung bzw. Führung nach klassischem Instrumentarium zu entwickeln. Beispiele dafür seien das Handwerk und andere mittelständische Branchen wie der Einzelhandel, das Speditionsgewerbe … Diese Befürworter/-innen akzeptieren bewusst die eingeschränkte Handlungsphilosophie der Modelle sozusagen als pädagogisch intendierte Beschränkung; sie verweisen darauf, dass das Unternehmensplanspiel durch andere Lernarrangements ergänzt werden könne, mit denen dann das Bewusstsein über Betriebsführung sukzessive erweitert werde.

Der hier sichtbare Nachteil geschlossener Planspiele ist, dass die in der Planspielmodellkonstruktion verankerte Philosophie erfolgreichen Handelns nicht einfach „modernisiert" werden kann. Geschlossene Planspiele unterliegen damit einem „Alterungsprozess", der durch den handlungs- und anschauungsphilosophischen Mainstream in der Gesellschaft hervorgerufen wird.

Offene Planspiele haben hier theoretisch generell den Vorteil, dass sie nicht von vornherein auf einen Handlungsrahmen festgelegt sind. Praktisch aber bietet natürlich der Anbieter eines offenen Planspieles durch seine Lenkungsimpulse immer auch eine Philosophie erfolgreichen Handelns an, sei es das vorgeschlagene Herangehen bei der Situationsanalyse, der Situationsbeschreibung oder der (planspielenden) Problemlösung/Situationsverbesserung.

Faktisch bilden Planspiele entweder herkömmliche, evtl. auch überholte Strukturen und Dynamiken ab, oder sie versuchen, moderne Reorganisationsphilosophien darzustellen bzw. Vorstellungen von künftig wirksamen Strukturen oder Handlungsweisen geistig vorwegzunehmen. Ob das Handlungs- oder Anschauungsangebot für die Zielgruppe nützlich ist, sollte vor dem Planspieleinsatz (am besten durch einen Spieletest) geprüft werden, zumal mit der Planspielauswahl auch eine Entscheidung über den Bildungsinhalt fällt.

<Fach> Lern- und Lehrhandeln im Planspiel – Erfolgsfaktoren (Clemens Heidack)

<Fach> Integration des offenen und geschlossenen Planspielansatzes für individuelle Gründungsszenarien (Georg Fehling, Nils Högsdal)

1.4.2 Operative Planspiele – strategische Planspiele – normative Planspiele *(Mario Gust, Jan H. G. Klabbers)*

In Planspielen wird schwerpunktmäßig entweder die operative, die strategische oder die normative Ebene des Managements thematisiert (Abbildung 3).

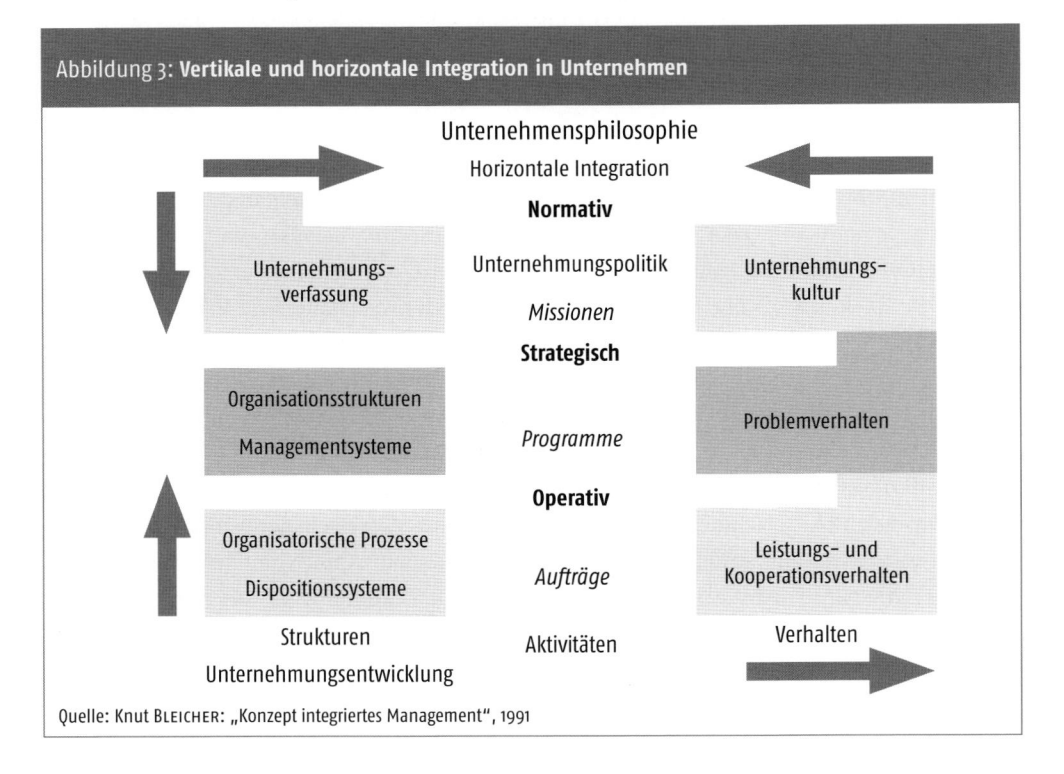

Abbildung 3: Vertikale und horizontale Integration in Unternehmen

Unternehmensphilosophie
Horizontale Integration

Normativ

| Unternehmungs-verfassung | Unternehmungspolitik | Unternehmungs-kultur |

Missionen

Strategisch

| Organisationsstrukturen Managementsysteme | *Programme* | Problemverhalten |

Operativ

| Organisatorische Prozesse Dispositionssysteme | *Aufträge* | Leistungs- und Kooperationsverhalten |

| Strukturen Unternehmungsentwicklung | Aktivitäten | Verhalten |

Quelle: Knut BLEICHER: „Konzept integriertes Management", 1991

Geschlossene Planspiele liefern zwei verschiedene Lernumgebungen.
- ▶ Der Typus des computerunterstützten Individual-Planspiels bietet ein Lernumfeld an, das dem Modell der trivialen Maschine oder dem Modell der „Black Box" folgt. Die Zielsetzung dort ist, den Input-Output-Mechanismus der „Black Box" als Modell für einfache Betriebswirtschaftslehre zu erkennen. Der/Die Spieler/-in tritt im Spiel gegen den Computer an. Der Nachvollzug der erzielten Ergebnisse ist in der Regel für die Teilnehmenden schwierig. Grundlage dieser Konzepte ist die Führung eines Unternehmens als ein Ein-Aktoren-Modell eines einzelnen sogenannten Supermanagers/einer einzelnen sogenannten Supermanagerin.[18]
- ▶ Der zweite Typus basiert auf einem Mehr-Aktoren-Modell. Er bietet eine heuristische Lernumgebung. Ein typischer Vertreter ist die Computersimulation TOPSIM-General Management. Die Unternehmen agieren, wie bereits oben beschrieben, in einem vom Computer simulierten Markt mit dem Ziel, über eine Anzahl von Perioden den größtmöglichen Gewinn zu erwirtschaften. Dieser Spieltyp bildet relativ konstante Marktbedingungen ab, wie sie für heutige Märkte nur idealtypisch gelten. Unternehmen agieren hier in einem ungleichgewichtigen, aber vornehmlich reaktiven Umfeld. Solche Simulationen bilden operative und strategische Planungsaufgaben ab, also vornehmlich die Arbeits- und Entscheidungswelt des operativen und strategischen Managements größerer Unternehmen.

Offene Planspielangebote bilden häufiger Probleme und Fragestellungen der mittleren und oberen Managementebene ab, also eher Aufgaben strategischer und normativer Art. Im Verlauf der Simulation rekonstruieren die Teilnehmenden ihre eigene Arbeitsrealität und Unternehmenskultur.

Je höher der Erfahrungsstatus der Teilnehmenden, desto offener sollten Planspielmodelle sein

Zur Veranschaulichung dieser von erfahrenen Planspieltrainern/-trainerinnen häufiger geäußerten Erfahrung soll ein Stufenmodell dienen, mit dem Torbert[19] die Entwicklungsstufen kognitiver Komplexität beschreibt, die Manager/-innen in ihrer Berufskarriere aufbauen (Abbildung 4).[20]

Den Entwicklungsbeginn beschreibt die Stufe des *Diplomaten*. Sie ist vergleichbar mit dem Entwicklungsstadium eines/einer Teenagers/Teenagerin/Berufsanfängers/-anfängerin. Der/Die Berufsanfänger/-in sucht die Übereinstimmung mit den bestehenden Gruppennormen. Konflikte werden weitgehend vermieden. Es wird Loyalität geboten und Harmonie angestrebt. Die nächste Entwicklungsstufe ist die des *Experten.* Hier dominiert das Streben nach Perfektion und die Suche nach immer mehr Detailwissen. Der/Die Experte/-in betont, mehr zu wissen als seine/ihre Mitarbeiter/-innen, und identifiziert sich mit technisch gelungenen, statuserhei-

---

18 WESTERLAND, G.; SJÖSTRAND, S. E.: Organisationsmythen, 1981, Stuttgart.
19 TORBERT, W. R.: Managing the Corporate Dream: Restructuring for Long-Term-Success, 1987, Homewood, Ill.
20 STREUFERT, S.; SWEZEY, R. W.: Complexity, Managers and Organizations, 1986, Orlando, Florida.

schenden Arbeitsumgebungen und gut definierten Situationen. Erst der *Gestalter* entwickelt eine „vollständig" eigene Identität und Weltsicht. Er/Sie übernimmt Verantwortung für die Konsequenzen seines/ihres Verhaltens, seine/ihre Herangehensweise ist proaktiv, und er/sie akzeptiert von Mitarbeitern/Mitarbeiterinnen keine Ausreden. Der/Die Gestalter/-in ist offen für Feedback und richtet sein/ihr Verhalten an veränderten Verhältnissen neu aus. Er/Sie ist bereit, seine/ihre Ansichten zu revidieren und Dinge aus unterschiedlichen Perspektiven zu betrachten. Sein/Ihr erreichtes Maß an „kognitiver Komplexität" ermöglicht es ihm/ihr, auf eine „Entweder-oder-Haltung" zu verzichten und ein „Sowohl-als-auch" zu akzeptieren. Technische Fragen und Fakten stehen hinter der Bedeutung interpersoneller Kontakte und einem strategisch begründeten Vorgehen in einem politisch besetzten Raum zurück. Diese Fähigkeiten werden auf der Stufe des Strategen verfeinert und weiter ausgebaut. Der/Die Stratege/-in empfindet Freude am Umgang mit den Paradoxien und Dilemmata seiner/ihrer Arbeitswelt. Er/Sie besticht durch Denkarbeit mit hochkomplexen Bezügen und reagiert prompt und angemessen auf Ereignisse – so, wie sie gerade eintreten. Er/Sie ist in der Lage, neue Organisationsformen zu kreieren und Ziele flexibel auszutauschen. Er/Sie erkennt an, dass kein Bezugsrahmen besser ist als ein anderer.

Abbildung 4: Idealtypische Stufen der Managemententwicklung

Strategen:
denken in hochkomplexen Bezügen. Sie empfinden Freude am Umgang mit Paradoxien. Sie reagieren flexibel auf die Ereignisse, die gerade eintreten. Sie sind nicht total auf Ziele fixiert und können neue Regeln oder Organisationsformen generieren. Sie erkennen an, dass kein Bezugsrahmen besser ist als ein anderer.

Gestalter:
Manager entwickeln eine eigene Identität, sind weniger reaktiv und weniger bereit, Ausreden zu akzeptieren. Sie sind zielorientiert und übernehmen Verantwortung für ihr Verhalten. Die Manager sind offen für Feedback und passen ihr Verhalten ihren Zielen an. Sie sind nicht mit ihren Ansichten „verheiratet". Sie sind weniger an technischen Fragen interessiert, sondern mehr an interpersonellen Beziehungen und an politischem Vorgehen. Hohes Niveau „kognitiver Komplexität"; sind bereit, mit unterschiedlichen Arten von Logiken und Blickwinkeln umzugehen.

Experten:
(technische Stufe)
„Konsum von Details und Verlangen nach Perfektion".
Identifikation mit Computern und gut definierten Situationen.
Versucht, als Vorgesetzter mehr als Mitarbeiter zu wissen.

Diplomaten:
Übereinstimmung mit Gruppennormen suchen. Loyalität bieten und Harmonie anstreben. Vermeidung öffentlicher Konflikte; nicht das Gesicht verlieren.

Quelle: TORBERT

Der Übergang von einer Stufe zur nächsten verlangt eine Restrukturierung der eigenen Philosophie und Weltsicht. Dabei gestaltet sich insbesondere der Übergang von der Stufe des/der technischen Experten/Expertin zum/zur Gestalter/-in als schwierig, weil die bisher wichtigen technischen Kenntnisse zum Beispiel ersetzt werden durch Marketing- und Kundenorientierung. Dies hat eine Periode der Verunsicherung der eigenen Kompetenz und des eigenen Status zur Folge. Planspiele können besonders bei dieser Entwicklungsarbeit hilfreich sein.

Geschlossene Planspielkonzepte orientieren sich eher an den Erfahrungsebenen „Diplomat" und „Experte". Sie liefern deshalb Szenarien, die helfen, sich das Handwerkszeug einer Funktion (z. B. des Managements) anzueignen und in verschiedenen Situationen anzuwenden.

Offene Planspiele können im Unterschied zu geschlossenen Spielen die schwierige Weiterentwicklung zu den Ebenen der „Gestalter" und der „Strategen" thematisieren. Offene Planspiele können soziale Systeme auf allen Funktions- und Handlungsebenen sozialer Gruppen repräsentieren; sie eignen sich demzufolge auch für die Abbildung der sozialen Welt der Auszubildenden. Das Angebot offener Planspiele bezieht sich derzeit meist auf die soziale Welt des oberen Managements. In Abhängigkeit von den Themenschwerpunkten vermitteln sie auch instrumentelles Wissen.

Wichtiger sind offene Spiele aber noch für psychosoziale Lernprozesse, für den Umgang mit den Widersprüchlichkeiten und den Dilemmata der Arbeitswelt, für die Toleranz gegenüber Mehrdeutigkeiten, Unschärfen, Entwicklung von Organisationen.

„Diplomaten/Diplomatinnen, Experten/Expertinnen, Gestalter/-innen und Strategen/Strateginnen" finden sich in allen Funktionsebenen des Unternehmens. Offene Planspiele eignen sich deshalb für alle Mitarbeiterebenen. Für die Zweckmäßigkeit dieser Planspielform ist hier die Auswahl des Erfahrungsbereiches entscheidend, der Planspielgegenstand sein soll. Die berufliche Erfahrungswelt von Jugendlichen ist an Themen für „Gestalter und Strategen" ebenso reich wie bei älteren Zielgruppen.

<Fach> Der Nutzen unterschiedlicher Planspiel- und Simulationskonzepte für Unternehmen und Manager (Mario Gust, Jan H. G. Klabbers)

<Fach> Unternehmensplanspiele im organisationalen Wissensmanagement (Rüdiger Reinhardt, Peter Pawlowsky)

<Fach> Planspiele als Baustein bei der Einführung von Wissensmanagement in KMU (Willy Steincke)

<Fach> Mitarbeiterbefragung und was dann? Lernen mit offenen Planspielen in der Organisationsentwicklung (Mario Gust, Jan H. G. Klabbers)

<Fach> Betriebswirtschaftliche Simulationen im Wandel der Wirtschaft (Jan H. G. Klabbers, Mario Gust)

<Fach> Strategisches Denken aus dem Computer? – Über den Nutzen eines Trainings allgemeiner Problemlösestrategien (C. Buerschaper, G. Hofinger, R. von der Weth)

<Fach> Unklarheiten im Unternehmen – genau der richtige Moment für ein Planspiel (Eric Treske, Karin Orle)

<Fach> Strategieoptimierung mit Vernetztem Denken und Entscheidungssimulationen in der Gesundheitswirtschaft (Margret Richter, Falko Wilms)

In der nachstehenden Argumentation wird die „eigentliche" Originalität des Planspielansatzes deutlich:

Man muss es erst „gesehen" haben, um es wirklich wahrzunehmen. In Planspielen geht es stets um Folgeeffekte im Verhalten sozialer Systeme, die dadurch glaubwürdig werden, weil der Faktor Subjekt an der Verhaltenssimulation authentisch beteiligt ist. Dies leisten konkurrierende Methoden wie z. B. Szenariotechniken nicht, da hier nur über die möglichen Wirkungen sinniert wird. Hier werden keine authentischen Beispiele geschaffen.

1.4.3 Checkliste für die Auswahl und Entwicklung von Planspielen
(Mario Gust, Jan H. G. Klabbers)

Die Auswahl von Planspielen muss gut bedacht sein, weil die Anschaffung oder die Entwicklung eines Planspiels meist kostspielig ist. Planspiele sind im Vergleich zu anderen Lehrmedien komplexe Aus- und Weiterbildungsinstrumente, die dem/der Nachfrager/-in in ihrer konzeptionellen Grundstruktur klar und im Detail bekannt sein sollten, um eine begründete Auswahl treffen zu können. Hinzu kommt, dass viele Planspielangebote nur ein Simulationskonzept bieten, für das der/die Nutzer/-in noch ein passendes Bildungskonzept oder eine passende Integrationslösung entwickeln muss. Wenn die Grundkonzeption des Planspiels mit dem eigenen Anliegen nicht übereinstimmt, verpufft die Attraktivität des Planspiels.

Die folgende Checkliste sollte für das Gespräch mit dem Anbieter genutzt werden, um die Nützlichkeit des evtl. hier in dieser Publikation entdeckten interessierenden Planspiels selbst zu bewerten oder die Entscheidung „make or buy" zu unterstützen.

Fragen zur Planspielauswahl:
1) Welche Lernziele (fachliche und soziale) kann das Spiel bedienen?
   - ▶ welches Wissen (fachlich und sozial)?
   - ▶ welche Wissensanwendungen?
   - ▶ welche Erlebnisse (sachlich und sozial)?
   - ▶ welche Handlungserfahrung?
   - ▶ welche Übungen?
2) Welchen Hintergrund hat die Entwicklung des Spielkonzeptes? Was war Anlass für die Entwicklung?
   - ▶ Entwicklungsauftrag von wem?
   - ▶ eigene Idee, welche Basis hat die Idee?
3) Welche Referenzen gibt es für das Produkt?

4) Welche Kosten entstehen für den Einsatz des Produktes/welchen Verhandlungsspielraum gibt es? Welche Nutzungsrechte sind damit genau verbunden?
    ▶ Miete, Leasing, Kauf
    ▶ einmalige, mehrmalige, ständige Nutzung, Weiterverwertungsrechte
5) Welche Planspielform liegt vor (evtl. Nutzung einer Klassifikation)? Welche Einsatzvoraussetzungen muss der/die Anwender/-in dafür herstellen?
    ▶ Räume, Technik und Anschlussbedingungen, Pausenversorgung, Verbrauchsmaterial
    ▶ Bereitstellung, Qualifizierung von Trainern/Trainerinnen, Co-Trainern/Co-Trainerinnen; liefert der Anbieter die Möglichkeit der Trainerqualifizierung; zu welchen Konditionen?
6) Welche Produktmedien werden dem/der Anwender/-in/den Teilnehmenden für das Spiel zur Verfügung gestellt? Welche Varianten und Optionen gibt es?
    ▶ Handbuch für den/die Teilnehmenden, weitere Teilnehmerunterlagen
    ▶ Simulationssoftware, welches Trägermedium?
    ▶ Handbuch für Planspielleiter/-innen, Vorbereitung hauseigener Planspielleiter/-innen
    ▶ Ergebnisunterlagen des Spieles, Rechte der Weiterverwertung in der Bildungsarbeit
7) Welche Mindestvoraussetzungen benötigen die Teilnehmenden für das Spiel (fachliche, kommunikative)? Welche Zielgruppen kommen dafür infrage?
    ▶ Auszubildende welcher Fachrichtungen, Ausbildungsstand?
    ▶ Weiterzubildende in Standardmaßnahmen (Meister/-innen, Fach- und Betriebswirte/-wirtinnen, Umschüler/-innen)
    ▶ Fachkräfte aus welchen möglichen Funktionsbereichen?
    ▶ Führungskräfte welcher Ebenen?
8) Gibt es Mindestanforderungen an die Zusammensetzung der Teilnehmergruppe(n)? Gibt es für das Spiel besonders günstige Konstellationen für die Zusammensetzung der Gruppe(n)?
9) Detaillierte Beschreibung des Spielverlaufs, Demo, Dokumentation, Teilnahme an Referenzseminaren?

Als Entscheidungsrahmen für die Auswahl eines geeigneten Planspielmodells ist die „Planspieluhr" (siehe Abbildung 5) nach Thorngate[21] hilfreich. Dessen Postulat besagt, dass ein Planspiel von den drei Merkmalen „einfach", „allgemein" und „genau" nur jeweils zwei Merkmale gleichzeitig erfüllen kann, während das dritte durch die jeweilige Zweierkombination ausgeschlossen ist.

Zwischen folgenden grundsätzlichen Planspielvarianten muss dann eine Entscheidung getroffen werden:
(A) Planspiel, das allgemein und genau sein soll, wird komplex (z. B. Branchen-Planspiel, das ein Unternehmen in seinen vielfältigen Strukturen sehr genau abbildet und gleichzeitig aber über das Unternehmen hinaus verallgemeinerbare Erkenntnisse liefern soll). Es kann nur für Teilnehmergruppen sinnvoll sein, die diese Komplexität verarbeiten können.
(A) eignet sich z. B. für Führungskräfte einer Branche.

---

21 THORNGATE, W.: „In general" vs. „it depends", 1976, zitiert nach Weich, K.: Der Prozess des Organisierens, 1985, Frankfurt am Main.

(B) Planspiel, das genau und einfach ist, wird speziell (z. B. detailreiche, aber einfache Abbildung eines Industriebetriebes). Das Lernen an solchem Modell ist zu spezifisch, um die Erfahrungen auf andere Unternehmen der gleichen Art transferieren zu können.

(B) eignet sich für die Mitarbeiter/-innen eines (größeren) Unternehmens, im Besonderen auch für seine Auszubildenden in der Phase der betriebspraktischen Ausbildung.

(C) Planspiel, das allgemein und einfach ist, ist letztlich ungenau im Detail. (Es ist hilfreich, um allgemeine Prinzipien zu verdeutlichen, die eher konzeptionell als instrumentell zu erfragen sind; z. B. systemische Fragen der Vernetzung.)

(C) eignet sich zum Training von überfachlichen Qualifikationen sowie zur Einführung in Denk- und Handlungsweisen für alle Zielgruppen.

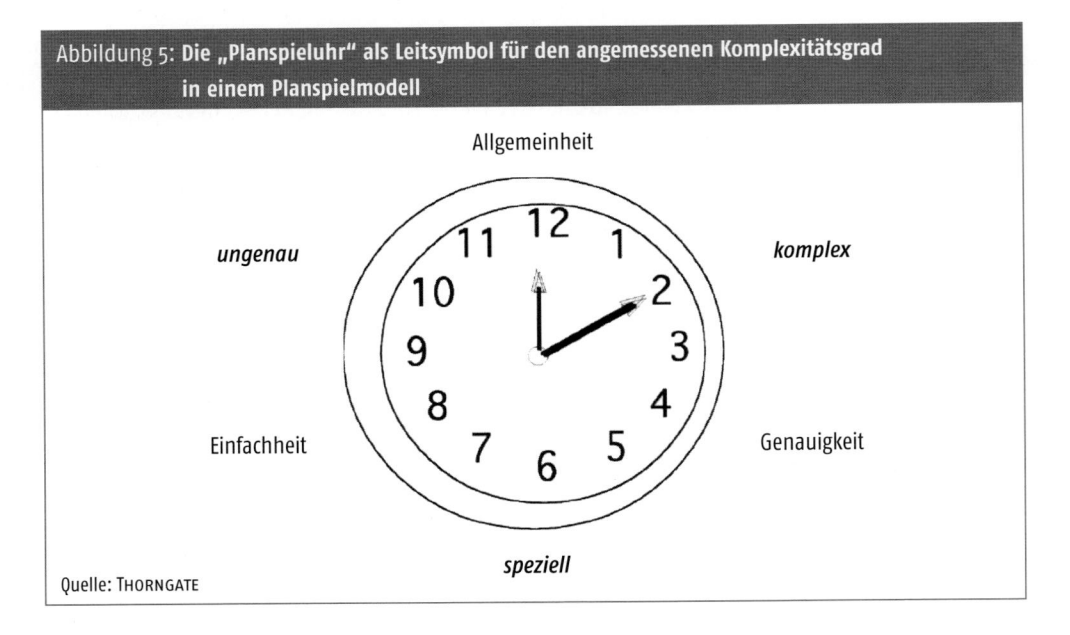

Abbildung 5: Die „Planspieluhr" als Leitsymbol für den angemessenen Komplexitätsgrad in einem Planspielmodell

Allgemeinheit

ungenau — komplex

Einfachheit — Genauigkeit

speziell

Quelle: THORNGATE

Kardinalfragen für die Auswahl sind:
- ▶ Welches soziale System und sein Verhalten (über welche Zeiträume) abgebildet werden soll. Hat dieses System ein eher regelhaftes Verhalten?
- ▶ Auf welche Art das Planspielmodell die Realität abbilden soll und wie dies mit dem Anlass des Planspieleinsatzes korrespondiert. Der Anlass des Einsatzes setzt sich zusammen aus dem konkreten Anliegen, der Zielgruppe/den Zielgruppen und den vorgegebenen Lernzielen.

Übersicht 8: Prüfkriterien für die Auswahl und Entwicklung eines Planspielmodells			
	Anliegen	**Zielgruppe**	**Lernziele**
Allgemein			
Genau			
Einfach			
Quelle: GUST/KLABBERS			

Die Entscheidung, ob ein geschlossenes Spiel oder ein offenes Spiel entwickelt wird, sollte, wenn keine Kostengründe dafür vorliegen, davon abhängig gemacht werden, ob das Spiel vorrangig für standardisierte Bildungszwecke zur Verfügung stehen soll oder vorrangig der Problembearbeitung in schulischen oder betrieblichen Lernprozessen dienen soll.

<Fach> Auswahlkriterien für Planspiele und ein innovatives Durchführungsbeispiel (Mario Gust, Jan H. G. Klabbers)

<Fach> Simulationen: Mehr Motivation am „Lernort Wirklichkeit" (Wolfgang Rathert)

<Fach> Spieltheoretische Aspekte im Planspiel – Optimierung, Entscheidung und Strategie (Ulrich Holzbaur)

1.5 Planspiele und Serious Games – Basis einer neuen Lernkultur *(Heinz Mandl, Boris Geier, Jan Hense)*

Auch heute noch ist die Erfahrung vieler Lernender auf allen Ebenen des Bildungssystems davon geprägt, dass Lehren und Lernen in Umgebungen stattfindet, in denen die Lehrenden eine aktive und die Lernenden eine eher rezeptive Rolle einnehmen.[22] Im klassischen Unterricht in Schule, Hochschule und Weiterbildung sind die Möglichkeiten eines einzelnen Lernenden, aktiv auf die Lernsituation und den Lernprozess einzuwirken, eher eingeschränkt. Lernumgebung, Lernzeiten und Lernwege sind vorgegeben, und die Aktionen, zu denen Lernende gelegentlich aufgefordert werden (z. B. eine Frage beantworten), sind sowohl zeitlich als auch im Effekt so eingeschränkt, dass die Lernenden dabei eher ihre Begrenztheit erfahren als ihr eigenes Wirksamkeitspotenzial. Aktiv konstruktives Lernen ist so nur selten möglich.

Hinter dieser traditionellen passiven Form des Lernens stecken im Wesentlichen die Annahmen, dass Wissen eine Folge von Faktenlernen und Routine ist und wie ein Gut von einer Person zu einer anderen weitergegeben werden kann. Im Rahmen der traditionellen Form des

---

22 REINMANN-ROTHMEIER, G. & MANDL, H.: Unterrichten und Lernumgebungen gestalten. In: KRAPP, A. & WEIDENMANN B.: Pädagogische Psychologie, Weinheim, 2006.

Unterrichts wird aber oft sogenanntes „träges Wissen" erzeugt, d. h. Wissen, das in einer Situation theoretisch gelernt wurde, in einer Anwendungssituation jedoch nicht genutzt werden kann.[23]

Demgegenüber steht der Gedanke einer Lernkultur, die auf der gemäßigt konstruktivistischen Auffassung von Lernen basiert. Wissen ist demnach kein Produkt, das von einer Person zu einer anderen weitergereicht werden kann. Wissen wird nicht einfach rezeptiv übernommen, sondern aktiv je nach Vorwissen, Motivation und Einstellung vom Einzelnen erworben. Die aktiv Lernenden stehen also im Vordergrund dieser Position. Gemäß einer konstruktivistisch geprägten Auffassung von Lehren und Lernen sind folgende Merkmale von Lernprozessen relevant:

1. Lernen ist ein *aktiver Konstruktionsprozess*. Wissen kann nur über eine selbstständige und eigenaktive Beteiligung des/der Lernenden am Lernprozess erworben werden.
2. Lernen ist ein *konstruktiver Prozess*. Neues Wissen wird immer auf der Basis individueller Vorerfahrungen interpretiert und baut auf den bereits vorhandenen Wissensstrukturen auf.
3. Lernen ist ein *emotionaler Prozess*. Für den Wissenserwerb ist es zentral, dass die Lernenden während des Lernprozesses positive Emotionen wie Freude empfinden. Vor allem Angst und Stress erweisen sich für das Lernen als hinderlich.
4. Lernen ist ein *selbstgesteuerter Prozess*. Die Auseinandersetzung mit einem Inhaltsbereich erfordert die Kontrolle und Überwachung des eigenen Lernprozesses durch die Lernenden.
5. Lernen ist ein *sozialer Prozess*. Der Erwerb von Wissen geschieht in der Interaktion mit anderen und erfolgt vor dem Hintergrund fachspezifischer, organisationaler, gesellschaftlicher und anderer Einflüsse.
6. Lernen ist ein *situativer Prozess*. Wissen weist stets situative und kontextuelle Bezüge auf. Der Erwerb von Wissen ist an einen spezifischen Kontext oder an eine Situation gebunden. So findet Lernen immer im Rahmen einer bestimmten Lernumgebung statt, die für den Erwerb zentraler Kompetenzen ausschlaggebend ist.

Bei der Realisierung von Lernumgebungen, die sich an diesen Prinzipien orientierten, zeigte sich in der Vergangenheit, dass das völlig selbstgesteuerte Lernen bei vielen Lernenden zur Überforderung führte. Trotz ihrer aktiven Rolle im Lernprozess benötigen die Lernenden daher je nach Lernvoraussetzungen auch ein gewisses Maß an Instruktion, um effektiv lernen zu können.[24] Dies bedeutet, die Lernenden gezielt in ihrem Lernprozess zu unterstützen. Mögliche Elemente sind dabei ein einführender Überblick in eine neue Thematik, die Vorstrukturierung des Lernprozesses, Unterstützung bei auftretenden Fragen oder Problemen oder inhaltsbezogenes Feedback zu individuellen Lernergebnissen.

---

23   RENKL, A.: Träges Wissen: Wenn Erlerntes nicht genutzt wird. In: Psychologische Rundschau, 47/96.
24   Vgl. RENKL 1996, a. a. O.; GRÄSEL, C.: Problemorientiertes Lernen, Göttingen, 1997.

Ein pragmatischer Ansatz, diese Auffassung von Lehren und Lernen umzusetzen, stellt die Gestaltung von problemorientierten Lernumgebungen dar. Die Basis problemorientierter Lernumgebungen bildet die Balance zwischen Instruktion und Konstruktion (siehe Abbildung 6). Diese Balance soll einerseits die oben beschriebenen Merkmale einer konstruktiven Lehr-Lern-Auffassung berücksichtigen, ohne die Lernenden aber andererseits der Gefahr der Überforderung auszusetzen.[25]

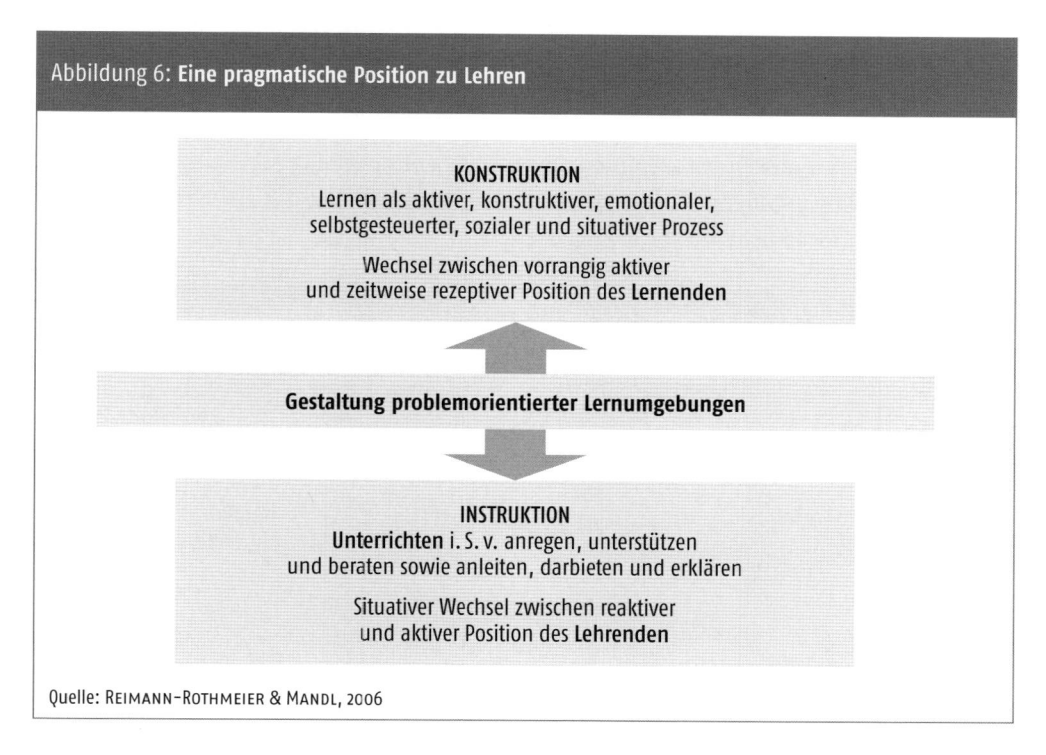

Abbildung 6: Eine pragmatische Position zu Lehren

KONSTRUKTION
Lernen als aktiver, konstruktiver, emotionaler, selbstgesteuerter, sozialer und situativer Prozess

Wechsel zwischen vorrangig aktiver und zeitweise rezeptiver Position des **Lernenden**

⬆

Gestaltung problemorientierter Lernumgebungen

⬇

INSTRUKTION
Unterrichten i. S. v. anregen, unterstützen und beraten sowie anleiten, darbieten und erklären

Situativer Wechsel zwischen reaktiver und aktiver Position des **Lehrenden**

Quelle: REIMANN-ROTHMEIER & MANDL, 2006

Für die konkrete Umsetzung problemorientierter Lernumgebungen wurden Leitlinien entwickelt, die im Folgenden kurz vorgestellt werden sollen (siehe Abbildung 7). Diese globalen Gestaltungsprinzipien lassen sich auch für die Realisierung virtueller bzw. netzbasierter Lernumgebungen anwenden.[26]

1. *Authentizität und Anwendungsbezug*: Lernumgebungen sollen den Umgang mit realen Problemstellungen und authentischen Situationen ermöglichen bzw. anregen. Die dargebotenen Problemstellungen sollen Relevanz für den Lernenden besitzen, Interesse erzeugen oder betroffen machen, wodurch Motivation und Anwendungsbezug hergestellt werden.
2. *Multiple Kontexte und Perspektiven*: Um zu verhindern, dass situativ erworbenes Wissen auf einen bestimmten Kontext fixiert bleibt, sind Lernumgebungen möglichst so zu gestalten,

---

25 REINMANN-ROTHMEIER & MANDL 2006, a. a. O.
26 REINMANN-ROTHMEIER & MANDL 2006, a. a. O.

dass spezifische Inhalte in verschiedene Situationen eingebettet und aus mehreren Blickwinkeln betrachtet werden können. Lernen unter multiplen Perspektiven erzeugt Flexibilität bei der Anwendung des Gelernten.
3. *Sozialer Kontext*: Bei der Gestaltung von Lernumgebungen sollten möglichst oft soziale Lernarrangements geschaffen werden, um kooperatives Lernen und Problemlösen sowie Prozesse zu fördern, die die Entwicklung von Lern- und Praxisgemeinschaften vorantreiben. Der soziale Kontext sichert ein Hineinwachsen in die Expertengemeinde.
4. *Instruktionale Unterstützung*: Damit der selbstgesteuerte und soziale Umgang mit komplexen Aufgaben bei Berücksichtigung multipler Perspektiven von den Lernenden auch umgesetzt werden kann und um Überforderung zu vermeiden, ist es notwendig, die Lernenden instruktional anzuleiten und zu unterstützen. Die Lernumgebung ist so zu gestalten, dass neben vielfältigen Möglichkeiten eigenständigen Lernens auch das zur Bearbeitung von Problemen erforderliche Wissen bereitgestellt wird.

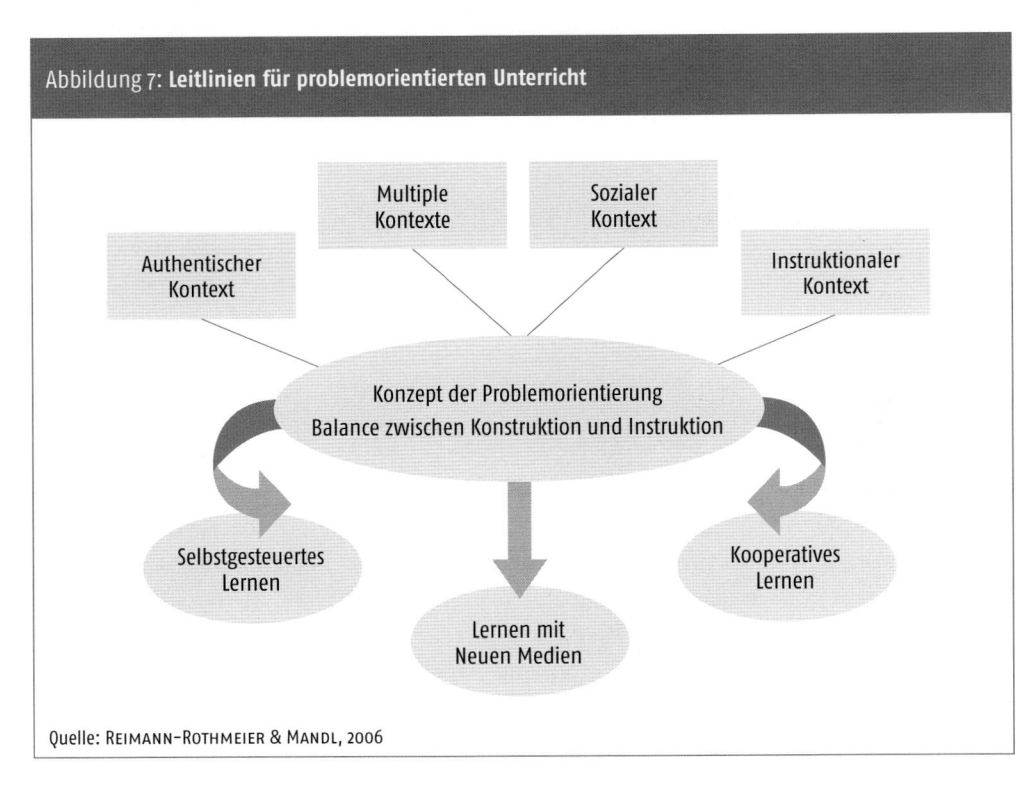

Abbildung 7: Leitlinien für problemorientierten Unterricht

Authentischer Kontext — Multiple Kontexte — Sozialer Kontext — Instruktionaler Kontext

Konzept der Problemorientierung
Balance zwischen Konstruktion und Instruktion

Selbstgesteuertes Lernen — Lernen mit Neuen Medien — Kooperatives Lernen

Quelle: REIMANN-ROTHMEIER & MANDL, 2006

Das Lernen im Rahmen einer problemorientierten Lernumgebung basiert auf drei Säulen, dem *selbstgesteuerten Lernen,* dem *kooperativen Lernen* und dem *mediengestützten Lernen.*

Planspielen und Serious Games wird ein großes Realisierungspotenzial für problemorientiertes Lernen im Kontext selbstgesteuerter, kooperativer und medienbasierter Lernumgebungen zugeschrieben. Als Simulationen realer Abläufe bzw. – bei offenen Planspielen – als Raum für die Konstruktion von Modellen bieten sie Authentizität und multiple Perspektiven auf das zu behandelnde Thema. Die Möglichkeiten des Treffens eigener Entscheidungen hat eine besonders motivierende Wirkung auf die Lernenden.[27] Je nach Art und Form des Spiels (siehe Übersicht 6) findet Lernen in unterschiedlichem Grad im sozialen Kontext kooperierender und/oder konkurrierender Spieler/-innen statt, die auf situationsgerechte instruktionale Unterstützung zurückgreifen können. Das Potenzial der Methoden Planspiel und Serious Games, problemorientierte Gestaltungsrichtlinien theoretisch bedienen zu können, entbindet jedoch nicht von der Aufgabe, je nach Inhalt und Zielgruppe eine Balance zwischen Konstruktion und Instruktion zu finden. Deshalb können beispielsweise offene oder komplexe Planspiele mit nur wenig instruktionaler Unterstützung überfordern oder auch zu kreativen Lösungen anregen. Genauso wie einfachere und rigide Spiele zum „Gambling-Effekt" oder erstmals zu einem Lernprozess über dynamische Zusammenhänge eines Systems führen können.

In Abschnitt 2.5 wird beispielhaft die auf einem PC-gestützten interaktiven Planspiel basierende „e-Planspiel-Lernumgebung" beschrieben und in Hinblick auf die Realisierung der oben beschriebenen Leitlinien problemorientierter Lernumgebungen analysiert.

---

[27] DECI, E. L. & RYAN, R. M.: Die Selbstbestimmungstheorie der Motivation und ihre Bedeutung für die Pädagogik. In: Zeitschrift für Pädagogik, 39/1993.

2. Geschlossene Planspiele

Die Konstruktionsphilosophie geschlossener Planspiele ist bereits in Kapitel 1.4 erläutert. Sie sind konzeptionell durch ein System von Handlungsregeln, eine vorbereitete Simulation und eine fixe Planspiel(grund)organisation bestimmt. Teilnehmende, die in ein bestimmtes geschlossenes Planspiel eintreten, finden dort stets die gleiche Handlungsumgebung vor. Diese Eigenart gibt geschlossenen Planspielen den Namen und unterscheidet sie konzeptionell von offenen Planspielen.

Die marktgängigen Formen geschlossener Spiele werden im Folgenden anhand von Beispielen beschrieben und didaktisch bewertet.

2.1 Gruppen-Planspiele in Brettform

Die ältesten Formen des Planspiels sind Brettplanspiele für ein, zwei oder mehrere Personen. Bekannte Beispiele sind Monopoly und Schach. Die Namensgebung ergibt sich aus dem Bezugssystem eines Brettplanspiels – dem Spielbrett. Es können pro Spiel auch mehrere Spielbretter im Raum auf mehreren Tischen verteilt sein, oder das Spielbrett ist unter Einbeziehung mehrerer Tische über einen ganzen Raum verteilt. Brettplanspiele bilden einfache Zusammenhänge in einer konkreten, fassbaren Form ab. Die physische Repräsentation der Handlungsumgebung in einfacher Symbolik erleichtert die Orientierung im Spiel und damit die Aneignung des Inhalts. Speziell bei Auszubildenden konnten mit Brettplanspielen z. T. bessere Lernerfolge erreicht werden als mit einem meist vom Handlungsrahmen her komplexeren Computerspiel. Gelegentlich wurde von Ausbildungsverantwortlichen auch das Fehlen eines geeigneten Brettplanspieles für das vertretene Berufsfeld beklagt (Bsp. Handel). Der besondere Vorteil eines Brettplanspieles ist, dass die Spielergruppe das Spielgeschehen am Brett besser gemeinsam verfolgen kann. Der unmittelbare Zugriff auf die Spielelemente bindet die Spieler/-innen intensiv in das sich entwickelnde Spielgeschehen ein.

> \<Fach\> Beer Game reloaded – Erfahrungsbericht und Spielvarianten der Supply Chain Simulation „Beer Game" an der Hochschule Ludwigshafen am Rhein (Stefan Bongard)
>
> \<Fach\> Brettplanspiel und Managementsimulationen – Schnittstellen und Anwendungsbereiche (Marko Willnecker, Uwe Schirrmacher)
>
> \<Fach\> Kunden- und prozessorientiert arbeiten ... Planspielgestützte Seminare zum Business-Reengieering (Peter Rally, Wolfgang Schweizer)
>
> \<Fach\> Das maßgeschneiderte Planspiel (The taylored business game) – Erfahrungen und Empfehlungen bei der kundengerechten Entwicklung von Brettplanspielen zur Unternehmenslogistik (Rico Wojanowski, Michael Schenk)

<Fach> Spielen für den eigenen Job – Wie man mit Planspielen Mitarbeiter auswählt und entwickelt (Werner Kämpfe)

<Fach> Mit Chips und Bechern gegen die „Alltäglichkeiten" – Wie man spielerisch das Unternehmensergebnis verbessern kann (Werner Kämpfe)

<Fach> Wettbewerbsorientierte Planspiele im Einsatz (Stephanie Trautmann, Thomas Walter)

<Fach> Mehr Ertrag, mehr Kundenorientierung im Vertrieb – Neuartiges Planspiel unterstützt Analyse und Entwicklung verkäuferischen Potenzials (Werner Kämpfe)

<Fach> Unternehmens-Brettplanspiele im Einsatz an der Hochschule – Eine empirische Studie (Edmund Schiffels, Alexander Stanierowski)

<Fach> octopas – Ein haptisches Methoden-Werkzeug für Lern- und Wissensszenarien (Joachim Zischke)

Nachfolgend werden zwei Brettplanspiele vorgestellt: „The Boom Factory", um zu verdeutlichen, welche inhaltlichen Möglichkeiten Brettplanspiele aufweisen können und wie mit dem konkreten Spiel ein Seminarkonzept zur ganzheitlichen Systemverbesserung gestaltet werden kann. Das zweite Spiel „Q-Key" erläutert detailliert eine typische Spielkonzeption und die dazugehörigen Ausstattungselemente.

2.1.1 Beispiel „The Boom Factory" – ein Spiel zur Unterstützung von Organisationsveränderungen in Unternehmen

Brettplanspiele eignen sich durch die Betonung der Regelhaftigkeit der Abläufe im Rahmen der betrieblichen Aus- und Weiterbildung besonders gut zum Einüben neuen Verhaltens, das sich an Handlungsregeln orientiert. Die Simulation „The Boom Factory" wurde zur Umsetzung dieser Intention entwickelt.[28] Modellbereich der Simulation ist der Produktionsprozess. Zielgruppe sind Mitarbeiter/-innen und mittlere Führungskräfte in der Produktion.

The Boom Factory soll arbeitswissenschaftliche Maßnahmen begleiten, im Besonderen
▶ als Kick-off Neueinführungen von unterschiedlichen Managementverfahren unterstützen,
▶ als Spielbasis für die Verbesserung von Führungs- und anderen Arbeitsprozessen in der Produktion dienen und
▶ eine Nachbereitung bzw. ein Audit bereits eingeführter Verbesserungsprogramme ermöglichen.

---

28 GUST, M.; KLABBERS, J., 1999.

Um die verschiedenen Handlungsziele bedienen zu können, wurde es modular gestaltet. Die Simulation ist in ihrer Grundstruktur zwar geschlossen, ermöglicht aber eine unternehmensspezielle Adaption konkreter Daten.

Die Simulation bildet in ihrer geschlossenen Struktur symbolisch einen klassischen Produktionsprozess ab. Das heißt, die Planspielteilnehmer/-innen fertigen manuell in mehreren Produktionsstufen, einer Montage- und einer Qualitätsprüfungsstufe, ein einfaches Produkt.

In einem zweiten Schritt der Simulation wird die Produktion unter Gesichtspunkten der ganzheitlichen Systemverbesserung umgestellt. Teilnehmende können dabei eigene Verbesserungsgesichtspunkte in den Prototypen der Simulation einbringen. Simuliert wird z. B. die Einführung von teilautonomer Gruppenarbeit, von Reengineering, von TQM, von Prozessmanagement, von Arbeitszeitflexibilisierung, von Konzepten zur Produktivitätssteigerung, von kontinuierlichen Verbesserungsprozessen und anderer arbeitswissenschaftlicher Konzepte.

Die Simulation liefert Handlungsregeln für verschiedene Reorganisationsmaßnahmen und kann laufende Reorganisationen im Sinne eines Audits unterstützen.

Im Spiel werden auch hierarchische Strukturen, der Abbau von Ebenen und die damit verbundenen Veränderungen der Zusammenarbeit und wechselseitiger Verantwortlichkeiten abgebildet. Dies ermöglicht auch die Simulation der Einführung von Teamstrukturen und der damit verbundenen Veränderungen der Verantwortlichkeiten und der Arbeitsabläufe.

Die Übersicht 9 zeigt exemplarisch die Konzeption eines auf der Basis von „The Boom Factory" gestalteten Zwei-Tages-Seminars.

Übersicht 9: Agenda eines Workshops mit der Simulation „The Boom Factory" zur ganzheitlichen Systemverbesserung	
1. Tag **The Boom Factory** Einführung 1. Spielrunde Pause Reflexion zur 1. Runde **TQM und Prozessverbesserung** Einführung in die Prozessverbesserung 1. Schritt: Prozessverantwortung 2. Schritt: Bereitschaft erzeugen Pause 3. Schritt: Identifizierung der Kundenbedürfnisse 4. Schritt: Prozessanalyse und Flowchart-Darstellung Pause 4. Schritt: Prozessanalyse und Flowchart (Systemanalyse) 4. Schritt: Gruppenaktivität Zusammenfassung und Ende des 1. Tages	2. Tag Fortsetzung **TQM und Prozessverbesserung** Eröffnung 4. Schritt: Prozessanalyse (Systemanalyse) Pause 5. Schritt: Aufspüren der „Lücken" 6.+ 7. Schritt: Festlegung der Verbesserungsmaßnahmen und Abstimmung des Einführungskonzeptes Pause **The Boom Factory** 8. Schritt: 2. Spielrunde 9. Schritt: Reflexionen zur 2. Runde und Verbesserungsmaßnahmen Zusammenfassung **Lernerfolg, Umsetzungen und die nächsten Schritte**
Quelle: GUST/KLABBERS	

2.1.2 Beispiel „Q-Key" – ein Spiel zur Unterstützung von Total Quality Management

„Q-Key" ist ein brettorientiertes Planspiel zur Unterstützung von Total Quality Management (TQM).[29] Q-Key wurde entwickelt, um Mitarbeiter/-innen im Umgang mit dem „magischen Dreieck" aus Qualität, Zeit und Kosten zu unterstützen. Mitarbeiter/-innen sollen daraus lernen, ihre Tätigkeiten in erster Linie am Wertschöpfungsprozess mit Zentrierung auf den/die Kunden/Kundin zu orientieren. Q-Key berücksichtigt neben den Anforderungen an die Mitarbeitenden die interne Kundenstruktur und die Schnittstellen zu anderen Unternehmensbereichen sowie die zu kooperierenden Unternehmen. Die Philosophie von Q-Key will das Bewusstsein durchsetzen, dass die Weiterbildung in Richtung TQM nicht nur fach- und methodenorientiert ausgerichtet sein darf, sondern dass auch Sozial- und Handlungskompetenzen vermittelt werden müssen, wenn TQM greifen soll.

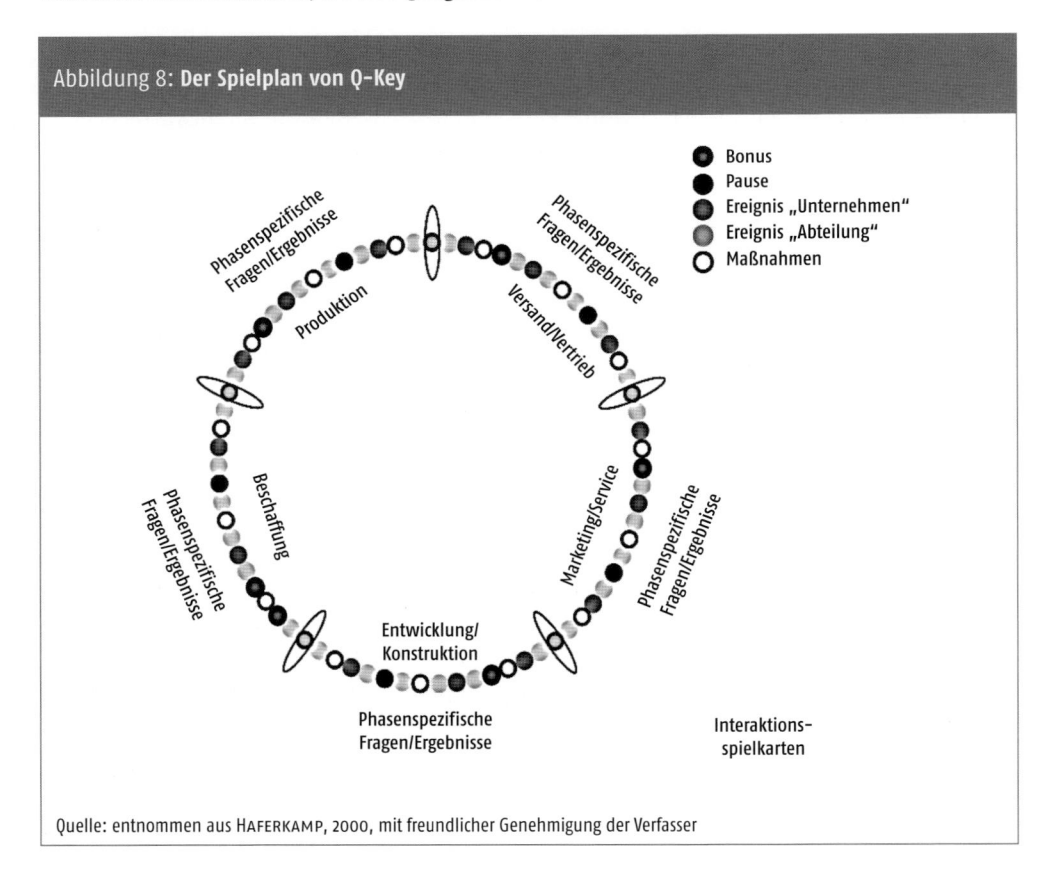

Abbildung 8: Der Spielplan von Q-Key

Quelle: entnommen aus HAFERKAMP, 2000, mit freundlicher Genehmigung der Verfasser

---

29 HAFERKAMP, S. et al.: Q-Key – Qualitätsmanagement: Ein brettorientiertes Planspiel zur Unterstützung von TQM. In: STRINA, G.; HAFERKAMP, S.: Brettorientierte Planspiele in der betrieblichen Praxis, Aachen (Shaker-Verlag), 2000.

Das Spielprinzip
Q-Key liegt in zwei Varianten sowohl für Produktionsunternehmen als auch für Dienstleistungsunternehmen vor. In der Variante für Produktionsunternehmen bildet es die Geschäftsprozesse eines Unternehmens mit fünf unterschiedlichen Abteilungstypen entlang der gesamten Wertschöpfungskette ab. Die Produkte werden durch *Spielsteine* repräsentiert, die von den Spielenden durch das Q-Key-Unternehmen gesteuert werden. Entscheidungen der Spieler/-innen und der Zufall des *Würfelwurfs* bestimmen den Weg durch die Abteilungen. Im Rahmen der Struktur „Qualität – Kosten – Zeit" müssen sowohl Abteilungs- als auch Unternehmensaspekte optimiert werden. Die Teilnehmenden haben die Aufgabe, den Produktdurchlauf durch die von ihnen verantwortete Abteilung mit einer hohen Qualität, möglichst geringen Durchlaufzeiten und niedrigen Kosten zu organisieren und dabei die Interessen des Gesamtunternehmens nicht aus den Augen zu verlieren.

Dafür sollen Maßnahmen entwickelt und umgesetzt werden:
▶ Qualitätssicherung durch gezielte QM-Maßnahmen,
▶ Verringerung der Durchlaufzeiten durch schnelleren Durchsatz der Spielsteine durch die eigene Abteilung und
▶ Verringerung der Kosten durch Erhöhung der Kapitalmenge.

Während der Umsetzung dieser Maßnahmen treten spezielle Alltagsereignisse auf, die in der Umsetzungsstrategie berücksichtigt werden müssen. Sie sind durch *Ereigniskarten* repräsentiert.

Diese enthalten abteilungs- oder unternehmensrelevante Problemstellungen, die dem Betriebsalltag von kleinen und mittleren Unternehmen entnommen sind. Die unternehmensspezifischen Ereignisse sollen das Denken im Gesamtsystem fördern und die Teamarbeit anregen und verbessern.

Spezielle Maßnahmefelder auf dem Spielbrett bieten zusätzliche Eingriffsmöglichkeiten in den Spielablauf.

Die zusätzlich „übernommenen" Maßnahmen sind zwar zeit- und kostenintensiv, bieten aber die Möglichkeit des Erwerbs von Jokern. Joker entlasten den „Maßnahme-Umsetzer" von Störereignissen. Sie sind hierarchisch gegliedert. Gelbe Joker schützen vor abteilungsspezifischen Ereignissen in den Bereichen Kunde/Kundin, Prozess und Mitarbeiter/-in.

Grüne Joker können über abteilungsübergreifende Interaktionen – dies sind Spiele innerhalb des Spiels – zwischen zwei Spielgruppen erworben werden. Sie schützen vor abteilungsübergreifenden Ereignissen. Haben zwei Spielgruppen den gleichen grünen Joker, z. B. den grünen Kundenjoker, erhalten die Teams automatisch einen roten Joker, der vor unternehmensübergreifenden Ereignissen schützt.

Durch die Joker werden die Teams im Rahmen von Q-Key zu permanenter Zusammenarbeit angeregt, um einen Beitrag zur Verbesserung der Qualität, des Kostenniveaus und der Durchlaufzeiten zu erreichen.

Abbildung 9: Spielkarten

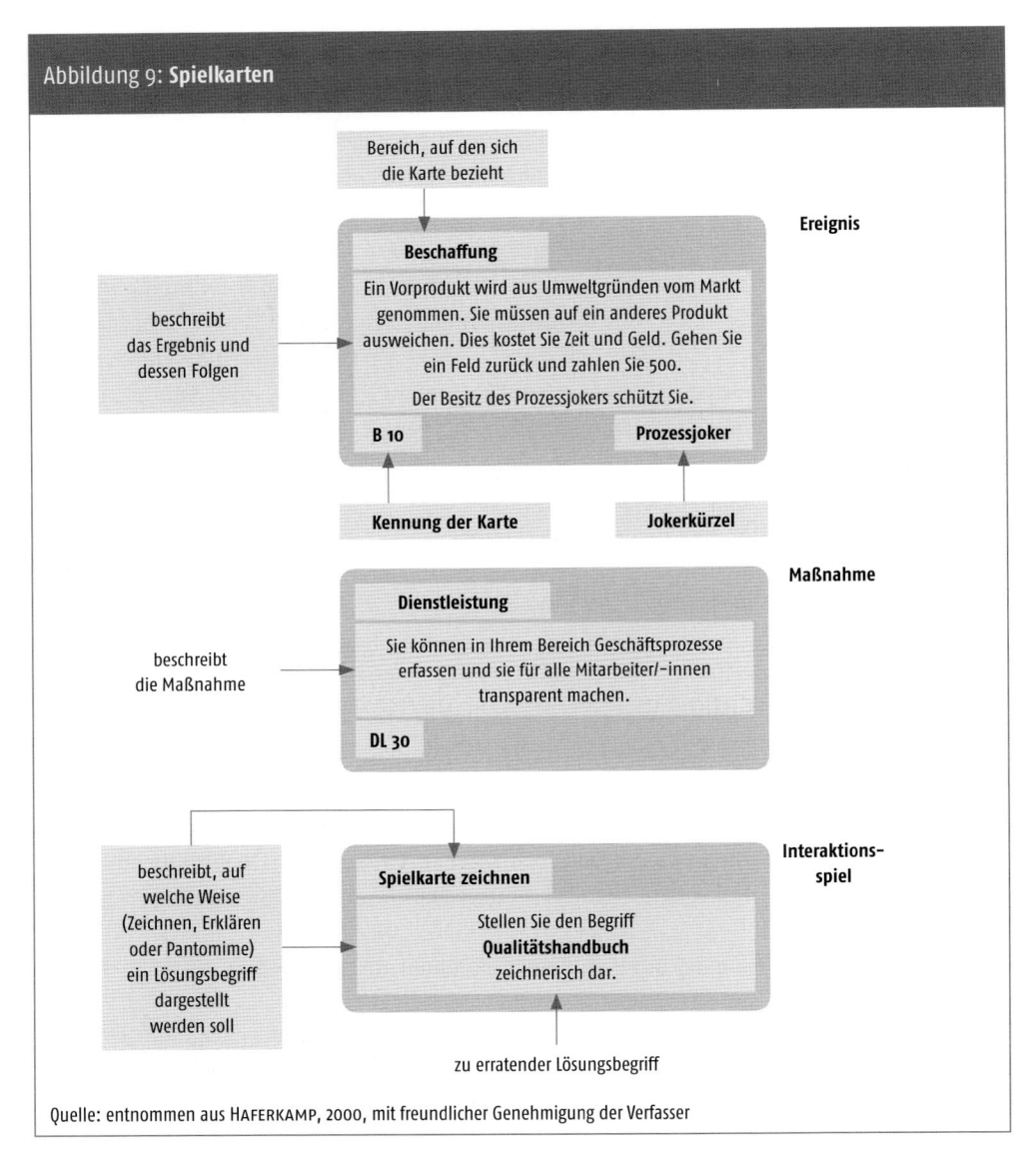

- Bereich, auf den sich die Karte bezieht → **Beschaffung**
- Ereignis
- beschreibt das Ergebnis und dessen Folgen → Ein Vorprodukt wird aus Umweltgründen vom Markt genommen. Sie müssen auf ein anderes Produkt ausweichen. Dies kostet Sie Zeit und Geld. Gehen Sie ein Feld zurück und zahlen Sie 500. Der Besitz des Prozessjokers schützt Sie.
- B 10 — Kennung der Karte
- Prozessjoker — Jokerkürzel

- **Dienstleistung** — Maßnahme
- beschreibt die Maßnahme → Sie können in Ihrem Bereich Geschäftsprozesse erfassen und sie für alle Mitarbeiter/-innen transparent machen.
- DL 30

- **Spielkarte zeichnen** — Interaktionsspiel
- beschreibt, auf welche Weise (Zeichnen, Erklären oder Pantomime) ein Lösungsbegriff dargestellt werden soll
- Stellen Sie den Begriff **Qualitätshandbuch** zeichnerisch dar.
- zu erratender Lösungsbegriff

Quelle: entnommen aus HAFERKAMP, 2000, mit freundlicher Genehmigung der Verfasser

Bei der Spieldurchführung von Q-Key soll darauf geachtet werden, dass die Teams aus unterschiedlichen Abteilungen besetzt sind und zwei Moderatoren/Moderatorinnen zur Leitung zur Verfügung stehen. Ein/-e Moderator/-in vertritt die „Bank" und dokumentiert die Kapitalverläufe (monetäre Zu- und Abgänge) der einzelnen Abteilungen während der einzelnen Perioden für jede Spielgruppe auf entsprechenden Kontenblättern. Der/Die zweite Moderator/-in ist für die Verteilung der Joker verantwortlich. Die entstehenden unterschiedlichen Spielverläufe liefern (ausreichend) Material, um Fragestellungen des „magischen Dreiecks" aus Qualität, Kosten und Zeit zu diskutieren und zu verdeutlichen.

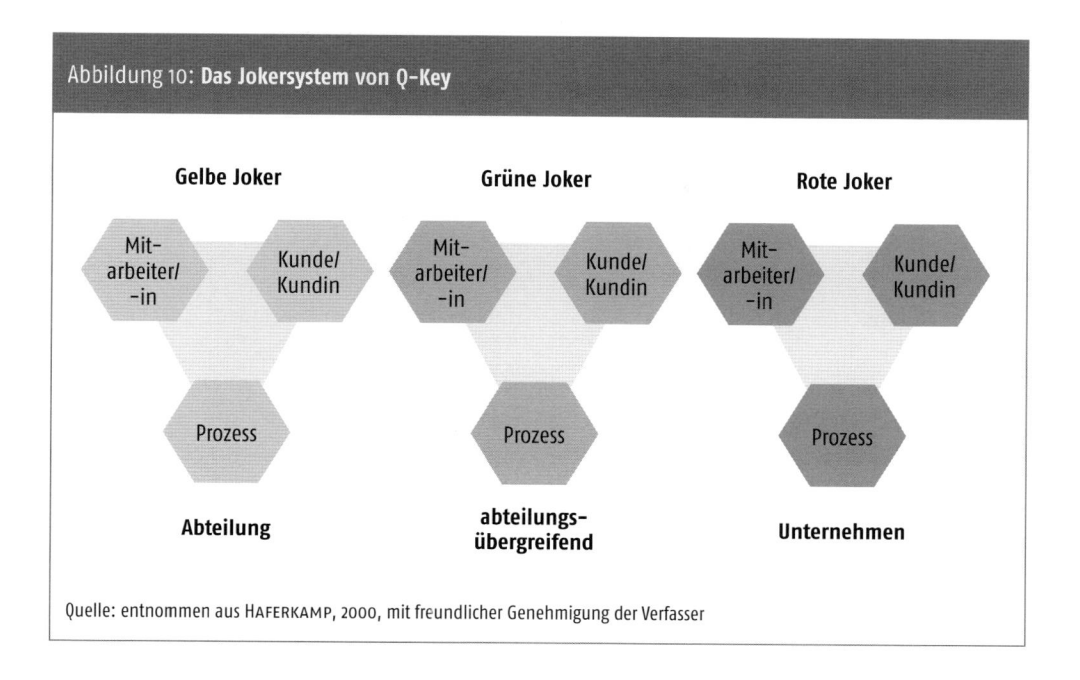

> **Abbildung 10: Das Jokersystem von Q-Key**
>
> **Gelbe Joker**
> - Mitarbeiter/-in
> - Kunde/Kundin
> - Prozess
> - Abteilung
>
> **Grüne Joker**
> - Mitarbeiter/-in
> - Kunde/Kundin
> - Prozess
> - abteilungsübergreifend
>
> **Rote Joker**
> - Mitarbeiter/-in
> - Kunde/Kundin
> - Prozess
> - Unternehmen
>
> Quelle: entnommen aus HAFERKAMP, 2000, mit freundlicher Genehmigung der Verfasser

2.1.3 Zusammenfassung und didaktische Bewertung

Brettplanspiele sind durch feste Regeln und ein eindeutiges Bezugssystem gestaltet, das den Spielenden innerhalb der Regeln nur wenige Freiheitsgrade eröffnet. Der Problem- und Zeithorizont dieser Spielform macht auch halbtägige Spiele sinnvoll. Sie vermitteln das Verhalten des abzubildenden sozialen Systems auf unmittelbare, symbolische Art und Weise. Dies ist die Stärke und zugleich die Begrenzung dieses Spielkonzeptes. Brettplanspiele eignen sich gut, um operative Fragestellungen und Probleme sowie Lösungswege zu veranschaulichen und zu reflektieren.

Die didaktische Bewertung ergibt sich aus der nachfolgenden Übersicht.

Übersicht 10: Die didaktische Bewertung von Brettplanspielen

Spielmotiv	Bewertung
Abschlussmotiv: Sich erfolgreich auf eine (betriebswirtschaftliche) Abschlussprüfung vorbereiten	Bei Brettplanspielen nicht von Bedeutung, da diese lediglich punktuell in Bildungsmaßnahmen eingesetzt werden
Wissens-/Erlebnismotiv: Führungswissen (was Unternehmensführung bedeutet/welche Anforderungen sie stellt) erfahren	Kann wissensintensiv gestaltet werden (Dichte der Wissensvermittlung/Zeiteinheit), sehr erlebnisintensiv mit hohem Festigungsgrad

Spielmotiv	Bewertung
Problemlöse-/Probiermotiv: Erwerb von betriebswirtschaftlicher Problemlöseerfahrung durch Vergleich von Strategien	Wird in der Regel gut erfüllt, da heuristische Problemlösemethoden im Vordergrund stehen
Handhabungsmotiv: Umgang mit (betriebswirtschaftlichen) Instrumenten (der Branche)	Kann so gestaltet werden, dass (betriebswirtschaftliche) Instrumente in das Spiel eingehen
Konkurrenzmotiv: Besseres Verstehen/Fokussieren der Konkurrenz, des/der Kunden/Kundin sowie des Marktes, seiner eigenen Fähigkeiten	Spielt bei Brettplanspielen eine wichtige Rolle, da das Verhalten der anderen Spielteilnehmer zwar unmittelbar beobachtet werden kann, sich aber erst durch Reflexion erschließt, d. h., es regt zum Nachdenken an
Austauschmotiv: Bedürfnis nach Erfahrungsaustausch unter „Branchen- oder Funktionskollegen"	Gut erfüllbar, da das gemeinsame Spielerleben eine gute Kommunikationsbasis von „Branchen- und Funktionskollegen" bietet
Führungsmotiv: Führungssichten des übergeordneten Managements nachvollziehen wollen	Nicht realisierbar, da die Fragestellungen von Brettplanspielen nichts gemeinsam haben mit den Aufgabenstellungen übergeordneter Managementebenen
Quelle: BLÖTZ/BALLIN/GUST	

2.1.4 Übersicht über weitere Brettplanspiele

Die DVD enthält weitere Kurzbeschreibungen zu folgenden Brettplanspielen

Übersicht 11: Brettplanspiele auf der DVD

2014	Bezeichnung	Thema	Demo bzw. Link
	Advanced Projektmanagement	Projektplanungstechniken	
	Agroplan	Kleinbauern in Entwicklungsländern	
	Apothekenplanspiel	Wertschöpfungskette	
	Apples & Oranges	Betriebswirtschaftliche Abläufe	
	Apples & Oranges Manufacturing	Finanzkennzahlen und Prozessoptimierung	
	Arztplanspiel	Wertschöpfungskette	
	Attract	Mitarbeiterbindung	
	Auftrag!	Kleinhandwerker in Entwicklungsländern	
	BABSY: Projektmanagement		
	Balanced Scorecard-Planspiel	Balanced Scorecard	

2014	Bezeichnung	Thema	Demo bzw. Link
Neu	Bank Emotion	Betriebswirtschaft im Bankensektor	
	BauFi – Planspiel für Finanzierungsberater und Auszubildende des Kreditgewerbes		
	Bauplanspiel	Wertschöpfungskette	
Neu	Beer Game	Supply Chain, Logistik	
Neu	Beer Game	Supply Chain Management	
Neu	Betriebswirtschaft verstehen		
	BIZISION – Betriebswirtschaftliches Denken und Handeln	Strategisches Managementplanspiel	
	BUSINESS live	Verschiedene Themenbereiche	
	Car World	Wirtschaftliche Grundlagen und Zusammenhänge	
	Celesta	Keine Angabe	
	City Management	Kommunalverwaltung	
	Colour Blind		
	coludo – Betriebswirtschaft	Betriebswirtschaftliche Zusammenhänge	
Neu	Company	Betriebswirtschaft, Kennzahlen	
	Compulse	Kommunikationsprobleme	
Neu	Control-IT	ITIL, Servicemanagement	
	Corebifa	Nachhaltige Entwicklung und Ernährung	
	Customer Satisfaction	Kundenorientierung	
	Decision Base	Bereichsübergreifende Entscheidungen	
Neu	Die Airport-Services GmbH	Planspiel für Flughäfen	
	Die Reise nach Taganamà	Teamtraining	
	Dopp.Komm	Doppelte Buchführung	
	Easy Business	Betriebswirtschaftliche Grundkenntnisse	
	Einkäufer-Funktionsplanspiel	Wertschöpfungskette	
	Einzelhandelsplanspiel	Wertschöpfungskette	
	ELISE: individuelle Serienproduktion	Mass Customization	
	Energieversorgungsplanspiel	Wertschöpfungskette	
	Factory	Betriebswirtschaftliche Grundlagen	

2014	Bezeichnung	Thema	Demo bzw. Link
Neu	Fountain – Brunnen	Interkulturelle Kommunikation	
	Freitag in der Notaufnahme – Krankenhausspiel & Systemdenken	Systemdenken	
	Führungsplanspiel	Führungsverhalten	
	Full House – Dilemmata Zielvereinbarung	Revenue Management, Dilemmata, Zielvereinbarung	
	FUTUREBANK® – Banking Game	Management einer Universalbank	
	GINGER – Ganzheitliches Management von Instandhaltung und Ersatzteillogistik	Ersatzteillogistik, Instandhaltung	
	Global Factory	Unternehmerisches, globales Denken	
Neu	Global Strategy	Unternehmerisches, globales Denken	
	Großhandelsplanspiel	Wertschöpfungskette	
	Grundlagen des Rechnungswesens		
	Haptische Simulation „Sonnenbäck"	Buchhaltung	<Link>
	Haptisches Planspiel für BWL-Zusammenhänge	BWL-Grundlagen	
	Haptisches Planspiel für Kommunen	BWL-Grundlagen	
	HAPTUS® Business Simulation	Betriebswirtschaft, Controlling, Intrapreneurship	
	Hospital	Krankenhausbetriebswirtschaft	
	Hotelplanspiel	Wertschöpfungskette	
	Immobilien Profi	Immobilienwirtschaft	
	Kanban-Spiel	Logistik	
	KEY	Projektmanagement	
	KLIMAFORTE	Klinikmanagement	
Neu	Know-how Limited	Human Resource (HR) Management	
	Krankenhausplanspiel	Wertschöpfungskette	
	LeadSIM®		
	LIFE! – Kundenorientiert produzieren	Business Reengineering	
Neu	Logistic World		
	Mando	Zielvereinbarungen	
	Marketplace Livon	Kundenorientierung	
	Matflow	Steuerung des Materialflusses	

2014	Bezeichnung	Thema	Demo bzw. Link
	METIS	Existenzgründung	
	MIKRO-KEY	Kooperationsmanagement	
	NaBiz – Navigator of Business Netzwerk	Strategieentwicklung	
	PLANET ENTERPRISE	Unternehmensführung	
	Play.Finance	Betriebswirtschaftliche Grundlagen	
	Power Station	Betriebswirtschaft für Energieversorger	
	Process Factory	Prozessmanagement	
	Produktionsplanspiel	Wertschöpfungskette	
	Profit Pilot	BWL für Vertriebsorganisationen	
	projactivity	Projektmanagement	
	PROJEKTOPOLIS	Projektmanagement	
	Projektorientiertes Planspiel	Wertschöpfungskette	
	Prozessmanagementplanspiel	Prozessmanagement	
	Q-Key – Qualitätsmanagement	Qualitätsmanagement	
	Q-Key2	Qualitätsmanagement	
Neu	S€lly+ allfinance	Finanz- und Versicherungsberater	
	S€lly+ finance	Verkäufertraining für Bankberater	
	S€lly+ standard	Verkäufertraining	
	Sales Efficiency	Vertriebsorganisation	
Neu	sandbox basics – Energie+	Betriebswirtschaftliche Grundlagen, Energieunternehmen	
Neu	sandbox basics – Handel	Betriebswirtschaftliche Grundlagen, Handel	
Neu	sandbox basics – Handel+	Management, Logistik, Handel	
Neu	sandbox basics – Immobilien	Betriebswirtschaftliche Grundlagen, Immobilienwirtschaft	
Neu	sandbox basics – Just Bank.	Bankbetriebslehre	
Neu	sandbox basics – Krankenhaus	Betriebswirtschaftliche Grundlagen, Krankenhaus	
Neu	sandbox basics – Produktion	Betriebswirtschaftliche Grundlagen, Industrie	
Neu	sandbox basics – Standard	Betriebswirtschaftliche Grundlagen	
Neu	sandbox basics – Standard+	Controlling, Management	

2014	Bezeichnung	Thema	Demo bzw. Link
Neu	sandbox sales – Version B2B/Version B2C	Verkauf, Recruitment	
Neu	sandbox strategy	Strategisches Denken und Handeln	
Neu	Schiffswerft FLOTT	Qualität	
	Service World	Dienstleistung	
	SILKE: Supply Chain Management	Lieferkettenmanagement	<Demo>
	Sim.FLAG	NPM in der Verwaltung	
	SIMGAME	Betriebswirtschaftsgrundlagen	
Neu	Spiele GmbH	Projektmanagement, Change Management	
	Steuerung mit dem Doppischen Haushalt		
	STEVEN: Unternehmensnetzwerke		
	Strategieplanspiel	Strategieplanung	
Neu	stratego Bank	Funktionsweise Bank	
Neu	stratego Betriebswirtschaft	BWL, GuV, Bilanz	
Neu	stratego Führung	Führungsverhalten	
Neu	stratego Produktion	Produktionsplanspiel	
Neu	stratego Suchtprävention	Suchtprävention, Krankheit, Sucht	
Neu	stratego Team	Teambuilding	
Neu	stratego Vertrieb	Wie verkaufe ich richtig?	
	Supply chain		
Neu	SysTeamsBusiness	General Management	
Neu	SysTeamsChange	Changemanagement	
Neu	SysTeamsProject	Projektmanagement	
Neu	SysTeamsRYBI	Business-Plan	
	Tango	Strategische Planung	
Neu	Targetsim® Apotheke	Apothekenmanagement, Pharmavertrieb	
Neu	Targetsim® Banking Unternehmens-simulation	Erfolgsfaktoren im Bankgeschäft	
Neu	Targetsim® Dienstleistung	Dienstleistung, Service	
Neu	Targetsim® DienstleistungPro	Projektmanagement, Multi-Projekt-Management	

2014	Bezeichnung	Thema	Demo bzw. Link
Neu	Targetsim® Einkauf	Einkaufsmanagement, Beschaffung	
Neu	Targetsim® Finanzwissen	Finanzen für Nichtfinanzfachleute	
Neu	Targetsim® Handel		
Neu	Targetsim® Health Care	Krankenhaus, Spital	
Neu	Targetsim® KEP Kurier-Express-Paket	Kurier, Express, Paket, Logistik, BWL	
Neu	Targetsim® Pharma	Pharmazeutische Industrie, Life Science	
Neu	Targetsim® Produktion	Produktion, Industrie, BWL	
Neu	Targetsim® Start-up	Firmengründung, BWL	
Neu	Targetsim® Wertmanagement	EVA®, Economic Profit, Finanzwissen, BWL	
	Team Target		
	Team! in action	Teamentwicklung	
	Teambalance	Rollenverteilung im Team	
	Teamspiel: Die Reise ins Wir	Teamentwicklung	
	Textilplanspiel	Wertschöpfungskette	
	The Beer Game	Systemdenken	
	TOP: Produktverfolgung durch Transponder	Logistikketten	
Neu	TOPSIM – easyManagement – Haptische Einführung	Betriebswirtschaftliches Grundwissen	
	TQM Planspiel Q-Key2	Qualitätsmanagement	<Link>
	ULF: Prozessorientierung im Unternehmen	Unternehmensstrukturierung	
	Versicherungsplanspiel	Wertschöpfungskette	
	Village Game	Kleinbauern in Entwicklungsländern	
	Vinculos	Familie, Karriereentwicklung	
	Warehouse	BWL-Grundlagen für den Handel	
	Warenhausplanspiel	Wertschöpfungskette	
Neu	Yacht AG	Unternehmerisches Denken	
Quelle: KHS			

2.2 Computerunterstütze Gruppen-Planspiele
(Mario Gust, Jan H. G. Klabbers)

Mit der Entwicklung des PC wurden für die Weiterbildung in Unternehmen die Voraussetzungen geschaffen, Planspiele nicht nur über einen Großrechner zu spielen, sondern auch großflächig in Bildungszentren, -abteilungen und bei Bildungseinrichtungen einzuführen. Seit Anfang der 1980er-Jahre wurde eine Vielzahl von Computerplanspielen zu unterschiedlichen Themen entwickelt. Meistens handelt es sich um betriebswirtschaftliche Spiele. Sie werden unterschieden in General-Management-Planspiele, Branchen- und Funktionsplanspiele. Kernstück einer solchen Simulation ist ein in ein Computerprogramm eingebundener Algorithmus, der den Modellbereich simuliert.

Die klassische Grundstruktur von computerunterstützten Gruppen-Planspielen ist etwa die folgende: Drei bis fünf Gruppen konkurrieren unter festgelegten Erfolgskriterien über einen Zeitraum von fünf bis acht simulierten Geschäftsjahren. Die Spielteilnehmenden werden mit Entscheidungssituationen konfrontiert und händigen dem/der Planspielleiter/-in ihre Entscheidungen in sogenannten Entscheidungsformularen aus. Die im Entscheidungsformular enthaltenen Daten werden in das Programmsystem eingegeben, und der/die Spielleiter/-in löst die Simulation für das jeweils nächste Geschäftsjahr aus. Neben der Entscheidungsfindung und der Auswertung der Periodenergebnisse im Team wird häufig zusätzlicher Unterricht über wirtschaftliche Zusammenhänge angeboten, oder ein solches Seminar wird dazu genutzt, die im Spiel abgebildeten Funktionsbereiche des eigenen Unternehmens über Fachreferenten/Fachreferentinnen näher kennenzulernen.

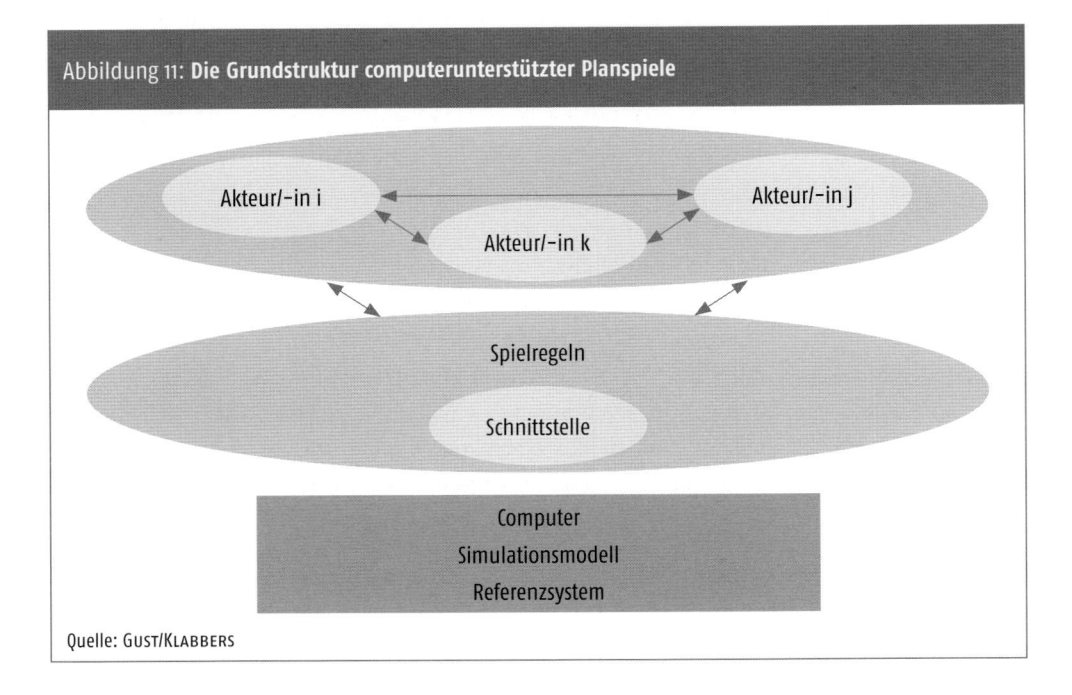

Abbildung 11: Die Grundstruktur computerunterstützter Planspiele

Akteur/-in i — Akteur/-in j
Akteur/-in k
Spielregeln
Schnittstelle
Computer
Simulationsmodell
Referenzsystem

Quelle: GUST/KLABBERS

<Fach> Computergestützte Gruppen-Planspiele – erläutert an der Topsim-Reihe (Andreas Siebenhüner)

<Fach> Methoden, Menschen, Modelle – Seminarkonzepte für Versicherungsplanspiele (Ralf Klotzbücher, Herbert Schmidt)

<Fach> VerSimBi – Ein Planspiel für die überbetriebliche Ausbildung in der Versicherungsbranche – Kooperative Planspielentwicklung (Herbert Schmidt, Ralf Klotzbuecher)

<Fach> Unternehmenssimulation – Führungskräfteentwicklungsmaßnahme bei den Stadtwerken Bielefeld (Bert Erlen, Lutz Rother)

<Fach> Brettplanspiel und Managementsimulationen – Schnittstellen und Anwendungsbereiche (Marko Willnecker, Uwe Schirrmacher)

<Fach> Integriertes Planspielen im Trainingskonzept der Fortbildung zum Tagungsfachwirt (Klaus Beckmann, Adele Heinz)

<Fach> Training internationaler Geschäfts- und Kommunikationskompetenzen mit dem BWL-Planspiel Investor Industrie (Thomas Helle)

<Fach> Sima&Co – Nutzung einer computerunterstützten Wirtschaftssimulation als Individual- und Gruppenplanspiel (Volker Steinhübel, Frank Monien)

<Fach> Wirtschaftspolitik „zum Anfassen" – Mit dem Computer gegen die Rezession! (Jürgen Badura)

<Fach> Planspiele und Simulationen für das Verhaltenstraining in kritischen Situationen: Das Beispiel MS ANTWERPEN (Stefan Strohschneider, Susanne Starke)

Im Folgenden werden zwei Gruppen-Planspiele ausführlicher beschrieben. „TOPSIM – General Management" und „SimulTrain®". Sie dienen als Beispiele für unterschiedliche Spielansätze innerhalb des Typs „Gruppen-Planspiele". TOPSIM ist im Sinne der obigen Einteilung ein formulargeführtes computerunterstütztes Gruppen-Planspiel mit Wettbewerb. Die Spielteilnehmenden tragen ihre Entscheidungen in vorbereitete Entscheidungsblätter ein, händigen diese dem/der Spielleiter/-in aus. Die Auswirkungen ihrer Entscheidungen sind abhängig vom Marktmodell und von den Entscheidungen der konkurrierenden Unternehmen. Die Übergabe der Entscheidungen kann optional auch auf elektronischem Weg über USB-Sticks, E-Mail, Fax oder Internet erfolgen. SimulTrain® ist ein interaktives Gruppen-Planspiel, das im Parallelbetrieb durchgeführt wird. Die Spielteilnehmenden werden vom Simulationsprogramm aufgefordert, ihre Entscheidungen direkt in das Programm einzugeben, der/die Spielleiter/-in als „Datenübermittler" tritt nicht mehr auf. Der/Die Spielende agiert interaktiv mit dem Programm und versucht, die anstehenden Entscheidungen „besser" zu bewältigen als die anderen, parallel an der gleichen Fragestellung arbeitenden Gruppen. Die Spielentscheidungen der Gruppen beeinflussen sich nicht untereinander, d. h., die Gruppen können unabhängig voneinander agieren.

2.2.1 Beispiel „TOPSIM – General Management" – ein Spiel zur Unternehmensführung

Das Planspiel TOPSIM – General Management ist ein allgemeines Industrieplanspiel, in dem bis zu fünf Aktiengesellschaften an einem gemeinsamen Markt konkurrieren.[30] In TOPSIM – General Management wird die Produktion und der Verkauf von Fotokopierern simuliert. Folgende Funktionsbereiche werden in diesem Spiel abgebildet: Marketing, Vertrieb, Einkauf, Lagerhaltung, Fertigung, Forschung und Entwicklung, Finanz- und Rechnungswesen und Personal. Mit dem Standardeinsatz von TOPSIM – General Management werden laut Anbieter die folgenden Lernziele verfolgt:

- Rahmenbedingungen für wirtschaftlichen Erfolg erkennen und formulieren,
- ganzheitliches Erleben von betriebswirtschaftlichen Zusammenhängen,
- Festlegung von Zielen und Strategien und ihre Umsetzung in einem ökonomisch-ökologischen Umfeld,
- betriebswirtschaftliches „Zahlenmaterial" in praxisbezogene Erkenntnisse und Entscheidungen umsetzen,
- Grundlagen des Marketings erwerben,
- Instrumente der Kosten- und Erfolgsrechnung und der Produktkalkulation anwenden,
- Umgang mit komplexen Entscheidungssituationen unter Unsicherheit,
- Übersicht und Durchblick in schwierigen Entscheidungssituationen behalten,
- Blick für das Wesentliche und Ganze betriebswirtschaftlicher Führung entwickeln,
- bereichsübergreifendes Denken und Handeln üben,
- Problemstrukturierungs- und Problemlösefähigkeit erlernen,
- effiziente Kommunikation durch Visualisierung üben, Entscheidungsfindung im Team und unter Einsatz von PC-gestützten Planungsmodellen.

Die Managementsimulation bezieht sich auf die Fertigung von Schwarz-Weiß-Fotokopierern für den heimischen Markt. In der vollen Version bearbeiten die Teilnehmenden die Fertigung von zwei Produkten für zwei Märkte. Die Simulation ist modular aufgebaut, d. h., über eine Schaltmatrix können einzelne Simulationsmodule, wie z. B. Neueinführung eines Farbkopierers, zu unterschiedlichen Spielperioden „dazugeschaltet" werden. Darüber hinaus kann der Ausdruck von Ergebnisberichten, z. B. der Kostenrechnung, der Deckungsbeitragsrechnung oder der Sozialbilanz, wahlweise unterdrückt oder unterstützt werden. Der/Die Planspielleiter/-in kann die Werte einzelner Variablen der Computersimulation ändern, so z. B. den Konjunkturverlauf und den Wirkungsgrad betriebswirtschaftlicher Zusammenhänge (siehe Abbildung 12).

---

30 UNICON Management Systeme GmbH.

Abbildung 12: Simulationsstruktur von TOPSIM

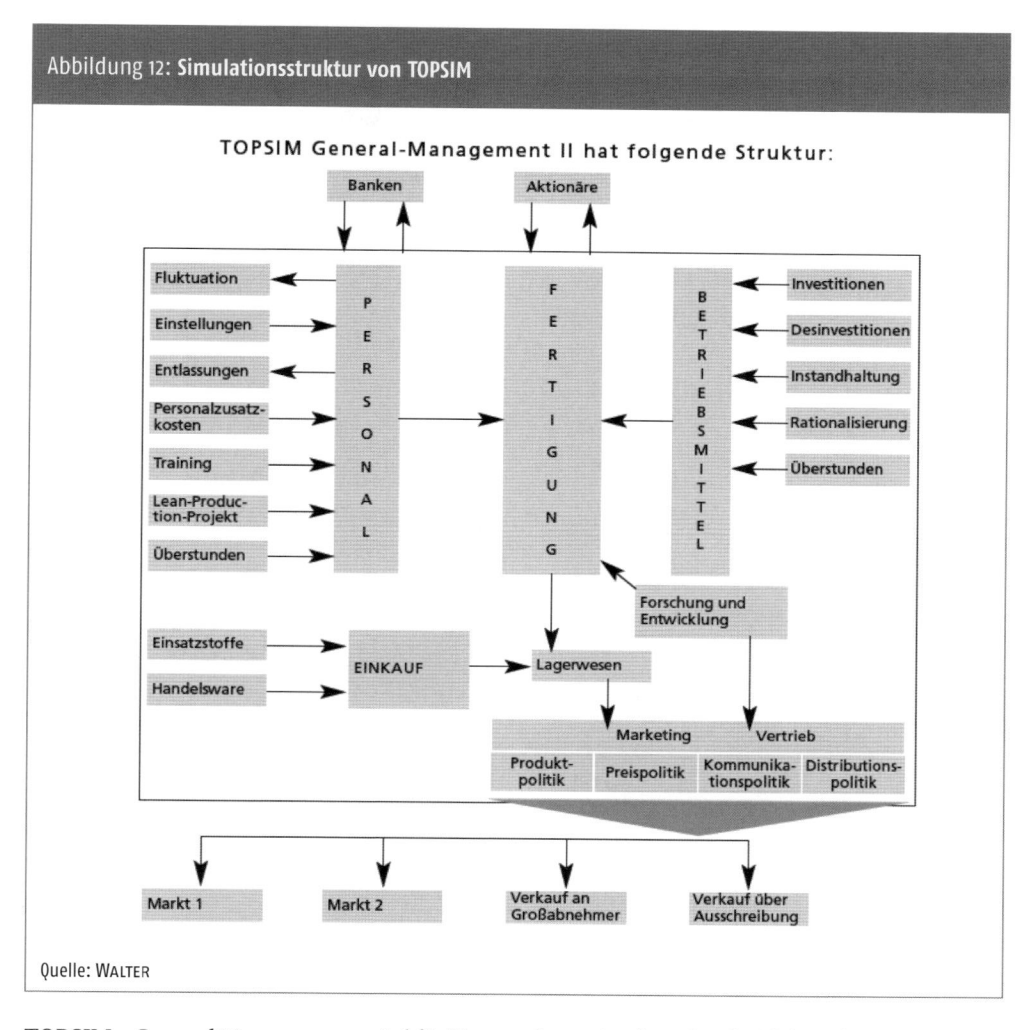

TOPSIM General-Management II hat folgende Struktur:

```
                    Banken              Aktionäre
                       ↕                    ↕
  Fluktuation     ←┐                                    ┌→ Investitionen
                   │  P         F          B            │
  Einstellungen   →│  E         E          E           →│→ Desinvestitionen
                   │  R         R          T            │
  Entlassungen    ←│  S         T          R           ←│ Instandhaltung
                   │  O    →    I    ←     I            │
  Personalzusatz- →│  N         G          E           →│ Rationalisierung
  kosten           │  A         U          B            │
  Training        →│  L         N          S           ←│ Überstunden
                   │            G          M            │
  Lean-Produc-    →│                       I            │
  tion-Projekt     │                       T            │
                   │                       T            │
  Überstunden     →│                       E            │
                                           L
                                    ↑
                              Forschung und
                              Entwicklung
                                    ↑
  Einsatzstoffe  →┌─────────┐   ┌──────────┐
                  │ EINKAUF │ → │Lagerwesen│
  Handelsware    →└─────────┘   └──────────┘
                                    ↓         ↓
                                 Marketing  Vertrieb
                            Produkt- Preis-  Kommunika-  Distributions-
                            politik  politik tionspolitik politik
                                    ↓
          ┌───────┬───────┬─────────────┬──────────────┐
          ↓       ↓       ↓             ↓
        Markt 1  Markt 2  Verkauf an    Verkauf über
                          Großabnehmer  Ausschreibung
```

Quelle: WALTER

TOPSIM – General Management wird für Unternehmen in einer der drei folgenden Standardseminarvarianten angeboten; je nach Kundenbedarf werden andere Varianten entwickelt:

▶ (A) Als betriebswirtschaftliches Seminar werden ergänzend zu einzelnen Simulationsrunden zielgruppenrelevante BWL-Themen behandelt. Themenschwerpunkte sind z. B.: Bilanzierung, Gewinn- und Verlustrechnung, Kostenrechnung, Deckungsbeitragsrechnung, Kapitalerhöhung einer AG, Shareholder-Value, Unternehmensgleichgewichte, Marketing-Mix.

▶ (B) Als betriebswirtschaftliches Seminar werden in einem zusätzlichen Schwerpunkt die unternehmenseigenen Abteilungen und Funktionsbereiche und ihre jeweiligen Arbeitsschwerpunkte durch Fachreferenten sowie Fachreferentinnen aus diesen Funktionsbereichen vermittelt. Darin stellt z. B. der/die hauseigene Marketingreferent/-in die Aktivitäten und Zielsetzungen der eigenen Marketingabteilung vor.

Abbildung 13: Der Entscheidungsbogen von TOPSIM – General Management für 2 Produkte und 2 Märkte

Vertrieb	Produkt 1		Produkt 2	
	Markt 1	Markt 2	Markt 1	Markt 2
Preis (pro Stück)	.... EUR	.... FCU	.... EUR	.... FCU
Werbung (MEUR)	....	....	....	....

	Markt 1	Markt 2		
Vertrieb (Anz. Pers.)	....	....		
Corporate Identity (MEUR)	....			
Marktforschungsbericht	Ja:			

Produktentwicklung	Techno-logie Anz. Pers.	Ökologie (MEUR)	Wert-analyse (MEUR)		
				Großabnehmer: .... Stück	
				Ausschreibung: .... EUR/St.	
Produkt 1 - alt	....	....	....	Relaunch (1 - alt) oder:	
Produkt 1 - neu	....	....	....	Neueinführung (1 - neu)	
Produkt 2 - neu	....	....	....		

Einkauf		Produkt 1	Produkt 2
	Einsatzstoffe/Teile (Einheiten)	....	....
	Bezug Fremdfertigung (Stück)		....

Fertigung			Produkt 1	Produkt 2
	Fertigungsmenge (Stück)		....	....
	Fertigungsstraßen	**Typ A**	**Typ B**	**Typ C**
	Investition (Anzahl neue Straßen)	....	....	....
	Desinvestition (Nummern der Straßen)	....	....	....
	Instandhaltung (MEUR/Straße)	....	....	....
	Rationalisierung (MEUR/Straße)	....	....	....
	Prozessoptimierung (MEUR)	....	Training (MEUR)	
	Investition in Umweltanlagen (MEUR)	....	Personalneben-kosten (%)	
	Fertigungspersonal Einst. / Entl. (-)	....		

Finanzen (MEUR)	Mittelfristiger Kredit	....
	Langfristiger Kredit	....
	Kauf von Wertpapieren	....
	Dividende (% vom Jahresüberschuss)	....

Planwerte (MEUR)	Umsätze	Produkt 1:	Markt 1	....	Markt 2	....
		Produkt 2:	Markt 1	....	Markt 2	....
	Eigenkapitalrendite (%)	....	Cashflow		....	

Quelle: UNICON, TOPSIM-Handbuch

▶ (C) Als Seminarkonzept, in dem Themenstellungen aus dem Bereich Führungspsychologie und Organizational Behavior neben betriebswirtschaftliche Themen gestellt werden. Dieses Vorgehen ergänzt die in der Simulation abgebildeten „harten Fakten" des Managements um die „weichen Faktoren" der Führung und der Zusammenarbeit. Themenstellungen können dabei sein: die eigenen Stärken und Schwächen in der Teamarbeit, das eigene Führungsverhalten, der Umgang mit Konflikten, die eigene Managementphilosophie, Empowerment, der bevorzugte Problemlösestil usw.[31]

Die Abbildung 13 zeigt ein für TOPSIM und ähnlich strukturierte Spiele typisches Entscheidungsformular, in das die Unternehmen den von ihnen kalkulierten Preis usw. eintragen.

2.2.2 Beispiel „SimulTrain®" – ein Spiel zur Einführung in das Projektmanagement

„SimulTrain®" ist ein Spielkonzept zum Thema „Projektmanagement".[32] Die Spielgruppen konkurrieren nicht wie bei TOPSIM – General Management direkt an einem gemeinsamen Markt gegeneinander, sondern versuchen in Gruppen zu vier Teilnehmenden in ihrem eigenen Spiel an ihrem Rechner das optimale Ergebnis zu erzielen. Die Ergebnisse zwischen den Teams sind vergleichbar (Parallelbetrieb).

Der Hintergrund für die Entwicklung: Projektmanagement ist eine Aufgabenphilosophie, die inzwischen zum Standard in vielen betrieblichen Funktionen gehört. Sie ist Bestandteil einer neuen Kultur, ein Unternehmen zu leiten. Linienverantwortliche und Mitarbeiter/-innen müssen hierfür qualifiziert sein. „SimulTrain®" soll in die Logik des Projektmanagements einführen.

SimulTrain® simuliert die Durchführung eines Projektes mittlerer Größe mit praxistypischen Störereignissen: der/die Kunde/Kundin, der plötzlich das Pflichtenheft abändern will, die Abteilungsleiter/-innen, die die erwünschten Ressourcen nicht zur Verfügung stellen wollen, unvorhergesehene technische Probleme usw.

Außerdem beinhaltet der Simulator ein Modell, das die individuelle Motivation, das Verantwortungsgefühl und den Teamgeist in die Ergebnisbewertung einbezieht. Jede Entscheidung, die während der Simulation getroffen wird, hat sichtbare Konsequenzen für Kosten, Termine sowie auch für Motivation, Verantwortungsgefühl und Teamgeist.

Bei dem Planspielangebot handelt es sich um ein 3-Tages-Seminar, in dem die Teilnehmenden ein Projekt strukturieren, seinen Ablauf steuern und lernen, entsprechende Managementhilfsmittel einzusetzen. Einführend erfahren die Teilnehmenden die Grundsätze des Projektmanagements. Sie werden vor typischen Handlungsfallen gewarnt und über Vermeidungsstrategien belehrt. Ab dem zweiten halben Tag wird der PC-gestützte Projektsimulator

---

31 Vgl. etwa GUST, M.: Psychologie im Planspiel. In: GRAF, J.: Planspiele – simulierte Realitäten für den Chef von morgen, 1992, Bonn.
32 SimulTrain® ist ein eingetragenes Warenzeichen der Sauter Training & Simulation SA.

genutzt, um das Gelernte gezielt in die Praxis umzusetzen, originelle Lösungen zu suchen und verschiedene Strategien auszuprobieren. Werden Fehler gemacht, zeigt der Simulator die negativen Folgen.

Gespielt wird in Kleingruppen. Der Simulator konfrontiert die Gruppe mit Situationen, die schnelle Entscheidungen erfordern. Die Teilnehmenden entscheiden jeweils als Team. Dabei findet ein eigener Teambildungs- und -lernprozess statt. Der Simulator hat hier die Funktion, die Teambildung zu stimulieren.

Abbildung 14: Das Projektleitungsbüro

Quelle: Screenshot SimulTrain

Die Teilnehmenden erhalten alle erforderlichen Projektunterlagen, Informationssysteme und Arbeitsmittel, auf die zur Bearbeitung des Projektes zugegriffen werden kann. Ein Ablauf, auf welche Weise dies zu geschehen hat, ist nicht vorgeschrieben. Die Projektarbeit startet im Büro des Projektleiters. Dort stehen alle Dokumente des Projektes zur Verfügung: Gantt-Diagramm, Netzplan, Projektstatus, Dossiers über alle Mitarbeiter/-innen des Unternehmens: Foto, Lebenslauf, Qualifikationen, Profil usw. (siehe Abbildung 15).

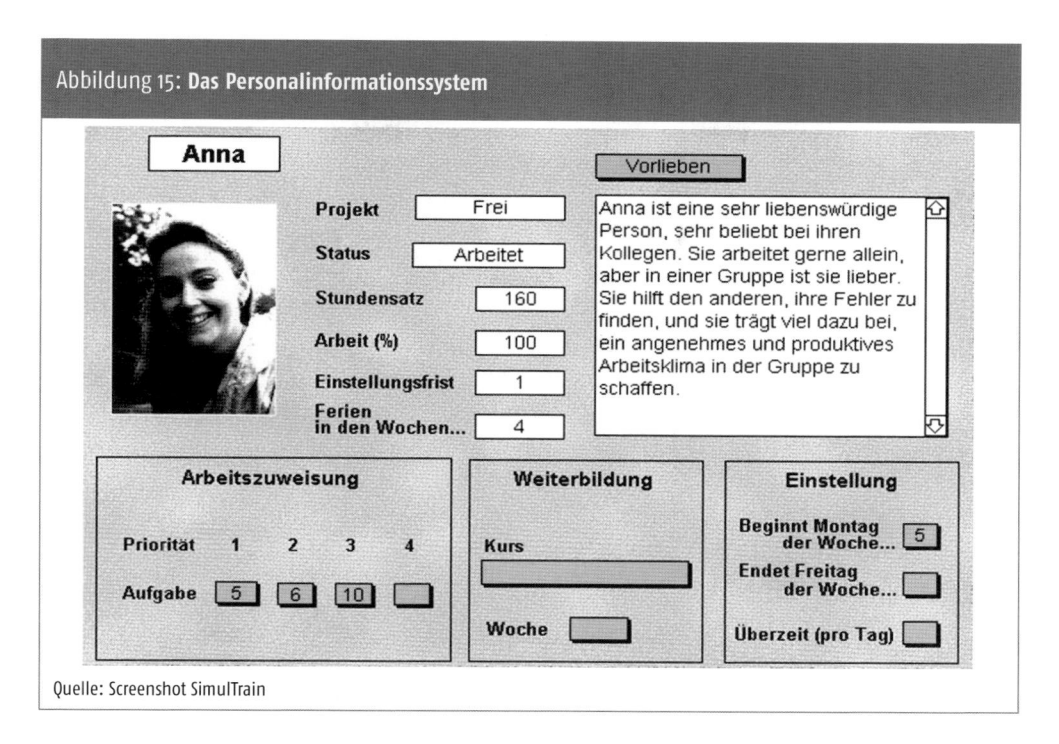

Abbildung 15: Das Personalinformationssystem

Quelle: Screenshot SimulTrain

Zum Spielrahmen gehört eine Kommunikationssphäre, bestehend aus Telefon, Voice- und E-Mail, über die die Projektkommunikation erfolgt: u. a. um Zusammenkünfte zu veranstalten, Mitarbeiter/-innen zum „Arbeitsessen" einzuladen, aber besonders dafür, das Spielerteam regelmäßig über Projektereignisse zu unterrichten, die für den Projektverlauf relevant sind.

Die Simulation produziert aus den getroffenen Projektentscheidungen Ereignisse, die durch das Team bewertet werden und im Team verhandelt werden müssen: So stellt eine bestimmte Entscheidung zum Beispiel zwar die Direktion zufrieden, demotiviert zugleich aber die Mitarbeitenden des Projekts mit den Folgen einer Minderung ihrer Motivation und Produktivität. Das Team muss versuchen, diese Defizite wieder auszugleichen. Ein Ereignisbeispiel:

„Entscheiden Sie! Der Direktor hat Ihnen mitgeteilt, dass er Ihnen die beiden geräumigen Büros, die für Ihr Projekt vorgesehen waren, nicht überlassen kann. Eines der beiden geräumigen Büros wird dem Projekt Mintox zugeteilt. Das heißt, dass die Hälfte Ihres Teams in Riedwil arbeiten muss – also 2 km vom Hauptunternehmen entfernt.

Was tun? Wenn Sie nachgeben, um Ihre gute Beziehung mit dem Direktor nicht aufs Spiel zu setzen, könnte die Kommunikation im Team zusammenbrechen …"

Teilnehmende können zu ihrer Information die jeweils aktuelle Ausprägung des Wirkungsgefüges abrufen. Die Variablen können anhand grafischer Darstellungen in ihrer quantitativen Entwicklung verfolgt werden.

Seminarziele des Anbieters sind:
- dynamische Prozesse managen,
- mit den Informatik-Projektmanagementwerkzeugen arbeiten,
- mit typischen Problemen des Projektmanagements umgehen,
- Teamentscheidungen in Stresssituationen treffen,
- ein Projekt komplett planen und eine Risikoanalyse durchführen,
- unterscheiden, welche Fragen, Ziele und Variablen in der Startphase eines Projektes entscheidend sind,
- in den verschiedenen Phasen des Projektes Checklisten anwenden.

Inhalte des Seminars sind:
I. Projektdefinition, Projektplanung
   - Formulierung und Überprüfung der Projektziele
   - Projektstrukturplan (Work Breakdown Structure)
   - Netzplan, kritischer Pfad, CPM und PERT
   - Risikomanagement
   - Methoden für die Schätzung von Dauer/Kosten
II. Projektaufbau, Team und Organisation
   - Das Profil und die Rolle des/der Projektleiters/Projektleiterin
   - Organisationsformen von Projekten
   - Responsibility Chart
   - Konflikte in der Matrixorganisation
   - Entscheiden im Projektteam
III. Projektablauf, Projektmanagement-Software
   - Kontrolle der Kosten
   - Überwachung der Termine
   - Was tun im Falle von Überschreitungen?
   - Qualitätsmanagement
   - Einsatzgebiet der Projektmanagement-Software

2.2.3 Zusammenfassung und didaktische Bewertung

Computerunterstützte Gruppen-Planspiele bilden die symbolische Welt des operativen bis strategischen Managements ab. Sie haben klar strukturierte Regeln und ein kompliziertes Bezugssystem. Die Spieler/-innen haben eine Vielzahl realistischer Probleme zu bearbeiten. Computerunterstützte Gruppen-Planspiele eignen sich deshalb sehr gut zum Einüben von konkreten Managementmethoden und -techniken. Eine Gefahr besteht darin, dass die Teilnehmenden versuchen, das Unternehmen als eine „Black Box" zu steuern, d. h. ohne Kenntnis über die innere Struktur des Spiels.

Die didaktische Bewertung ergibt sich aus der nachfolgenden Übersicht:

Übersicht 12: Die didaktische Bewertung von computerunterstützten Gruppen-Planspielen

Spielmotiv	Bewertung
Abschlussmotiv: Sich erfolgreich auf eine betriebswirtschaftliche Abschlussprüfung vorbereiten	Gut leistbar, da eine Integration von Gruppen-Planspielen mit Akzentuierung prüfungsrelevanter Themen bei entsprechender Curriculumplanung möglich ist. Zudem ist ein Trend feststellbar, Abschlussprüfungen verstärkt fall- und handlungsorientiert zu organisieren.
Wissens-/Erlebnismotiv: Führungswissen (was Unternehmensführung bedeutet/ welche Anforderungen sie stellt) erfahren	Gruppen-Planspiele eignen sich gut, um „Wissen über Führung" zu vermitteln.
Problemlöse-/Probiermotiv: Erwerb von betriebswirtschaftlicher Problemlöseerfahrung durch Vergleich von Strategien	Gut erfüllbar, solange es um die Anwendung von Managementmethoden geht. Es werden weniger Problemstellungen aufgeworfen, die Kreativität und Exploration verlangen.
Handhabungsmotiv: Umgang mit betriebswirtschaftlichen Instrumenten (der Branche)	Für die Standardinstrumentarien der Betriebswirtschaft aufgrund ihres Fallstudiencharakters hervorragend geeignet.
Konkurrenzmotiv: Besseres Verstehen/Fokussieren der Konkurrenz, des Kunden/Marktes, seiner eigenen Fähigkeiten	Gut erfüllbar, wenn es in begleitenden Seminarphasen thematisiert wird. (Warum haben meine „Konkurrenten" so und nicht anders gehandelt?)
Austauschmotiv: Bedürfnis nach Erfahrungsaustausch unter „Branchen- oder Funktionskollegen"	Gut erfüllbar, da das gemeinsame Spielerleben eine gute Kommunikationsbasis bietet. Voraussetzung ist aber eine realitätsnahe Gestaltung, da sonst der Meinungsaustausch zu sehr um die Thematik „Bei uns ist alles anders als im Spiel" kreist.
Führungsmotiv: Führungssichten des übergeordneten Managements nachvollziehen wollen	Nur schwer realisierbar, da die Fragestellungen dieser Spielform nur wenig gemeinsam haben mit den Aufgabenstellungen übergeordneter Managementebenen.

Quelle: BLÖTZ/BALLIN/GUST

2.2.4 Kurzbeschreibungen weiterer computerunterstützter Gruppen-Planspiele

Die DVD enthält weitere Kurzbeschreibungen zu folgenden Gruppen-Planspielen mit Computerunterstützung:

Übersicht 13: Computerunterstützte Gruppen-Planspiele auf der DVD

2014	Bezeichnung	Thema	Demo bzw. Link
Neu	2015 – An den Schalthebeln der Macht	Kommunalpolitik	
Neu	ABIE Abbruchrisiken in stationärer Erziehungshilfe senken	Verlässliche Hilfen	
	ALYSSAmicro Planspiel Handel	Globale wirtschaftliche Zusammenhänge	
	APOSIM	Controlling für Apotheken	
	Auftragsabwicklung	Produktionsstrukturen und Logistiksysteme	
	Balanced Scorecard	Zielsysteme	
	Bankenplanspiel MICROBANK 2010	Bankmanagement	
	Bankenplanspiel SIMUBANK 2010	Bankmanagement	
	Banking – das strategische Bankenplanspiel	Bankcontrolling	<Link>
	BAPPF	Betriebswirtschaftliche Grundlagen	
	BERYLLAmicro Planspiel Dienstleistung	Führung eines Handelsunternehmens	
	Betriebswirtschaft für Ingenieure in der Energietechnik	Betriebswirtschaft	
	BO-Cash	Betriebswirtschaftliche Grundlagen	<Demo>
	Börsenplanspiel BOERSIMO	Handel mit Aktien	
	Bruno´s Bretzeln		<Link>
	Business Game	Entscheidungsfindung	
	Business.Plus	Allgemeine Betriebswirtschaftslehre	
	BusPlus	Betriebswirtschaft eines Verkehrsbetriebes	
	DentSim	Betriebswirtschaft für Techniker/-innen	
	Der Emissionshandel für Treibhausgase in der Simulation (SET-UP)		<Link>
Neu	Deutscher Gründerpreis für Schüler/-innen	Unternehmensgründung	
	Die Werkzeugbox 2002 (Euro)	Allgemeine Betriebswirtschaft	<Link>
Neu	DiPro-Seminar – Dienstleistungsproduktivität	Investitionsgüter, Service	<Demo>
Neu	EcoStartup	Unternehmensgründung	

2014	Bezeichnung	Thema	Demo bzw. Link
	ETrain-M Entscheidungstraining Management	Entscheidungstraining	
	EUROGAME – L	Sprachentraining für Betriebswirte/Betriebswirtinnen	
	Existenzgründung im Umweltbereich		<Link>
	Existenzgründungsplanspiel	Existenzgründung	
	Existenzgründungsplanspiel GRÜNDER II	Existenzgründung im Handel	
	Getränkemarkt 2002 (Euro)	Grundfragen der Betriebswirtschaft	<Link>
	Gründer/-in II	Existenzgründung	
	Handelsplanspiel HS 1	Entscheidungen in Handelsbetrieben	
	HandSim 2 Unternehmenssimulation Handwerk	Handwerkstypische Entscheidungen	<Demo>
Neu	Hochofen-Komplexitätsmanagement	Systemdenken, System Dynamics	
	iDECOR	Betriebswirtschaftliche Entscheidungen	
	IMAC-Managementplanspiel: Archive (Sem.)		
	IMAC-Managementplanspiel: Bibliothek (Sem.)		
	IMAC-Managementplanspiel: Buchhandel (Sem.)		
	IMAC-Managementplanspiel: eCommerce (Seminar)	Entscheidungsstrategien	
	IMAC-Managementplanspiel: IuD-Services (Sem.)		
	IMAC-Managementplanspiel: Museen (Sem.)		
	IMAC-Managementplanspiel: Verlag (Sem.)	Betriebswirtschaft in Verlagen	
	Insurance Management Training		
	INTOP	Internationaler Wettbewerb	
	INTOP 2000	Internationale Geschäftstätigkeit	
	Investor/-in		
	Investor/-in Banken	Bankbetriebswirtschaftslehre	<Link>
	Investor/-in Industrie	Industrie-Betriebswirtschaftslehre	<Link>
	Leadership and Performance	Unternehmerisches Denken	
	LeanSys – Schlanke Fertigung, KVP und Führung		
	LEARN! Planspiel	Betriebswirtschaftliche Simulation	
	LearnSim		
	Logistics Parcel Service	Paketlogistik	
Neu	Logistikorientiertes Unternehmensplanspiel „LOOP"	ERP/PPS-Simulation zur Produktionslogistik	<Link>

2014	Bezeichnung	Thema	Demo bzw. Link
	MACRO	Wirtschaftspolitik	
	Manage!	Hotelsimulation	
	Management-Planspiel MarGiT	Betriebswirtschaftsgrundlagen	<Link>
Neu	MARGA Industry Seminar	General Management	
Neu	MARGA Strategy	General Management, Strategie	
	Marketing Game	Deckungsbeitragsrechnung im Marketing	
	Marmelade – Planspiel zur Messebeteiligung	Messebeteiligung	
	MasterGame	Unternehmensführung allgemein	
	Mein Unternehmen (Seminare)	Unternehmerisches Handeln	<Link>
	MS Antwerpen – Verhalten in kritischen Situationen		
	NOWA – Einzelhandelsplanspiel		
	OEKO2 – Öko²	Ökologisch-ökonomisches Gesamtsystem	<Link>
	OEKOWI®-Systemtraining	Wirtschaftlich-ökologische Zusammenhänge	
	OLIGOPLAN – ein Unternehmensplanspiel für Wirtschaftsschulen	Betriebswirtschaftsgrundlagen	
	OMNILOG	Betriebswirtschaftliche Grundlagen	
	OPTIKSIM	Betriebswirtschaft für Augenoptiker	
	P&C Insurance Simulation Game		
Neu	Paul's Island	Teamentwicklung, Komplexität	<Link>
	PAV – Planspiel Arbeitsvorbereitung		
	Planspiel „EUROPA 2005" – Eine EU-Simulation	Europapolitik, -forschung	
	Planspiel Buchhandel		
	Planspiel INTERACT		
	Planspiel Kostenmanagement		
	Planspiel PROST – Simulation der Produktionssteuerung	Produktionslogistik	
	Planspiel und Workshop für schwierige Genehmigungen		
	Planspiel: WETTBEWERB-Unternehmensspiel	Allgemeine Betriebswirtschaftslehre	
	PLUS – Planspiel urbaner verkehrlicher Systeme	Verkehrsplanung	
	PriManager – Primaner managen eine AG	Existenzgründung	

2014	Bezeichnung	Thema	Demo bzw. Link
Neu	PRIMESIM Entrepreneurship	Existenzgründung, Entrepreneurship, Business Development	
Neu	PRIMESIM Management	Strategisches Management, Unternehmensführung	
	Progame	Aktives Prozessverständnis	
	Projektmanagement-Simulation SimulTrain	Projektmanagement	
	QPR Business Game	Strategisches Denken	
	RailPlus	Verkehrsbetrieb	
	riva – Versicherungsplanspiel		
	SaGuSped – Sammelgutspedition		
	SIM-Absatz		
	SIMBA	Betriebliche Abläufe	
	SimBA Consulting	Unternehmensführung	
	SimBA Insurance	Betriebswirtschaft für Versicherungen	
	SIMBA mit MISS SIMBA	Kaufmännische Aufgaben	
	SIMON Zukunftsnavigator für Apotheken	Performance-Improvement	
	SIMON Zukunftsnavigator für die Pharmaindustrie	Performance-Improvement	
	Simulationsspiel Lieferkette/SCM		<Link>
	SimulTrain	Projektmanagement	
	SimulTrain (1. Eintrag)	Projektmanagement	
	SimulTrain (2. Eintrag)	Projektmanagement	
	SimulTrain (4. Eintrag)	Projektmanagement	
	Speditionsmanagement	Logistikservice-Netzwerk	<Link>
Neu	Staat und Wirtschaft	Soziale Marktwirtschaft	
	Strategisches Planspiel STRAGA	Strategisches Management	
Neu	stratego Bank plus		
Neu	stratego Betriebswirtschaft plus		
Neu	stratego Führung plus		
Neu	stratego Produktion plus		
Neu	stratego Suchtprävention plus		
Neu	stratego Team plus		
Neu	stratego Vertrieb plus		
	SunFun 2002 (Euro)	Grundlagen der Betriebswirtschaft	<Link>
	TangoNet	Management von Beziehungen	<Link>
	TAU (Technik, Arbeit, Umwelt)	Gesellschaftliche Problemfelder	

2014	Bezeichnung	Thema	Demo bzw. Link
	Teswin Products	Betriebswirtschaftsgrundlagen	
	The Complete Project Manager	Projektmanagement	
	TOPIC 2000	Betriebswirtschaftsgrundlagen	
Neu	TOPSIM – Anlagenbau		
Neu	TOPSIM – Applied Economics	Volkswirtschaft	
	TOPSIM – Banking	Bankenwirtschaft	
	TOPSIM – Basics	Allgemeine Unternehmensführung	
Neu	TOPSIM – Bike	Unternehmens-/Geschäftsfeldentwicklung	
Neu	TOPSIM – Biotech	Unternehmens-/Geschäftsfeldentwicklung	
	TOPSIM – Business Development Edition	Dienstleistungsmanagement	
	TOPSIM – Car	Automobilhaus	
Neu	TOPSIM – Car	Automobilhaus	
	TOPSIM – Change Management	Veränderungsprozesse	
	TOPSIM – Destinations Management	Tourismus	
Neu	TOPSIM – easyBanking	Bankenwirtschaft	
	TOPSIM – easyManagement	Betriebswirtschaftliches Grundwissen	
Neu	TOPSIM – easyStartup! Dienstleistung	Unternehmensgründung	
	TOPSIM – easyStartup! Produktion	Unternehmensgründung	
	TOPSIM – E-Commerce	E-Business/E-Commerce	
	TOPSIM – Euro	Strategische Unternehmensführung	
Neu	TOPSIM – Expresslogistik	Strategische Unternehmensführung	
	TOPSIM – Facility Management	Gebäudemanagement	
	TOPSIM – General Management	Allgemeine Unternehmensführung	
	TOPSIM – General Management I	Allgemeine Unternehmensführung	
Neu	TOPSIM – Global Challenge	Globalisierung der Märkte	
	TOPSIM – Global Management	Produktentwicklung/Technologiemanagement	
Neu	TOPSIM – Hospital Management	Krankenhausmanagement	
Neu	TOPSIM – IMMO Makler	Immobilienmanagement	
	TOPSIM – Insurance	Versicherungswesen	
	TOPSIM – Logistics	Logistik/Supply-Chain-Management	
	TOPSIM – Marketing	Marketing	
	TOPSIM – Portfolio Management	Vermögensverwaltung	
	TOPSIM – Merchant	Handel	<Demo>

2014	Bezeichnung	Thema	Demo bzw. Link
	TOPSIM – Project Management	Projektmanagement	
Neu	TOPSIM – Public Management	Öffentliche Verwaltung	
Neu	TOPSIM – Sales & Services	Autohaus	
Neu	TOPSIM – Social Management	Soziale Einrichtungen	
Neu	TOPSIM – Startup! Dienstleistung	Existenzgründung, Entrepreneurship, Intrapreneurship	
Neu	TOPSIM – Startup! Handel	Existenzgründung, Entrepreneurship, Intrapreneurship	
Neu	TOPSIM – Startup! Produktion	Existenzgründung, Entrepreneurship, Intrapreneurship	
Neu	TOPSIM – Universal Banking	Bankenwirtschaft	
Neu	TOPSIM – Urban Development	Städteentwicklung, Tourismus	
	UGS GAME: Das innovative Gründungsplanspiel	Existenzgründung	
	Unternehmensplanspiel Euro Manager	Unternehmensführung	<Demo>
	Unternehmensplanspiel Global Manager	Globalisierung	<Demo>
	Unternehmensplanspiel LUDUS	Industrie-Betriebslehre	<Link>
	Unternehmensplanspiele Delta		
	USUM III	Allgemeine Betriebswirtschaftslehre	
Neu	VERMIKO – Vertrauensseminar	Vertrauen, Kooperation, Innovation	<Demo>
	VerSimBi – Ein Unternehmensplanspiel für Auszubildende		
	ViStra – Visionen und Strategien	Liberalisierter Strommarkt	
	Wettbewerbsplanspiel ‚Stratego'	Führung einer Einzelhandelsfiliale	
	WiN-Absatz	Betriebswirtschaft	<Link>
	WiN-Kiosk		<Link>
	Winning Major Sales	Key Account Management	
	Wissensmanagement-Planspiel	Wissensmanagement	<Demo>
	WIWAG	Betriebswirtschaftliche Grundlagen	
	zbb-Sim Logistikplanspiel für den Lebensmittelhandel	Logistik	

2.2.5 Andere Gruppen-Planspiele

Gruppen-Planspiele ohne Computerunterstützung werden in der gängigen Literatur als *Hand-Planspiele* bezeichnet.[33] Sie bestehen in der Regel – sofern es keine Brettplanspiele sind – aus einem offen gehaltenen Regelsystem, einem mehr oder weniger strukturierten System von Rollenbeschreibungen und einem schriftlichen Szenario. Von einigen Autoren und Autorinnen werden diese Spiele in neuerer Zeit auch als *Systemspiele* bezeichnet, die hilfreich sind, mit Konstruktivismus, Selbstorganisation und Systemkompetenz in sozialen Systemen umzugehen.[34, 35] Hand-Planspiele sind, solange das zugrunde liegende Modell keinen hohen Komplexitätsgrad aufweist, hervorragend geeignet, Probleme und zukünftige Aufgabenstellungen einer Unternehmung und für die weitere Entwicklung relevante Managementkonzepte abzubilden und in Seminaren bearbeitbar zu machen. Sie können Veränderungsprozesse nachhaltig unterstützen, weil sie in Veränderungsprozessen handlungsrelevantes Wissen erzeugen. Sie helfen, die Kluft zwischen der „exposed theory", der angenommenen, eigenen Theorie, und der „theory in use", der tatsächlich angewendeten Theorie, der Organisationsmitglieder zu beseitigen.

<Fach> Sind Planspiele langwierig und kompliziert? Eine Abhandlung über die Anforderungen der Planspielmethodik und die Fortbildung von Lehrkräften (Markus Ulrich)

<Fach> Konstruktivistische Planspielansätze zum Erwerb von Teamkompetenzen (Brigitta Nöbauer, Willy C. Kriz)

<Fach> Großgruppenveranstaltungen mit Unternehmensplanspielen – Weiterbildung oder Event? (Georg Fehling, Jörg Glag, Nils Högsdal)

<Fach> Einsatz des Planspiels „Mein Unternehmen" zur Simulation von Unternehmens- und Entscheidungsprozessen und Entwicklung von Handlungskompetenzen (Sigrid Salzer)

<Fach> Wifuzitake® – Ein Planspiel für Betriebliche Weiterbildung (Renate Birgmayer)

<Fach> Planspiel Kugelschreiberfabrik – Prozessorientierung für Auszubildende (Margit Frackmann, Thomas Brüse, Wilfrid Lammers)

<Fach> Fallstudie: Entwicklung einer Simulation von Unternehmensprozessen für kaufmännisch-gewerbliche Azubis (Erika Herrenbrück)

<Fach> Personalentwicklung mit Planspiel- und Outdoor-Training – Theoretische Grundlagen, Gemeinsamkeiten und Unterschiede (Thomas Eberle)

<Fach> Großgruppenplanspiele als Interventionsmethode (Willy C. Kriz, Nicole J. Saam)

---

33   HARRAMACH, N.: Das Management Planspiel-Buch, 1992, Wien.
34   MANTEUFEL, A.; SCHIEPEK, G.: Systeme spielen, 1998, Göttingen.
35   S. a. Kapitel 3 dieses Buches.

<Fach> CRUZ DEL SUR© – Schulentwicklung durch Gaming Simulation (Klaus Masch)

<Fach> Kooperatives Planspieldesign – Entwicklung eines Planspiels unter Lehrerbeteiligung am Beispiel Möbel-Messe München, einem Planspiel für Schüler des BGJ – Holztechnik (Angelika Dufter-Weis)

<Fach> Mit Planspielen Politik spielerisch vermitteln (Stefan Rappenglück)

<Fach> Die Aufstellungsmethode als Planspiel- und Simulationsmöglichkeit – Komplexitätsverarbeitung und simulierte Realität im Projekt (Wilfried Reiter)

<Fach> Business Performance Improvement – Von systemischen Aufstellungen zur technischen Objektsimulation (Wilfried Reiter, Dieter Badura, Thorsten Teigeler)

Mit zunehmender Komplexität des Spiels werden die von dem/der Spieler/-in zu durchdenkenden Wechsel-, Neben- und Rückwirkungen seiner/ihrer Entscheidungen zunehmend weniger manuell bearbeitbar und damit unüberschaubar. Spätestens dann sind Überlegungen angebracht, zumindest in Teilphasen des Spiels computerunterstützte Werkzeuge zur Entscheidungsfindung, zur Simulation oder zum Szenarienmanagement einzusetzen.

Die DVD enthält weitere Kurzbeschreibungen zu folgenden Gruppen-Planspielen ohne Computerunterstützung:

Übersicht 14: Gruppen-Planspiele ohne Computerunterstützung auf der DVD

2014	Bezeichnung	Thema	Demo bzw. Link
	Albuchmühle	Umweltmanagement	
Neu	Bridge-IT	Projektmanagement	
	CHOCH – Challenge of Change	Management- und Führungssimulation	
	confluo	Kommunikationstraining	
Neu	cook & innovate	Innovation	
	cucapaccha	Führungstraining	
	Datenschutz		<Link>
Neu	Der Monteur als Bauleiter	Bauleiter gesamtheitlich trainieren	
	Die ATEX GmbH verlegt ihren Standort	Konflikte und Konfliktbewältigung in der Wirtschaft	
	EFQM-Planspiel „Zum schwarzen Schäfli"		

2014	Bezeichnung	Thema	Demo bzw. Link
	Errichtung einer Außenterrasse	Entscheidungswege in einer Behörde	
	Erschließung und Bebauung eines Siedlungsgebietes		
	Europa der Bürger	Europapolitik	
Neu	Fabrik im Seminarraum (FiS)	Lean, Change Management, KVP	\<Link\>
	Gesundheitsminister		
	Großgruppenplanspiel „CRUZ DEL SUR"	Corporate Identity	
Neu	GRUPPENARBEIT und KVP		
	Hex oder Hexagon	Umgang mit knappen Ressourcen, Hierarchie, Krisen	
	Korruption in der Bundesverwaltung	Verhaltenstraining	
	KOSIMA	Komplexitätsmanagement (Autoindustrie)	
	Kugelschreiberfabrik	Prozessorientierung	\<Demo\>
	Leading for Organizational Improvement	Qualitätsmanagement	
	Maschinenbau-Planspiel MeTec	Produktentwicklungsprozess, Teamarbeit	
Neu	Micro Eco Nomy	Betriebswirtschaftliche Grundkenntnisse	
	Möbel-Messe München	Berufsgrundschuljahr – Holztechnik	
	Modellunternehmen A&S GmbH Betriebserkundung		\<Link\>
	Modellunternehmen Kettenfabrik A&S GmbH	Rechnungswesen	
	Number Factory	Kommunikation in einem Produktionsbetrieb	
Neu	Optimieren Sie Ihr persönliches Führungsverhalten		
Akt.	Pentominoes Enterprise	System- und Teamkompetenz	\<Demo\>
Neu	Planspiel Energetingen	Simulation zur Energiewende	
	Planspiel presto	Produktionslogistik	\<Link\>
	Planspiel: WETTBEWERB-Verbraucherspiel	Wettbewerb aus Sicht privater Haushalte	
	Planspiele zur ökonomischen Bildung		
	Planspiel-Wertstromdesign		
	Process Excellence Training	Betriebsabläufe optimieren	
Neu	Project Master	Projektmanagement, Teamführung, Konfliktmanagement	

2014	Bezeichnung	Thema	Demo bzw. Link
	Pumping the Colors	Projektmanagement, Teamentwicklung	
Neu	Regionalmanagement am Berzsee im deutsch-tschechischen Grenzgebiet	Grenzüberschreitendes Regionalmanagement, Regionalberatung	
	Rohstoffe und Know-how		
	Roma Termini – Krisenplanspiel	Krisenmanagement, Krisenstabsarbeit, Komplexitätsmanagement	
	Signlines	Kommunikationsübung	
Neu	Sim:Vendo®	Vertriebssimulation	
Neu	Teamentwicklung	Teamentwicklung für Projekt-Seminare	
	TOBO BACK GmbH	Kaufmännische Handlungsabläufe	
	Understanding Value Chain Convergence	Supply Chain Management und E-Business	
	Unternehmenssimulation LearnSim	Unternehmerisches Handeln	
	Vertriebsplanspiel ARIADNE	Ganzheitliche Vertriebssteuerung	
Neu	Welthandel		

2.3 Individual-Planspiele *(Dieter Ballin)*

In Individual-Planspielen werden die Regeln und das Bezugssystem ausschließlich durch den Computer und die Software bestimmt. Das Gruppengeschehen entfällt hierbei. Ein solcher Spielansatz kann sinnvoll sein, um z. B. Teilnehmende (eines zukünftigen Planspielseminars) auf einen ähnlichen Kenntnisstand zu bringen. Er ist auch sinnvoll, um Strukturen und Prozesse darzustellen. Um eigene berufliche Fähigkeiten zu verbessern, fehlen diesen Spielen im Allgemeinen die Reflexions- und Bewertungsmöglichkeiten zum eigenen Handlungsvollzug. Computer-Planspiele müssen für die Teilnehmenden vom Modell her transparent werden, damit ein nachvollziehbarer Lerneffekt eintritt. In Gruppen-Planspielen ist dies ein wichtiger Teil der Arbeit des Spielleiters und der Gruppen. In einem Individual-Planspiel muss der/die Spieler/-in selbst auf der Metaebene des Modellverständnisses tätig werden. Dazu braucht er Hilfestellungen, um die Wirkungszusammenhänge im Modell zu erkennen. Das Individual-Planspiel „HeiCON" bzw. dessen aktualisierte Fassung „DEKRA-Planspiel: Der Manager im Handelsbetrieb" liefern eine solche Form eines „transparenten Netzwerkes".

2.3.1 Beispiel „HeiCON" bzw. „Der/Die Manager/-in im Handelsbetrieb" – Controlling-Planspiel für Einsteiger/-innen

HeiCON steht für ganzheitliches Controlling. Controlling selbst wird in dem Spiel als Unternehmenssteuerung verstanden und nicht – wie im deutschsprachigen Raum oft missverständlich angenommen wird – als „Unternehmenskontrolle". Das Planspiel wurde im Rahmen eines BIBB-Modellversuchs[36] „Controlling als Zusatzqualifikation" entwickelt. Es soll betriebswirtschaftlich unerfahrenen Personen einen ersten Einblick in die bei der Planung von Unternehmensstrategien zu beachtenden Zusammenhänge bieten. Dabei geht es ausdrücklich nicht um die Vermittlung von Methoden des Rechnungswesens und der Planungsrechnung und den damit einhergehenden Techniken wie Bilanzanalyse, Gewinn- und Verlustrechnung. Der Schwerpunkt liegt im Sinne des vernetzten Denkens darin, Neben-, Fern- und Rückkopplungswirkungen von Entscheidungen zu erkennen und beim zukünftigen Handeln zu berücksichtigen. HeiCON ist ein Simulationsmodell für Aus- und Fortzubildende, die ihr betriebswirtschaftliches Zusammenhangswissen verbessern und ganzheitliches Denken und Entscheiden im Betrieb und im Alltag trainieren wollen. Um dem/der Spieler/-in einen einfachen Zugang zum Simulationsmodell zu gewähren, wurde ein fiktiver Handelsbetrieb als Spielunternehmen gewählt. Damit gelingt ein realitätsnaher Einstieg in das Planspiel, und zugleich wird der erforderliche Abstraktionsgrad auf einem für die Zielgruppe erschließbaren Niveau gehalten.

Spielstruktur

Die Basis von HeiCON bildet ein für den/die Spieler/-in transparentes, nachvollziehbares Impuls-Wirkungs-Netz, das mit dem Netzmodellierer und -simulator HERAKLIT (siehe dazu auch Kapitel 4) entwickelt wurde. Die aus der folgenden Abbildung ersichtlichen Netzelemente sind miteinander durch sogenannte Wirkungspfeile verbunden. Daran erkennt der/die Planspieler/-in, dass beispielsweise eine Verbesserung der Warenverfügbarkeit zu einer Steigerung der Kundenzufriedenheit führt. Dies wiederum führt zu einer Erhöhung der Umsätze, was allerdings – und hier schließt sich einer der zahlreichen Regelkreise – wieder zu einer Verschlechterung der Warenverfügbarkeit führt.

Eine Erhöhung der Warenverfügbarkeit führt wegen der hohen Transportkosten zu einer Verschlechterung der Umweltverträglichkeit, und diese wiederum beeinträchtigt die Kundenzufriedenheit und führt damit zu Umsatzeinbußen, sodass mit der ursprünglichen Entscheidung „Erhöhung der Warenverfügbarkeit" gleichzeitig ein gegenläufiger Kreislauf angestoßen wird. Durch Klick auf die Wirkungspfeile oder Netzelemente kann sich der/die Spieler/-in jederzeit über die dem Modell zugrunde liegenden Annahmen (mathematischer Funktionszusammenhang) informieren.

---

36 Modellversuch – CONWIZ: Konzeption zur Vermittlung von Controlling-Wissen als Zusatzqualifikation für Mitarbeiterinnen und Mitarbeiter in kleinen und mittleren Unternehmen; Laufzeit: 1.12.1997–31.5.2000; FKZ D2522.00, Träger DEKRA Akademie GmbH, Stuttgart.

Abbildung 16: Das Wirkungsnetz von HeiCON

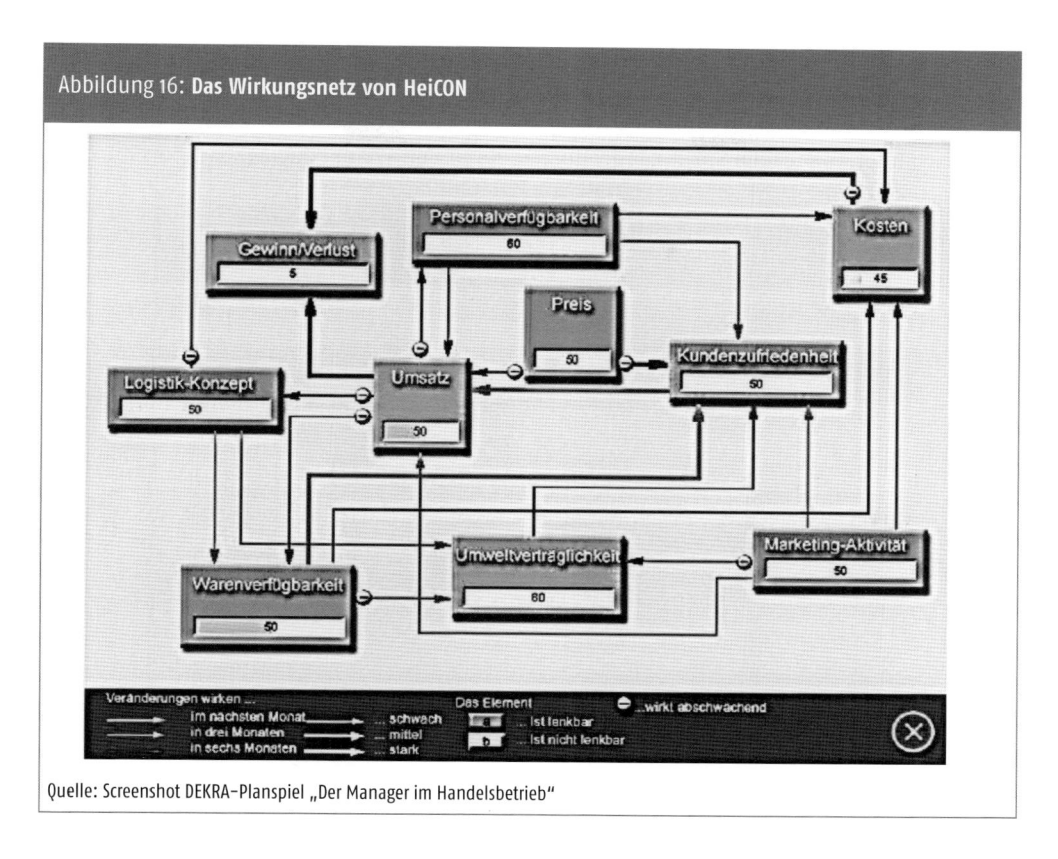

Quelle: Screenshot DEKRA-Planspiel „Der Manager im Handelsbetrieb"

Bei den Netzelementen wird unterschieden zwischen lenkbaren und nicht lenkbaren Elementen. Der Zustand der lenkbaren Elemente kann durch Spielerentscheidungen innerhalb einer Runde direkt beeinflusst werden. Damit der/die Spieler/-in nicht unbegrenzt in Elemente mit positiven Auswirkungen investieren kann, ist eine Ressourcenbeschränkung in Form von „Investitionspunkten" eingebaut. Die Investitionspunkte werden am Ende jeder Spielrunde in Abhängigkeit vom Gewinn-/Verlustniveau vergeben. Zu wenige Investitionspunkte führen zum vorzeitigen Ende. Jede Entscheidung kostet Investitionspunkte.

Dynamik und Realitätsnähe erhält das Spiel durch die Integration eines Ereignismanagers. Mithilfe des HERAKLIT-SzenarioManagers (siehe Kapitel 4) wurden über 100 Ereignisse und Frühwarnindikatoren definiert, die runden-, zustands- oder zufallsabhängig ausgelöst werden. So führt beispielsweise ein schlechter Zustand der Umweltverträglichkeit zum Ereignis „Greenpeace-Demonstrationen" mit negativen Auswirkungen auf Kundenzufriedenheit und Personalverfügbarkeit. Der/Die Spieler/-in ist dann aufgefordert, durch geeignete Entscheidungen gegenzusteuern. Spielziel ist es, zunächst die sogenannte „Bilanznote" zu verbessern. Die Bilanznote berücksichtigt nicht einfach nur die Gewinn-/Verlustsituation, sondern sie entsteht aus einer gewichteten Bewertung der Zustände von ausgewählten Netzelementen wie Kundenzufriedenheit, Personalverfügbarkeit (Balanced Scorecard). Ein zweites Ziel ist die

Steigerung des Marktwertes des Unternehmens, wobei der Marktwert als Kennzahl aus den aktuellen Elementzuständen anhand einer Bepunktungstabelle ermittelt wird. Beide Berechnungsverfahren sind für die Spielenden jederzeit einseh- und damit nachvollziehbar.

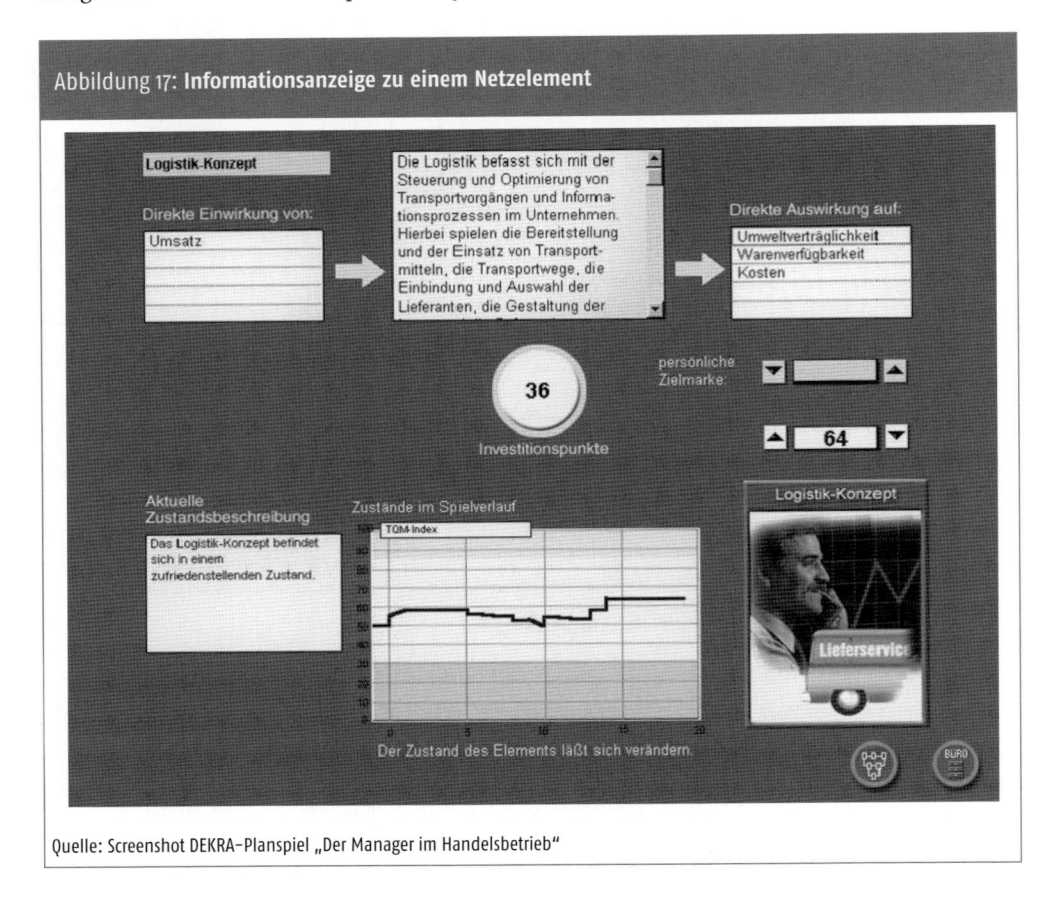

Abbildung 17: Informationsanzeige zu einem Netzelement

Quelle: Screenshot DEKRA-Planspiel „Der Manager im Handelsbetrieb"

Neben der Bilanznote und dem Marktwert als Bewertung des Unternehmens gibt es eine Bewertung der Leistung als Spieler/-in (= Unternehmensführer/-in). Anhand von fünf gewichteten Kriterien wird die Leistung der Spielenden auf einer 100-Punkte-Skala bewertet:
- ▶ Verbesserung/Verschlechterung der Bilanznote im Vergleich zum Start
- ▶ Marktwert des Unternehmens
- ▶ Anzahl der bewältigten Spielrunden im Verhältnis zur maximal möglichen Anzahl von Spielrunden (Standardeinstellung 36)
- ▶ Abstand der erreichten Durchschnittsbilanznote von der Best-Practice-Marke (die Best-Practice-Marke wird mit dem HERAKLIT-SzenarioManager verwaltet).
- ▶ Abstand der Bilanznote von der „persönlichen Zielmarke": Die persönliche Zielmarke trägt dem Controlling-Gedanken des Plan-Ist-Vergleichs Rechnung und misst, inwieweit es dem/

der Spieler/-in nicht nur gelungen ist, das Unternehmen in die Erfolgszone zu bringen, sondern auch, inwieweit er/sie eigene Planungen umgesetzt hat, denn ein geplanter Erfolg ist ein doppelter Erfolg.
- Die „haushalterischen Fähigkeiten" der Spielenden werden mit einer Return-on-Invest-Kennzahl gemessen. Sie stellt fest, mit wie vielen Investitionspunkten der Spielerfolg erreicht wurde.

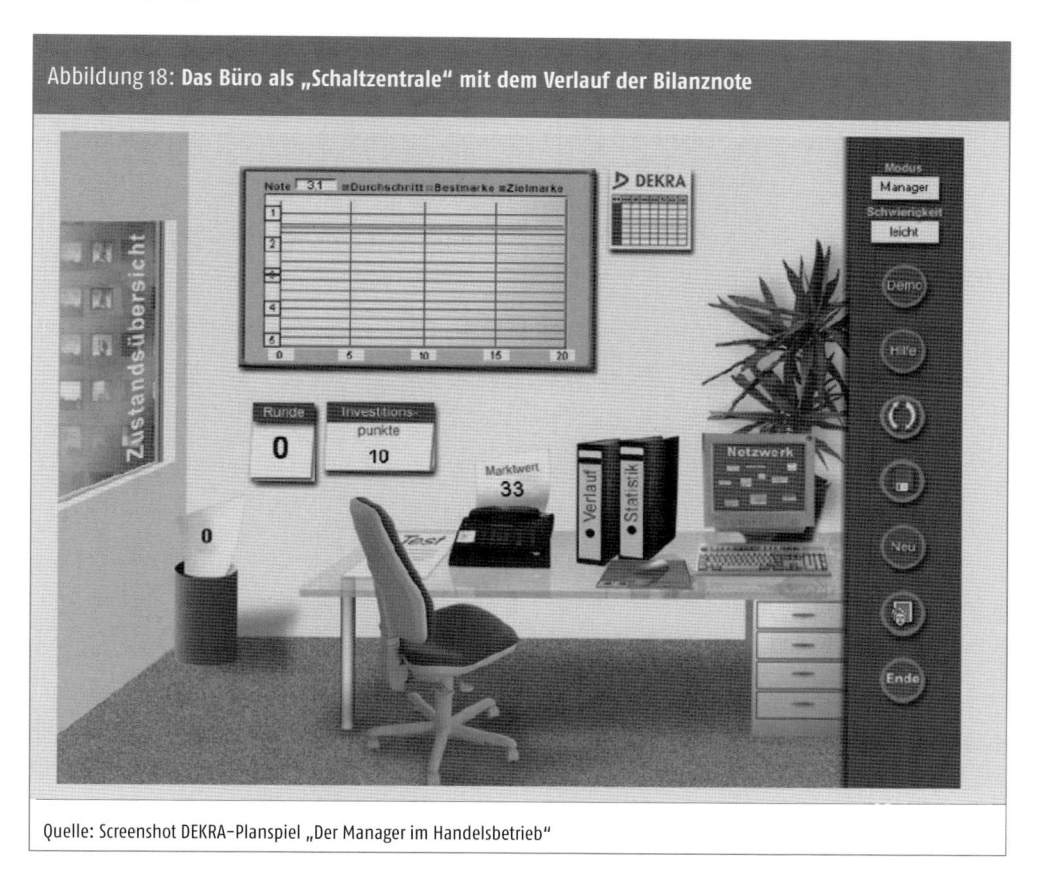

Abbildung 18: Das Büro als „Schaltzentrale" mit dem Verlauf der Bilanznote

Quelle: Screenshot DEKRA-Planspiel „Der Manager im Handelsbetrieb"

Über seine/ihre Spielleistung kann sich der/die Spieler/-in ein Zeugnis ausdrucken und sich je nach Resultat in eine „Bestenliste" eintragen. In der Produktvariante „Der Manager im Handelsbetrieb" wurde ergänzend zu HeiCON ein Lernzieltest integriert, in dem Fragestellungen über das (neu erworbene) Zusammenhangswissen abgefragt werden.

Spielablauf

Vor dem eigentlichen Start können zwei Spielmodi gewählt werden: Trainee oder Manager. Als Trainee kann der/die Spieler/-in den Spielzustand Runde für Runde zurücksetzen, sodass ein Probehandeln möglich ist. Im Manager-Modus ist die Rücksetzfunktion deaktiviert. Der/Die Manager/-in muss zudem damit leben, dass er/sie die Zufallsfunktionen nicht abschalten kann. Im Trainee-Modus können Zufälle abgeschaltet werden, nicht zuletzt deshalb, damit beim Einsatz der Simulation im Unterricht ein besserer Nachvollzug der Ergebnisse und eine gezieltere Ausarbeitung von Handlungsstrategien möglich ist; denn dabei würden Zufallsereignisse stören. Im Trainee-Modus werden weiterhin Warnungsmeldungen angezeigt, sobald Netzelemente vordefinierte Schwellenwerte unter- oder überschreiten.

Neben der Wahl des Spielmodus kann zwischen drei Schwierigkeitsgraden gewählt werden. Die Schwierigkeitsgrade unterscheiden sich hinsichtlich der Ausgangssituationen des Unternehmens und hinsichtlich des beim Start bereitgestellten Volumens an Investitionspunkten.

Der/Die Spieler/-in agiert ausschließlich am Bildschirm. Dort trifft er/sie Runde für Runde durch Betätigung eines Schiebereglers seine Entscheidungen. Die Spieldauer beträgt 36 Spielrunden, eine Spielrunde entspricht einem Monat. Am Ende des ersten und zweiten Jahres wird eine Jahresbilanz eingeblendet.

Spielvarianten

Wie jedes Individual-Planspiel kann HeiCON auch zu einem Gruppen-Planspiel „umfunktioniert" werden. Die Gruppen spielen dann gegeneinander im Parallelbetrieb. Es empfiehlt sich, jeweils zwei Spieler/-innen die Entscheidungen untereinander diskutieren zu lassen.

Wenn HeiCON mit Trainereinsatz durchgeführt werden soll, ist eine Freischaltung zur Veränderung der standardmäßig vorgesehenen HERAKLIT-Szenariendatei möglich. Es können dann eigene Ereignisse und ihre Auswirkungen eingegeben werden, die Ausgangssituationen für die Schwierigkeitsgrade können individuell eingestellt werden, und es können die Spielendekriterien (Anzahl der Runden, Zustände ausgewählter Netzelemente, Bestand an Investitionspunkten) variiert werden.

<Demo> Auf der DVD ist eine auf zehn Spielrunden eingeschränkte Demo-Version verfügbar.

<Demo> Nach Abschluss des Modellversuchs wurde das Planspiel von der DEKRA-Akademie grafisch und multimedial überarbeitet. Unter dem Namen „Der Manager im Handelsbetrieb" liegt auf der DVD eine Demo-Version bereit.

2.3.2 Zusammenfassung und didaktische Bewertung

In der Organisationsentwicklung können Individual-Planspiele sinnvolle Ergänzungen im Rahmen von Personalentwicklungskonzepten sein. Als Maßnahme für sich genommen machen sie dort kaum Sinn. Hauptkriterium bei der Auswahl sollte die Durchschaubarkeit des Modells sein, weil über Versuch und Irrtum kaum ein vernünftiger Lerngewinn entstehen kann. Als Bestandteil von Aus- und Weiterbildungskonzepten haben Individual-Planspiele einen beträchtlich höheren Stellenwert. Sie können dort gezielt zur Vor- und Nachbereitung oder zur Begleitung von Unterrichtsveranstaltungen genutzt werden, zumal die Anschaffungskosten im Vergleich zu Gruppen-Planspielen als marginal zu bezeichnen sind. Die Kombination mit leistungsfähigen Lehr- und Lernsystemen auf CBT- oder WBT-Basis eröffnet Individual-Planspielen als Computer-Lernspiel weitreichende Zukunftsperspektiven, wie der nachfolgende Fachbeitrag aus dem Hochschulbereich belegt.

<Fach> SimConsult: Betriebswirtschaftliches Lern-System auf Planspielbasis (Martina Kollmannsperger, Rolf Bronner)

Die nachfolgenden Fachbeiträge behandeln Mischformen des Einsatzes solcher Planspiele, die als Individual-Planspiele konzipiert wurden und durch die Ergänzung anderer Lernmethoden und Einsatzformen hinsichtlich ihres Anwendungsspektrums erweitert wurden:

<Fach> Orientierungs-Center mit Planspielübung: Talent zur Führungskraft gefahrlos erproben (Andreas von Studnitz)

<Fach> Internetbasierte simulative Spiele und Self-Assessments als Hilfe für die Berufs-, Studien- und Ausbildungswahl (Kristof Kupka)

<Fach> Diagnosis for Crop Protection – ein Planspiel in der phytomedizinischen Ausbildung (Thorsten Kraska, Terry Stewart)

<Fach> Hybride Qualifizierungskonzepte mit Simulationen/Planspielen, Web Based Training und Classroom-Settings (Peter Miez-Mangold)

<Fach> Metro Business Simulation – Best-Practice beim Blended-Learning (Thomas Hamela, Nils Högsdal)

<Fach> „Super im Markt" – Handlungssimulation für Jugendliche zu einem Arbeitstag im Supermarkt im Auftrag der METRO Group (Erika Herrenbrück)

<Fach> „Sima&Co!" – Nutzung einer computerunterstützten Wirtschaftssimulation als Individual- und Gruppenplanspiel (Volker Steinhübel, Frank Monien)

<Fach> Mini-Sims als Reflexions-Katalysatoren: Didaktische Ergänzungen zur Komplexitätshandhabung (Karin Halbritter, Marko Willnecker)

Die didaktische Bewertung ergibt sich aus der nachfolgenden Übersicht:

Übersicht 15: Die didaktische Bewertung von Individual-Planspielen

Spielmotiv	Bewertung
Abschlussmotiv: Sich erfolgreich auf eine betriebswirtschaftliche Abschlussprüfung vorbereiten	Als Assoziationshilfe möglich.
Wissens-/Erlebnismotiv: Führungswissen erfahren (was Unternehmensführung bedeutet/welche Anforderungen sie stellt)	Es werden nur Teilaspekte des Führungswissens abgedeckt, da das Modell des einsamen Wirtschaftskapitäns unter relativ konstanten Marktbedingungen dominiert. Dafür hoher Erlebniswert über den Effekt, dass real nicht erlebbare Situationen („Crash- und Risikosituationen") am Computer spielerisch mit einigem Ernst simuliert werden können.
Problemlöse-/Probiermotiv: Erwerb von betriebswirtschaftlicher Problemlöseerfahrung durch Vergleich von Strategien	Keine Freiheit für „kreatives Problemlösen". Außerdem steht der Aspekt, „das System/Programm" zu „besiegen", sehr schnell im Vordergrund.
Handhabungsmotiv: Umgang mit betriebswirtschaftlichen Instrumenten (der Branche)	Nur dann realisierbar, wenn die betriebswirtschaftlichen Instrumente im Spiel als Software-Werkzeuge genutzt werden können. Eine Reflexion des Einsatzes ist nicht möglich, daher ist „nur" der Effekt des Kennen- und Handhabenlernens zu erwarten.
Konkurrenzmotiv: Besseres Verstehen/Fokussieren der Konkurrenz, des/der Kunden/Kundin sowie des Marktes, seiner eigenen Fähigkeiten	Abstrakte Ranking-Listen positionieren nur, leisten aber keinen Beitrag zum „Verstehen" der eigenen Fähigkeiten oder derjenigen der Konkurrenz.
Austauschmotiv: Bedürfnis nach Erfahrungsaustausch unter „Branchen- oder Funktionskollegen"	Nur mit Zusatzsystemen wie Internetforen oder Chatrooms lösbar, wobei dann häufig die Erfahrung als „Spieler" und nicht als „Funktions- oder Branchenkollege" ausgetauscht wird.
Führungsmotiv: Führungssichten des übergeordneten Managements nachvollziehen wollen	In jetzigen Spielen nicht leistbar, Ansätze finden sich in Avatar-Konzepten, die im Sinne einer „Musterlösung" optimales Verhalten vorzeigen könnten.

Quelle: BLÖTZ/BALLIN/GUST

2.3.3 Weitere Individual-Planspiele

Auf der DVD finden Sie Kurzbeschreibungen zu folgenden Individual-Planspielen:

Übersicht 16: Computerunterstützte Individual-Planspiele auf der DVD

2014	Bezeichnung	Thema	Demo bzw. Link
	Brainjogger-Planspiel: Maschinenbau ifc		
Neu	Computerplanspiel „Rezessionsbekämpfung"	Wirtschaftspolitik in der Marktwirtschaft	
	COWAS – Computergestütztes Warenwirtschaftssystem	Warenwirtschaft	
	Der/Die Manager/-in im Handelsbetrieb	Ganzheitliches Unternehmensverständnis	<Demo>
	Der/Die Manager/-in im Industriebetrieb	Ganzheitliches Unternehmensverständnis	<Demo>
	Der Planer 3	Speditionsunternehmen	<Link>
	Der Restaurantmanager		<Demo>
	ecopolicy	Ökologische Zusammenhänge	<Demo>
	EVa	Existenzgründung	
	Factory – interaktiver Crashkurs in Betriebswirtschaft	BWL-Grundlagen	
	FIT Flexibel Individuell Trainieren	Eignungsszenarien	
	FLEX – Flexibles Unternehmensplanspiel		<Link>
	GIZ-Systemdenken: Ausbau der Marktwirtschaft in der VR China	Regionalentwicklung	<Link>
	GIZ-Systemdenken: Jugendliche in Mega-Citys	Entwicklungshilfe	<Link>
	LEARN! Simulator	Industrie-Betriebswirtschaftslehre	
	learn2work	Wirkungsgefüge eines Unternehmens	<Link>
	MoPoS – Ein Geldpolitik-Simulationsspiel	Geldpolitik	<Link>
	Multiplikatoreneffizienz	Zeitmanagement	<Link>
	Ökosystem See	Umweltschutz	
	Ökosystem Stadtrand	Umweltschutz	
	Ökosystem Wald	Umweltschutz	<Demo>

2014	Bezeichnung	Thema	Demo bzw. Link
	Ökosystem Wiese & Acker	Umweltschutz	
	PC-Planspiel Utopia	Assessment-Center	
	Planspiel UNTERNEHMEN!	Marktwirtschaftsgrundlagen	
	Sima & Co., das Unternehmensplanspiel	Betriebswirtschaftsgrundlagen	
	SimConsult	Betriebswirtschaftsgrundlagen	
	SIMON WELHOMA	Performance-Steigerung	
	Unternehmensplanspiel HeiCON Ganzheitliches Controlling	Ganzheitliches Controlling	<Demo>
	Verkehrssimulationsspiel MOBILITY	Stadtentwicklung	<Link>
	Wirtschaftssimulation Bauer	Landwirtschaft	<Demo>

2.4 Fernplanspiel-Wettbewerbe *(Mario Gust, Jan H. G. Klabbers, Verena Lenssen)*

Fernplanspiel-Wettbewerbe sind Computerplanspiele, in denen die mitspielenden Gruppen räumlich voneinander getrennt arbeiten. Sie können ergänzt werden durch Unterricht in Präsenzphasen oder durch begleitendes Studienmaterial.

Fernplanspiel-Wettbewerbe sind schwierig zu moderieren. Sie haben nur dann einen echten Lerneffekt, wenn es gelingt, auf einer Metaebene die Modellstruktur nachvollziehbar zu machen. Dies deckt sich in der Regel nicht mit der Faszination und dem Anreiz zum Spielen für die Teilnehmenden. Teilnehmende gehen in Fernplanspiel-Wettbewerben schnell in der Konkurrenzsituation auf und interpretieren das Ziel des Spiels eindimensional als Gewinnmaximierung. Der Nachvollzug der Modellstruktur ist aber ohne begleitende Hilfe durch einen Planspielleiter schwierig, weil Fernplanspiel-Wettbewerbe für die Teilnehmenden meist komplizierte Anforderungen vermitteln. Die fehlende physische Anwesenheit des/der Trainers/Trainerin erschwert auch die Auswertung der Periodenergebnisse. Wenn die Gruppen sich selbst überlassen bleiben, können ein ballistisches Entscheidungsverhalten und Ermüdung folgen.

Für eine pädagogisch wirksame Organisation von Fernplanspiel-Wettbewerben ist es wichtig, den Planspielteilnehmern möglichst eine ständige Kontaktmöglichkeit zu einem spiel- und fachkundigen Trainer anzubieten. Online-Chatsysteme liefern hierfür Voraussetzungen.

Der wohl bekannteste Fernplanspiel-Wettbewerb in Deutschland ist MARGA, der von der MARGA Business Simulations GmbH in Kooperation mit ESMT European School of Management and Technology und der Verlagsgruppe Handelsblatt durchgeführt wird.

2.4.1 Beispiel „MARGA Industry" – Simulation eines Industriebetriebes

Die Grundstruktur von MARGA ähnelt der des in Kapitel 2.2.1 vorgestellten computergestützten Gruppen-Planspiels TOPSIM General Management, ist aber als Online-Planspiel erheblich umfangreicher:

Im klassischen General Management Planspiel MARGA Industry lernen die Teilnehmenden alle Bereiche und Funktionen eines Unternehmens kennen und steuern in Teams ein simuliertes Unternehmen. Dabei lernen sie aktuelle Managementinstrumente kennen und vertiefen betriebswirtschaftliche Zusammenhänge. Die Teilnehmenden wenden das erworbene Wissen an und lernen dadurch, Managemententscheidungen inhaltlich durchdacht und rational herzuleiten. Im Team fällen die Teilnehmenden reale Entscheidungen, die beispielsweise die Bereiche Forschung und Entwicklung, Marketing, Produktion, Personal sowie Controlling und Finanzen betreffen, um somit das Zusammenwirken im gesamtunternehmerischen Kontext kennenzulernen.

Ablauf und Organisation

Unternehmen melden Teams mit jeweils bis zu sechs Personen zum offenen MARGA Online Planspiel-Wettbewerb an. Diese stehen im Wettbewerb zu Teams anderer Unternehmen. Dabei bilden jeweils vier Unternehmen eine Gruppe, die eine geschlossene Simulationseinheit darstellt. So können bis zu 100 Gruppen mit jeweils vier Unternehmen parallel und unabhängig voneinander simuliert werden.

Vier Industrieunternehmen konkurrieren um die Gunst der Kunden an vier Märkten (Europa, Osteuropa, USA, Asien) mit drei Produkten (ein Konsumgut, ein Serviceprodukt und ein Hightech-Produkt), die sich in unterschiedlichen Produktlebensphasen befinden. Runde um Runde entwickeln die Teams Strategien und setzen sie in operative Entscheidungen mithilfe einer Software mit Online-Zugang um. Die vier besten Teams werden zum Live-Finale auf Schloss Gracht, dem Firmensitz der MARGA Business Simulations GmbH, eingeladen. Die Gesamtdauer eines Durchlaufs beträgt drei bis sechs Monate. Folgende Übersicht zeigt den zeitlichen Ablauf:

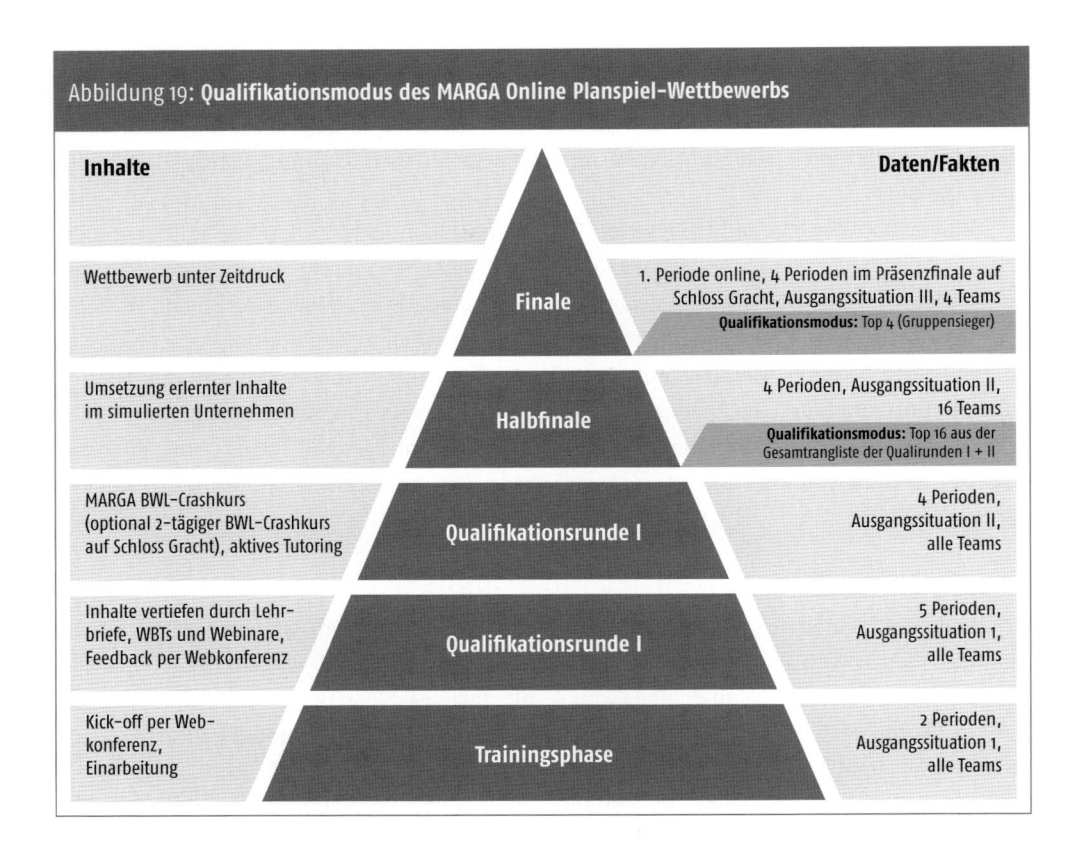

Abbildung 19: Qualifikationsmodus des MARGA Online Planspiel-Wettbewerbs

Inhalte		Daten/Fakten
Wettbewerb unter Zeitdruck	**Finale**	1. Periode online, 4 Perioden im Präsenzfinale auf Schloss Gracht, Ausgangssituation III, 4 Teams **Qualifikationsmodus:** Top 4 (Gruppensieger)
Umsetzung erlernter Inhalte im simulierten Unternehmen	**Halbfinale**	4 Perioden, Ausgangssituation II, 16 Teams **Qualifikationsmodus:** Top 16 aus der Gesamtrangliste der Qualirunden I + II
MARGA BWL-Crashkurs (optional 2-tägiger BWL-Crashkurs auf Schloss Gracht), aktives Tutoring	**Qualifikationsrunde I**	4 Perioden, Ausgangssituation II, alle Teams
Inhalte vertiefen durch Lehrbriefe, WBTs und Webinare, Feedback per Webkonferenz	**Qualifikationsrunde I**	5 Perioden, Ausgangssituation 1, alle Teams
Kick-off per Webkonferenz, Einarbeitung	**Trainingsphase**	2 Perioden, Ausgangssituation 1, alle Teams

Das weitgehend selbstgesteuerte Lernen wird durch die Angebote der MARGA Toolbox ergänzt. Dazu gehören u. a. ein persönliches Tutoring, ein Kick-off und zwischen den Runden individuelle Feedbacks per Webkonferenz, Lehrbriefe, Webinare und Web Based Trainings zu Managementthemen und die optionale Teilnahme an einem BWL-Crashkurs in Seminarform.

Der MARGA Online Planspiel-Wettbewerb startet zweimal jährlich im April und im Oktober.

2.4.2 Beispiel „MARGA Service" – Simulation eines Dienstleistungsunternehmens

Parallel zum Online Planspiel-Wettbewerb MARGA Industry findet ein weiterer Fernplanspiel-Wettbewerb statt: MARGA Service bildet die Besonderheiten des Dienstleistungsmanagements ab. Entscheidungen, die die Teilnehmenden zu treffen haben, beziehen sich z. B. auf folgende Bereiche:

▶ Bereitstellung von Ressourcen, wie Personal, Serviceterminals, Callcenter usw.,
▶ Training des Kontaktpersonals und Budgetierung von unterschiedlichen Weiterbildungsmaßnahmen,

- Verbesserung der internen Dienstleistungen, wie z. B. Investition in die EDV, Optimierung der Kapazitätsauslastung der Vertriebswege usw.,
- Steuerung der internen und externen Kommunikation, wie z. B. Festlegung der Werbeetats, Media Selection usw.,
- Messung und Verbesserung der Kundenzufriedenheit.

Der Abnehmermarkt ist in einen Privat- und einen Firmenkundenbereich unterteilt, die sich wiederum in unterschiedliche Segmente (z. B. Jugend, Senioren und Familien) gliedern.

Die Segmente haben unterschiedliche Bedürfnisse und Einkaufsgewohnheiten, die die vier Teams, die am Markt gegeneinander konkurrieren, zu berücksichtigen haben.

Das Marktmodell unterstellt einen positiven Zusammenhang zwischen der Kundenzufriedenheit, dem Qualitätsurteil und Marktanteil bzw. Wiederkaufverhalten. Ziel ist, die Erwartungshaltung der/den Kunden/Kundinnen unter unterschiedlichen Aspekten zu überbieten, um eine überlegene Marktposition zu erreichen.

Weitere Informationen enthält der nachfolgende Beitrag:

<Fach> Alles für den Kunden – Anforderungen an ein Dienstleistungsplanspiel (Hans-Jörg Fechner)

2.4.3 Didaktische Bewertung

Die didaktische Bewertung bezieht sich hier auf Fernplanspiel-Wettbewerbe. Bei Fernplanspielen, die als Gruppenspiel innerhalb eines Unternehmens organisiert werden, sei auf die didaktische Bewertung im Abschnitt „Gruppen-Planspiele" (siehe Übersicht 11) verwiesen.

Übersicht 17: Didaktische Bewertung von Fernplanspiel-Wettbewerben

Spielmotiv	Bewertung
Abschlussmotiv: Sich erfolgreich auf eine betriebswirtschaftliche Abschlussprüfung vorbereiten	Bei Fernplanspielen nicht von Bedeutung, da diese, wenn überhaupt, lediglich punktuell in Bildungsmaßnahmen eingesetzt werden. Dieses Motiv könnte aber an Bedeutung gewinnen, wenn Anbieter von Fernstudiengängen mit Abschlusszertifikaten verstärkt Fernplanspiele einsetzen.
Wissens-/Erlebnismotiv: Führungswissen erfahren (was Unternehmensführung bedeutet/welche Anforderungen sie stellt)	Nicht sehr wissensintensiv (geringe Dichte der Wissensvermittlung/Zeiteinheit), dafür aber hoher Erlebnisreiz, sich mit einer großen Menge von Konkurrenten messen und vergleichen zu können. Die Wissensintensität kann durch tutorielle Begleitung deutlich erhöht werden. Fernplanspiele fördern die Nutzung und Erschließung von BWL-Wissen für das Spiel.

Spielmotiv	Bewertung
Problemlöse-/Probiermotiv: Erwerb von betriebswirtschaftlicher Problemlöseerfahrung durch Vergleich von Strategien	Problemlösewerkzeuge werden i. d. R. durch Lehrbriefe angeboten. Eine gezielte Strategieerprobung ist möglich, findet in Planspielwettbewerben allerdings i. d. R. nicht statt.
Handhabungsmotiv: Umgang mit betriebswirtschaftlichen Instrumenten (der Branche)	Wird nur indirekt gefördert, da die Wettbewerbe auch dann zu gewinnen sind, wenn mit den betriebswirtschaftlichen Instrumenten nicht wirklich umgegangen wird (Black-Box-Lernen).
Konkurrenzmotiv: Besseres Verstehen/Fokussieren der Konkurrenz, des Kunden/Marktes, seiner eigenen Fähigkeiten	Das eigene Verhalten kann nur dahin gehend reflektiert werden, dass der/die Spieler/-in nicht in der Lage ist, mit den zuvor genannten Instrumentarien umzugehen. Das Verhalten der Konkurrenz ist für den/die Spieler/-in nicht erfahrbar.
Austauschmotiv: Bedürfnis nach Erfahrungsaustausch unter „Branchen- oder Funktionskollegen"	Im Prinzip unbeschränkt, aber relativ unreflektiert und häufig ohne Anleitung. Der Erfahrungsaustausch findet kaum als „Branchen- oder Funktionskollege", eher als mehr oder minder erfolgreicher „Wettbewerbsteilnehmer/-innen" statt.
Führungsmotiv: Führungssichten des übergeordneten Managements nachvollziehen wollen	Fiktiv im Rahmen des Spiels als Unternehmer möglich.

Quelle: Blötz/Ballin/Gust

2.4.4 Weitere Fernplanspiel-Wettbewerbe

Fernplanspiel-Wettbewerbe werden zunehmend als interaktive Online-Spiele (vgl. Übersicht 6: Planspielformen in Kapitel 1) über das Internet durchgeführt. Auf die detaillierte Beschreibung eines bestimmten Spiels sowie auf die didaktische Bewertung wurde hier verzichtet. Auf der DVD sind Internetadressen für Online-Spiele ausgewiesen. Da sich die Organisationsform der Online-Spiele nicht von den zuvor dargestellten Planspieltypen unterscheidet, gelten die dortigen Ausführungen bei einer Bewertung der jeweiligen Spiele analog.

<Fach> Fünfzehn Jahre Bankenplanspiel SCHUL/BANKER – Erfahrungen des Bankenverbands (Vivienne Heilmann, Anne Papke)

<Fach> PriManager – Primaner managen eine AG – Erster landesweiter Planspielwettbewerb für Gymnasien in Baden-Württemberg (Eckart Liesegang)

<Fach> Multiplayer-Strategiespiele für mehrere Tausend Teilnehmer/-innen – Das Simulationssystem M3 (Man-Model-Measurement) (Helge Rosé, Mirjam Kaplow)

<Fach> Wissenstransfer durch simulierte Erfahrungen (Kai Henning Florschuetz, Andreas Nill)

<Fach> Evaluation von ePlanspielen und digitalen Lernspielen – Aktuelle Evaluationstrends beim Fernplanspiel MARGA (Willy C. Kriz)

Die bei Fernplanspiel-Wettbewerben bestehende Gefahr, dass eher eine am Wettbewerbscharakter des Spiels orientierte Gewinnstrategie entwickelt wird statt eine an den jeweiligen Zielen orientierte Unternehmensstrategie, verdeutlicht insbesondere der Fachbeitrag:

> <Fach> Spieltheoretische Aspekte im Planspiel – Optimierung, Entscheidung und Strategie (Ulrich Holzbaur)

Auf der DVD finden Sie die Kurzbeschreibung zu folgenden Fernplanspiel-Wettbewerben:

Übersicht 18: Fernplanspiel-Wettbewerbe auf der DVD

2014	Bezeichnung	Thema	Demo bzw. Link
	5-Euro-Business	Existenzgründung	
	Betrieb im Team	Betriebswirtschaftsgrundlagen	
	BIMS – Bayer International Management Simulation	Betriebswirtschaftliches Grund- und Aufbauwissen	
	EIS Europäische Integration in der Simulation	Planspielfälle zu einer globalen europäischen Strategie	
	Eurostudents Management Cup		
	Fernplanspiel Banken		<Demo>
	Fernplanspiel GRIPS	Betriebswirtschaftsgrundlagen	
	Hochschulwettbewerb		<Link>
	Junior		
	Markt & Wettbewerb	Betriebswirtschaftsgrundlagen	<Demo>
	mobile Award Unternehmensplanspiel	Mobile Endgeräte für die Fußball-WM	<Link>
	Play the Market	Marktwirtschaft	
	priME Cup	Unternehmerisches Denken	
	priME Cup Bayern	Unternehmerisches Denken	

2.5 Online-Lernumgebungen für Planspiele und Serious Games
(Heinz Mandl, Boris Geier, Jan Hense)

Online-Lernumgebungen für Planspiele und Serious Games verknüpfen netzbasierte spielerische Elemente, die alleine oder kooperativ bearbeitet werden, mit explizit didaktischen Elementen wie etwa Web Based Trainings (WBTs) oder Präsenzphasen. Es handelt sich also um eine Hybridform, bei der spielbasiertes Lernen in andere Lehr-Lern-Formen integriert wird.[37]

---

37 Vgl. HENSE, J.; MANDL, H.: Curriculare Herausforderungen bei der Integration von Planspielen. In: SCHWÄGELE, S.; ZÜRN, B.; TRAUTWEIN, F.: Planspiele – Lernen im Methoden-Mix. Integrative Lernkonzepte in der Diskussion (S. 11–26). Norderstedt, 2012.

Diese können entweder auch online etwa im Rahmen eines Learning-Management-Systems (LMS) realisiert sein, sodass sich eine reine Online-Lernumgebung ergibt, oder in Präsenzform, womit es sich um eine Blended-Learning-Variante handelt.

Planspiele und Serious Games weisen u. a. in Bezug auf Ursprung, Geschichte, konzeptionelle Fundierung, Anwendungsgebiete und Realisierungsvarianten teils erhebliche Unterschiede auf. Im Kontext der Gestaltung von Online-Lernumgebungen erscheinen uns aus einer didaktisch-pädagogischen Perspektive beide Ansätze strukturell ähnlich genug, um sie im Folgenden nicht weiter konzeptionell zu differenzieren. Gemeinsam ist Online-Planspielen und Serious Games in Lernkontexten:

- es handelt sich um Varianten des *netz- und spielbasierten Lernens*,
- die Lernenden arbeiten in der Regel *kooperativ* und teils auch *in Konkurrenz zu anderen Teams*,
- im Rahmen realitätsnaher, meist simulationsbasierter Szenarios müssen die Lernenden konkrete *Herausforderungen und Problemstellungen* bewältigen,
- daraus ergibt sich der Anlass zum Erwerb, zur Vertiefung und zur Reflexion von lernzielbasierten Inhalten.

Die Notwendigkeit zur Integration netz- und spielbasierten Lernens in umfassendere Lernumgebungen ergibt sich aus der Tatsache, dass die spielintern gemachten Erfahrungen oft nicht ausreichend sind für ein nachhaltiges und transferorientiertes Lernen. Die Lernpotenziale spielbasierten Lernens sollen dabei durch Vorbereitung und Nachbereitung sowie ggf. gezielte intermittierende instruktional gesteuerte Maßnahmen voll ausgeschöpft werden. Wie dies konkret umgesetzt werden kann, werden wir im Folgenden an dem Beispiel „e-Planspiel" illustrieren.

2.5.1 Beispiel: Die „e-Planspiel-Lernumgebung"

Um ein neues Ausbildungsmodell für die Qualifikationserfordernisse von E-Business zu erproben, wurde im Rahmen des BIBB-Modellversuchs „Entwicklung und Erprobung eines Internetgestützten Planspiels für die kaufmännische Aus- und Weiterbildung" von den Beruflichen Fortbildungszentren der Bayerischen Wirtschaft (bfz) die Entwicklung der netzbasierten Lernplattform e-Planspiel initiiert.[38] Die Lernplattform ist in eine rahmengebende Lernumgebung eingebettet, die aus Präsenzveranstaltungen und Online-Lernphasen besteht. e-Planspiel soll als begleitende Maßnahme zum schulischen Unterricht wie zur betrieblichen Ausbildung eingesetzt werden, um Wissen und Fertigkeiten im Bereich des E-Business zu fördern.

---

38 SPIESS, J.: Das Modell e-Planspiel. In: LOEBE, H. & SIEBERT, E.: Herausforderung eBusiness. Handlungsorientierte Ansätze in der kaufmännischen Ausbildung, Bielefeld, 2005.

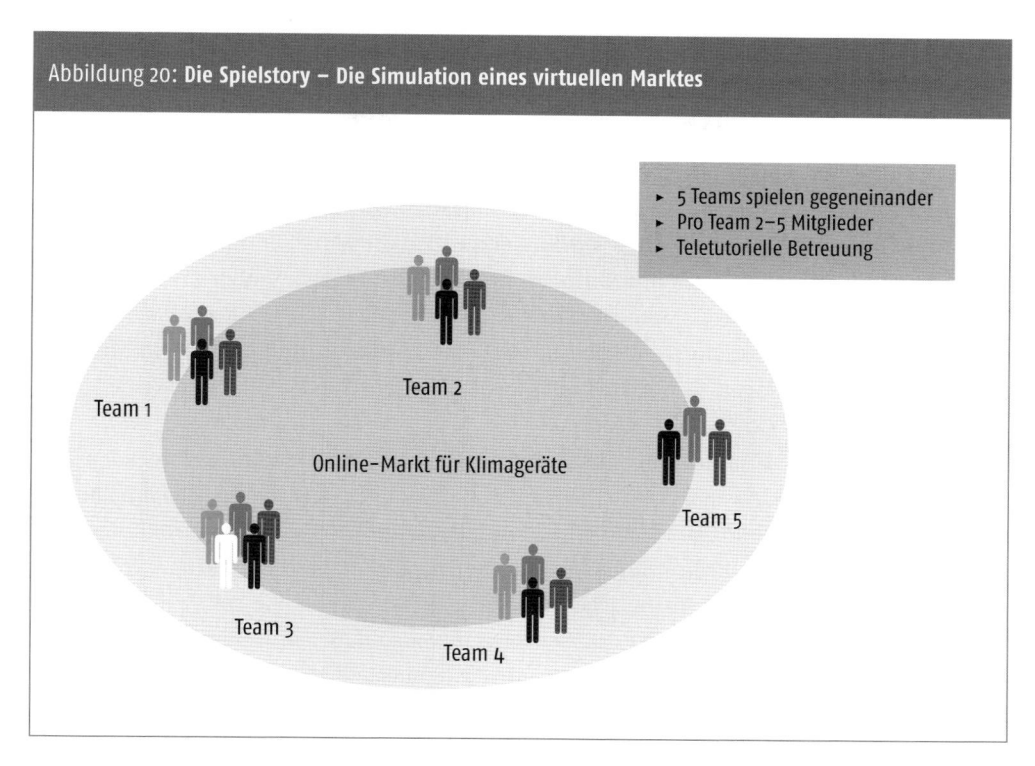

Abbildung 20: Die Spielstory – Die Simulation eines virtuellen Marktes

- 5 Teams spielen gegeneinander
- Pro Team 2–5 Mitglieder
- Teletutorielle Betreuung

Team 1, Team 2, Online-Markt für Klimageräte, Team 3, Team 4, Team 5

Zielgruppe: e-Planspiel richtet sich in erster Linie an kaufmännische Berufsgruppen und soll dort sowohl Auszubildende ansprechen als auch als Instrument der beruflichen Weiterbildung eingesetzt werden. Neben kaufmännischen Berufsgruppen soll e-Planspiel auch technischen Berufsgruppen (Fachinformatiker/-innen, Mediendesigner/-innen) offenstehen, welche auf diese Weise eine ökonomische Zusatzqualifikation erwerben können.

Aufbau: e-Planspiel bildet ein hybrides Lernarrangement, in dem sich Präsenzveranstaltungen und Online-Lernphasen abwechseln. Dreh- und Angelpunkt der Lernumgebung ist das in eine Online-Lernplattform integrierte Unternehmensplanspiel: Im Planspiel spielen mehrere Gruppen aus ca. fünf Personen auf einem virtuellen Markt gegeneinander (siehe Abbildung 20). Jede Gruppe steuert ein Klimatechnikunternehmen, das – so das Spielszenario – als Tochtergesellschaft einer größeren Mutterfirma als reines E-Business-Unternehmen auftritt, d. h. seine Geschäftsabläufe über elektronische Dienste und Kanäle abwickelt. Die jeweiligen Gruppen kontrollieren ihr Unternehmen über eine Entscheidungsmaske, mittels der sie Parameter in den Bereichen Vertrieb/Einkauf, IT/Leistungserstellung und Finanzen/Planung manipulieren können (z. B. Preise, Personal, Serverausstattung, Werbung etc.). Die manipulierbaren Parameter können von der Spielleitung einzeln freigeschaltet werden, um so etwa zu Beginn des Spiels zunächst mit einem an Komplexität reduzierten Modell zu arbeiten und die Komplexität im weiteren Verlauf schrittweise zu steigern. Die Entscheidungen werden periodenweise abgegeben. Eine Spielperiode dauert ein bis zwei Wochen und entspricht einem virtuellen Unternehmensquartal. Als Grundlage für ihre Planspielentscheidungen erhalten die Teilnehmenden neben der einführenden Beschreibung des Spielszenarios sogenannte Wirtschaftsnachrichten, aus denen allgemeine Marktlage und Trends hervorgehen, d. h. globale Eigenschaften und Veränderungen der Marktsimulation, sowie „Geschäftsberichte". Mit diesem Feedback über die vorangegangene Spielperiode können die Teilnehmenden die aktuellen Kenndaten des eigenen Betriebs (Bilanzen, Gewinn- und Verlustrechnung etc.) bewerten und des Weiteren einen Vergleich des eigenen Unternehmens mit den Konkurrenzunternehmen beispielsweise anhand von Umsatzdaten vornehmen. Wenn die Unternehmen im Planspiel in den Posten Marktforschung investieren, erhalten sie noch detailliertere Daten über die Konkurrenz und die Marktentwicklung.

Neben der Planspielsimulation enthält die Lernplattform WBT-Module zu folgenden Themen im Bereich von E-Business: Grundlagen des E-Commerce/E-Business; Kundenmanagement im E-Commerce; E-Logistic: Beschaffung und Distribution im E-Business; Zahlungssysteme im E-Commerce; Rechtliche Rahmenbedingungen für E-Commerce/E-Business; Sicherheit des E-Commerce/E-Business; Technische Standards im E-Business. Sie sollen einerseits die inhaltliche Grundlage zur Steuerung des Planspiels bilden und dienen andererseits zur Vertiefung spezifischer Themen. Die WBT-Module enthalten unterschiedliche Übungsaufgaben, die interaktiv bearbeitet und vom System automatisch korrigiert werden, wie etwa die Zuordnung von Kriterien zu entsprechenden E-Payment-Systemen. Es gibt Übungen mit Multiple-Choice-Charakter; andere erfordern die Herstellung von Zusammenhängen zwischen Begriffen (durch das Ziehen von Bezugslinien), die Zuordnung von Begriffen zu Kategorien oder das Sortieren von Begriffen nach bestimmten Kriterien.

Abbildung 21: Aufbau des e-Planspiels

Der simulierte E-Commerce-Markt
- Unternehmerische Kompetenz in E-Commerce
- Methodische und strategische Fähigkeiten
- Kommunikative Kompetenz
- Entscheidungskompetenz

Lernmodule zu E-Commerce
- Management von E-Commerce
- Kundenmanagement
- Zahlungssysteme
- Technische Grundlagen
- Rechtliche Grundlagen
- Sicherheit im E-Commerce

Qualitative Aufgaben
z.B.
- „Konkurrentenanalyse"
- „Anforderungskatalog"
- „E-Commerce-Website"

Neben den Aufgaben in den WBT-Modulen werden von dem/der Spielleiter/-in noch komplexere, sog. qualitative Aufgaben gestellt. So sollen die Spieler/-innen beispielsweise einen Anforderungskatalog für die Gestaltung von Webseiten, eine Konkurrentenanalyse oder die Planung eines strategischen Unternehmenskonzeptes erstellen. Die Arbeitsergebnisse werden entweder in schriftlicher Form an den/die Spielleiter/-in gesandt oder während der Präsenztreffen präsentiert (zum gesamten didaktischen Aufbau siehe Abbildung 21).

Die Oberfläche von e-Planspiel ist in einen persönlichen Arbeitsplatz und einen Gruppenarbeitsplatz aufgeteilt. Am persönlichen Arbeitsplatz kann jeder Spieler/jede Spielerin die Hilfefunktion abrufen und die WBT-Module bearbeiten. Das System merkt sich dabei, welche Lektionen und Übungen schon bearbeitet wurden, und bietet die Möglichkeit, dem Lehrtext Lesezeichen und Anmerkungen hinzuzufügen. Über den Gruppenarbeitsplatz gelangt man zu den Kommunikationsschnittstellen und zur Entscheidungsmaske der Planspielsimulation. Zur Kommunikation der Teilnehmenden untereinander mit der Spielleitung sind E-Mail, eine Chatfunktion und zwei asynchrone Foren (die sogenannten „Pinnwände"), ein geschütztes für die jeweilige Spielgruppe und eines, das allen Teilnehmenden offensteht, implementiert. An bestimmten Terminen wird ein vom Spielleiter moderierter Chat („Livediskussion") durchgeführt.

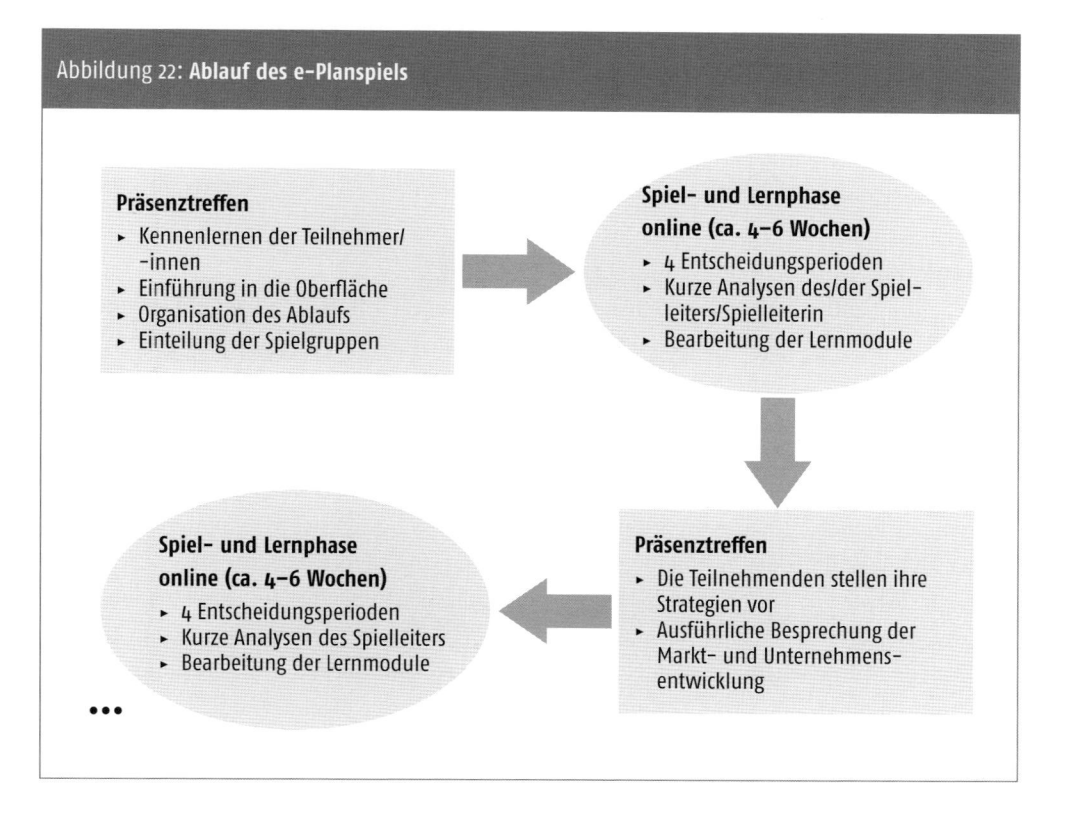

Abbildung 22: Ablauf des e-Planspiels

Präsenztreffen
- Kennenlernen der Teilnehmer/-innen
- Einführung in die Oberfläche
- Organisation des Ablaufs
- Einteilung der Spielgruppen

↓

Spiel- und Lernphase online (ca. 4–6 Wochen)
- 4 Entscheidungsperioden
- Kurze Analysen des/der Spielleiters/Spielleiterin
- Bearbeitung der Lernmodule

↓

Präsenztreffen
- Die Teilnehmenden stellen ihre Strategien vor
- Ausführliche Besprechung der Markt- und Unternehmensentwicklung

↓

Spiel- und Lernphase online (ca. 4–6 Wochen)
- 4 Entscheidungsperioden
- Kurze Analysen des Spielleiters
- Bearbeitung der Lernmodule

...

Ablauf: Das e-Planspiel beginnt mit einem Kick-off-Seminar, in dem sich die Teilnehmenden kennenlernen und in die Steuerung und den Aufbau des e-Planspiel-Programms eingewiesen werden (siehe Abbildung 22). Darüber hinaus werden Übungen zum Umgang mit Internetdiensten (z. B. Recherche mit Suchmaschinen) durchgeführt. Darauf folgt eine Online-Phase, in der die ersten Lernmodule bearbeitet werden sollen. Das Unternehmensplanspiel beginnt nach einem weiteren Präsenztreffen, bei dem die wichtigsten (Unternehmens-)Parameter vorgestellt werden und die Spieler/-innen mit den Rückmeldungen des Systems (Geschäftsberichte) vertraut gemacht werden. Nach einigen Spielrunden findet ein weiteres Präsenztreffen statt. Die Spieler/-innen sollen dort ihre bisherige Spielstrategie vorstellen und erhalten danach von der Spielleitung eine detaillierte Rückmeldung über die Entwicklung der einzelnen Unternehmen. Fehlentscheidungen sowie erfolgsweisende Unternehmensentscheidungen sollen hier identifiziert und diskutiert werden. Nach zwölf Spielperioden endet e-Planspiel mit einem Abschlussseminar, in dem die Teilnehmenden noch einmal Rückmeldungen erhalten und ihre Vorgehensweisen reflektieren und die Bildungsmaßnahme bewerten können. Eine komplette Durchführung von e-Planspiel dauert in der Regel vier Monate.

2.5.2 „e-Planspiel-Lernumgebung": Realisierung der Leitlinien problemorientierten Lernens

Im Folgenden möchten wir aufzeigen, inwieweit im Rahmen der „e-Planspiel-Lernumgebung" die Leitlinien für die Gestaltung problemorientierter Lernumgebungen (siehe Abschnitt 1.5) realisiert wurden.

Authentizität in der „e-Planspiel-Lernumgebung"

Die Schaffung authentischer Problemsituationen ist integraler Bestandteil jedes Planspielkonzeptes, da es bei Planspielen ja gerade darum geht, reale Problemsituationen möglichst exakt zu simulieren. Die Authentizität des Planspiels hängt zu einem großen Teil davon ab, wie gut es gelingt, die Realität in ein Simulationsmodell zu überführen, d. h., eine relevante Auswahl der entscheidenden Parameter und deren Verknüpfung zu implementieren.

DÖRNER[39] beschreibt reale Problemsituationen anhand folgender Strukturmerkmale:
1. *Komplexität und Vernetztheit*, die sich in der Anzahl der berücksichtigten Parameter und in der Menge und Art der Verbindungen zwischen den Parametern äußern.
2. *Intransparenz und Eigendynamik*. Hierunter versteht man zunächst die „Durchschaubarkeit" des Systems für den/die Problemlöser/-in. Häufig bleiben die Zusammenhangsmuster zwischen den Variablen für die Handelnden unklar und erschweren so die Entscheidungsfindung (Intransparenz). Eng damit verbunden ist das Merkmal der Eigendynamik, also die Eigenschaft eines Systems, sich unabhängig von Eingriffen eines/einer Handelnden zu verändern.

---

39 DÖRNER, D.: Die Logik des Misslingens, Reinbeck, 1989.

3. *Zielpluralität/Zieloffenheit.* Charakteristisch für komplexe Situationen ist zudem, dass die Setzung eindeutiger Handlungsziele häufig schwierig ist. Zum einen müssen meist mehrere Ziele gleichzeitig verfolgt werden (Zielpluralität). Zum anderen sind Zielsetzungen im Sinne eines „Mehr" oder „Besser" häufig offen, sodass eine eindeutige Zieloperationalisierung meist nicht möglich ist (Zieloffenheit).

Die im Rahmen des e-Planspiels eingesetzte Simulation weist im Wesentlichen jene Strukturmerkmale auf, wie sie von DÖRNER beschrieben werden.

Komplexität und Vernetztheit. Die Simulation beinhaltet insgesamt 64 Parameter, die sich auf unterschiedliche Unternehmensbereiche in unterschiedlicher Tiefe beziehen (Preisgestaltung, Ausgaben für Mitarbeitertraining, Sortimententiefe, Werbekosten). Das Spiel ist so aufgebaut, dass die Anzahl der manipulierbaren Parameter mit den gespielten Entscheidungsphasen zunimmt. So können am Anfang beispielsweise nur Parameter aus dem Bereich Vertrieb/Einkauf manipuliert werden. Auf diese Weise soll vermieden werden, dass die Teilnehmenden durch eine anfangs zu hohe Komplexität der Simulation beim Treffen ihrer Entscheidungen überlastet werden. Es ist theoretisch auch möglich, schon zu Beginn des Spiels alle 64 Entscheidungsparameter freizuschalten. Welches Vorgehen das bessere ist, hängt vor allem vom Vorwissen der Teilnehmenden ab. Führungskräfte mit viel Praxiserfahrung könnten die Verfügbarkeit nur weniger manipulierbarer Unternehmensparameter als Einschränkung der Authentizität des Planspiels betrachten, während Auszubildenden vielleicht zunächst die Wirkung einiger weniger Veränderungen erfahrbar gemacht werden soll, um sie anschließend schrittweise zu komplexeren Entscheidungsszenarien zu führen.

Intransparenz und Eigendynamik. Nachdem die Spielgruppen ihre Entscheidungen abgegeben haben, startet die Marktsimulation, in der sich nun die Entscheidungen der Spielgruppen gegenseitig beeinflussen. Transparenz besteht hinsichtlich der in die Simulation eingebetteten Marktgesetze, die während des Seminars von dem/der Seminarleiter/-in oder über WBT-Module vermittelt werden können bzw. als Vorkenntnisse vorausgesetzt werden. Von der getroffenen Entscheidung über die Marktsimulation zum jeweiligen „Abschneiden" der Gruppen herrscht insofern Intransparenz, als keine Gruppe die Entscheidungsdaten der jeweils anderen Gruppen kennt, diese aber natürlich wesentlich das eigene Abschneiden bestimmen. Darüber hinaus wird die Reaktion des Marktes nicht ausschließlich von den Entscheidungen der virtuellen Unternehmen bestimmt. Er verändert sich auch eigendynamisch, beispielsweise abhängig von saisonalen Schwankungen.

Zielpluralität/Zieloffenheit. Die „Geschäftsberichte", die die Teilnehmenden in jeder Spielrunde erhalten, dienen als Feedback über die vorangegangene Entscheidung wie auch als Grundlage zukünftiger Entscheidungen. Zielpluralität bzw. Zieloffenheit ergibt sich dadurch, dass für die Teilnehmenden je nach Spielsituationen unterschiedlichste unternehmensrelevante Zielsetzungen fokussiert werden können. So ist es langfristig keineswegs sinnvoll, ausschließlich auf die Maximierung des Unternehmensgewinns zu zielen. Vielmehr müssen je nach aktuellem Spielstand zahlreiche Einflussfaktoren wie z. B. die Erhöhung des Bekanntheitsgrads oder die Verbesserung der technischen Ausstattung berücksichtigt werden.

Multiple Kontexte und Perspektiven in der „e-Planspiel-Lernumgebung"

Das netzbasierte e-Planspiel bietet dem/der Spielleiter/-in die Möglichkeit, Änderungen in der Simulation vorzunehmen. Dazu kann er/sie Variable hinzunehmen oder ausklammern und Ausgangszustände bestimmter Variablen modifizieren. So bieten Planspiele die Möglichkeit, je nach Modifikation unterschiedliche Situationen herbeizuführen und dadurch Sachverhalte von multiplen Perspektiven aus zu betrachten bzw. innerhalb multipler Kontexte wahrzunehmen.[40]

So kann die Nachfragesituation eines Industriestaates durch die eines Schwellenlandes ersetzt oder der Markt durch virtuelle Konkurrenten verengt werden. Wichtig ist, dass in den verschiedenen Kontexten keine prinzipiell neuen Lerninhalte vermittelt werden, sondern jeweils ein Teilbereich des Gesamtsystems in den Vordergrund gerückt oder verändert wird, um bestimmte Problembereiche zu akzentuieren. Für den einzelnen Spielteilnehmenden können multiple Perspektiven dadurch geschaffen werden, dass die Rollen innerhalb der Gruppen getauscht bzw. rotiert werden. Dadurch können verschiedene Sichtweisen auf den behandelten Sachverhalt eröffnet werden.

Neben der Unternehmenssimulation werden im e-Planspiel qualitative Aufgaben gestellt, die sich auf Tätigkeiten bestimmter Berufe im Unternehmen beziehen. So sollen die Teilnehmenden beispielsweise eine Webseite für ihr Unternehmen erstellen oder eine Konkurrentenanalyse anhand der Geschäftsdaten realer Klimatechnikunternehmen durchführen. Diese Aufgaben werden anschließend von der Spielleitung bewertet und schlagen sich in Boni (z. B. Krediten) für das Planspiel nieder.

Soziale Kontexte in der „e-Planspiel-Lernumgebung"

Im e-Planspiel spielen mehrere Gruppen gegeneinander. Dadurch entsteht einerseits eine kompetitive Situation zwischen den Gruppen, die sich als Konkurrenten auf dem virtuellen Markt gegenüberstehen. Die Kommunikation zwischen den Gruppen spielt aber eine eher untergeordnete Rolle und findet meist auf einer allgemeinen Ebene statt, beispielsweise bei Präsenztreffen. Entscheidend für den sozialen Kontext sind die Prozesse, die innerhalb der jeweiligen Gruppen ablaufen. Aufgabe der Teilnehmenden ist es, in Kooperation mit ihren Gruppenpartnern Entscheidungen zu treffen, um das simulierte Unternehmen möglichst er-

---

40 Vgl. STARK, R. u. a.: Förderung von Handlungskompetenz durch geleitetes Problemlösen und multiple Lernkontexte. In: Zeitschrift für Entwicklungspsychologie und Pädagogische Psychologie, 27/95.

folgreich am Markt zu platzieren. Aufgabe der Gruppe ist somit zunächst der Erwerb relevanten Domänenwissens, das zur Analyse der Problemstellung notwendig ist. Darauf aufbauend lassen sich anschließend Hypothesen, die sich auf Zusammenhänge des simulierten Systems beziehen, generieren und testen. So gilt es, zu entscheiden, welche Parameter in welcher Reihenfolge verändert werden sollen, Vorhersagen hinsichtlich der erwarteten Endzustände zu machen, die entsprechenden Veränderungen vorzunehmen sowie die neu erhaltenen Resultate zu interpretieren. Abschließend ist es Aufgabe der Gruppe, die Lernhandlungen zu bewerten, um für die weiteren Lernaktivitäten eventuell Änderungen vorzunehmen.[41] Wesentlicher Bestandteil des e-Planspiels ist somit die Kooperation in der Lerngruppe. Die interpersonellen Prozesse, vor allem die Entscheidungsprozesse sind, wie bereits angedeutet, in hohem Grade von den zur Verfügung stehenden Kommunikationsmöglichkeiten abhängig. Die Konzeption des e-Planspiels sieht zwei Möglichkeiten vor. Die Teilnehmenden einer Gruppe können sich an einem Ort befinden und face-to-face kooperieren. Die Konzeption sieht auch die Möglichkeit vor, dass die einzelnen Gruppenmitglieder von verschiedenen Orten aus zusammenarbeiten. Den Lernenden stehen hierfür textbasierte Kommunikationsmittel wie E-Mail und Chat zur Verfügung. Je nach Gruppengestalt (face-to-face vs. ortsverteilt) bietet das e-Planspiel somit unterschiedliche Möglichkeiten, authentische Kontexte in Bezug auf die Entscheidungsfindung und Kooperation.

Instruktionale Unterstützung in der „e-Planspiel-Lernumgebung"

Die bisherigen Ausführungen machen deutlich, dass die Planspielmethode wesentliche Kriterien problemorientierten Lernens erfüllt. Es zeigt sich jedoch auch, dass das Lernen mit Planspielen hohe Anforderungen an die Lernenden stellt, was Fertigkeiten zum selbstgesteuerten[42] und kooperativen[43] Lernen betrifft. Insbesondere bei Lernenden, die noch über kaum Erfahrungen mit selbstgesteuerten Lernen verfügen, können Planspiele leicht zu Überforderungen führen. Instruktionale Unterstützung muss sich entsprechend dem Kompetenzniveau der Lerngruppe somit nicht nur auf inhaltliche Belange beziehen, sondern muss darüber hinaus auch selbstgesteuertes und kooperatives Lernen unterstützen.

Das e-Planspiel beginnt mit einem eintägigen Kick-off-Seminar, in dem die Teilnehmenden zunächst in den Aufbau und die Bedienung der Benutzeroberfläche eingewiesen werden; dem folgt eine allgemeine inhaltliche Einführung in die Unternehmensparameter und die Posten der Geschäftsberichte. Diese Informationen werden den Teilnehmenden auch in Form eines Benutzerhandbuchs ausgehändigt. Während des Planspiels ist der/die Spielleiter/-in über

---

[41] Vgl. DE JONG, T. & NJOO, M.: Learning and instruction with computer simulations: Learning processes involved. In: DE CORTE, E. u. a.: Computer-based learning environments and problem solving, Berlin, 1992.

[42] SIMONS, R. J.: Lernen, selbständig zu lernen – ein Rahmenmodell. In: MANDL, H. & FRIEDRICH, F.: Lern- und Denkstrategien. Analyse und Interventionen, Göttingen, 2001.

[43] RENKL, A. & MANDL, H.: Kooperatives Lernen: Die Frage nach dem Notwendigen und dem Ersetzbaren. In: Unterrichtswissenschaft, 23/95.

E-Mail oder zu bestimmten Terminen im Chat zu erreichen. Über sog. „Rundbriefe der Geschäftsleitung" informiert er/sie die Teilnehmenden vorab über anstehende Neuerungen (z. B. zusätzlich freigeschaltete Parameter).

Da das Planspiel nicht nur ortsverteilt, sondern auch zu beliebigen Zeitpunkten bearbeitet werden kann, wird es wohl nur selten möglich sein, dass eine auftauchende Frage sofort von dem/der Spielleiter/-in beantwortet werden kann. Auch ein reges Frage- und Antwortspiel ist über E-Mail nur schwerlich zu erzeugen. Da ein Chat mit dem/der Spielleiter/-in verständlicherweise nur zu bestimmten Terminen möglich ist, können auch auf diesem Weg keine Hilfestellungen zu spontan auftretenden Problemen gegeben werden. Grundlegende inhaltliche Informationen, die für die Steuerung des simulierten Unternehmens relevant sind, können aus den WBT-Modulen des e-Planspiels eingeholt werden.

2.5.3 Evaluation der „e-Planspiel-Lernumgebung"

In der Evaluation von e-Planspiel wurden die drei übergeordneten Bereiche Akzeptanz, Lernprozess und Lernerfolg analysiert. Neben der Erhebung der subjektiven Beurteilungen der Teilnehmenden wurde – im Rahmen der Analyse des Lernprozesses – auch die Veränderung der Wissensstrukturen der Teilnehmenden mittels Concept-Mapping-Verfahren (s. u.) untersucht. Die drei Hauptanalyseebenen (Akzeptanz, Lernprozess und Lernerfolg) enthalten Teilfragestellungen, die zentrale Aspekte bei der problemorientierten Gestaltung von Lernumgebungen beleuchten sollen.[44]

▶ Akzeptanz

Die Akzeptanz einer Maßnahme bildet die Voraussetzung für ihren Erfolg. Neben einem globalen Urteil über die gesamte Lernumgebung ist es bei komplexen Lernumgebungen sinnvoll, die Meinung der Teilnehmenden bezüglich einzelner Komponenten der Lernumgebung zu erfragen. Hier interessierte vor allem die Einschätzung einzelner Komponenten der instruktionalen Unterstützung, z. B. die Präsenztreffen, der Spielleiter/-innen und die zusätzlich angebotenen Online-Lernmodule. Die Teilnehmenden sollten dabei beurteilen, für wie gelungen sie die einzelnen Komponenten der Lernplattform halten, und deren Relevanz einschätzen für die gesamte Lernplattform. Aus diesen Beurteilungen sollte ein Bild darüber gewonnen werden, wie die einzelnen Bausteine instruktionaler Unterstützung in die Komposition der Lernumgebung am sinnvollsten eingehen können.

Da es sich um eine computerbasierte Lernplattform handelt, sollten die Teilnehmenden auch die Gestaltung der Benutzeroberfläche bewerten.

---

44 GEIER, B. & MANDL, H.: Unternehmensplanspiele in der beruflichen Ausbildung – Befunde aus dem Modellversuch „e-Planspiel". In: LOEBE, H. & SEVERING, E.: Herausforderung eBusiness. Handlungsorientierte Ansätze in der kaufmännischen Ausbildung, Bielefeld, 2005.

▶ Lernprozess

Nach den Erkenntnissen der Forschung über problemorientiertes Lernen ist der Erfolg einer Maßnahme eng mit Prozessen verknüpft, die während des Lernens vollzogen werden. Hierzu zählt neben der Motivation der Teilnehmenden die Möglichkeit, selbstgesteuert und kooperativ zu lernen. Die Teilnehmenden wurden daher nach ihrer Motivation während der Maßnahme befragt. Sie sollten einschätzen, inwieweit es ihnen gelang, selbstständig neues Wissen zu erschließen, und wie sie die Kooperation mit ihren Mitspielenden beurteilen. Da komplexe Lernumgebungen mit vielen Freiheiten für die Lernenden auch zur Überforderung führen können, und das insbesondere, wenn sie – wie im Falle von e-Planspiel – als zusätzliche Maßnahme in einen ohnehin dicht gepackten Ausbildungslauf integriert werden, sollten sie außerdem ihre erlebte zeitliche und qualitative Belastung einschätzen.

▶ Lernerfolg

Für die Analyse des Lernerfolgs wurden neben den subjektiven Einschätzungen der Teilnehmenden auch die Veränderung ihres ökonomischen Zusammenhangswissens mittels Concept-Mapping-Verfahren untersucht.

Methode

Die Einschätzungen der Teilnehmenden wurden am Ende der Maßnahme mittels Fragebögen erhoben, auf denen die Teilnehmenden (N = 63) vorgegebene Aussagen auf fünfstufigen Ratingskalen ihrem Zutreffen nach zu bewerten hatten. Die Veränderung des Zusammenhangswissens wurde mit pre-post erhobenen Concept-Maps gemessen. Concept-Maps basieren auf der Idee, dass Wissen in einer organisierten Struktur im Gedächtnis vorhanden ist. Diese Wissensstrukturen sollen nun mittels einer semantisch-propositionalen Netzwerkdarstellung sichtbar gemacht werden. Dazu wird das darzustellende Wissen in Sinneinheiten (Propositionen) zerlegt. Eine Proposition besteht aus zwei Konzepten, die durch eine Relation miteinander verbunden sind, z. B.:

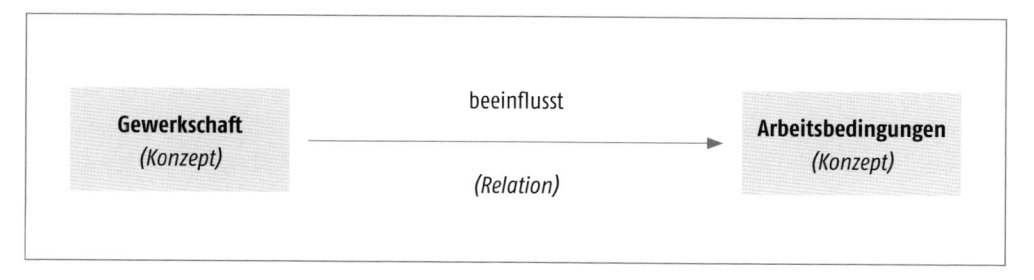

Gewerkschaft (Konzept) —beeinflusst→ **Arbeitsbedingungen** (Konzept) *(Relation)*

Verschiedene Propositionen sind wiederum über Relationen zu einem Gesamtnetzwerk verknüpft:

Abbildung 23: Ausschnitt aus einer Concept-Map

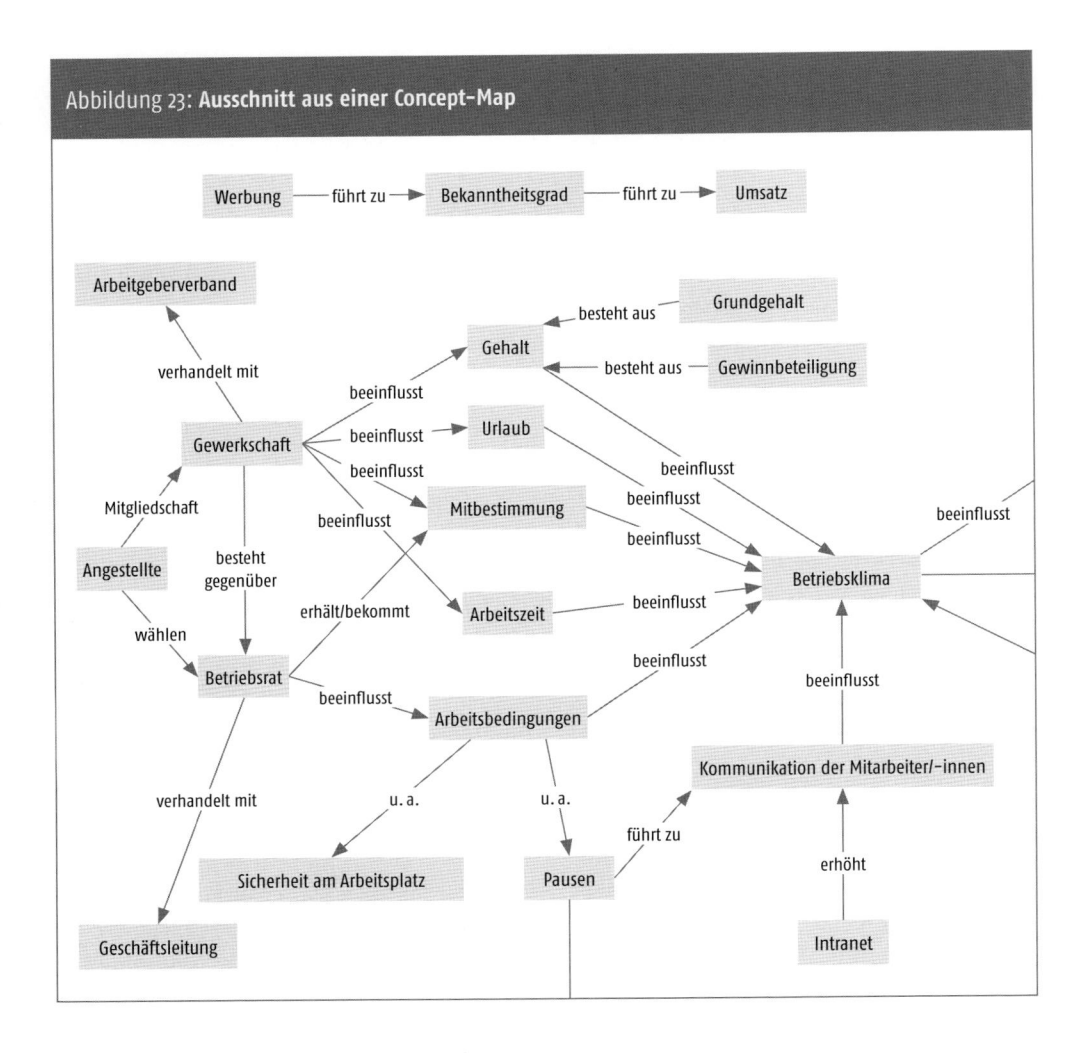

Die Teilnehmenden von e-Planspiel erhielten nun die Aufgabe, mittels der Software COMASOTO (WEBER & SCHUMANN, 2000)[45] eine Concept-Map zu erstellen. Ihre Aufgabe bestand darin, das Beziehungsgefüge eines erfolgreich arbeitenden Betriebes aufzubauen. Sie begannen dabei mit einer leeren Bildschirmoberfläche, auf der sie Konzepte und Relationen mittels Mausbewegungen platzieren und verknüpfen können. Dazu stand ihnen ein offener Pool von Konzepten und Relationen zur Verfügung, d. h., es existierte bereits eine Liste von Konzepten aus dem betriebswirtschaftlichen, technischen und organisationspsychologischen Bereich, die die Teilnehmenden durch selbst generierte Begriffe noch erweitern können. Es wurde jeweils eine Concept-Map vor und nach der Planspielphase erstellt.

---

45   WEBER, S. & SCHUMANN, M.: Das Concept-Mapping Software Tool (COMASOTO) zur Diagnose strukturellen Wissens. In: MANDL, H. & FISCHER, F. (Hrsg.): Wissen sichtbar machen. Wissensmanagement mit Mapping-Techniken (S. 158–179), Göttingen, 2000.

An dieser Untersuchung nahmen 33 Teilnehmende von e-Planspiel und 13 Auszubildende als Kontrollgruppe teil.

Ergebnisse
▶ Akzeptanz

Bezogen auf die allgemeine Akzeptanz hat e-Planspiel der überwiegenden Mehrheit der Teilnehmenden gut gefallen (Abbildung 24). Auch alle Komponenten der instruktionalen Unterstützung und die Gestaltung der Benutzeroberfläche werden für sich genommen positiv bewertet. Besonders positiv fiel dabei die Beurteilung des Planspielleiters aus (Abbildung 25). Ihm wird die höchste Relevanz zugemessen, wenn es darum geht, Informationen für eine erfolgreiche Planspielsteuerung zu erhalten. Demgegenüber wird die Relevanz der Lernmodule für die Planspielsteuerung uneinheitlich eingeschätzt: Für die Hälfte der Befragten waren die Lernmodule keine für die Planspielsteuerung notwendige Informationsquelle. Dies schlägt sich auch in der relativ geringen Nutzungsfrequenz der Lernmodule nieder.

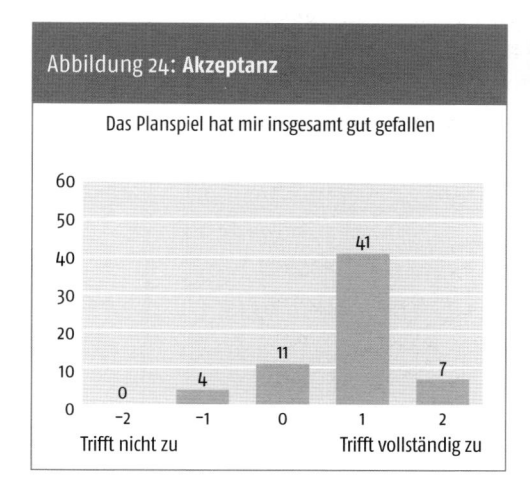

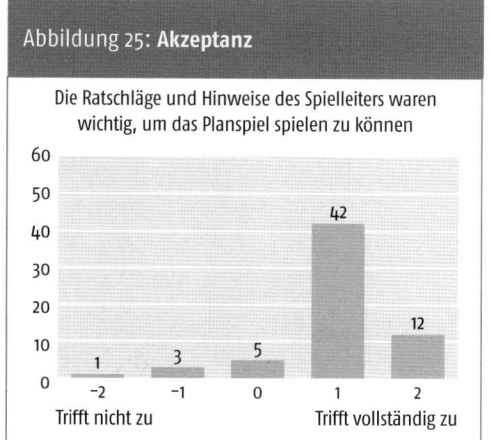

Abbildung 24: Akzeptanz

Das Planspiel hat mir insgesamt gut gefallen

Wert	-2	-1	0	1	2
Anzahl	0	4	11	41	7

Trifft nicht zu — Trifft vollständig zu

Abbildung 25: Akzeptanz

Die Ratschläge und Hinweise des Spielleiters waren wichtig, um das Planspiel spielen zu können

Wert	-2	-1	0	1	2
Anzahl	1	3	5	42	12

Trifft nicht zu — Trifft vollständig zu

▶ Lernprozess

Die Mehrheit der Teilnehmenden schätzte die „e-Planspiel-Lernumgebung" als motivierend und interessant ein (Abbildung 26). Ebenso ergab sich ein positives Bild hinsichtlich der Bewertung der Kommunikation und Kooperation in e-Planspiel (Abbildung 27). Die Einschätzung der Lernumgebung in Hinblick auf die erlebte Belastung ergab ein uneinheitliches Bild. Ein Teil der Befragten erlebte das Planspiel als anstrengend. Die Möglichkeit, selbstgesteuert zu lernen, die für das Planspiel notwendigen Informationen selbst zu beschaffen, wurde ebenfalls unterschiedlich eingeschätzt.

Abbildung 26: Lernprozess

Das Planspiel war interessant

-2	-1	0	1	2
0	2	8	36	7

Trifft nicht zu — Trifft vollständig zu

Abbildung 27: Lernprozess

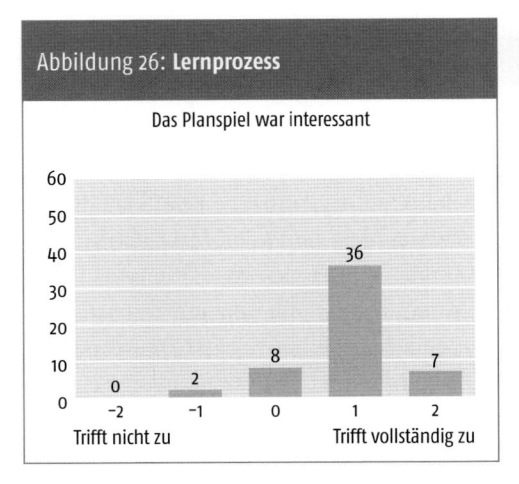

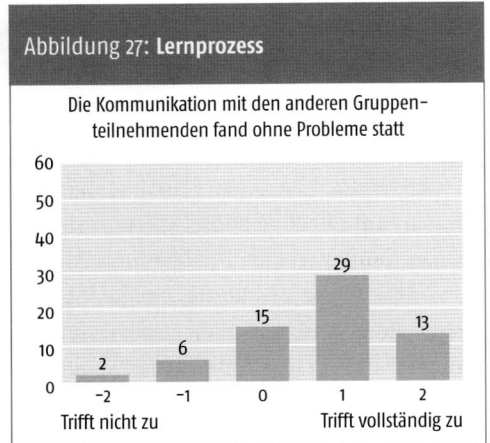

Die Kommunikation mit den anderen Gruppenteilnehmenden fand ohne Probleme statt

-2	-1	0	1	2
2	6	15	29	13

Trifft nicht zu — Trifft vollständig zu

▶ Lernerfolg

Insgesamt schätzten die Teilnehmenden ihren Lernerfolg deutlich positiv ein (Abbildung 28). Bei der Frage nach den beruflichen Anwendungsmöglichkeiten des Gelernten, tendierten die Teilnehmenden eher zu einer negativen Bewertung (Abbildung 29).

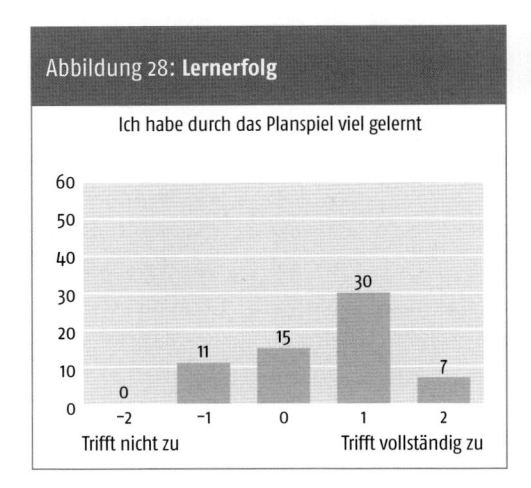

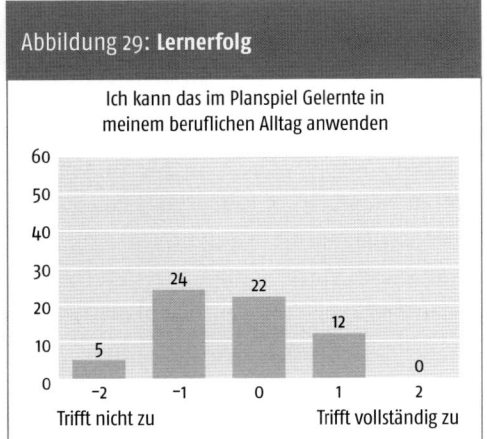

Abbildung 28: Lernerfolg

Ich habe durch das Planspiel viel gelernt

-2	-1	0	1	2
0	11	15	30	7

Trifft nicht zu — Trifft vollständig zu

Abbildung 29: Lernerfolg

Ich kann das im Planspiel Gelernte in meinem beruflichen Alltag anwenden

-2	-1	0	1	2
5	24	22	12	0

Trifft nicht zu — Trifft vollständig zu

Bei der Analyse des ökonomischen Zusammenhangswissens zeigte sich eine inhaltliche Verschiebung. Im betrieblichen Wirkungsgefüge, das mittels Concept-Maps dargestellt werden sollte, setzte die Teilnehmergruppe nach der Maßnahme andere Schwerpunkte, indem sie mehr Konzepte aus dem betrieblichen Bereich „Absatz" und dem Feld des E-Business thematisierte. Anders als die Kontrollgruppe fokussierte sie also auf die Bereiche, die für die erfolgreiche Steuerung des Planspiels am wichtigsten waren.

2.5.4 Diskussion der Evaluationsergebnisse der „e-Planspiel-Lernumgebung"

Die Ergebnisse der *Akzeptanzanalyse* bestätigen e-Planspiel als eine im Rahmen der betrieblichen Ausbildung gut akzeptierte Lernumgebung. Die positive Bewertung des Spielleiters, der Lernmodule, der Präsenztreffen und der Gestaltung der Benutzeroberfläche zeigen an, dass es mit e-Planspiel gelungen ist, einzelne Komponenten schlüssig in eine hybride Lernumgebung zu integrieren.

Wie sich aus der Analyse des *Lernprozesses* ergibt, wirkt e-Planspiel motivierend und schafft einen geeigneten Rahmen zur Förderung kommunikativer und kooperativer Prozesse. Die Relevanz, die die Teilnehmenden dem/der Spielleiter/-in und den Präsenztreffen zumessen, spricht für die Bedeutung gezielter inhaltlicher Unterstützung innerhalb komplexer Lernumgebungen. Die geringere Bedeutung der Online-Lernmodule lässt sich dadurch erklären, dass die dort gegebenen tiefer gehenden Inhalte zu E-Business nicht direkt mit den Anforderungen der Planspielsteuerung verbunden waren und somit aufgrund des Spielablaufs keine Notwendigkeit zu deren Nutzung bestand. Eine bessere inhaltliche Verzahnung zwischen Planspiel und Lernmodulen ließe sich entweder durch die Aufnahme weiterer E-Business-spezifischer Parameter in das Planspiel oder aber durch die Hinzunahme allgemeinerer ökonomischer Themen, wie sie für die derzeitige Planspielsteuerung relevant sind, in die Lernmodule erreichen. Dieses hieße zwar, den Fokus auf E-Business ein wenig zu verlieren, ermöglichte auf der anderen Seite jedoch eine transparentere Verbindung zwischen allgemeinen wirtschaftlichen Wirkmechanismen und deren besonderer Ausgestaltung im E-Business.

Aus der Lernprozessanalyse geht außerdem hervor, dass sich einige Teilnehmende überlastet fühlten. Dies schreiben wir zum größten Teil dem dicht gepackten Ausbildungslauf und dem in einigen Ausbildungsbetrieben eingeschränkten Internetzugang zu. e-Planspiel wurde ursprünglich als Maßnahme entwickelt, die zeitlich flexibel on the Job durchgeführt werden kann. Dieser Vorteil kann nicht zum Tragen kommen, wenn, wie in manchen Betrieben, feste e-Planspiel-Lerneinheiten vereinbart werden, die die Teilnehmenden deutlicher als zusätzliche Belastung empfinden können.

Die Ergebnisse der Lernerfolgsanalyse bieten ein etwas uneinheitliches Bild. So ist die subjektive Einschätzung des unmittelbaren Lernerfolgs positiv, während die Einschätzung der Transferchancen des Gelernten in den beruflichen Alltag eher ungewiss ist. Dieses kann mit der Schwierigkeit zusammenhängen, mittelbare Auswirkungen – etwa von Wissen über Systemzusammenhänge – auf die konkrete berufliche Situation einzuschätzen.

Bei der Analyse des Zusammenhangswissens konnte die Erwartung einer allgemeinen Zunahme des Umfangs und des Grades der Vernetzung der Concept-Maps nicht nachgewiesen werden. Es zeigte sich jedoch, dass die Experimentalgruppe die für die Steuerung von e-Planspiel wichtigen Bereiche „Absatz" und „E-Business" nach dem Planspiel öfter verwendete als davor. Als Lernerfolg ließe sich somit erstens eine Veränderung der Einstellung gegenüber der Relevanz E-Business-spezifischer Konzepte erkennen. Zweitens lässt sich feststellen, dass die Integration von E-Business-Konzepten weder zu einer Zunahme von Fehlkonzepten und falschen bzw. unlogischen Propositionen führte noch mit einer Verschlechterung der grafentheoretischen Indizes einherging. Mit anderen Worten, neues Wissen über E-Business konnte mit gleicher Qualität in das bestehende Netzwerk ökonomischen Zusammenhangswissens integriert werden.

In der Analyse des generellen Handlungswissens konnten keine Effekte nachgewiesen werden. Obwohl e-Planspiel handlungsorientiert aufgebaut ist, ist es dennoch eine begleitende Maßnahme mit einer durchschnittlichen Bearbeitungszeit von zwei Stunden pro Woche. Wir gehen daher davon aus, dass ein möglicher Effekt auf generelles Handlungswissen vergleichsweise gering ist und gegen eine Kontrollgruppe, die die ansonsten gleiche betriebliche Ausbildung durchläuft, schwer nachzuweisen ist. Der mit Planspielen verbundene Anspruch einer breiten Förderung universeller Kompetenzen hätte hier zugunsten einer Untersuchung spezifischeren Handlungswissens, etwa des Wissens über das Vorgehen bei Internetrecherchen oder der Fertigkeit, Firmenergebnisse zu präsentieren, aufgegeben werden müssen.

2.5.5 Zusammenfassung und didaktische Bewertung

Unter Berücksichtigung der Evaluationsergebnisse stellt sich e-Planspiel als problemorientierte Lernumgebung dar, die – den Willen zu internetbasiertem Learning on the Job vorausgesetzt – ohne großen Aufwand in die betriebliche Ausbildung integriert werden kann. e-Planspiel vermittelt Wissen über E-Business und schafft ein Bewusstsein für dessen Relevanz in betrieblichen Zusammenhängen. Die Bedeutung von Spielleiter und Präsenztreffen weist darauf hin, dass der hybride Aufbau von e-Planspiel ein wesentlicher Erfolgsfaktor ist. Bei der Implementation von e-Planspiel ist daher stets auf ausreichende Ressourcen zu achten, um eine angemessene Unterstützung der Teilnehmenden zu garantieren.

Die Effektivität einer Lernumgebung mit spielbasierten Elementen, seien es Planspiele oder Serious Games, ist von unterschiedlichen Faktoren abhängig. Zum einen kommt es bei der Entwicklung und Durchführung der Spielelemente darauf an, dass die Probleme authentisch sind, Relevanz für die Spielenden besitzen und aus unterschiedlichen Kontexten und Perspektiven heraus betrachtet werden können. Zum anderen darf die Aufgabe für die Lernenden nicht so komplex sein, dass sie überfordert sind. Dies könnte nämlich dazu führen, dass das Spiel losgelöst von inhaltlichen Fragestellungen und Anwendungsbezügen nur mit Blick auf die Steuerung der Simulation gespielt wird und ein Verständnis für grundlegende Zusammenhänge im simulierten System ausbleibt.[46]

---

46 Vgl. BERRY, D. C. & BROADBENT, D. E.: On the relationship between task performance and associated verbalizable knowledge. In: The Quarterly Journal of Experimental Psychology, 36A/84. LEUTNER, D.: Adaptive Lehrsysteme. Instruktionspsychologische Grundlagen und experimentelle Analysen, Weinheim, 1992. RENKL, A. u. a.: Hilft Wissen bei der Identifikation und Kontrolle eines komplexen ökonomischen Systems? In: Unterrichtswissenschaft, 22/94.

Um das Potenzial spielbasierter Methoden auszuschöpfen, ist es notwendig, dass sowohl die Lernenden als auch die Lehrenden über ausreichende Kompetenzen verfügen. So setzt auf der einen Seite der Umgang mit computerunterstützten Gruppenplanspielen seitens der Lernenden nicht nur ausreichendes inhaltliches Wissen, sondern auch Kompetenzen für selbstgesteuertes und kooperatives Lernen voraus. Auf der anderen Seite erfordert die Durchführung von spielbasierten Lehr-Lern-Formen seitens des Lehrenden ein hohes Maß an inhaltlichen und didaktischen Kompetenzen, um die Lernenden bei ihrer Wissenskonstruktion anleiten und unterstützen zu können. Dies trifft insbesondere für Lerngruppen zu, die noch nicht über die notwendigen Kompetenzen selbstgesteuerten Lernens verfügen. Die Konzeption netzbasierter Planspiele und Serious Games muss somit den Aspekt der instruktionalen Unterstützung explizit berücksichtigen.[47] Insbesondere ist darauf zu achten, dass die Lehrenden einen möglichst intensiven Kontakt zur Lerngruppe aufnehmen können, um möglichst schnell auf ungünstige Entwicklungen im Lerngeschehen einwirken zu können. Ebenso kann es sinnvoll sein, den Lernenden Anleitungen und Hilfen an die Hand zu geben, um Lernaktivitäten sowohl auf individueller als auch auf Gruppenebene zu verbessern.[48] Beispielsweise kann es gerade im Kontext der „e-Planspiel-Lernumgebung" sinnvoll sein, den Lernenden Strategien für den Umgang mit hypermedialen Systemen[49] zu vermitteln, um so die Suche und Erarbeitung relevanten Wissens für die Steuerung der Planspielsimulation zu erleichtern. Eine weitere Möglichkeit besteht darin, den Lernenden ein Problemlöseschema an die Hand zu geben, um so die Entscheidungsprozesse in der Gruppe zu optimieren.[50] Zur Vermeidung inhaltlicher Überforderung ist eine vernünftige Passung zwischen dem Vorwissen der Teilnehmenden und der Komplexität der Simulation zu finden. Hierfür ist eine genaue Kenntnis der Zielgruppe, etwa durch Vorwissenstests[51], notwendig. Außerdem sollte die Möglichkeit gegeben sein, die Lernumgebung und die Eigenschaften der Marktsimulation flexibel zu gestalten.

Die Nutzung von Online-Planspielumgebungen wird in folgenden Fachbeiträgen thematisiert:

<Fach> Planspielen in der beruflichen Ausbildung – Erfahrungsbericht über den Einsatz eines Internetplanspiels zu E-Commerce (Christel Keller, Nicolas Schöpf)

<Fach> Hybride Qualifizierungskonzepte mit Simulationen/Planspielen, Web Based Training und Classroom-Settings (Peter Miez-Mangold)

---

[47] Vgl. HENSE & MANDL, 2012, a. a. O.
[48] REINMANN-ROTHMEIER, G. & MANDL, H.: Individuelles Wissensmanagement. Strategien für den persönlichen Umgang mit Informationen und Wissen am Arbeitsplatz, Bern, 2000.
[49] ASTLEITNER, H. & LEUTNER, D.: Learning strategies for unstructured hypermedia. A framework for theory, research and practice. In: Journal of Educational Computing Research, 13/97.
[50] STARK, R. u. a., 1995, a. a. O.
[51] WEBER, S.: Vorwissen in der betriebswirtschaftlichen Ausbildung. Eine struktur- und inhaltsanalytische Studie, Wiesbaden, 1994.

<Fach> DoLoRES – ein Planspiel zur Logistikausbildung von Studenten und Mitarbeitern in kleinen und mittleren Unternehmen (Michael Ott)

<Fach> SELL THE ROBOT – Ein webbasiertes Planspiel für das B2B-Marketing (Uwe Manschwetus, Tobias Stöber)

<Fach> Wissenstransfer durch simulierte Erfahrungen (Kai Henning Florschuetz, Andreas Nill)

<Fach> Evaluation von ePlanspielen und digitalen Lernspielen – Aktuelle Evaluationstrends beim Fernplanspiel MARGA (Willy C. Kriz)

Übersicht 19: Didaktische Bewertung von Online-Planspielumgebungen

Spielmotiv	Bewertung
Abschlussmotiv: Sich erfolgreich auf eine betriebswirtschaftliche Abschlussprüfung vorbereiten	Zur Vorbereitung auf eine betriebswirtschaftliche Abschlussprüfung eignen sich Online-Planspielumgebungen nur mittelbar, d. h., sie erleichtern, durch die Erkenntnis von übergeordneten Strukturen den faktenbezogenen prüfungsrelevanten Lernstoff zu strukturieren und zu organisieren. Die Lernmodule können als „einfaches" CBT oder WBT zur Prüfungsvorbereitung bereitgestellt werden.
Wissens-/Erlebnismotiv: Führungswissen erfahren (was Unternehmensführung bedeutet/welche Anforderungen sie stellt)	Da die Spieler/-innen aus der Perspektive eines/einer Managers/Managerin ihr Unternehmen steuern, gewinnen sie Einblick in eher strategische Aspekte (etwa Preis- und Personalpolitik) der Unternehmensführung. Soziale Aspekte der Unternehmensführung finden ihren Eingang in das Planspiel am ehesten durch die Kooperationserfordernisse in der Gruppe.
Problemlöse-/Probiermotiv: Erwerb von betriebswirtschaftlichen Instrumenten (der Branche)	Die in Online-Planspielumgebungen integrierten Planspiele ermöglichen das Ausprobieren unternehmerischer Strategien und fördern eine Reflexion dieser Strategien zum einen über detaillierte Rückmeldungen des Systems (Geschäftsberichte) und fachmännische Erklärungen des Spielleiters und zum anderen durch einen Austausch zwischen den Spielgruppen.
Handhabungsmotiv: Umgang mit betriebswirtschaftlichen Instrumenten (der Branche)	Die Steuerung der jeweiligen Planspiele bieten in der Regel zwar nur einen Ausschnitt betriebswirtschaftlicher Instrumente. Diese sind jedoch zumeist realistisch umgesetzt und müssen für erfolgreiches Spielen auch reflektiert werden.
Konkurrenzmotiv: Besseres Verstehen/Fokussieren der Konkurrenz, des Kunden/Marktes, seiner eigenen Fähigkeiten	Konkurrenz ist direkt erfahrbar, da mehrere Gruppen auf einem gemeinsamen Markt um die Vorherrschaft kämpfen. Präsenzphasen bieten die Möglichkeit, das Verhalten der Konkurrenz zu thematisieren. (Warum haben die Konkurrenten so und nicht anders gehandelt?)

Spielmotiv	Bewertung
Austauschmotiv: Bedürfnis nach Erfahrungsaustausch unter „Branchen- oder Funktionskollegen/-kolleginnen"	Präsenztreffen und/oder Chats bieten eine gute Kommunikationsbasis zum Erfahrungsaustausch als „Branchen- oder Funktionskollege/-kolleginnen". Dort kann darüber hinaus jede Gruppe ihre Unternehmensstrategie im Plenum präsentieren und gemeinsam mit dem/der Spielleiter/-in diskutieren.
Führungsmotiv: Führungssichten des übergeordneten Managements nachvollziehen wollen	Nur schwer realisierbar, da die Fragestellungen dieser Spielform in der Regel nicht darauf ausgelegt sind, dass sich die Spieler in die Rolle des übergeordneten Managements versetzen.

Quelle: MANDL/GEIER/BLÖTZ/BALLIN

2.5.6 Weitere Online-Spiele und Online-Planspielumgebungen

Übersicht 20: **Online-Spiele und Online-Planspielumgebungen auf der DVD**

2014	Bezeichnung	Thema	Demo bzw. Link
	3sat-Börsenspiel	Börsensimulation	\<Link\>
Neu	BawiPLAN Calc		
	BettYA	Wettbörse	
	BIMS online		\<Link\>
	BIMSonline – Bayer International Management Simulation	Management Skills	
	Börsenspiel	Realtime-Börsensimulation	\<Link\>
	Business-Simulation SIMCar	Unternehmerisches Handeln	\<Demo\>
	Business-Simulation VISI SCOUTER	Unternehmerische Handlungskompetenz	
	Business-Simulation VISI SCOUTER TOURSnet	Touristikmarkt	
	CabaWeb		\<Link\>
	CarveOut	Projektmanagement	
	DoLoRES	Lagerleitung	\<Demo\>
	Energyboard	Elektrizitätsgesellschaften	
	ETrain-M (Intranet)	Entscheidungstraining	
	Factory Online	Betriebswirtschaftliche Grundlagen	
	FLIFE Realtime-Börsenspiel	Realtime-Börsenspiel	\<Link\>
	Fondsmanager/-in	Aktienbörse	

2014	Bezeichnung	Thema	Demo bzw. Link
	Ihr Projekt. Ein Planspiel zu Projektmanagement		
	Jugend gründet	Unternehmensgründung	<Link>
	Lampenspiel	Fabrikplanung, Logistik	<Demo>
	Lehrerselbsterkundung: Planungsaufgabe		
	management interactive	Betriebswirtschaft	
	MARGA Industry	General Management	
Akt.	MARGA Service	Dienstleistungsplanspiel	<Link>
	Mein Unternehmen (Software)	BWL-Grundlagen	
Neu	Plan-e EXECUTIVE Game	Business Simulation	<Link>
	Planspiel Innenstadt		<Link>
	ProSim Advanced	Strategieplanung	<Link>
	ProSim Classic	Betriebswirtschaft	<Link>
	Schloss Lerchenberg	Unternehmensbereiche, -führung	
	Schulbanker – Das Bankenplanspiel	Bankbetriebslehre	<Demo>
	SELL THE ROBOT – B2B-Marketing-Planspiel	Marketing für Investitionsgüter	<Link>
Neu	SiVA-Simulation einer Versicherungsagentur	Versicherungen, Finanzdienstleistungen	
	Touroperator	Reiseveranstalter	
	Unternehmensplanspiel CABA 2000	Betriebswirtschaftsgrundlagen	<Demo>
Neu	USIplan	Betriebswirtschaft	<Link>
Neu	VentureSim	Entrepreneurship	<Link>
	Worldsim 2000	Internationaler Wettbewerb	

▶ 3. Offene Planspiele

Wie in Kapitel 1 ausgeführt, bieten offene Planspiele eine Vielfalt an Selbststeuerung und Selbstgestaltung. Die Teilnehmenden gestalten ihre Lernerfahrung durch die Motivation, mit der sie in das Spiel einsteigen. Sie haben die Freiheit, mit ihren Konzepten zu experimentieren, tragen aber auch die Verantwortung für den damit verbundenen Lernerfolg. Viele Spieler/-innen zeigen in einem offenen Spiel authentisches Verhalten, weil die Zäsur zwischen Spiel und Realität nicht scharf abgegrenzt ist. Offene Planspiele simulieren das konkrete soziale System(verhalten) des Unternehmens deshalb oft mit hoher Detail- und Wirklichkeitstreue, und die im System handelnden Personen spielen letztlich sich selbst.

Offene Planspiele sind in Deutschland noch nicht weit verbreitet. Als Lernform haben sie aber aufgrund ihrer methodischen Flexibilität und der Vielfalt der Lernanlässe, für die sie infrage kommen, ähnlich gute Chancen wie computerunterstützte Planspiele.

Offene Planspiele sind in ihrer konkreten Gestalt für Nachnutzer/-innen schwieriger beschreibbar als geschlossene Spiele; im Allgemeinen beschreibt der Konstruktionsrahmen „lediglich" eine Planspielphilosophie. Entwickler solcher Planspiele unterstellen, dass die Teilnehmenden bereits über ein gewisses Verständnis über den abgebildeten Realitätsbereich verfügen und dass diese unterschiedlichen Vorstellungen (und auch Vorurteile) im Spiel in Konkurrenz zueinander treten.[52] Die Teilnehmenden eines solchen Spiels konstruieren und rekonstruieren während des Verlaufs ihre eigene Realität und sind damit beschäftigt, Ordnung in die Vielzahl ihrer Handlungen und Kommunikationsprozesse zu bringen. Auf diese Weise erlangen sie neben den intendierten Fach-, Methoden- und Sozialkompetenzen auch die Kompetenz, sich in einem komplexen System zu bewegen, d. h., sie entwickeln Systemkompetenz.[53] Dies ist generell nur möglich, wenn auf einer Metaebene die „Kommunikation über Kommunikation" möglich ist. Dieser Prozess der „Kommunikation über Kommunikation" führt zu einem originären Ablauf, der sich in einem anderen Fall der Anwendung nicht gleichartig wiederholen kann. Von dem Planspielleiter verlangt es dann neben den Fachkenntnissen auch Fertigkeiten in der Supervision von Gruppenprozessen.

Um ein offenes Planspiel nachvollziehen zu können, ist weniger das Planspiel-„Produkt" als die Rahmenkonzeption seiner Entwicklung wichtig. Deshalb wird im folgenden Beispiel quasi als Produktbeschreibung die Planspielentwicklung in den Vordergrund gestellt.

---

52 NEISSER, U.: Kognition und Wirklichkeit, Stuttgart, 1979.
53 KRIZ, W. C.: Lernziel: Systemkompetenz – Planspiele als Trainingsmethode, Göttingen, 1997.

3.1 Ein offenes Planspiel am Beispiel „CROCUS"

3.1.1 Der Hintergrund für die Entwicklung von „CROCUS" – cross-cultural management-simulation[54]

Das Spiel wurde für Manager/-innen entwickelt, kann aber auch von Mitarbeitenden von Unternehmen gespielt werden. Dem Spielangebot liegt die Problematik interkultureller Kommunikation auf der Ebene der Planung und Koordination grenzüberschreitender Unternehmensaktivitäten zugrunde. „CROCUS" wurde entwickelt, um den Teilnehmenden Bewusstsein für den Reichtum interkultureller Kommunikation und Zusammenarbeit zu vermitteln, um ihre Kompetenz in der Führung von Menschen in interkulturellen Organisationen zu verbessern. „CROCUS" soll eine Simulation sein, mit der Teilnehmende die Intelligenz eines jeweils anderen kulturellen Systems besser verstehen und mit den erkannten Unterschieden umgehen lernen.

Hierfür haben die Spieleentwickler ein idealtypisches Aktionsbild und dazugehöriges Aktionsproblembild entwickelt.

Der Aktionsrahmen beschreibt sich (verkürzt) wie folgt: Manager und Stäbe befinden sich im Rahmen von Marktänderungen und -erweiterungen in Verhandlungen, in denen sie mit Kollegen aus anderen europäischen Staaten gemeinsame Unternehmensaktivitäten, Joint Ventures, strategische Allianzen usw. prüfen bzw. ausgestalten. Sie kommunizieren, um Übereinkünfte zu erreichen, Pläne abzustimmen und geschäftliche Schritte zu koordinieren. Die zuständigen Mitarbeiter/-innen brauchen dazu Fähigkeiten, um mit Kollegen sowie Kolleginnen anderer gesellschafts-, markt-, rechtskultureller Hintergründe umzugehen.

Der Spielgedanke ist, dass

(1) Teilnehmende mit unterschiedlichem kulturellem Hintergrund in Konversation, in geschäftspolitischen Dialog und in Verhandlungen treten und dabei ihr kulturell geprägtes Verhalten zeigen und sich dessen im Spielprozess zunehmend bewusst werden.

(2) dabei Gesprächs-/Verhaltenskonflikte zu erwarten sind, weil sie zunächst noch an den (impliziten) eigenen Konventionen festhalten und sich auf die vermeintlich international geltenden Regeln berufen, wie ein Unternehmen zu führen ist.

(3) Geschäftspartner/-innen/Verhandler/-innen aber lediglich Konventionen, die ihrer Interpretation der sozialen „Wirklichkeit" entsprechen, benutzen. Entsprechend ihrer nationalen Kultur verwenden sie jeweils unterschiedliche Rituale. Missverständnisse über deren Bedeutung führen schnell zu Frustration, Demotivierung und Konflikten.

(4) interkulturelle Unterschiede nicht nur im Umgang mit der Zeit, im Umgang mit Macht, im Umgang mit Humor und Ironie, der Art, Verhandlungen zu führen und Sitzungen zu gestalten, liegen, sondern zudem von unterschiedlichen Managementtechniken und Verfahrensweisen überlagert sind. Dazu gehören unterschiedliche Techniken der Bilanzierung, der Bildung und Interpretation wichtiger Kennzahlen, der bevorzugten Führungsstile, der

---

54 GUST, M.; KLABBERS, J., 1999.

Risikobereitschaft, der Organisationsstruktur oder der Qualifikationsstruktur im nationalen Unternehmen, welche die Bedeutung von Teamarbeit im Unternehmen beeinflusst. Auch zwischenmenschliche Arbeitsklimata, Karriereverhalten und Argumentationsmuster sind national verschieden.

Die Simulation „CROCUS" nutzt die Kodizes und die Symbolik der Managementverfahren als Träger der (Management-)Kultur. Es sollen Aspekte interkultureller Begegnung bearbeitbar werden, die über den singulären Kontakt hinaus wirksam sind. Dadurch soll der im Umgang mit anderen Kulturen wichtige Begriff der „Ambiguitätstoleranz" in seinen emotionalen und ambivalenten Qualitäten erfahrbar gemacht werden.

Die Planspielphilosophie in „CROCUS" begreift Managementkulturen als „große" Kommunikationssysteme zwischen Menschen. „CROCUS" ist ein Instrument, um solche Systeme besser zu verstehen und zu lernen, mit ihnen umzugehen bzw. sich in ihnen erfolgreich zu bewegen.

Die Simulation „CROCUS" bildet in einem schriftlichen Szenario einen Industriezweig weltweit global und innerhalb von zwei Volkswirtschaften ab. Das Szenario beschreibt die Historie der Firma, das strategische Unternehmensumfeld, die zukünftigen Anforderungen an die Branche, die operativen Aufgaben der Funktionsbereiche und speziell konstruierte „Puzzles", die zusammengefügt werden müssen. Dabei sind die Aussagen so gestaltet, dass sie unterschiedlichen Interpretationen Raum lassen. Die entstehenden Unterschiede in den Deutungen und den Interpretationen des Materials sind kulturell bedingt. Abbildung 30 verdeutlicht diesen Zusammenhang.

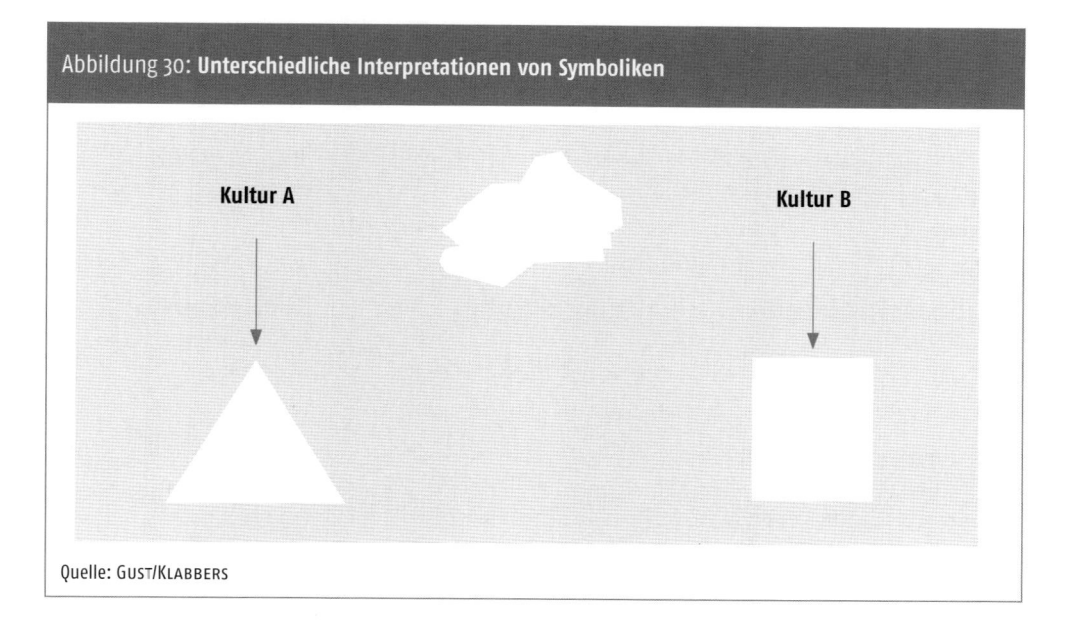

Abbildung 30: Unterschiedliche Interpretationen von Symboliken

Quelle: Gust/Klabbers

Zusammenfassend lässt sich sagen, dass die Teilnehmenden ihren kulturellen Hintergrund nachzeichnen. Diese interkulturellen Unterschiede in der Art der Unternehmensführung sichtbar zu machen ist die vordringlichste Aufgabe der Trainer/-innen. Ihnen obliegt es, diese leisen Signale für den jeweiligen anderen Kulturkreis deutlich zu machen. Zu diesem Zweck wurde eine spezielle Dramaturgie entwickelt (siehe Abbildung 31).

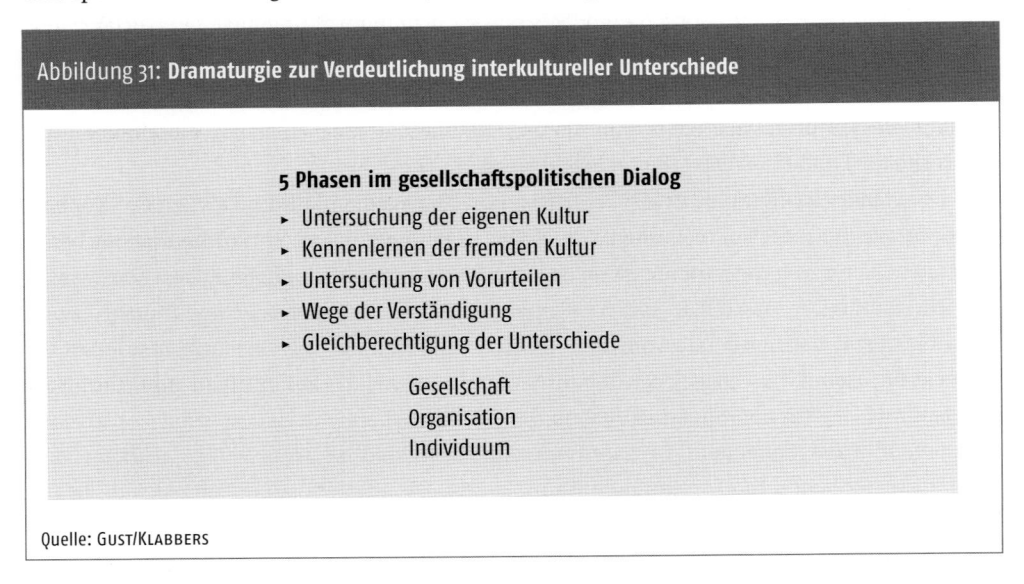

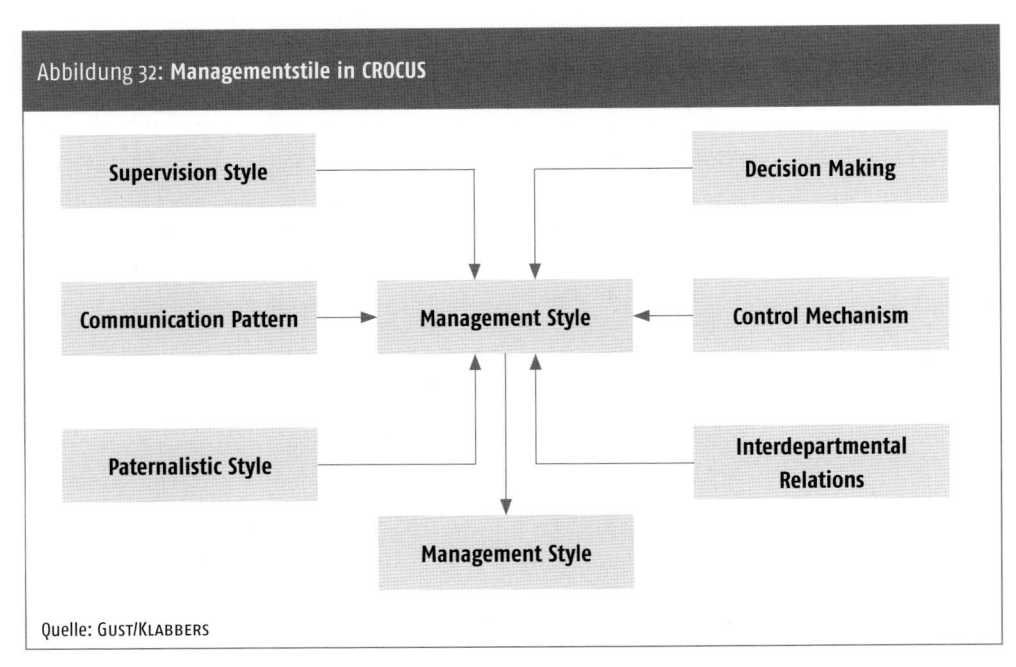

Abbildung 31: Dramaturgie zur Verdeutlichung interkultureller Unterschiede

5 Phasen im gesellschaftspolitischen Dialog
- Untersuchung der eigenen Kultur
- Kennenlernen der fremden Kultur
- Untersuchung von Vorurteilen
- Wege der Verständigung
- Gleichberechtigung der Unterschiede

Gesellschaft
Organisation
Individuum

Quelle: GUST/KLABBERS

Abbildung 32: Managementstile in CROCUS

- Supervision Style
- Decision Making
- Communication Pattern → Management Style ← Control Mechanism
- Paternalistic Style
- Interdepartmental Relations

Management Style

Quelle: GUST/KLABBERS

Mit Beginn des Spiels besetzen die Teilnehmenden die betrieblichen Funktionsbereiche. Im ersten Schritt analysieren beide Teams ihre jeweilige Firma, bilden ihre eigene Identität und gestalten ihre spezifische Managementkultur. Bereits in dieser Phase der Analyse und Aufbereitung der operativen Daten werden nationale Besonderheiten deutlich. Das Spielmaterial bietet verschiedenen kulturbedingten Interpretationsmöglichkeiten Raum. Dies drückt sich in der unterschiedlichen Betonung oder Vernachlässigung bestimmter Kennzahlen und Aspekte aus. Von besonderem Interesse sind hierbei die hinter diesen Interpretationsmustern stehenden unterschiedlichen Managementphilosophien, die Art der Kommunikation, der Konfliktbewältigung und der Kooperation und die organisatorischen Verhaltensregeln, die sich im Spielverlauf entwickeln.

Im zweiten Schritt bereiten die Teilnehmenden eine wechselseitige Kooperation vor und entwickeln eine gemeinsame Strategie. Auch in dieser Phase werden im geschäftspolitischen Dialog, in der Art der Verhandlungsführung und in den unterschiedlichen Prioritäten nationale Besonderheiten hervortreten, deren Kenntnis den nachhaltigen und langfristigen Erfolg von Geschäftsbeziehungen beeinflusst. Im dritten Schritt analysieren die Teilnehmenden die unterschiedlichen Symbole der Führung. Abbildung 32 verdeutlicht die Dimensionen und Unterschiede, die in CROCUS sichtbar werden.

3.1.2 Der besondere Nutzen

Als Ergebnis der multiplen Interaktionen über die verschiedenen Funktionsgebiete rekonstruieren die Teilnehmergruppen ihren authentischen Managementhintergrund. Dadurch wird ein „learning to learn" in interkulturellen Situationen möglich. Es wird ein experimenteller Lernzyklus aufgebaut, der einen konkreten Hintergrund, die Reflexion über die gemachten Erfahrungen, den Aufbau abstrakterer Wissenskonzepte und das aktuelle Ausprobieren neuen Verhaltens in einem Kontinuum impliziert. Der Vorteil dieses Lernzyklus liegt darin, dass er hilft, soziale Komplexität bearbeitbar zu machen, Empathiefähigkeit zu stärken, Frustrations- und Konflikttoleranz zu erhöhen und die eigene kulturelle Identität zu verstehen und zu stützen.

Ein weiterer besonderer Nutzen besteht für Manager/-innen darin, dass in der virtuellen Arbeitswelt des Managements von „CROCUS" Organisationsthemen und -probleme, Fragen der strategischen Planung und aktuelle Aspekte der Managementforschung eingearbeitet worden sind.

3.1.3 Offenes versus geschlossenes Planspiel zum Problemkreis „Interkulturelles Management"

Für die Entwicklung einer Simulation im Feld der „Organisationsentwicklung" ist der konzeptionelle Bezugsrahmen für die inhaltliche und strukturelle Gestaltung und damit für die Effekte und den Erfolg von entscheidender Bedeutung. Erst eine gründliche theoretische Fundierung schafft die inhaltlichen Voraussetzungen für die spieltechnisch-praktische Umsetzung. Für eine offene Simulation gilt die Aussage „Nichts ist praktischer als eine gute Theorie" in ganz besonderem Maße. Dieser Prozess soll in der Folge exemplarisch an der Simulation „CROCUS" nachvollzogen werden.

Die Entwickler von CROCUS standen vor der Überlegung, die Problematik des interkulturellen Managements durch eine geeignete Spielform abzubilden. Zur Entscheidungsfindung musste man sich zwei Fragen vor Augen führen:
- ▶ Ist die interkulturelle Problematik abgrenzbar und in eindeutige Regeln fassbar?
- ▶ Können eventuell vorhandene Trainingskonzepte für die Weiterbildung genutzt werden (knowledge transfer)?

Der „dialektische Kulturbegriff"[55] war bei der Entwicklung von „CROCUS" und auch bei seinem Vorgänger ICuMS[56] der zentrale Ansatzpunkt. Ausgangspunkt ist das von CLACKWORTHY entwickelte „cultural interaction training".[57] Die Simulation „CROCUS" bietet einen Rahmen, in dem durch die Interpretation und das Handeln der Teilnehmenden kulturell bedingte Unterschiede sichtbar werden. Die Teilnehmenden werden zu einem eigenständigen Entdeckungslernen eingeladen, um synergiestiftende Potenziale in den kulturell bedingten unterschiedlichen Herangehensweisen an gemeinsame Managementziele zu mobilisieren.

MOOSMÜLLER hat seine Erfahrungen mit diesen beiden grundverschiedenen Kultur- bzw. Trainingskonzepten wiedergegeben. Die nachfolgende Tabelle fasst beide Kulturinterpretationen und deren Auswirkung auf Trainingskonzeptionen zusammen. Sie basiert auf Erfahrungen, die MOOSMÜLLER u. a. in einem amerikanisch-japanisch-deutschen Trainingsprojekt der Firmen IBM, Toshiba und Siemens gesammelt haben. Die Seminargruppe arbeitete bereits seit Längerem im Rahmen des „Triad-Projects" zur Entwicklung einer neuen Generation von Speicherchips zusammen. Zunächst wurde eine Seminargruppe nach dem klassischen deterministischen Kulturverständnis geschult. Die Erfahrungen waren so negativ, dass die gesamte Konzeption hinterfragt und ein zweites „dialektisches Trainingskonzept" mit Simulationen aus dem Geschäftsleben für die nächsten Gruppen entwickelt wurde.[58] Dabei haben MOOSMÜLLER u. a. folgende Unterschiede zwischen beiden Konzepten festgestellt:

---

55 Der konzeptionelle Hintergrund der meisten interkulturellen Trainingskonzepte ist kulturdeterministisch, d. h., es wird unterstellt, dass die Wahrnehmung, das Denken und Handeln durch die Primärkultur determiniert sind. Auf diesem Hintergrund wird davon ausgegangen, dass jede interkulturelle Begegnung Probleme mit sich bringt, Missverständnisse vorprogrammiert sind und eine Zusammenarbeit schwierig wird. Dieser Ansatz stammt aus Kulturkonzepten der Anthropologie der 1930er- bis 1970er-Jahre und bildet die Grundlage der gängigen interkulturellen Trainingsprogramme.
In den 70er-Jahren gab es in der Anthropologie eine konstruktivistisch begründete „interpretative Wende", die in den meisten Trainingskonzepten noch keinen Einzug gehalten hat. Kultur wird nicht mehr als „mentale Programmierung" verstanden, sondern „als eine gemeinschaftliche, über den Köpfen der Einzelnen wirkende, symbolische Dimension, die durch das Handeln der Angehörigen einer Gemeinschaft beständig produziert, reproduziert und modifiziert wird".

56 ICuMS – Intercultural Managementsimulation, GUST, M.; KLABBERS, J., 1993.

57 Nach MOOSMÜLLER, A.: Kommunikationsprobleme in amerikanisch-japanisch-deutschen Teams: Kulturelle Synergien durch interkulturelles Training? In: Zeitschrift für Personalforschung, 3/97, München.

58 Nach MOOSMÜLLER, A., 1997, S. 290.

Übersicht 21: Deterministische und dialektische Trainingskonzepte

	Deterministisches Trainingskonzept	Dialektisches Trainingskonzept
Grundannahmen der Trainer/-innen	Die Teammitglieder sind durch ihre Primärkultur determiniert. Diese Determinierung ist unbewusst; sie muss bewusst gemacht werden, damit Synergie entstehen kann.	Die Teammitglieder sind primärkulturell geprägt und zugleich Produzenten von Kultur. Sie haben „intuitives interkulturelles Wissen"; wenn es bewusst gemacht und defragmentiert wird, kann Synergie entstehen.
Haltung der Teilnehmenden	Die Trainingsteilnehmer/-innen sträuben sich gegen diesen Bewusstmachungsprozess; sie fühlen ihre emotionale und kognitive Balance bedroht. Aber (so die Trainer): Selbsterkenntnis schmerzt eben („Da muss man durch!"). Die Teilnehmer müssen angetrieben werden.	Die Trainingsteilnehmer kooperieren bei diesem Bewusstwerdungsprozess; sie fühlen ihr Gleichgewicht nicht bedroht. Keine (schmerzhafte) Selbsterkenntnis wird gefordert; das Entdeckungslernen geschieht freiwillig.
Trainingsaktivitäten	Die Teilnehmer arbeiten mehr in monokulturellen Gruppen. Aktivitäten werden mit Video aufgezeichnet. Die gemischtkulturelle Gesamtgruppe arbeitet anhand der Videos die Unterschiede zwischen den drei nationalen Kulturen heraus. Reflexion dieser Unterschiede in der gemischtkulturellen Gesamtgruppe. Vorschläge für die Teampraxis erarbeiten, Synergiemöglichkeiten finden. Generell: Aktion in monokultureller Gruppe, Reflexion in gemischtkultureller Gruppe.	Die Teilnehmer arbeiten mehr in bi- oder trikulturellen Gruppen. Aktivitäten werden mit Video aufgezeichnet. Monokulturelle Gruppen arbeiten anhand der Videoaufzeichnungen die Unterschiede zwischen den drei nationalen Kulturen heraus. Reflexion dieser Unterschiede in den monokulturellen Gruppen. Vorschläge für die Teampraxis erarbeiten, Synergiemöglichkeiten finden. Generell: Aktion in gemischtkultureller Gruppe, Reflexion in monokultureller Gruppe.
Ziel, Intention	Die Teilnehmer/-innen sollen von der interkulturellen Alltagsrealität zur primärkulturellen (inneren, eigentlichen) Realität „rückgeführt" werden. Die Teilnehmer/-innen sollen die „Kulturbrille" ablegen, um sich und die anderskulturellen Partner so zu sehen, wie sie „wirklich" sind. Konfrontatives interkulturelles Lernen: Die Teilnehmer/-innen sollen sich unmittelbar mit den Reaktionen und Einschätzungen der anderskulturellen Partner/-innen auseinandersetzen.	Die Teilnehmer/-innen sollen in den simulierten interkulturellen Interaktionssituationen die Wirksamkeit kultureller Einflüsse verstehen. Die „Kulturbrille" kann nicht abgelegt werden; alles ist perspektivisch; „Wirklichkeit" ist standpunkt- und situationsabhängig. Distanziertes interkulturelles Lernen: Die Teilnehmer/-innen sollen sich indirekt mit den Reaktionen und Einschätzungen der anderskulturellen Partner/-innen auseinandersetzen.
Realisierung und Akzeptanz kultureller Verschiedenheit	Wird unabsichtlich erschwert, das Leugnen oder Minimalisieren kultureller Unterschiede aber begünstigt. Die starke Betonung monokultureller Identität löst die Angst aus, dass das im Team erreichte Verständnis zerstört werden könnte.	Wird erleichtert; es werden keine Widerstände aufgebaut, weil nicht auf den Kulturdifferenzen insistiert wird. Die Teammitglieder sehen sich in ihrem bereits erreichten interkulturellen Verständnis bestätigt und entwickeln eine positive Lernbereitschaft.
Bewertung	Das Training ist geeignet für bikulturelle Trainingsgruppen, für westliche Kulturen, da kulturelle Differenz direkt und konfrontativ thematisiert wird, für Kulturen, die nicht zu unterschiedlich sind.	Das Training ist geeignet für tri- oder mehrkulturelle Gruppen, auch für nicht westliche Kulturen, da indirekt und konfrontationsvermeidend gearbeitet wird, auch für sehr unterschiedliche Kulturen.

Quelle: MOOSMÜLLER

Ein geschlossenes Planspiel hätte die Problematik des interkulturellen Managements immer nur in einer deterministischen Art und Weise abbilden können. Überdies hätte dies zu einer Betonung der funktionalistischen Aspekte von Kommunikation geführt. Ein besseres Verständnis füreinander wäre dann in den Hintergrund getreten. Die kulturell sensiblen Stellen wären von den Entwicklern/Entwicklerinnen vorgegeben worden, und für freie Interpretationen wäre gar kein Raum vorhanden. Die Möglichkeit, in einem bestimmten Rahmen freie und offene Interpretationen zu entwickeln, bietet nur ein offenes Planspiel. Dort werden die beteiligten Akteure/Akteurinnen zu Konstrukteuren/Konstrukteurinnen und Gestaltern/Gestalterinnen einer in dieser Form nicht im Planspiel enthaltenen Welt. Dies macht den Unterschied zu geschlossenen Planspielen und die eigentliche Stärke dieses Konzeptes aus. Dieses Spielkonzept eignet sich deshalb auch in besonderem Maße, Veränderungsprozesse in Unternehmen zu unterstützen, weil sie einladen, die Veränderungen zu simulieren und einen zukünftig erwünschten Zustand vorwegzunehmen und aufzuzeigen, welche Verhaltensänderungen bei den Beteiligten notwendig sind.

3.1.4 Typischer Ablauf der Modellbildung: Die Entwicklung eines offenen Planspiels

Das Management von Veränderungsprozessen ist ein Themenkreis, der zahlreiche Aus- und Weiterbildner/Weiterbildnerinnen, Personal- und Organisationsentwickler/-entwicklerinnen vor das Problem stellt, dass viele der herkömmlichen Bildungsangebote hier nicht richtig greifen. Aus diesem Grunde greifen wir die Entwicklung eines offenen Planspiels im Rahmen der Organisationsentwicklung hier kurz auf, bevor wir eine zweite offene Simulation, die Simulation TRANSFORMAN, zu diesem Themenkreis vorstellen.

Planspiele wie CROCUS fangen die Atmosphäre der eher unscharfen und unstrukturierten Aspekte des Managements ein. Damit sind traditionell die oberen Managementebenen beschäftigt, die langfristige Strategien entwickeln, normative Entscheidungen treffen und Erneuerungsprozesse auf der Basis von neuen Ideen und Überzeugungen gestalten. Aus diesem Grund sind diese Spiele auch schwieriger anzuleiten.[59] Es gibt aber heutzutage immer wieder neue Entwicklungen in der Wirtschaft. Diese Entwicklungen stellen das gesamte Konzept der traditionellen Unternehmensführung und -planung infrage. Die herrschende lineare Wertschöpfungskette der Wirtschaft verändert sich in ein neues Dienstleistungskonzept. Dies führt zu einer neuen Vernetzung von Zulieferern und Kunden und fordert eine strukturell ganz andere Gliederung der internen Organisation der Unternehmen. Das traditionelle Unternehmen des Maschinenbaus z. B. wird ein Dotcom-Unternehmen, das sich mit Internet-Commerce beschäftigt. Im Rahmen der sich weiterentwickelnden Informations- und Wissensgesellschaft

---

59 KLABBERS, J. H. G., 1999: Gaming in Professional Education & Management: Considerations for the design of a new class of management gaming/simulations. In: PORKHOVNIK, Y. M. & NOVIK, M. M. (eds.): Simulation and Gaming in Professional Education and Management. St. Petersburg: Evropeyskiy Dom.

fordert diese Umwandlung, dass die strategischen Fragen nicht nur den Vorstand beschäftigen, sondern auf allen Ebenen bis tief in die Organisation hinein das Verhalten der Mitglieder bestimmen.

Traditionelle Produktionsunternehmen werden ihre interne Organisation neu gestalten. Sie werden von reinen Produzenten zu Serviceorganisationen, die Wissen und Problemlösungen anbieten. Die traditionelle Wertkette von Produzenten weist eine lineare Struktur der Aktivitäten auf: Kauf natürlicher Ressourcen, Produktentwicklung, strategische Positionierung am Markt, Produktion, Verteilung und Verkauf. Ein Unternehmen des E-Commerce gestaltet ein Netzwerk, das auf dem interaktiven Management der internen Organisation und auf den Arrangements der Zusammenarbeit von Klienten/Klientinnen und deren Kunden/Kundinnen basiert.[60]

Ein neues Unternehmen wird sich von einem traditionellen deutlich unterscheiden. Die neue Unternehmung ist

- ▶ dezentralisiert,
- ▶ räumlich verteilt und wird durch Teams und die Kompetenz, Beziehungsnetzwerke zu gestalten und aufrechtzuerhalten, geführt,
- ▶ zeitlich begrenzt strukturiert, um Aktionen zwischen Menschen, Wissen, Zeit und Raum zu koordinieren und zu kontrollieren.[61]

Diese Entwicklung hat zur Folge, dass die Anwendung offener Planspiele das ganze Unternehmen erfassen wird, weil die Weiterbildung der Mitarbeiter/-innen sich an den neuen Fähigkeiten der neuen Unternehmen orientieren muss. Diese Fähigkeiten wurden traditionell dem höheren Management zugeordnet.

Zur Entwicklung eines solchen Spiels werden in einem Projektteam unternehmensrelevante Daten erhoben und in Verbindung mit den für die Zukunft relevanten Organisationskonzepten in einer Simulation verarbeitet.

Übersicht 22 bietet einen Anhaltspunkt, wie ein solches Planspiel entwickelt wird. Dabei ist die Entwicklung eines solchen Spiels selbst eine Intervention in die Entwicklung eines Unternehmens.

---

60   KLABBERS, J. H. G.: Bridging information & knowledge society: potentials of gaming. Keynote address at the 31st Annual International Conference of SAGA. University of Tartu, Estonia, July 1–7, 2000.
61   CLEGG, S. R.: Modern Organisations: Organisation Studies in the Postmodern World, 1990, London: Sage.

Übersicht 22: **Entwicklung eines offenen Planspiels zur Simulation von Organisationsprozessen an einem fiktiven Beispiel**

Projektvereinbarungen

Zeitbedarf

Phase I	Erhebungsphase/Systemdesign	Anzahl Tage
INPUT	1. Dokumentenanalyse zur Problemerfassung „Personalstrategie" und anderes relevantes Material	3,5
	2. Vorbereitung der Interviews	1
	3. Interviews mit den Leitern Personalwesen und Personalentwicklung und jeweils einem Repräsentanten des/der	
	– Gesellschaft für ... mbH	
	– Geschäftsbereiches	
	– Systembereiches	4,5
	4. Spezifizierung des Designs: Akteure, Regeln und Referenzsystem	4
		12
OUTPUT	Report des Konzeptes mit Gestaltungsspezifikationen	

Phase II	Ladung des Spiels	
INPUT	1. Vorbereitung des Interviews mit den Repräsentanten der System- und Geschäftsbereiche, 10–15 ausgewählte Personen	2
	2. Interviews und Sammlung weiterer relevanter Dokumente und anderer „Informationsträger"	5
	3. Verarbeitung des Materials und Anpassung des Spielrahmens	6
	4. Gestaltung der Spielanleitung und der Spielerhandbücher	5
		18
OUTPUT	Erste Version des Spiels	

Phase III	Testung des Spiels	
INPUT	1. Vorbereitung der ersten Spielrunde; Auswahl von eingeweihten Teilnehmenden zur Überprüfung der ersten Version; Handhabung der logistischen Probleme etc.	1
	2. Testrunde und Überprüfung	3
	3. Anpassung der ersten Version	2
	4. Gestaltung der endgültigen Version: Handbücher, Testmaterial	4
		10
OUTPUT	Endgültige Version des Spiels	

Quelle: GUST/KLABBERS

3.2 TRANSFORMAN – eine Simulation zum Management von Transformationsprozessen

TRANSFORMAN wurde entwickelt, um Veränderungsprozesse zu initiieren und die entsprechenden Mentalitäten und Haltungen bei Führungskräften und Mitarbeitern sowie Mitarbeiterinnen zu entwickeln, um visionäre Ziele eines Unternehmens umzusetzen. Die mittelfristige Umsetzung von Visionen verlangt von Mitarbeitenden und Managern sowie Managerinnen, einen positiven Beitrag zur Unternehmensentwicklung leisten zu können. Dies setzt voraus, dass Mitarbeiter/-innen und Manager/-innen ihre Fähigkeiten im Umgang mit komplexen organisatorischen Systemen verbessern.

Lernen geschieht meistens auf der Basis von Fehlern. In Unternehmen unterminieren Fehler jedoch auf Dauer die Lebensfähigkeit und werden deshalb natürlich so weit als möglich vermieden. Häufig sind die Auswirkungen von Entscheidungen nicht direkt nachvollziehbar, und tatsächliche Verbesserungsmöglichkeiten bleiben in den komplexen Zusammenhängen ebenso unerkannt wie Möglichkeiten der Fehlervermeidung.

Das Lernen an realitätsnahen Modellen erlaubt beides: die Aufdeckung von Verbesserungsmöglichkeiten und die Vermeidung von Fehlern. Modellbildung und das Lernen an Modellen wird von Erfindern/Erfinderinnen ebenso benutzt wie von Produktentwicklern/-entwicklerinnen und Architekten/Architektinnen. Architekten/Architektinnen bauen ein Modell, an dem sie Mängel ihres Entwurfs untersuchen können, bevor dieser wirklich gebaut wird. Mitarbeiter/-innen und Manager/-innen benötigen ebenfalls Modelle darüber, wie ihre Unternehmung arbeitet, um ihr Verhalten zu testen, Mängel in ihrem Denken zu entdecken und versteckte Sensibilitäten und Hebelpunkte im Unternehmenssystem für verborgene Verbesserungsmöglichkeiten zu entdecken.

TRANSFORMAN ist Bestandteil eines modularen Weiterbildungskonzeptes, in dem mehrere in diesem Buch beschriebene Planspielansätze integriert sind. Dabei kann TRANSFORMAN an den Anfang gestellt werden, um einen visionären Rahmen für die weitere Unternehmensentwicklung vorzuzeichnen, oder es steht am Ende des Gesamtkonzeptes. Zielsetzung ist, Managern/Managerinnen und Mitarbeitern/Mitarbeiterinnen die Möglichkeit zu bieten, durch ein vertieftes Verständnis für die unternehmerischen Zusammenhänge Verbesserungsmöglichkeiten im Unternehmen aufzuspüren und so die Umsetzung der Vision der Unternehmung nachhaltig zu unterstützen. Dabei stehen anwendungsbezogene systemische Methoden auf den Ebenen der Systemdynamik, der Teamdynamik und der Persönlichkeitsdynamik im Zentrum. In den einzelnen Modulen werden unterschiedliche Schwerpunkte zu diesen unterschiedlichen Ebenen gesetzt. In der Folge werden die einzelnen Module in einer Kurzfassung beschrieben. TRANSFORMAN stellt dabei den Schlusspunkt des Konzeptes dar. Die Simulation könnte aber auch, an den Anfang gestellt, einen Gesamtrahmen und Orientierungspunkt vorgeben. Abbildung 33 zeigt den Gesamtzusammenhang.

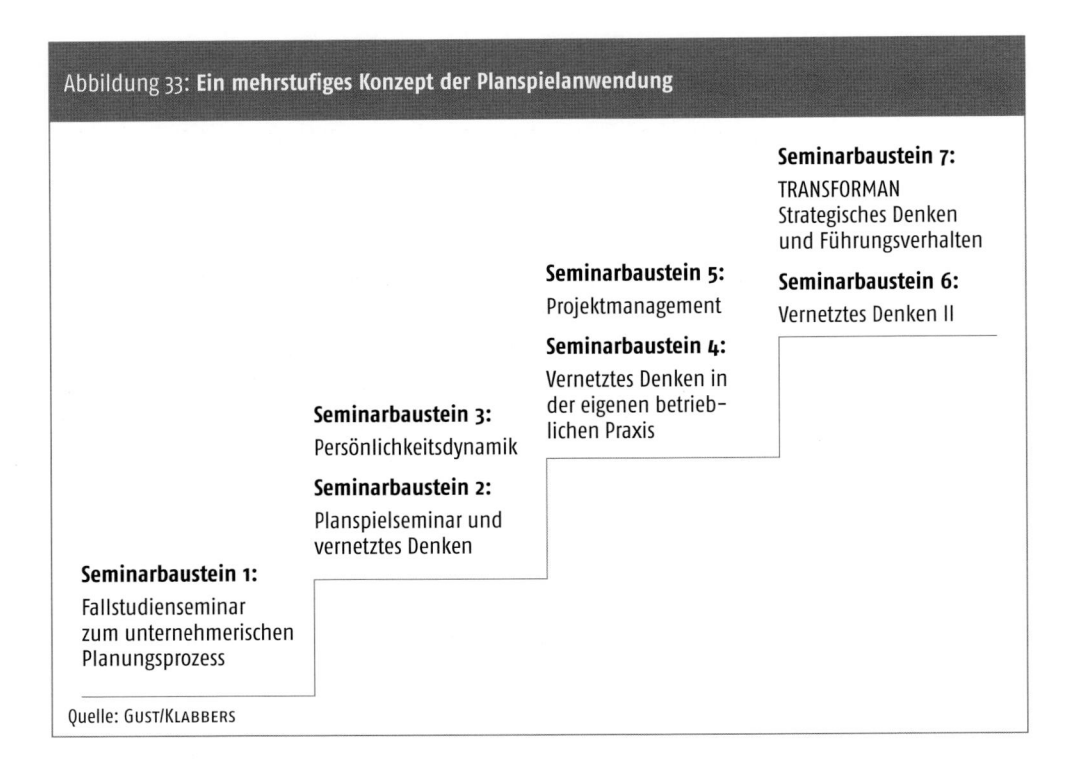

Abbildung 33: Ein mehrstufiges Konzept der Planspielanwendung

Seminarbaustein 1:
Fallstudienseminar zum unternehmerischen Planungsprozess

Seminarbaustein 2:
Planspielseminar und vernetztes Denken

Seminarbaustein 3:
Persönlichkeitsdynamik

Seminarbaustein 4:
Vernetztes Denken in der eigenen betrieblichen Praxis

Seminarbaustein 5:
Projektmanagement

Seminarbaustein 6:
Vernetztes Denken II

Seminarbaustein 7:
TRANSFORMAN
Strategisches Denken und Führungsverhalten

Quelle: GUST/KLABBERS

Eine ausführliche Darstellung des Konzeptes befindet sich im Fachbeitrag:

<Fach> Systemkompetenzen für das 21. Jahrhundert – ein integriertes Seminarkonzept (M. Gust, J. Klabbers)

Ein Konzept zur schnellen Verbreitung des im Transformationsprozess anfallenden Wissens wird beschrieben in:

<Fach> Knowledge diversity – In drei Tagen 95 % des Wissens einer Gruppe auf alle Köpfe verteilen! (Mario Gust)

Seminarbaustein 1: Fallstudienseminar
Als Vorbereitung auf ein in der 1. Stufe zentrales Planspielseminar mit z. B. TOPSIM – General Management wird ein dreitägiges Grundlagenseminar geschaltet, in dem anhand von betriebswirtschaftlichen Fallstudien wichtige Managementmethoden vermittelt werden. Die Methoden sollen praxisrelevant sein und später von den Teilnehmenden im Planspielseminar und in der alltäglichen Praxis angewendet werden.

Den in den Fallstudien abgebildeten Techniken sind Phasen des Planungs- und Entscheidungsprozesses zugeordnet. Das Material der Fallstudien stammt aus der Simulation TOPSIM, sodass die Teilnehmenden später im Planspielseminar einzelne Bereiche bereits kennen und ein vertiefter Umgang mit dem Datenmaterial der Simulation möglich wird.

Seminarbaustein 2: Planspielseminar und vernetztes Denken
Im Fallstudienmaterial bekommen die Teilnehmenden eine statische Problemsituation und ein geeignetes betriebswirtschaftliches Werkzeug präsentiert, dessen Anwendung sie ausprobieren. Im Planspielseminar müssen die Teilnehmenden die Veränderungen in einer problematischen Situation verfolgen und aus einer ganzen Werkzeugkiste ein geeignetes Werkzeug der Betriebswirtschaftslehre selbstständig herausfinden und auf eine dynamische Situation anwenden.

Zur Vertiefung der betriebswirtschaftlichen Kenntnisse werden die im Planspiel – z. B. TOPSIM – General Management – abgebildeten Zusammenhänge zwischen den unterschiedlichen Variablen zusätzlich mit einfachen Elementen der Methode des „vernetzten Denkens" bearbeitet. Die Betonung in diesem Seminar liegt auf einfachen Grundfragen der Systemdynamik. Eine Verknüpfung mit Fragen der Team- und Persönlichkeitsdynamik ist konzeptionell aber problemlos möglich.[62]

Seminarbaustein 3: Persönlichkeitsdynamik
Die Fähigkeit zur persönlichen Vernetzung in dynamischen Bezügen wird in der Wissensgesellschaft eine ganz wesentliche Anforderung an Führungskräfte und Mitarbeitende. Damit werden an diese Zielgruppe Anforderungen gestellt, denen klassische, industriell begründete Sichtweisen des Menschen und darauf abgestellte Konzepte des Persönlichkeitstrainings nicht mehr ausreichend gerecht werden können. Auch im Bereich der Persönlichkeitsentwicklung sind systemisch begründete Trainingskonzepte notwendig.

In diesem Persönlichkeitsseminar lernen die Teilnehmenden fünf unterschiedliche „Persönlichkeitsdynamiken" und ihre Unterscheidung kennen. Jede Persönlichkeitsdynamik ist durch ein spezielles mentals und emotionales Zusammenspiel gekennzeichnet und charakterisiert die Art, wie Informationen verarbeitet werden, wie kommuniziert wird, wie eine Beziehung zu anderen gestaltet wird, wie gelernt wird, wie Probleme gelöst werden und wie mit Stress umgegangen wird.

Die Betonung in diesem Seminar liegt auf Team- und Persönlichkeitsdynamik, kann aber durch die Anwendung des Modells auf eine Organisation auf die Systemdynamik ausgeweitet werden.

Seminarbaustein 4: Vernetztes Denken in der eigenen betrieblichen Praxis
Die Teilnehmenden lernen die wichtigsten Werkzeuge des systemischen Denkens zur Lösung komplexer und dynamischer Probleme kennen.

Im Planspielseminar haben die Teilnehmenden ein vereinfachtes Vorgehen zum vernetzten Denken kennengelernt und auf einen vorgegebenen Kontext angewendet. In diesem Vertiefungsseminar lernen die Teilnehmenden die Methode im Kontext typischer betriebswirtschaftlicher Probleme komplett kennen und lernen diesen auf ihren Arbeitsbereich anzuwenden,

---

62   GUST, M.: Psychologie im Planspiel. In: GRAF, J.: Planspiele – simulierte Realitäten für den Chef von morgen, 1991, Bonn.

um gezielt Verbesserungsmöglichkeiten und deren mögliche Auswirkungen zu untersuchen. Einsetzbar in einem solchen Seminar ist z. B. der HERAKLIT-Netzmodellierer, -simulator. Die Betonung liegt in diesem Seminarbaustein auf der System- und Teamdynamik.

Seminarbaustein 5: Projektmanagement mit SimulTRAIN
Projektmanagement ist nicht mehr eine spezielle Technik für besondere Aufgaben, sondern wird immer mehr zu einer neuen Unternehmenskultur, zu einer Art, ein ganzes Unternehmen zu leiten. Deshalb müssen die Linienverantwortlichen in die Projektmanagementausbildung integriert werden, denn wenn sie die Projektlogik nicht begreifen und nicht mitspielen, werden sie auch die Mitarbeitenden nicht zur Verfügung stellen wollen, und dann gibt es einen Kampf untereinander, um die notwendigen Ressourcen für die Projekte zu sichern. Die Betonung liegt in diesem Seminarbaustein auf der System- und Teamdynamik.

Seminarbaustein 6: Vernetztes Denken II
In der modernen Welt sind wir mit zahllosen sehr facettenreichen Schwierigkeiten und Fragen konfrontiert, die nicht nur durch den Verstand einiger weniger Experten erfasst werden und durch einige „Supermethoden" gelöst werden können. Wir sind mit Sätzen interaktiver Probleme konfrontiert, die von den technischen und organisatorischen bis zu den sozialen und politischen reichen und die Rolle von Unternehmen ebenso erfassen wie die Motivation des Einzelnen.

Häufig wird ein sehr begrenzter Satz systemischer Methoden unterschiedslos auf alle Problemsituationen angewendet. Demgegenüber unterscheidet „Total Systems Intervention" unterschiedliche Problemsituationen und stellt unterschiedliche systemische Methoden zur Verfügung. Im Seminar werden systemische Methoden vorgestellt, und es wird getestet, in welchen Situationen diese Methoden gut funktionieren und in welchen nicht.

Mit diesem Methodenkanon lassen sich unterschiedlichste Probleme und Fragen der folgenden Art bearbeiten wie:
▶ Optimierung der Anzahl und der Platzierung von Supermarktkassen, um die Wartezeiten und eine vorgegebene Kostengröße auf einem Minimum zu halten,
▶ Design einer petrochemischen Fabrik,
▶ Kontrolle von Wasserverunreinigungen durch Bevollmächtigte der Wasserwerke,
▶ Entscheidungen über Ressourcenverteilung,
▶ Strukturierung einer Unternehmung, die unter den Bedingungen rasanter technologischer und marktseitiger Veränderung existiert,
▶ Unterstützung einer Debatte zwischen Vertretern und Vertreterinnen unterschiedlicher Positionen,
▶ Unterstützung der einen oder anderen Seite in einem industriellen Konflikt zwischen Managern und Arbeitern.

Die Betonung liegt in diesem Seminarbaustein auf der System- und der Teamdynamik.

Seminarbaustein 7: TRANSFORMAN – Strategisches Denken und Führungsverhalten
Im Seminarbaustein 7 werden Fragen des operativen und des strategischen Managements verknüpft, und der Lerngegenstand sind die Grundlagen der allgemeinen Betriebswirtschaftslehre. In diesem Seminarbaustein geht es um die Entwicklung eines konzeptionellen Verständnisses, wie ein Unternehmen unter turbulenten Umgebungsbedingungen zu führen ist. Dabei stehen Konzepte wie Unternehmensvision, strategische Planung und strategisches Lernen im Vordergrund. Die Betonung liegt in diesem Seminarbaustein auf der System-, Team- und Persönlichkeitsdynamik.

3.3 Zusammenfassung und didaktische Bewertung

Offene Planspiele bestehen aus einem sehr offenen Regelsystem, einem mehr oder weniger stark strukturierten System von Rollenbeschreibungen und einem schriftlichen Szenario. Solche Spiele helfen, mit Konstruktivismus, Selbstorganisation und Systemkompetenz in sozialen Systemen umzugehen.[63] Sie sind hervorragend geeignet, Probleme und zukünftige Aufgabenstellungen einer Unternehmung und die für die weitere Entwicklung relevanten Managementkonzepte abzubilden und in Seminaren bearbeitbar zu machen. Sie können Veränderungsprozesse nachhaltig unterstützen, weil sie das für Veränderungsprozesse handlungsrelevante Wissen erzeugen. Sie helfen, die Kluft zwischen der „exposed theory", der angenommenen eigenen Theorie und der „theory in use", der tatsächlich angewendeten Theorie der Organisationsmitglieder zu beseitigen.

> <Fach> Aufbau und Struktur eines Performance-Simulators zur Erreichung von Finanz- und Marketingzielen im Auftrag einer österreichischen Großbank (Aaron R. Jakob, Dieter Badura)

> <Fach> Der Weg ist das Ziel – Entwicklung eines Planspiels mit Nachwuchsführungskräften (Johann Bachner, Marko Willnecker)

Die didaktische Bewertung ergibt sich aus der nachfolgenden Übersicht:

---

[63] MANTEUFEL, A.; SCHIEPEK, G.: Systeme spielen, 1998, Göttingen.

Übersicht 23: Didaktische Bewertung offener Planspiele

Spielmotiv	Bewertung
Abschlussmotiv: Sich erfolgreich auf eine betriebswirtschaftliche Abschlussprüfung vorbereiten.	Bei offenen Planspielen im Augenblick nicht von Bedeutung, aber prinzipiell möglich.
Wissens-/Erlebnismotiv: Führungswissen erfahren (was Unternehmensführung bedeutet/welche Anforderungen sie stellt).	Können je nach Zielgruppe sehr wissensintensiv (hohe Dichte der Wissensvermittlung/Zeiteinheit) gestaltet werden. Hoher Erlebnisreiz, weil sich eine intensive Gruppen- und Systemdynamik entwickelt.
Problemlöse-/Probiermotiv: Erwerb von betriebswirtschaftlicher Problemlöseerfahrung durch Vergleich von Strategien.	Zur Abbildung unscharfer strategischer Probleme und zur methodischen Bearbeitung dieser Probleme besonders gut geeignet.
Handhabungsmotiv: Umgang mit betriebswirtschaftlichen Instrumenten (der Branche).	Alle Instrumente der Betriebswirtschafts- und der Managementlehre sind zielgruppenspezifisch sehr flexibel abbildbar.
Konkurrenzmotiv: Besseres Verstehen/Fokussieren der Konkurrenz, des Kunden/Marktes, seiner eigenen Fähigkeiten.	Zu diesem Spielkonzept gehört zentral, dass das eigene Verhalten intensiv reflektiert wird. Dadurch werden auch die Konkurrenzmotive der mitspielenden Gruppen hautnah erfahrbar.
Austauschmotiv: Bedürfnis nach Erfahrungsaustausch unter „Branchen- oder Funktionskollegen".	Im Prinzip unbeschränkt, sehr reflektiert und dialogorientiert mit intensiver Anleitung.
Führungsmotiv: Führungssichten des übergeordneten Managements nachvollziehen wollen.	Unbedingt und auf sehr realistische Art und Weise.

Quelle: BLÖTZ/BALLIN/Gust

3.4 Kurzbeschreibung weiterer offener Planspiele

Offene Planspiele grenzen sich nur schwer von Rollen- und Verhaltensplanspielen ab. Sie finden deshalb auf der DVD zwei Kategorien: Free-Form-Games, bei denen – wie oben geschildert – der Gegenstand einer Fortbildung die Entwicklung eines Planspiels ist, während bei Rollen- und Verhaltensplanspielen das Spielkonzept mehr oder weniger vorbereitet vorliegt. Kennzeichnend für Free-Form-Games ist, dass zielorientierte Spielelemente vorhanden sind, die aber erst von den Teilnehmenden zu einem Lehr- und Lernarrangement adaptiert und zusammengestellt werden müssen.

Übersicht 24: Free-Form-Games auf der DVD

2014	Bezeichnung	Thema	Demo bzw. Link
	ALYSSA Handelsplanspiel	Globale wirtschaftliche Zusammenhänge	
	BERYLLA Dienstleistungsplanspiel	Führung eines Dienstleistungsunternehmens	
	Change	Change Management	
	Corporate Identity: C.i.!	Managementinstrumente	
	Das Wandeln ist des Müllers Lust	Veränderungsprozesse	
Neu	Discovery Cards	Organisationsanalyse	
	FLEXWORK – Telearbeitsszenarien	Telearbeit	<Link>
	Furnitura Nova (The FUNO Managers)		
	HERAKLIT Modellbibliothek	Systemdenken, vernetztes Denken	<Demo>
	Interior Design (ID)	Neues Managementverhalten	
	ISO 2000	Qualitätssicherung	
	kOMpleKS		
Neu	MARGA Toolbox		
	PERFORM-kpmc	Human Resource Management	
	Planspiel: Crocus – cross-cultural management-simulation	Interkulturelles Management	
	Projekt-Aktie – ein Stimmungsbarometer	Projektmanagement	
	Schällüm (TAP)	Asylproblematik	
	Strategisch Handeln mit ITA	Strategische Unternehmensführung	
	Strategy Cruncher	Strategie- und Szenarienentwicklung	
	StratSIM Strategie-Simulationen	Simulation von Unternehmensstrategien	
	Sustainable Development	Integriertes Management in der Verwaltung	
Neu	SyntHera®- Team- und Strategieoptimierung		
	TEAM	Teamentwicklung	
	Theateranimierte Planspiele (TaP)		
	TMQ – Total Management Quality	Management- und Führungsverhalten	
	TRANSFORMAN	Integriertes Management	
	Wissensmanagement		
	zeitDRUCK (TaP)	Kreativität unter Zeitdruck	

Übersicht 25: **Verhaltens- und Rollenspiele auf der DVD**

2014	Bezeichnung	Thema	Demo bzw. Link
	Atlanticon – ein interkulturelles Verhaltensplanspiel	Interkulturelles Handeln	<Link>
	ATRIX	Projektmanagement in Matrixorganisationen	
	Croisex	Change Management	
Neu	Die Kunst zu (über)leben	Umgang mit Geld und Konsum	
	EuGeFoc	Europapolitik	
	Excelleron (2. Eintrag)	Verkaufs-, Verhandlungsergebnisse, aktives Zuhören	<Link>
	Führungsplanspiel KAMAK	Erprobung von Führungsverhalten	
	Führungsverhalten aktiv trainiert		
	Gold of the Desert Kings	Teamzusammenarbeit	
	KAMAK	Führungsverhalten	
	Kanzlerwahl		
Neu	Konfliktbewältigung	Konfliktbewältigung und Führung	
	Krisenstab	Krisen- und Risikomanagement	
	Krisenstabsübung – Training der Krisenorganisation	Krisenmanagement	
	Leadout – Experimentieren mit Führung	Führungsverhalten	
Neu	Management-Challenge	Rollenspiele mit professionellen Schauspielern	
	Management-Outdoortraining	Persönlichkeitsentwicklung	<Link>
	Mensch und Technik im Europa von Morgen	Europapolitik	
	Movies & Moguls (1. Eintrag)	Produktivität im Verkauf	
	Movies & Moguls (2. Eintrag)	Agieren im komplexen Marktumfeld	
	Nachhaltige Entwicklung der Kulturlandschaft		
	Ortsrat zum Anfassen		
	Pappenheim	Change Management	
	Parlamentarische Demokratie spielerisch erfahren	Funktion und Arbeitsweise des Deutschen Bundestages	<Link>
	Persönlichkeits- und Teamentwicklung	Myers-Briggs Typenindikator (MBTI)	
	Planning for Real	Beteiligungsverfahren	

2014	Bezeichnung	Thema	Demo bzw. Link
	planpolitik	Politische Bildung	
	Planspiel Montage	Teilen und Mitteilen von Erfahrungswissen	
	Planspiele in der politischen Bildung	Datenbank mit Politikplanspielen	\<Link\>
	Planübung Frostkost® Training in Management- und Entscheidungstechniken	Entscheiden in Krisenszenarien	
Neu	Planübung Hansen® Leadership-Training für Führungsnachwuchs	Führungsrollen und -verhalten für Nachwuchsführungskräfte	
	Planübung Puretex® Leadership-Training für erfahrene Führungskräfte	Führungsverhalten, -organisation	
	Planübung SvenskaTrans® Training Laterales Führen für Projektverantwortliche	Projektmanagement	
	Power of Leadership	Macht, Übernahme von Führungsverantwortung	
	Promises Promises! ...	Teamfähigkeit	
	Promises, Promises	Cultural Change, Zusammenarbeit	\<Link\>
	Rattlesnake Canyon	Wettbewerbsvorteile erkennen	\<Link\>
	ROLE ROTATION	Bankmanagement	
Neu	Sales-Challenge	Vertriebssituationen mit Schauspielern simulieren	
	Schmackig AG	Change Management	
	Shipwrecked	Konsensentscheidungen in komplexen Situationen	
	Slogan	Marktorientierung und Change Management	
	Taktische Großgruppenspiele		\<Link\>
	Teamarbeit aktiv trainiert		
	Team-Entwicklung T.E.A.M.	Motivieren und Führen von Teams	
Neu	Tools + Spiele – Ein Bastelbuch für Teamtraining und Verhaltensplanspiele	Trainermaterialien	
Neu	Trainingskonzept: Verhaltensplanspiel für Führungstrainings	Führungstraining, Managementkompetenz	\<Link\>
	Unternehmenstheater ABF	Frei wählbar	
	Verhaltensplanspiel für Führungstrainings	Trainermaterialien Führungsverhalten	
	Wifuzitake	Wissensentwicklung	

▶ 4. Serious Games

In Kapitel 1 dieser Publikation werden die Grundzüge einer Planspiel-Didaktik dargelegt. Als originärer Kern der Planspielmethode wird dabei die Konstruktion experimenteller Lernwelten herausgearbeitet. Hinzu kommen als wesentliche Teile des didaktischen Modells die Reflexionsarbeit und die damit verbundene modelladäquate Interpretation der Spielresultate. Über methodische Aspekte hinaus können Planspiele als Instrumente für das Erzeugen neuer Lernwelten gesehen und genutzt werden. Da Planspiele sich gut eignen, in berufliche Lernkonzepte integriert zu werden, haben sie die Chance – qualifizierte Planspieltrainer vorausgesetzt – sich als Basis einer neuen Lernkultur zu etablieren. Voraussetzung für den Lernerfolg ist die Plausibilität des Simulationsmodells, mit dem das jeweilige soziale System abgebildet wird. Insgesamt ergibt sich ein didaktisches Grundgerüst, wie es in Übersicht 2 dargestellt ist.

Die Planspiel-Didaktik kann auf dieses relativ gefestigte Grundgerüst aufbauen und mittlerweile auf einige Jahrzehnte Erfahrung zurückblicken. Dieses Kapitel stellt Serious Games, also „ernsthafte Spiele", vor. Zum einen werden digitale Serious Games, häufig auch als Computerspiele bezeichnet, und ihre Nutzung in beruflichen Lernkontexten erläutert. Des Weiteren werden Konzepte für haptische Serious Games erläutert. Beiden gemeinsam ist, dass sie wie Planspiele den gleichen Anspruch stellen, Basis einer neuen Lernkultur zu werden. Noch fehlen ein mit der Planspiel-Didaktik vergleichbares Grundgerüst und die breite Erfahrungsbasis. Möglicherweise verschmelzen der Planspiel- und Serious-Games-Ansatz zu einer „Spiele-Didaktik für die berufliche Bildung".

<Fach> Gamification – Konzeptionen, Intentionen und erste Erfahrungen (Eric Treske)

4.1 Digitale Serious Games *(Thorsten Unger, Jannis Goossens, Lisa Becker)*

Die Ursprünge der Serious Games liegen begrifflich in den frühen 1970er-Jahren und meinten die Vermittlung von ernsthaften Inhalten mittels Spielmechaniken.[64] Im Kern handelte es sich um Simulationen, beispielsweise im Kontext der Luft- und Raumfahrt, die reale Zusammenhänge didaktisch aufbereiteten und um die motivierenden Faktoren von haptischen Gesellschaftsspielen anreicherten.

Gut 40 Jahre später – unter fortschreitender gesellschaftlicher Verbreitung und Relevanz von Computer- und Konsolenspielen – erfahren digitale Serious Games in Deutschland eine wachsende Bedeutung in akademischer Forschung, schulischer Lehre und betrieblicher Fort- und Weiterbildung. In der Praxis lassen sich zwei Einsatzszenarien beschreiben: Bildungs-

---

[64] ABT, C.: Serious Games, 1971, New York.

medien und Kommunikationsmedien. In der englischsprachigen Literatur finden die Begriffe „Game-Based Learning" für Bildungsmedien und „Game-Based Marketing" für Kommunikationsmedien Anwendung.

Kommunikationsmedien machen sich die intensive spielerische Erfahrung und die damit verbundene hohe Aufmerksamkeit und Begeisterung zunutze, um Informationen und zumeist werbliche Botschaften zu transportieren.[65] In diesem Abschnitt werden Serious Games jedoch vorrangig im Kontext der Bildung behandelt.

Die Mechanismen digitaler Spiele werden heute in diversen Bildungssituationen eingesetzt – beispielsweise für die Vermittlung von beruflichem Wissen, die Sensibilisierung für politische und soziale Konflikte oder das Trainieren von konkreten Techniken und Fähigkeiten. In der Vergangenheit wurden unter dem Begriff „Edutainment" mehr unterhaltende als bildende Medien realisiert, welche sich zumeist an Kinder und Jugendliche richteten. Diese sollten bspw. fremdsprachliche Fähigkeiten oder mathematische Zusammenhänge im Kontext einer Spielhandlung erlernen. Hier kam dem Spielteil jedoch eher eine belohnende als eine den Lerninhalt transportierende Rolle zu.

In diesem Abschnitt wird der Einsatz von Serious Games als digitales Bildungsmedium vorgestellt, und es werden unterschiedliche Charakteristika gemäß ihren möglichen Einsatzbereichen klassifiziert. Auf diese Weise können typische Anwendungsszenarien von Serious Games in der Bildung anhand von Praxisbeispielen demonstriert werden. Didaktische und wissenschaftliche Grundlagen werden ebenso dargelegt wie das Thema des Instructional Game Designs; Letzteres verbindet anvisierte Lernziele mit spielerischen Elementen und resultiert in einer gleichermaßen effizienten wie motivierenden Lernerfahrung. Zudem wird die Integration von Serious Games in Gesamtlernkonzepte und deren Begleitung durch Tutoren/Tutorinnen, Lehrkräfte oder Trainer/-innen beleuchtet.

4.1.1 Der Begriff Serious Games im Kontext von Simulationen und Planspielen

Für den Begriff Serious Games sind diverse, mitunter kaum unterschiedliche Definitionen im Gebrauch. Als gemeinsame Basis können sie als Spielangebote bezeichnet werden, die vordergründig nicht nur dem Spielspaß dienen. Ein übergeordnetes Ziel kann in der Vermittlung von Inhalten und Wissen oder der Sensibilisierung für bestimmte Themen bestehen. Serious Games liefern durch ihr mediendidaktisches Design die Motivation, sich mit den zu vermittelnden Lern- und Bildungsinhalten intensiv zu beschäftigen.[66, 67]

---

65   ZICHERMANN, G.; CUNNINGHAM, C.: Gamification by Design: Implementing Game Mechanics into Web and Mobile Apps, 2011, Sebastopol.
66   MARR, A.: Serious Games für die Informations- und Wissensvermittlung, 2010, Wiesbaden.
67   RITTERFELD, U.; CODY, M.; VORDERER, P. (Hrsg.): Serious Games. Mechanisms and Effects, 2009, New York.

Ein Serious Game nutzt die stimulierenden Faktoren des Computerspiels, um den Wissensaufbau mit einer anregenden, aufmerksamkeitsstarken und motivierenden Lernatmosphäre zu umgeben. Die in der virtuellen Unterhaltungsindustrie bewährten Mechaniken Immersion („Abtauchen" in virtuelle Welten), Interaktivität, Storytelling, Herausforderung, Ehrgeiz und Belohnung werden gezielt eingesetzt, um den natürlichen menschlichen Entdeckungsdrang für den Lernprozess dienstbar zu machen und langfristige Lernzuwächse zu erzeugen.[68]

Serious Games ist ein Gattungsbegriff und umfasst verschiedene Spielkonzeptionen und Genres. Auch Planspiele werden – je nach Betrachtungswinkel – darunter gefasst. Diese legen den Fokus speziell auf die Simulation von sozialen Systemen, beispielsweise im Rahmen von Themen der Betriebswirtschaft oder der Ablauforganisation, die Förderung und Entwicklung von strategischen Fähigkeiten oder das Verstehen von (betrieblichen) Systemen.

Klassische Simulationen enthalten in der Regel jedoch kein für ein Spiel typisches Oberziel (das Spielziel), dessen Erreichen Gegenstand der Motivation und des damit verbundenen Belohnungsmechanismus ist. Das Fehlen dieser spieltypischen Eigenschaft macht die Einordnung als Serious Game komplex. Der Übergang von reinen Simulationen und Planspielen hin zu Serious Games gestaltet sich fließend und hängt von der expliziten Ausgestaltung, etwa in Bezug auf die Definition des Spielziels und der Belohnung des/der Nutzers/Nutzerin, ab. Bei einem geringen bis nicht vorhandenen Grad an spielerischen Elementen dienen diese Anwendungen eher dem Verständnis eines Systems von Wirkungszusammenhängen ohne intrinsische Motivationsfaktoren.[69]

Aufgrund ihrer Grundmechanik, die Spielspaß nicht als konstituierendes Element voraussetzt, können Simulationen und Planspiele in enger Auslegung nur bedingt unter dem Begriff Serious Game gefasst werden. Inwieweit eine Zuordnung möglich ist, hängt dementsprechend von der expliziten Ausgestaltung des einzelnen Mediums ab.

Bei einem Serious Game können der spielerische Charakter und die Ausgestaltung durchaus dem eines klassischen Unterhaltungsspiels gleichkommen. Im Unterschied dazu enthält es jedoch eine tiefere Botschaft oder Information zu einem Thema – auch wenn es vordergründig wie ein reines Unterhaltungsprogramm wirkt.

Das jeweilige Genre des Serious Games wird durch den Grad der multimedialen Aufbereitung bestimmt. Dafür ist die Ausprägung des Rollenmodells und der damit verbundenen aktiven Identifikation des Nutzers von tragender Bedeutung: Serious Games und Unterhaltungsspiele bieten dem/der Anwender/-in die Möglichkeit, in eine aktive Rolle „abzutauchen". Der Handlungserfolg daraus wird dem eigenen Können zugeschrieben. Beispiele für solche Rollen sind: als Unternehmensvorstand ein Unternehmen führen, als Bankberater/-in in einem Rollenspiel Kunden/Kundinnen beraten oder als vollverantwortliche Planende den Einsatz einer Katastrophenübung dirigieren.

---

68 MICHAEL, D.; CHEN, S.: Serious Games. Games that educate, train and inform, 2006, Boston.
69 BLÖTZ, U.: Planspiele in der beruflichen Bildung, 2008, Bielefeld.

Eine klar abgrenzbare Klassifizierung der Konzepte Simulation, Planspiel und Serious Game ist kaum möglich, da Serious Games oftmals Simulations- oder Planspielkomponenten beinhalten.[70] Planspiele werden in diesem Fachbuch in den Kapiteln 1 bis 3 umfassend behandelt. Dieser Abschnitt erläutert digitale Anwendungen, die hauptsächlich motivationale Faktoren eines Spiels im Umfeld des Wissenserwerbs und der (Weiter-)Bildung nutzen.

4.1.2 Serious Games in beruflichen Lernkonzepten

Die rasante Entwicklung der Informations- und Kommunikationstechnologie in Verbindung mit globalisierten Wertschöpfungsprozessen machen den lebenslangen Kompetenzausbau der Mitarbeiter/-innen zu einem zentralen Erfolgsfaktor für unternehmerisches Handeln. Dieser wachsende Bedarf an Aktualisierung der betrieblichen Wissensbestände wird als verkürzte Halbwertszeit des Wissens bezeichnet.[71, 72, 73] Um an sehr dynamischen Märkten und diffusen Informationskanälen anschlussfähig zu bleiben, müssen innovative organisationale Prozesse zur Wissensvermittlung geschaffen und implementiert werden, mit deren Hilfe der betriebliche Weiterbildungsbedarf zeitnah, effizient und wirtschaftlich erfüllbar wird.[74]

Traditionelle Lehrmethoden enthalten das Risiko, ausschließlich träges Wissen zu vermitteln. Der Lernende wird nicht zur Fähigkeit, Probleme zu lösen, geführt.[75, 76] Dieser Umstand wird u. a. darauf zurückgeführt, dass Wissen durch reine Instruktion oder herkömmliches Lernmaterial in einem Kontext erworben wird, der die Lernenden aufgrund fehlender Handlungsorientierung nur unzureichend auf reale Anwendungssituationen vorbereitet.[77] Diese Kritik bezieht sich sowohl auf die methodische Anlage von Seminaren in Präsenzform als auch auf E-Learning-Angebote, die den Lerner passiv und abstrakt schulen.

Die Ausgangsüberlegung beim Einsatz von Serious Games basiert auf der Erkenntnis, dass der Konsum unterhaltender Computerspiele stets Lernprozesse bedingt: Die unterhalt-

---

[70] METZ, M.; THEIS, F.: Digitale Lernwelt – Serious Games, 2011, Bielefeld.
[71] MAYER, O.: Selbstgesteuertes Lernen als Herausforderung in der Informationsgesellschaft. In: MAYER, O.; TREICHEL, D. (Hrsg.): Handlungsorientiertes Lernen und eLearning, 2004, München.
[72] STRAKA, G. A.: Information im Netz und selbstgesteuertes Lernen. In: DÖRR, G.; JÜNGST, K. L. (Hrsg.): Lernen mit Medien: Ergebnisse und Perspektiven zu medial vermittelten Lehr- und Lernprozessen, 1998, Weinheim.
[73] KORNWACHS, K.: Entsorgung von Wissen. In: KORNWACHS, K.; BERNDES, S. (Hrsg.): Wissen für die Zukunft: Abschlussbericht an das Zentrum für Technik und Gesellschaft, 1999, Cottbus.
[74] MANDL, H.; REINMANN-ROTHMEIER, G.: Die Rolle des Wissensmanagements für die Zukunft. In: MANDL, H. und REINMANN-ROTHMEIER, G. (Hrsg.): Wissensmanagement, 2000, München.
[75] RENKL, A.: Träges Wissen: Wenn Erlerntes nicht genutzt wird, Psychologische Rundschau 47, 1996, Göttingen, Bern (u. a.).
[76] WAHL, D.: Mit Training vom trägen Wissen zum kompetenten Handeln?, 2002, Zeitschrift für Pädagogik 48, Weinheim.
[77] DÖRIG, R.: Handlungsorientierter Unterricht – Konzept und Grundsätze der Umsetzung im Unterricht, Wirtschaft und Gesellschaft im Beruf 20, 1995, Bad Homburg.

same Wirkung eines Spiels kann sich erst entfalten, wenn es gelingt, Regelwerk und Steuerung erfolgreich an die Anwende/-innen zu kommunizieren.[78, 79, 80]

Diese notwendigen Lernprozesse werden von Konsumenten unterhaltender Computerspiele freiwillig und über die gesamte Spieldauer hinweg in Kauf genommen und auch bei ansteigender Komplexität kontinuierlich fortgesetzt. Bei Serious Games besteht die Überlegung nun darin, Lerninhalte in einem anregenden Spielzyklus abzubilden und durch die intrinsisch motivierte Spieltätigkeit extern verwertbare Erkenntnisse zu erzeugen.

Die existenzielle Überschneidung zwischen Spiel- und Lernprozessen verdeutlicht die beiden zentralen Faktoren, auf die sich der Einsatz von Serious Games als Lehr-Lern-Methode stützt: Einerseits werden über die motivierenden Faktoren der spielerischen Tätigkeit eine erhöhte Bereitschaft zur Beschäftigung mit den Lerninhalten und eine positive Lernatmosphäre erzielt, die nachweislich in höheren und nachhaltigeren Lernerfolgen resultiert als extrinsisch motivierte Wissensaneignung.[81, 82, 83]

Andererseits bestehen in der multimedialen Leistungsfähigkeit des Computers besondere Potenziale zur Realisierung lehr- und lernmethodischer Erkenntnisse – etwa zeit- und ortsunabhängiges Lernen, experimenteller Umgang mit dem Lernstoff ohne reale Konsequenzen, die abgestimmte Darbietung des Materials für verschiedene Sinneskanäle und nicht zuletzt die Realisierung sozial vernetzter Lernprozesse.[84, 85, 86] Hierunter fällt auch das Potenzial, Lerner durch die atmosphärische Inszenierung des Lernstoffes und umspannende Narration zu stimulieren und eine stärkere emotionale Teilnahme am Lernprozess zu erzeugen.[87] Aus Sicht der Lerntheorie stellen Serious Games die Realisierung konstruktivistischer Ansätze der Wissensvermittlung[88] in Aussicht: Im Gegensatz zur passiven Aufnahme von Lerninhalten ermöglicht das Aktivwerden des Lerners einen nachhaltigen Erkenntnisgewinn, indem er mit eigenen Handlungen experimentiert, Konsequenzen interpretiert und in übergreifenden Wirkzusammenhängen reflektieren kann.

---

78 GEE, J. P.: What Videogames have to teach us about learning and literacy, 2007, New York.
79 KERRES, M. et al.: Didaktische Konzeption von Serious Games: Zur Verknüpfung von Spiel- und Lernangeboten, 2009, MedienPädagogik, Zeitschrift für Theorie und Praxis der Medienbildung.
80 BENTE, G.; BREUER, J.: Making the Implicit Explicit. Embedded Measurement in Serious Games. In: RITTERFELD, Ute; CODY, Michael und VORDERER, Peter: Serious Games, Mechanisms and Effects, 2009, London.
81 DECI, E. L.; RYAN, R. M.: Die Selbstbestimmungstheorie der Motivation und ihre Bedeutung für die Pädagogik, Zeitschrift für Pädagogik, 39, 1993.
82 RHEINBERG, F.: Motivation, 2008, Stuttgart.
83 NIEGEMANN, H. M. et al.: Kompendium multimediales Lernen, Springer, 2008, Berlin.
84 SCHELL, J.: The Art of Game Design. A Book of Lenses, 2008, Amsterdam.
85 BOGOST, I.: Unit Operations. An Approach to Videogame Critcism, 2006, Cambridge.
86 SALEN, K.; ZIMMERMANN, E.: Rules of Play, Game Design Fundamentals, 2004, Cambridge.
87 SYKES, J.: Affective Gaming: Advancing the Argument for Game-Based Learning. In: PIVEC, Maja, Affective and Emotional Aspects of Human-Computer-Interaction, Game-Based and Innovative Learning Approaches, 2006, Amsterdam.
88 PIAGET, J.: To understand is to invent, 1973, Cambridge.

Die Vermittlung von Lerninhalten kann in Serious Games auf verschiedene Arten angestrebt werden. Zunächst bietet das Medium Computerspiel – genau wie die nicht interaktiven Medien Film und Buch – das Potenzial, Wissensbestände im Kontext der unterhaltenden Tätigkeit zu adressieren. In diesem Fall werden Spielprinzipien, die sich im Bereich der Spiele aus dem Entertainmentsektor bereits bewährt haben, in den inhaltlichen Rahmen eines Lernfeldes übertragen, ohne die zentrale Spielmechanik zu modifizieren. Beispiele für diesen Ansatz bilden etwa Strategiespiele, die sich in historisch korrekten Settings vollziehen, oder Abenteuerspiele, deren Handlung einen Bewerbungsprozess von der Stellensuche bis zur Eingliederung in das Team am neuen Arbeitsplatz umspannt. Darüber hinaus kann auch der Simulationsaspekt im Vordergrund eines Serious Games stehen. Hier werden Lerninhalte nicht nur als Rahmen thematisiert, sondern in der Kernmechanik des Spiels abgebildet: Zur Erfüllung des Gewinnkriteriums müssen Spielende/Lernende explizite Kenntnisse im didaktisch arrangierten Spielzyklus anwenden. Beispiele für diesen Bereich bilden etwa Fahrzeugsimulatoren mit wirklichkeitsgetreuer Bedienung oder Managementspiele, die reale Wertschöpfungsketten detailliert nachbilden und über den spielerischen Reiz intrinsisch motivierte Lernprozesse anregen.

Serious Games enthalten als interaktives Lernmedium zahlreiche Ansatzpunkte für eine lehr- und lernmethodische Gestaltung. In der beruflichen Bildung werden Serious Games unter anderem herangezogen, um zyklische Abläufe zu trainieren, die eigenständige Anwendung und bedarfsgerechte Modifikation von Strategien zu fördern oder die Vermittlung von Soft Skills und Sensibilisierung für soziale Konflikte durch affektive Betroffenheit zu erzielen.[89] Für die Konzeption ist entscheidend, welche Lernziele durch welche interaktiven Mechaniken optimal abgebildet werden können und welche medialen Gestaltungsprinzipien auf die größte Akzeptanz bei der Zielgruppe stoßen. Hier muss bspw. unterschieden werden, ob die parametrisierte Bedienung einer Maschine trainiert wird, Verkäufer die richtige Vertriebsstrategie im Kundengespräch anwenden oder Führungskräfte in sozialer Kompetenz und Teambildung geschult werden sollen.

<Fach> Planspiele und digitale Lernspiele – Neue Edutainment-Welle und Potenziale neuer Lernformen in der beruflichen Bildung (Sabine Seufert, Christoph Meier)

Der großflächige Einsatzbereich von Serious Games als eigenständiges Medium der Wissens- und Fähigkeitsvermittlung macht konzeptuelle Einordnungen notwendig, um den Einsatz in der Praxis entlang der Dimensionen Bildungsziele, Spielmechanik und Zielgruppe zu erfassen.

---

[89] Ratan, R.; Ritterfeld, U.: Classifying Serious Games. In: Ritterfeld, Ute; Cody, Michael und Vorderer, Peter: Serious Games, Mechanisms and Effects, 2009, London.

4.1.3 Einsatzbereiche von Serious Games

Das gestiegene Interesse an Serious Games speist sich aus unterschiedlichen Quellen: Neben dem heutigen Medienkonsum, der sich seit einiger Zeit deutlich verändert – hin zu mehr Interaktion, mehr Multitasking und mehr informellem Lernen –, sind auch wissenschaftliche Erkenntnisse und vor allem Faktoren wie Kosten- und Zeitersparnis Gründe für Serious Games. Darüber hinaus bieten sie hinsichtlich des sich abzeichnenden Fachkräftemangels und vor dem Hintergrund der hohen Akzeptanz von digitalen Spielangeboten ein positives Markenerlebnis im Zuge des sogenannten Employer Brandings. Im Rahmen des Recruitings findet dabei die Positionierung als progressiver und innovationsoffener Arbeitgeber im Besonderen bei großen Unternehmen und Organisationen Niederschlag.[90]

Recruiting und Nachwuchskräfteförderung sind demnach heute ein wichtiges Thema, wenn es um Serious Games geht. Diese werden genutzt, um das Unternehmen innovativ und zeitgemäß zu präsentieren, um auf die gewohnte Mediennutzung der meist jüngeren Zielgruppe einzugehen und möglichst viel Interaktion und Spielraum zu bieten. Das hat nicht nur praktische Gründe, wie die Vorqualifizierung von Bewerbern, sondern unterstützt auch Kommunikationsmaßnahmen und Imagebildung im Rahmen des Employer Branding.

Corporate Games sind inzwischen eines der Haupteinsatzgebiete von Serious Games. Ob Auszubildende, Vertrieb oder Führungskräfte – Serious Games können sehr gut genutzt werden, um das Onboarding zu unterstützen, Prozesse und Arbeitsabläufe nachvollziehbar und erlebbar zu machen, oder ganz einfach für das Training von Fachwissen und Fähigkeiten genutzt werden.

Auch im öffentlichen Sektor werden Serious Games ein zunehmend wichtigeres Medium. Schwierige politische Prozesse, Katastrophen oder allgemeine Themen von öffentlichem Interesse können durch spielerische Medien zugänglich und einem breiten Publikum verständlich gemacht werden. Das Eintauchen in ein Thema, die direkte Auseinandersetzung im spielerischen Kontext und die Übernahme von unterschiedlichen Perspektiven fördern das Verständnis und Wissen der Bürger.

Die Nutzung von Serious Games im militärischen Umfeld ist seit vielen Jahren fester Bestandteil des Ausbildungs- und Trainingsprogramms. Die US-Armee beispielsweise investiert hohe Summen in die Erstellung von spielerischen Trainingsanwendungen.[91]

Nicht zuletzt werden Serious Games im Gesundheitsbereich eingesetzt. Sie dienen zur Unterstützung von Therapien und Rehabilitation, aber auch zum Training von Methoden und Techniken in der Aus- und Weiterbildung von Medizinern. Vor allem im letzteren Fall bieten Serious Games eine einzigartige Möglichkeit ohne reale Risiken Operationen und Behandlungsmethoden zu erproben.

Über alle Einsatzszenarien lassen sich folgende Vorteile von Serious Games zusammenführen:

---

90 GREINER, L.; TÖPPER, V.: Bewerbung per Online-Game – Die wollen nur spielen, 2012, Spiegel Online.
91 GAMESMARKT: US Army, 50 Millionen Dollar für militärische Serious Games, 2008.

- Langfristig kostengünstig und zeitsparend
- Orientierung und Ausrichtung an heutiger Mediennutzung
- Aktivierung, Involvierung und Belohnung als Motivationsfaktoren nutzen
- Erfahrungsbasiertes Verständnis generieren, Auseinandersetzung mit dem Lerninhalt aus verschiedenen Perspektiven ermöglichen
- Spielraum ohne Konsequenzen erlaubt das Probehandeln und Einstudieren von Abläufen ohne reale Risiken, Kosten oder Nachteile
- Außendarstellung und Imagebildung

Zur Taxonomie von Serious Games sind bereits verschiedene Ansätze formuliert worden.[92, 93] Ein hilfreicher Ansatz zur Kategorisierung von spielbasierten Lernangeboten besteht im „Paderborner Modell".[94] Es beruht auf einem zweistufigen Klassifizierungssystem und erlaubt eine praxisnahe Kategorisierung von Serious Games hinsichtlich ihrer Ziele und ihrer Einsatzgebiete.

Im ersten Schritt werden Serious Games als Systeme unterschiedlicher Komponenten begriffen, was eine differenziertere Betrachtung von abgeschlossenen Produktionen bis zu Technologie-Bausteinen ermöglicht:

- Serious-Game-Anwendungen
  Abgeschlossene Spiele, die zu einem bestimmten Lernziel entwickelt wurden, meistens mit dem Ziel, spezifische Inhalte bezogen auf ein Thema zu vermitteln
- Serious-Game-Technologien
  Technologien, die auch in anderen Spielen eingesetzt werden und somit für unterschiedliche Spiele wiederverwendet werden können
- Serious-Game-Content
  Narrative Strukturen oder Inhalte, auf denen Spiele basieren können und somit als Grundlage dienen
- Serious-Game-Simulationen
  Spielerische Simulationen, die als Basis genutzt werden können, um andere Themengebiete zu erschließen

<Fach> Mini-Sims als Reflexions-Katalysatoren: Didaktische Ergänzungen zur Komplexitätshandhabung (Karin Halbritter, Marko Willnecker)

Im zweiten Schritt wird der Adressatenkreis bzw. das Einsatzgebiet des spielbasierten Angebotes herangezogen. Vordergründig erfolgt hier eine Aufteilung von Serious Games in persönliche – also private – und professionelle Nutzung anhand ihrer Ziele und Zwecke, wie im Modell (siehe Abbildung 34) dargestellt.

---

92 EGENFELDT-NIELSEN et al.: Understanding Video Games. The essential instruction, 2008, New York.
93 SALEN, K.; ZIMMERMAN, E.: Rules of Play, Game Design Fundamentals, 2004, London.
94 MÜLLER-LIETZKOW, J.; JACOBS, S.: Theory and Reality, 2012, International Journal of Computer Science in Sport (11).

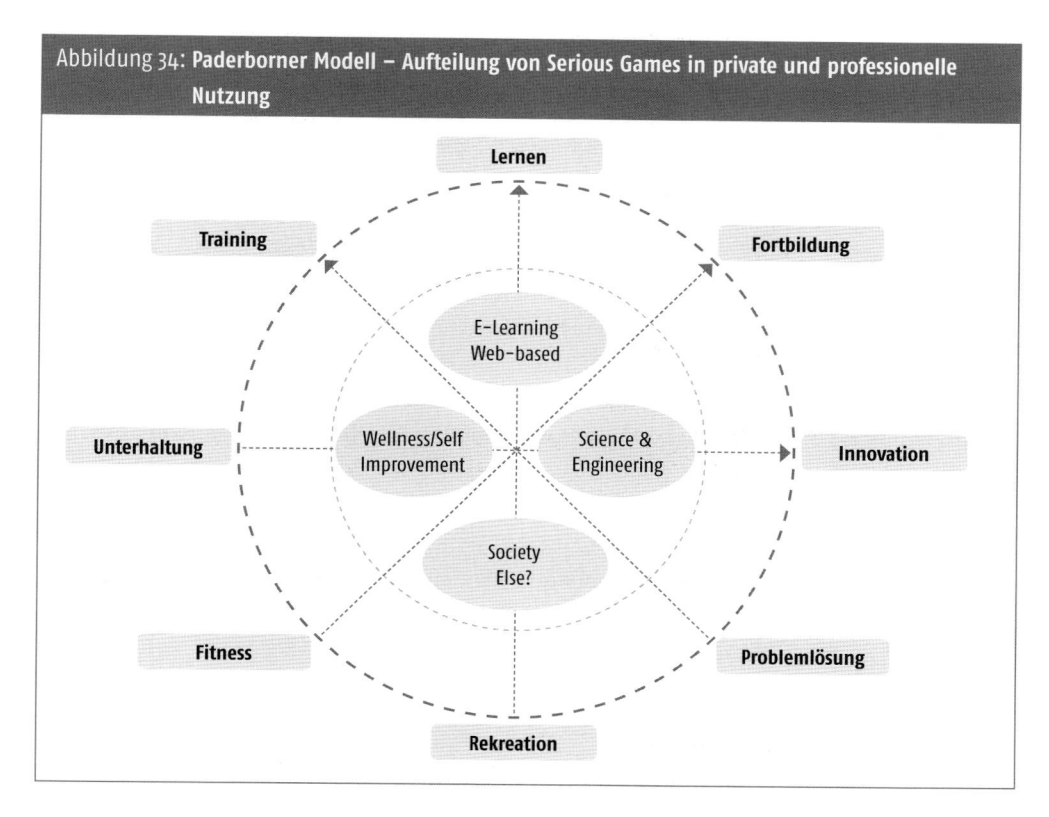

Abbildung 34: Paderborner Modell – Aufteilung von Serious Games in private und professionelle Nutzung

Der innere Kreis zeigt den Ursprung und den Zweck des Spiels, auf den das Einsatzgebiet, im äußeren Kreis dargestellt, zurückzuführen ist. Hier kristallisiert sich heraus, dass in privater Nutzung eher die Zwecke Unterhaltung, Fitness und Rekreation erfüllt werden. Die im Konsumentenmarkt gängigsten Serious Games dienen der Freizeitgestaltung und Erholung oder dem Selbstlernen/Informieren; nur einige Simulationsspiele sind neben der professionellen Nutzung auch im Konsumentenbereich erfolgreich. Alle anderen Kategorien sind fast vollständig im Professional-Bereich zu finden und dienen der beruflichen Aus- und Weiterbildung. Zur Erreichung externer Bildungsziele lassen sich im Detail folgende Bereiche abgrenzen:

▶ Fitness

Fitnessspiele sind Serious Games, die zur Erhaltung oder Steigerung der körperlichen Fitness eingesetzt werden. Dies kann sowohl in der Freizeit als auch in der medizinischen Rehabilitation geschehen. Wii Sports für die Konsole Nintendo Wii ist ein Sportspiel, das hauptsächlich zum spielerischen Training in der Freizeit konzipiert wurde. Spiele dieser Art gibt es vor allem für bewegungsgesteuerte Konsolen, sodass der/die Nutzer/-in sich bewegen muss, um das Spielziel zu erreichen. Auch in der Rehabilitation werden heutzutage häufiger Bewegungsspiele eingesetzt, etwa im Bereich der Rehabilitation von Schlaganfallpatienten und -patientinnen.

▶ Training/Lernen/Fortbildung

Trainingsspiele sind häufig sogenannte Corporate Games, die individuell für ein Unternehmen entwickelt werden und zum spezifischen Trainieren von komplexen Prozessabläufen oder der korrekten Ausführung von Techniken eingesetzt werden. Aber auch militärisches Training kann über Serious Games abgebildet werden. Beispiele für Corporate Games sind etwa „Sharkworld", „Der Vodafone Code" oder „America's Army". Serious Games mit dem Hauptziel, neues Wissen zu vermitteln, werden im Rahmen der schulischen oder universitären Bildung sowie in der betrieblichen Fort- und Weiterbildung eingesetzt. Spiele zu diesem Zweck existieren sowohl in Form von Standardschulungen für allgemeine Lerninhalte als auch in Gestalt von individuellem Bildungsmaterial eines Unternehmens. Beispiele aus dem schulischen Bereich bilden „Biolab", „Genius", „English Coach", „Ludwig", „Physicus" oder „Nanoquest".

▶ Innovation

Um Innovationen zu präsentieren und verständlich zu machen, vor allem im Bereich Wissenschaft, Forschung und Technik, können Serious Games zur Veranschaulichung eingesetzt werden. So können im beruflichen Umfeld Mitarbeiter/-innen geschult, aber auch z. B. Konsumenten sowie Konsumentinnen informiert und überzeugt werden.

▶ Problemlösung

Serious Games zur Problemlösung können sowohl im technischen und wissenschaftlichen als auch im sozialen und politischen Bereich eingesetzt werden.

▶ Rekreation

Spiele zur Rekreation dienen hauptsächlich zur Entspannung, Erholung und Ablenkung vom Alltag. Viele verschiedene Spiele, vor allem im privaten Bereich, dienen übergeordnet diesem Zweck.

4.1.4 Klassifikationen von Serious Games

Serious Games können auf unterschiedlichste Art und Weise umgesetzt werden. Grundsätzlich ist jedoch die konzeptionelle Herangehensweise bei der Planung und Umsetzung im Vergleich zu Unterhaltungsspielen unterschiedlich. Während bei der Konzeption von klassischen Spielen die Spielmechanik und das damit verbundene Spielziel als Bedingungen für den größtmöglichen Unterhaltungswert im Vordergrund stehen, folgt die Konzeption von Serious Games einer anderen Logik. Hier wird zunächst von den Lernzielen ausgegangen, welche durch eine spielerische Anwendung vermittelt werden sollen. Frei dem englischen Leitsatz „form follows function" stellt die Lernsubstanz den Rahmen zur Konzeption einer möglichst effizienten spielerischen Aufbereitung.

Neben den expliziten Lernzielen muss bei der Konzeption auch eine zielgruppenadäquate Ansprache erreicht werden: Ob Kinder, Jugendliche, Erwachsene oder Senioren, Privatpersonen oder Professionals – Serious Games können überall da eingesetzt werden, wo ein Spiel einen Mehrwert bei der Informations- oder Wissensvermittlung liefert.

Neben Lernzielen und Zielgruppe stellt sich die zentrale Frage, in welcher Form das spielerische Prinzip zur Anwendung kommen soll. Die zur didaktischen Inszenierung herangezogenen Spielmechaniken orientieren sich dabei an denen der klassischen Unterhaltungsspiele und somit an erprobten Konzepten. Computer- und Videospiele haben sich als Medium stark ausdifferenziert und lassen sich – vergleichbar zu den Medien Buch und Film – vordergründig in verschiedene Genres einteilen.

Klassifizierung anhand der Spielmechanik

Ein erster Ansatz zur Klassifizierung von Serious Games kann analog zu Unterhaltungsspielen in der Betrachtung der grundlegenden Spielmechanik bestehen.[95]

▶ Adventure

Adventure-Spiele zeichnen sich typischerweise durch einen hohen Grad an Storytelling und einer interessanten Spielwelt aus. Der Fortgang der Geschichte ist meistens an das Lösen von Rätseln (z. B. die richtige Kombination von in der Spielwelt auffindbaren Gegenständen) geknüpft. Adventures folgen dem Umstand, dass Menschen historischen Geschichten eine hohe Aufmerksamkeit und Konzentration widmen.[96]

Ein Beispiel für ein Adventure ist Techforce – Das Adventure-Spiel der Metall- und Elektroindustrie. Es dient zum spielerischen Recruiting von Nachwuchskräften und stellt konzeptionell ein Assessment dar: Im Rahmen einer interaktiven Geschichte müssen verschiedene Aufgaben bewerkstelligt werden, welche sowohl Wissen als auch Informationen zu den einzelnen Teilbereichen der Branche erfordern. Mithilfe von Techforce können Jugendliche entdecken, welche Berufsbilder der Metall- und Elektroindustrie ihr Interesse wecken und welche Tätigkeiten sie dort erwarten. Sie können ihre Fähigkeiten testen und sich spielerisch über die Ausbildungsmöglichkeiten innerhalb der Branche informieren.

▶ Action/Arcade

Action- und Arcade-Spiele basieren meistens auf Spielmechaniken, bei denen es auf Schnelligkeit und Geschicklichkeit ankommt. Sie stellen den Ursprung der Computerspielindustrie dar und werden zumeist nur für Produktionen im Unterhaltungssektor eingesetzt. Für den Lernerfolg von Serious Games ist das zeitunkritische Reflektieren des Spielgeschehens von zentraler Bedeutung. Action- oder Arcade-Mechanismen werden daher zumeist als ergänzende Elemente des Spiels, etwa zur Auflockerung, eingesetzt oder appellieren durch ihren for-

---

95 HESSE, H.; HESSE, A.: Computer und Videospiele. Alles was Eltern wissen sollten, 2007, München.
96 FUCHS, W.: Warum das Gehirn Geschichten liebt, 2009, Freiburg.

dernden Charakter an die Motivation des Spielers seine Einstellung zu einzelnen Themen zu hinterfragen.

Ein gutes Beispiel für ein Serious Action Game dieses Typus ist Re-Mission aus dem Bereich der Health Games. Der/Die Spieler/-in hat die Aufgabe, mit einem Nanobot als Spielfigur in einem Körper innerhalb verschiedener Missionen Krebszellen abzuschießen und somit zu zerstören. Als Unterstützung der Krebstherapie bei Kindern und Jugendlichen soll Re-Mission das Verständnis für die Krankheit erhöhen und motivieren, die Krankheit zu bekämpfen. Der Effekt dieser wenngleich destruktiven Methode für die Krankheitsbewältigung von Kindern und Jugendlichen ist erheblich.[97]

▶ Jump 'n' Run

In Jump-'n'-Run-Spielen steuert der/die Spieler/-in eine Spielfigur springend und laufend durch eine Spielwelt, in der es Gegenstände einzusammeln und Gegner zu überwinden gilt. Durch eine gute Hand-Augen-Koordination und ein hohes Reaktionsvermögen kommt der/die Spieler/-in Stufe für Stufe weiter.

Auch diese Spielmechanik wird zumeist für Unterhaltungsspiele eingesetzt, da hierbei die Verflechtung von Spiel- und Lerninhalten nicht oder nur sehr selten effizient umgesetzt werden kann.

▶ Strategie

In diesem Genre kommt es hauptsächlich auf das strategische und taktische Agieren an. Häufig dreht sich die Handlung um die Besiedlung von Ländern, den Aufbau von Dörfern und Städten, das Managen von Ressourcen und die Betreibung von Diplomatie oder Verteidigung gegen Feinde. Strategiespiele können dabei allein erlebt oder gemeinsam mit menschlichen Mitspielern gespielt werden. Strategiespiele übertragen Mechaniken und Konzepte aus der Simulation von Wirkungszusammenhängen in die Computerspielindustrie. Sie haben damit eine Nähe zu Planspielen; daher bieten sie ein großes Potenzial innerhalb der betrieblichen Bildung.

Ein Beispiel für diese Kategorie bildet das *Serious Game Energetika*, welches sich mit dem Thema Energiepolitik auseinandersetzt: In einem fiktiven Zukunftsstaat muss der/die Spieler/-in durch den Bau von Kraftwerken, Forschung, Entwicklung und Informationspolitik für einen umweltverträglichen, aber auch sozial und ökonomisch nachhaltigen Energiemix sorgen. Dadurch, dass Spielergebnisse vergleichbar sind, ist es möglich, Energetika auch im Schulunterricht einzusetzen und Schüler(gruppen) miteinander spielen zu lassen.

▶ Rollenspiel

Im kommerziellen Umfeld der Unterhaltungsindustrie finden Rollenspiele meist in einer fantasievollen oder surrealen Spielwelt statt. Der/Die Spieler/-in entscheidet selbst, mit welcher

---

[97] LAMPERT, C.; SCHLINGE, C.; TOLKS, D.: Der gespielte Ernst des Lebens: Bestandsaufnahme und Potenziale von Serious Games (for Health), 2009. In: Medienpädagogik – Zeitschrift für Theorie und Praxis der Medienbildung.

Spielfigur er/sie in dieser Welt unterwegs sein möchte, er/sie schlüpft also in eine Rolle. Eine enge Verbindung zwischen virtuellem Selbst und Spieler/-in wird häufig durch große Gestaltungsfreiräume bei der Auswahl und Entwicklung der Spielerfigur, dem Avatar, erzielt. Das Lösen von Aufgaben im Verlauf der Geschichte führt zumeist zu Punkten, die zur Verbesserung der Fähigkeiten des Avatars eingesetzt werden können, was in neuen Strategien und einem einfacheren Fortgang der Handlung resultiert. In Online-Rollenspielen finden sich die Spielenden oft in Gilden oder Clans zusammen, um schneller voranzukommen.

Das Genre der Rollenspiele ist durch seinen hohen Grad an Immersion für Serious Games gut geeignet. Sie erlauben den Probanden die aktive Teilnahme am Geschehen und vermitteln so verschiedene Blickwinkel auf ein Problem und eine Handlung und zeigen die Konsequenzen des eigenen Wirkens auf den umspannenden narrativen Rahmen auf.

Beispielhaft sei hier *Inside the Haiti Earthquake* angeführt, ein Rollenspiel, das Spielenden einen Einblick in die Erdbebenkatastrophe von 2010 auf Haiti gibt. Aus der Sicht von verschiedenen Personen, beispielsweise Betroffenen oder Hilfskräften, kann der/die Nutzer/-in das Erdbeben durchleben und muss unterschiedliche Entscheidungen treffen, die sich auf den Verlauf auswirken, und zeigen wie komplex eine solche Katastrophe sein kann.

Trotz relativ klar abgegrenzter Spielgenres ist es teilweise nicht möglich, ein Spiel nur einer einzigen Kategorie zuzuordnen. Viele Spiele vereinen konzeptionelle Elemente aus verschiedenen Genres, beispielsweise ein Actionspiel, das Rollenspielzüge aufweist. Für Serious Games müssen die jeweilig günstigsten Faktoren der Genres hinsichtlich eines didaktisch effektiven Arrangements im Hinblick auf die Lernziele und die Zielgruppe kombiniert werden.

Klassifizierung anhand der Zielgruppe

Serious Games für *jüngere Zielgruppen* zeichnen sich durch eine zielgruppenaffine Themenauswahl und entsprechende grafische Ausgestaltung sowie spezielle didaktische Aufbereitung aus. Jugendliche verfügen hingegen oftmals über Vorerfahrungen mit digitalen Spielen und erwarten einen erhöhten Herausforderungslevel; Spiele für diese Zielgruppe weisen häufig ein komplexeres Regelwerk auf. Hier richtet sich die Ausgestaltung an entsprechenden zielgruppenspezifischen Unterhaltungstiteln. Vor allem die Erwartungshaltung von Jugendlichen hinsichtlich Gestaltung und Tiefe des Spielerlebnisses orientiert sich an bekannten Titeln aus dem Unterhaltungssektor.

Serious Games *für Erwachsene* verfügen über ein höheres Maß an Komplexität und häufig einen geringeren Grad an geschicklichkeitsbasierten Spielprinzipien als vergleichbare Jugendspiele. Die Gründe hierfür liegen zumeist in der höheren Komplexität der Lerninhalte – sukzessive stellt sich eine Substitution von spielbedingter zu lernbedingter Nutzungsmotivation ein.

Auch *Seniorenspielen* liegt eine spezielle Konzeption zugrunde. Sie sind grafisch an die Sehgewohnheiten angepasst und besitzen eine intuitivere und einfachere Handhabung im Vergleich zu anderen Serious Games.

4.1.5 Serious Games in der Praxis: Determinanten und Konzeption

Einige Merkmale von Serious Games sind nicht zur bereits genannten Unterscheidung in Genres geeignet, da sie in jeder der Kategorien vorkommen können. Es sind Merkmale, die von den Anforderungen an das Spiel und somit vom Game Design bestimmt sind.

Ein Teil der Spiele wird von dem/der Spieler/-in alleine durchgeführt – er/sie spielt sozusagen mit oder gegen den Computer. Andere Spiele können mit mehreren Spielenden zusammen in Teams oder gegeneinander gespielt werden, was zum größten Teil in Online-Spielen der Fall ist. Genannt werden diese dann entsprechend Single- oder Multiplayer-Spiele. Jeder/Jede Spieler/-in hat andere Vorlieben und benötigt einen anderen Grad an Interaktion in einem Spiel. Auch hinsichtlich der Anforderungen an ein berufliches Trainingsspiel muss eine Entscheidung bezüglich der sozialen Komponente gefällt werden – entsprechend dem Maß an Interaktion, das die Mitarbeitenden während des Trainings eingehen sollen.

> \<Fach\> Multiplayer-Strategiespiele für mehrere Tausend Teilnehmer – Das Simulationssystem M3 (Man-Model-Measurement) (Helge Rosé, Mirjam Kaplow)

Neben dieser Unterscheidung werden Serious Games auch in Individual- oder Gruppenspiele eingeteilt. Unabhängig davon, ob ein Spiel ein Single- oder Multiplayer-Spiel ist, können Einzel- oder Gruppensituationen herbeigeführt werden. Soll beispielsweise der Teamgeist gefördert und Mitarbeitende an ein Rollenmodell innerhalb eines Entscheidungsprozesses herangeführt werden, eignen sich Gruppenspiele in Teams am besten. Jedes Gruppenmitglied erfüllt eine eigene Aufgabe im Team und stellt eine relevante Kompetenz dar. Die Gruppe muss diese so einsetzen und kombinieren, dass sie zum bestmöglichen Ergebnis im Spiel kommt. So kann sowohl die Leistung des Einzelnen als auch die Gruppenleistung gemessen werden. Häufig finden solche Spiele innerhalb von Präsenztrainings oder Gruppenseminaren ihren Einsatz. Soll jedoch die Leistung des Einzelnen geprüft werden, kommen Individualspiele zum Einsatz. Der Mitarbeiter/-in beschäftigt sich alleine mit dem Spiel und löst es mit seinen/ihren Kompetenzen und nach seinem/ihrem individuellen Wissen.

Einige Spiele bieten zur Repräsentation des/der Spielenden in der Spielwelt die Auswahl eines eigenen (und im Laufe des Spiels anpassbaren) Avatars, meist vor dem Spielstart. Einige Spiele beinhalten eine immer gleiche Hauptfigur, die jede/-n Spielende/Spielenden repräsentiert, andere kommen ganz ohne Avatare oder Spielfiguren aus. Dies ist nicht nur abhängig vom Spielgenre – Rollenspiele machen beispielsweise nur dank Avataren Sinn –, sondern auch vom Grad der Immersion, der erreicht werden soll. Selbst gestaltbare Avatare ermöglichen eine höhere Identifikation des/der Spielenden mit dem Spiel und unterstützen die Selbstdarstellung – das ist ein wichtiger Motivationsfaktor von Spielen.

Die Bedeutung von Tutoren/Tutorinnen oder begleitenden Trainern/Trainerinnen und Lehrern/Lehrerinnen ist für jedes Spiel unterschiedlich. Es muss individuell entschieden werden, ob ein Spiel begleitet wird oder ob der/die Spieler/-in auf sich alleine gestellt ist. Häufig werden in Präsenzveranstaltungen Trainer/-innen eingesetzt, die den spielerischen Part begleiten und den Teilnehmenden zur Seite stehen. Rundenbasierte Spiele ermöglichen, dass ein/-e Spielleiter/-in Teams einteilt, neue Runden startet, Aufgaben festlegt und auswertet. Werden Spiele außerhalb von Präsenzveranstaltungen eingesetzt, gibt es selten eine Begleitung. Die Spiele sind so gestaltet, dass der Nutzer alleine zurechtkommt und das Spiel individuell absolvieren kann.

Ob begleitetes oder unbegleitetes Spielen – die Frage nach der Auswertbarkeit der Ergebnisse ist von großer Relevanz. Serious Games, die im Training und in der beruflichen Weiterbildung eingesetzt werden, müssen häufig auswertbar sein, um Erkenntnisse über den/die Mitarbeiter/-in und seine/ihre Leistungen einzuholen sowie seine/ihre Stärken und Schwachstellen herauszufinden. Dies dient nicht nur der Erstellung eines individuellen Lernprofils, sondern vor allem in Onboarding-Prozessen zur Lernstandsermittlung. Nicht jede/-r (neue) Mitarbeiter/-in hat den gleichen Kenntnisstand; daher macht es wenig Sinn, jedem/jeder Mitarbeiter/-in dasselbe Lernangebot zu unterbreiten. Relevant ist die Erkennung der individuellen Schwachstellen, um gezielt zu schulen. Das spart nicht nur Zeit und Aufwand, sondern auch Kosten. Zumeist ist die Auswertung der Ergebnisse in Unternehmen möglich, um dies zu gewährleisten.

Technische Voraussetzungen definieren zudem die Lösung maßgeblich. Besonders im Umfeld von Unternehmen existieren zumeist erhebliche Restriktionen. Jedes gängige Lernmanagementsystem (LMS) ermöglicht den Austausch von Ergebnissen mit integrierten Kursen oder Serious Games – sofern diese dafür vorgesehen sind. Internationale Lernstandards und Schnittstellen, wie beispielsweise SCORM oder AICC, erleichtern dies. Zudem kann fast jede/-r Dienstleister/-in und Entwickler/-in nach diesen Standards arbeiten. In einigen Unternehmen können und dürfen Ergebnisse jedoch aus Datenschutzgründen nur anonym oder nur teilweise ausgewertet werden.

Gerade bei betrieblich genutzten Serious Games sind die zu berücksichtigenden Systemvoraussetzungen im Vergleich zu Unterhaltungsspielen eher niedrig. So ist die Verwendung des ansonsten gängigen Flash-Plugins des Herstellers Adobe heute zunehmend eingegrenzt. Der neue Webstandard HTML5, der im Gegensatz zu Flash nativ von gängigen mobilen Endgeräten unterstützt wird, liefert jedoch nicht die gleichen Ergebnisse in Bezug auf Interaktivität und crossmediale Mediennutzung. Serious Games werden aber zunehmend auch mobil eingesetzt.

▶ Entwurfsmuster der Lernspielentwicklung

Die Vielzahl der Ansatzpunkte hinsichtlich multimedialer Aufbereitung von Lerninhalten, effektiver Zielgruppenansprache, interaktiver Wissensvermittlung und spielerischer Elemente macht die Konzeption von Serious Games sehr komplex.

Das Medium der unterhaltenden Computer- und Videospiele hat sich seit über 50 Jahren beständig ausdifferenziert und verschiedene Trajektorien für die effektive Erzeugung von Spaß, Spannung und Ehrgeiz in verschiedenen Genres hervorgebracht; die Nutzung dieser Prinzipien in Verbindung mit externen Bildungszielen unterliegt jedoch stets dem Spannungsverhältnis zwischen adäquater Repräsentation des zu vermittelnden Wissens und motivierender Aufbereitung als Spielzyklus.

Eine analytische Betrachtung von spielerischen Prinzipien hilft dabei, die Anreize des digitalen Spiels auf formaler Ebene herauszuarbeiten und für den Einsatz in beruflichen Lehr-Lern-Prozessen dienstbar zu machen.

Eine bewährte Herangehensweise an Gestaltungsprobleme besteht in sogenannten Design Patterns („Entwurfsmuster"), die Lernspielentwickler/-innen für wiederkehrende Probleme bei der Konzeption von Serious Games sensibilisieren und den Designprozess zielorientiert kanalisieren, ohne den Raum für kreative Innovationen zu stark einzugrenzen. Hier lassen sich zunächst die Oberkategorien der interaktiven Wissensvermittlung, der nicht interaktiven Informationsdarbietung und der motivationsförderlichen Spielaspekte ausmachen, innerhalb derer konkretere Muster, z. B. die Darstellung des Lerninhalts aus unterschiedlichen fachlichen Perspektiven, ein Arrangement aus Aktions- und Reflexionsphasen oder das Nutzen von Ladezeiten für die Darstellung von Fakten, beschrieben werden.[98, 99, 100]

Die in unterhaltenden Computerspielen eingesetzte Lehrmethodik zielt darauf ab, kognitivistische Methoden, wie das Lesen von Anweisungen, auf ein notwendiges Mindestmaß zu reduzieren und die Erkenntnisse des/der Anwenders/Anwenderin durch aktive, selbst initiierte Wissenskonstruktion zu erzeugen. Auf diese Weise werden Spielatmosphäre und Immersion aufrechterhalten sowie die Anwendung von Erfolgsstrategien im greifbaren Zusammenhang demonstriert. Zusätzlich können Hinweise unterschwellig in die virtuelle Welt integriert werden, um Anwendenden zu ermöglichen, Erfolge auf das eigene Aktivwerden zurückzuführen und nicht auf anweisungskonformes Handeln.[101, 102]

4.1.6 Serious Games: Praxisbeispiele

▶ Der Vodafone Code

Vodafone ist einer der größten und modernsten Telekommunikationsanbieter in Europa, verfügt über eine heterogene Mitarbeiterstruktur und aufgrund des technisierten Geschäftshintergrundes über einen hohen und wiederkehrenden Schulungsbedarf. Auf der Suche nach einer innovativen Lösung hat sich Vodafone für den Einsatz eines Serious Games zur Schulung neuer Mitarbeiter/-innen im Bereich Vertrieb für Geschäftskunden entschieden.

---

[98] HUYNH-KIM BANG, B. et al.: Exploring Design Patterns. In: Serious Games, 2010.

[99] BJÖRK, S.; HOLOPAINEN, J.: Game and Design Patterns. In: SALEN, K. und ZIMMERMAN, E.: The Game Design Reader, A Rules of Play Anthology, 2006, Cambridge.

[100] KIILI, K.: On Educational Game Design, Building Blocks of Flow Experience, Tampere University of Technology, Publication 571, 2005.

[101] BOPP, M.: Immersive Didaktik, Verdeckte Lernhilfen und Framingprozesse in Computerspielen, kommunikation@gesellschaft, 6, 2005.

[102] BOPP, M.: Didactic Analysis of Digital Games and Game-Based Learning. In: PIVEC, Maja: Affective and Emotional Aspects of Human-Computer-Interaction, Game-Based and Innovative Learning Approaches, 2006, Amsterdam.

Klassisches, lineares E-Learning wurde dieser Aufgabenstellung nicht ausreichend gerecht. Darüber hinaus erscheint die Zielgruppe aufgrund des niedrigen Durchschnittsalters und der damit gegebenen affinen Nutzerschaft für digitale Spiele ideal.

Im *Vodafone Code* wurde eine webbasierte, interaktive Lösung geschaffen, welche die Lerninhalte motivierend, spielerisch und gleichzeitig realitätsnah vermittelt. Arbeitsrelevante Prozesse werden erfahrbar gemacht und Produktkenntnisse in einem greifbaren Rahmen abgeprüft.

Das Arbeitsumfeld des/der Lernenden wird mithilfe von 3D-Technologie abgebildet, die über jeden gängigen Webbrowser aufgerufen werden kann. Diese Art der Darstellung ermöglicht das Abbilden von Prozessen und Aufgaben in einem relevanten, dem/der Lerner/-in bekannten Umfeld. Ziel war unter anderem, das Spiel möglichst nah am realen Unternehmen zu halten. Auf diese Weise stieg die Identifikation der Lernenden mit der Anwendung; darüber hinaus wurde der Wissenstransfer in den realen Arbeitsalltag erleichtert.

Abbildung 35: „Der Vodafone Code" – interaktive Trainingsanwendung der Vodafone D2 GmbH

Dem *Vodafone Code* liegen verschiedene mediendidaktische Prinzipien zugrunde: Durch die dreidimensionale und realitätsnahe Ausgestaltung der Umgebung wird ein Immersionseffekt erzielt, der den/die Nutzer/-in in die Spielwelt eintauchen lässt und die Identifikation mit den virtuellen Prozessen steigert. Das Lernmedium simuliert den Ablauf eines/einer Vertriebsmitarbeiters/-mitarbeiterin, und jeder/jede Nutzer/-in erhält die Möglichkeit, seinen/ihren eigenen Avatar (Spielfigur) zu generieren, der ihn/ihr im Spiel repräsentiert. In Verbindung mit dem interaktiven Storytelling, dem aktiven Erleben einer Geschichte im Kontext der spielerischen Handlung, erhält der/die Spieler/-in einen virtuellen Raum zum Probehandeln in für ihn nachvollziehbaren Situationen. Dies steigert die emotionale Anteilnahme am Lernprozess: Der Nutzer fühlt sich als Teil der Geschichte und löst innerhalb des Konstrukts Aufgaben und Konflikte, um im Spiel voranzukommen. Ein für die Zielgruppe angemessenes Aufgabendesign stellt einen Zustand kontinuierlicher Anforderung her, welche sich im Rahmen der Unter- und Überforderung bewegt.

Dies begünstigt das Erreichen des Flow-Effektes[103], beschrieben als Zustand hoher Leistungsbereitschaft zwischen Unter- und Überforderung. Der/Die Lernende ist motiviert und befindet sich bestenfalls in einem positiven Schaffens- und Tätigkeitsrausch. Der Einsatz von erlerntem Wissen und die positive Rückmeldung durch Erfolge im Spiel sind hierbei ebenfalls entscheidende Faktoren.

Diese grundlegenden Prinzipien finden sich im Aufbau des *Vodafone Code* sowie in der authentischen Spielstory wieder. Der/Die Anwender/-in hat die Aufgabe, Kunden/Kundinnen zu akquirieren und von den Vodafone-Produkten zu überzeugen. Dies gelingt ihm/ihr jedoch nur, wenn er/sie sich über die Produkte informiert und sein erarbeitetes Wissen innerhalb von simulierten Kundengesprächen anwendet. Konkret werden diese Kundengespräche anhand von Multiple-Choice-Dialogen mit einer komplexen Verzweigung durchgeführt. Je nachdem, wie sich der/die Nutzer/-in entscheidet und verhält, entwickelt sich das Gespräch in unterschiedliche Richtungen. Ziel ist es, den/die Kunden/Kundin gut zu beraten, das Passende zu empfehlen und einen Abschluss zu erzielen. Jedes Gespräch wird von einem/einer virtuellen Mentor/-in mit einem Feedback kommentiert und bewertet, die Ergebnisse werden in eine Statistik überführt. Der/Die Nutzer/-in bekommt so einen Überblick über seine/ihre Leistungen, Stärken und Defizite.

Als Ergänzung zum klassischen E-Learning und Präsenztraining hat sich der *Vodafone Code* bewiesen und etabliert. Vodafone setzt das Serious Game als Vorbereitung der neuen Vertriebsmitarbeiter/-innen bei einer Präsenzschulung ein. So wird unter den Teilnehmenden ein homogener Wissensstand erreicht, und die Schulung kann zeit- und kostensparender durchgeführt werden.

▶ Airline Management Simulation

Die Deutsche Lufthansa ist eines der führenden Luftfahrtunternehmen der Welt. Der Markt für global tätige Anbieter/-innen ist von hoher systemischer Komplexität. Ziel des Projektes *Airline Management Simulation* ist die ganzheitliche Abbildung des Geschäftsmodells der Deutschen Lufthansa. Daran sollen Mitarbeiter/-innen aus ihrer beruflichen Rollensituation das Geschäftsmodell und dessen Wirkungen erfahren. Flugbegleiter/-innen, Bodenpersonal, Projektmanager/-innen oder Controller/-innen kennen sich in ihrem Spezialgebiet aus. Zur Generierung eines gemeinsamen Verständnisses und Verortung der eigenen Tätigkeit im Gesamtprozess der Wertschöpfung soll ein Überblick über das Gesamtsystem „Airline" gewonnen werden.

---

103   CSIKSZENTMIHALYI, M.: Das Flow-Erlebnis, Jenseits von Angst und Langeweile im Tun aufgehen. 8. Auflage, 2000, Stuttgart.

Die Deutsche Lufthansa sucht einen Weg, um dieses Lernanliegen realistisch, anschaulich und interaktiv zu vermitteln. Das Ergebnis ist ein browserbasiertes Serious Game mit Planspielcharakter. Der/Die Lernende kann Entscheidungen im Geschäftsmodell ausprobieren, seine/ihre eigenen Erfahrungen machen und die Konsequenzen seines/ihres Handelns unmittelbar erleben. Auf diese Weise wird ein nachhaltiger und umfassender Lernprozess angeregt.

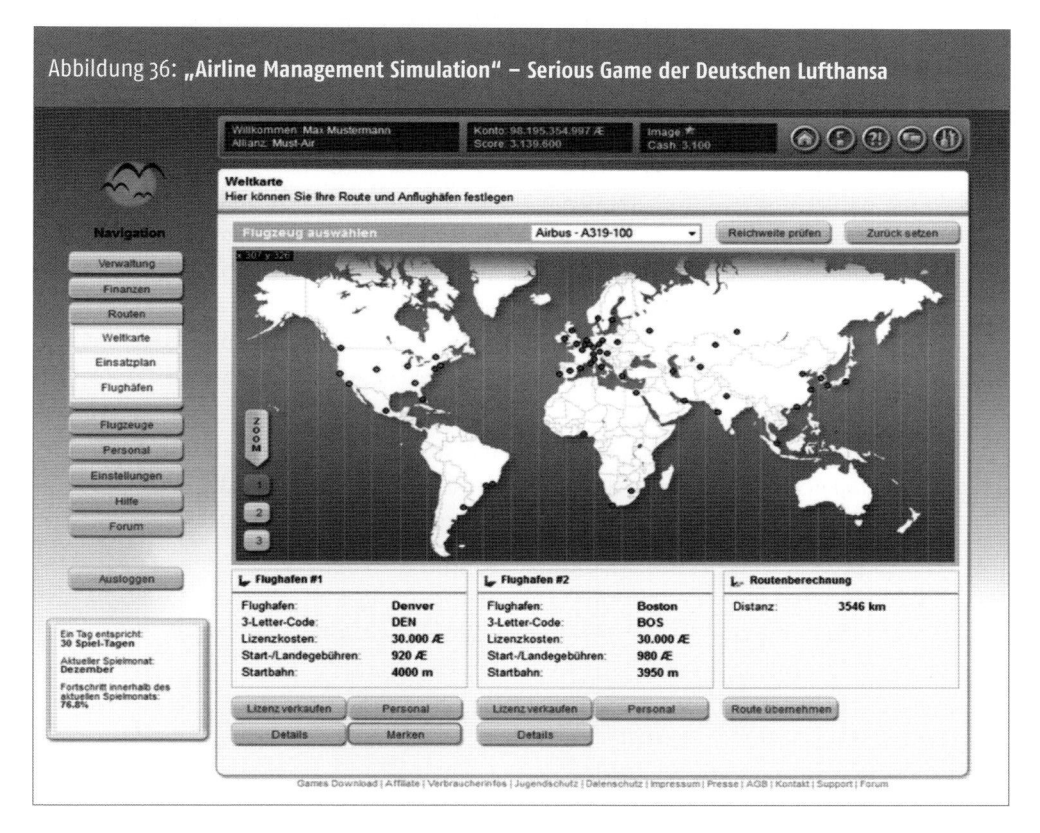

Abbildung 36: „Airline Management Simulation" – Serious Game der Deutschen Lufthansa

Zentrale Prozesse und Zusammenhänge werden durch visuell aufbereitete Zahlen und Fakten im spielerischen Kontext veranschaulicht. Basierend auf realistischen Daten zu Flughäfen, Flugzeugen und Routen sind die Rahmenbedingungen des Spiels flexibel und durch die Deutsche Lufthansa veränderbar: Angefangen vom Aufstieg einer zunächst kleinen Airline zum global agierenden Unternehmen über die Gestaltung einer Krisensituation zur Sicherstellung des Überlebens einer angeschlagenen Luftfahrtgesellschaft bis hin zu einem plötzlichen und unerwarteten Ereignis können die Trainingsverantwortlichen ein Szenario für den Anwender auswählen.

Die Handlungsoptionen sind vielschichtig: Die Spielenden müssen u. a. Flugzeuge beschaffen, Personal disponieren, Routen planen, Preise festlegen und Marketingkampagnen durchführen. Ein übergreifender Faktor hierbei ist der Finanzhaushalt. Der/Die Anwender/-in muss mit den ihm/ihr zur Verfügung stehenden Mitteln operieren und diese im Sinne der Budgetoptimierung effizient einsetzen. Hierbei ist beispielsweise die Routenauslastung zu beachten um eine Effizienzsteigerung zu erreichen. Der/Die Spieler/-in trägt die volle Verantwortung für seine/ihre virtuelle Fluggesellschaft und muss verschiedene Alternativen sorgfältig abwägen. Damit fördert das Lernmedium aktiv die Entscheidungskompetenz – ohne reale Konsequenzen. Einerseits wird dem/der Spieler/-in ermöglicht, sich und seine/ihre reale Tätigkeit im Unternehmenskontext einzuordnen. Andererseits wird die Tätigkeit der Unternehmensführung transparenter, da der/die Mitarbeiter/-in strategische Entscheidungen besser einordnen und nachvollziehen kann.

Jeder/Jede Anwender/-in hat zudem die Wahl, alleine oder im Verbund mit anderen zu agieren. Er/Sie kann auf diese Weise erkennen, dass Kooperation erhebliche Vorteile birgt, etwa wenn Kosten oder Flughafenrechte geteilt werden. Gleichzeitig fördert das kompetitive Element der Rangliste den Ehrgeiz, sich als Einzelspieler/-in oder als Team (in Form von „Allianzen") kontinuierlich zu verbessern. Das eigene Handeln wird dabei – anonymisiert durch die Verwendung von Pseudonymen – bedingt öffentlich.

Die Mitarbeiter/-innen der Deutschen Lufthansa nutzen das Serious Game im Rahmen von Workshops oder als eigenständige Weiterbildungsmaßnahme. Es ist somit als Kurskomponente in Blended-Learning-Konzepte eingebettet und steht außerdem als separates E-Learning-Angebot zur Verfügung.

Konzeptionell veranschaulicht die *Airline Management Simulation* die Nähe zwischen unterhaltendem Spiel und effizientem Lernmedium: Das Spiel wird, neben dem Einsatz in der beruflichen Weiterbildung bei der Deutschen Lufthansa, gleichzeitig als leicht modifizierte Version der Öffentlichkeit als Unterhaltungsspiel unter der Bezeichnung *Airline Company* zur Verfügung gestellt. Mit dieser Art Spiel wird eine spezifische Zielgruppe angesprochen, die sich neben dem Thema Luftfahrt auch für Managementspiele interessiert.

4.1.7 Zusammenfassung und didaktische Bewertung

Serious Games verfolgen das Ziel, im Zuge einer spielerischen Tätigkeit Informationen zu vermitteln, die auch außerhalb des Spiels eine Wirkung erzielen. Die motivationalen Faktoren des Computerspiels in Verbindung mit lehr- und lernmethodischen Potenzialen – etwa aktive Wissenskonstruktion in authentischen Kontexten – machen Serious Games zu einem vielversprechenden Werkzeug moderner Wissensvermittlung.

Digitale Lernspiele als eigenständiges Medium zu begreifen bedeutet, verschiedene Komplexitäten anzuerkennen. Unter anderem nutzen sie Simulationskonzepte wie auch Planspielkonzepte. Die verschiedenen Einsatzbereiche von Serious Games in der Praxis (Training, Aufklärung, Förderung von Soft Skills, Rekreation etc.) führen zu einer Ausdifferenzierung des Computerspiels in verschiedene Genres und Subgenres. Zudem differenzieren sich die Spiele durch die verschiedenen didaktischen Gestaltungsmöglichkeiten.

Serious Games, in denen spielerische Prinzipien nicht nur als Beiwerk, sondern als durchdachtes Element der Wissensvermittlung eingesetzt werden, ermöglichen ein gleichermaßen motivierendes wie selbstwirksames Kompetenzerleben durch direkte Feedbackmechanismen und Freiräume bei der individuellen Ausgestaltung des Lernprozesses – beispielsweise hinsichtlich des Lerntempos und der interessengeleiteten Auswahl von Lerninhalten. Die didaktische Verknüpfung von Informationsvermittlung, interaktivem Angebot und relevantem berufspraktischen Kontext lässt die Verwertungszusammenhänge des Wissens praxisnah erkennen und erhöht die Transferwahrscheinlichkeit von gelernten Erfolgsstrategien in reale Anforderungssituationen.

Eine Bewertung digitaler Serious Games anhand der für die berufliche Bildung wichtigen Spielmotive, wie sie in Kapitel 1 vorgestellt wurden und für alle Planspielarten vorgenommen wurde, zeigt folgende Übersicht:

Übersicht 26: Didaktische Bewertung digitaler Serious Games

Spielmotiv	Bewertung
Abschlussmotiv: Sich erfolgreich auf eine Abschlussprüfung vorbereiten.	Bei digitalen Spielen kaum von Bedeutung, da diese lediglich punktuell in Bildungsmaßnahmen eingesetzt werden.
Wissens-/Erlebnismotiv: Führungswissen (was Unternehmensführung bedeutet/ welche Anforderungen sie stellt) erfahren	Digitale Serious Games können wissensintensiv (Dichte der Wissensvermittlung pro Zeiteinheit) gestaltet sein, sind aber eher erlebnisorientiert mit hohem Festigungsgrad.
Problemlöse-/Probiermotiv: Erwerb von Problemlöseerfahrung durch Vergleich von Strategien	Insbesondere, wenn digitale Serious Games als Simulationen ausgelegt sind, können Erfahrungen zu verschiedenen Handlungsstrategien erworben werden. Die Entwicklung eigener heuristischer Problemlösungsmethoden ist nur eingeschränkt möglich.
Handhabungsmotiv: Umgang mit z. B. betriebswirtschaftlichen Instrumenten	Der Umgang mit (betriebswirtschaftlichen) Instrumenten muss bei der Spielentwicklung explizit berücksichtigt werden.
Konkurrenzmotiv: Besseres Verstehen/Fokussieren der Konkurrenz, des Kunden/Marktes, seiner eigenen Fähigkeiten	Spielt bei digitalen Serious Games eine wichtige Rolle, wird aber in der Regel zu wenig berücksichtigt, da intensive Reflexions- bzw. Debriefing-Phasen fehlen.
Austauschmotiv: Bedürfnis nach Erfahrungsaustausch unter „Branchen- oder Funktionskollegen"	Normalerweise kein unmittelbarer persönlicher Austausch, wohl aber über Social-Media- und/oder E-Learning-Plattformen erreichbar und leistbar.
Führungsmotiv: Führungssichten des übergeordneten Managements nachvollziehen wollen	Kaum realisierbar, da die Fragestellungen von digitalen Serious Games kaum Gemeinsamkeiten haben mit den Aufgabenstellungen übergeordneter Managementebenen.

Quelle: BLÖTZ/BALLIN

4.1.8 Weitere digitale Serious Games

Übersicht 27: Digitale Serious Games (inkl. Simulatoren) auf der DVD

2014	Bezeichnung	Thema	Demo bzw. Link
Neu	Airline Company	Wirtschaftssimulation	<Link>
	Computerpostkorb	Assessment-Center	
	CORPSIM – Der Firmensimulator	Allgemeine Unternehmenssimulation	<Demo>
	CYQUEST – Die Karrierejagd durchs Netz	Recruitment	
	Der Planer 3 – Wirtschaftssimulation	Speditionsbetrieb	<Link>
Neu	Fit im Denken: Brainjogging		<Link>
Neu	Fort Fantastic	Virtueller Freizeitpark	<Link>
Neu	GATSCAR	Virtuelle Mechatronik	<Link>
Neu	GreenSight City – Die grüne Metropole der Zukunft	Stadt-, Mobilitätsentwicklung	<Link>
	HERAKLIT BASIC – Das Standardwerkzeug zum Vernetzten Denken	Simulation, Präsentation und Analyse von Wirkungsnetzen	<Link>
	HERAKLIT PLAYER Simulations- und Managementcockpit	Vernetztes Denken mit Szenariensimulation	<Demo>
Neu	Ich und meine Zukunft	Recruitingspiel (Recrutainment) mit Selbsttests und interaktiven Übungen	<Link>
Neu	INSYS comlab	Kommunikationstraining	<Link>
	InterLAB – Die einzigartige Kommunikationsplattform		
	Let's get IT done!	IT-Beratungskompetenz	<Link>
	LUNARIS – Computersimuliertes Szenario	Komplexitätsmanagement in Teams	
	Management Simulation Highlight		
Neu	MiniSIMS-Simulationen für Trainings und Workshops		
	MOBILITY – Stadtplanspiel zum Thema Verkehr und Mobilität	Mobilität und Stadt	<Link>
	Multimedia-Planspiel zur Berufsorientierung JOBLAB	Berufsorientierung	<Demo>
	Multimedia-Planspiel zur Studienwahl JOBLAB	Studienwahl	
Neu	Operation Office 2010	Bürosoftware – Verkaufsgespräch	<Link>

2014	Bezeichnung	Thema	Demo bzw. Link
Neu	PC-basierte VR-Simulation Roboterfahrzeug PackBot EOD		<Link>
Neu	PC-basierte VR-Simulation Roboterfahrzeug tEODor		<Link>
Neu	PC-basierte VR-Simulation Tauchroboter GNOM		<Link>
Neu	PRIMESIM Executive	Leadership, Führung, Management, Unternehmensführung	
Neu	Probier dich aus	Recruitingspiel (Recrutainment) mit Selbsttestelementen und interaktiven Übungen	<Link>
Neu	ProFahrT – Berufskraftfahrerqualifikation	Lkw-Fahrsimulator	<Link>
	Scherbenwelten		<Link>
	SIM Alarm	Sicherheitstraining	<Demo>
	SIMULME	Umweltfolgen von Lebensmitteleinkäufen	<Link>
	SkateUp	Betriebswirtschaftliche Zusammenhänge	<Link>
	Super im Markt	Berufsfeld Großhandel	
Neu	Techforce		<Link>
Neu	the skillz!	Interkulturelle Kompetenz, Sozialkompetenz	<Link>
	Tr.A.X – Berufsorientierungsspiel		<Link>
Neu	Virtual Reality – Simulation eines Wassertankcontainers (WTC)		
Neu	Virtual Reality – Simulation für manuelle Montageabläufe		
Neu	Virtual Reality – Simulation für Minentaucher		
Neu	Virtual Reality – Simulation Roboterfahrzeuge		
Neu	Virtual Reality – Simulation Unterwasserfahrzeuge		
Neu	Virtual Reality – Teamtraining		
Neu	Virtueller Supermarkt	E-Learning-Plattform	<Link>
Neu	Vodafone Code		
Neu	VoTeKK	Ärztefortbildung	
Neu	Wartung und Instandsetzung von Massenspektrometern		
Neu	Wasser Marsch!	Projektmanagement und Teambuilding	<Link>
Quelle: KHSD			

4.2 Haptische Serious Games *(Eric Teske)*

Gerne wird in der deutschen Diskussion übersehen, dass es bereits vor dem Einsatz von Computerspielen in Bildungseinrichtungen und Unternehmen und neben dem Format der Planspiele zahlreiche Bestrebungen gab, die Dynamik der Spiele für die Vermittlung von Wissen zu nutzen. So beschrieb bereits Leonardo da Vinci in seinem „Traktat über die Malerei" Spiele (ca. im Jahre 1500), welche der Zeichner treiben sollte, um seine Malerei zu verbessern (vgl. Hinweis bei KOBBERT, 2010, S. 35). Auch der Begriff „Serious Games" ist wie beschrieben schon seit Längerem besetzt. So prägte im Jahre 1970 Clark C. ABT den Begriff „Serious Games" oder – wie es in der deutschen Übersetzung von 1971 heißt – „Ernste Spiele". „Wir haben es hier mit ernsten Spielen in dem Sinne zu tun, dass diese Spiele ausdrücklich und sorgfältig durchdachten Bildungszweck verfolgen und nicht in erster Linie zur Unterhaltung gedacht sind" (ABT, 1971, S. 26). Clark C. ABT versuchte einen Oberbegriff für Spiele im Kontext von Bildungsinstitutionen zu definieren, unabhängig vom Ursprung, Format, Medium und Zielgruppe des Spiels. „Der scheinbare Widerspruch Ernste Spiele vereint den Ernst des Denkens und die Probleme, die ihn erfordern, mit der Freiheit des aktiven Spiels, zu experimentieren und seinen Gefühlen Ausdruck zu verleihen" (ABT, 1971, S. 28 f.). Der Begriff „Serious Games" ermöglichte es ihm, jede Art von Spiel in einen Bildungskontext zu integrieren, ob Gesellschaftsspiel, Spielaktion[104], Computerspiel oder Planspiel. Zusammengefasst lässt sich sagen, dass es immer wieder Versuche gab, die Dynamik des Spiels, in seinen jeweils historischen Ausprägungen und technischen Möglichkeiten, für wichtige, „ernste" Themen einzusetzen.[105] Den aktuellsten Versuch startete Jan MCGONIGAL (2011) mit ihrem Buch „Reality is Broken". Sie führt darin aus, dass es heute möglich ist, mit Computerspielen die reale Welt zu verändern.

Der größte Unterschied zwischen digitalen und haptischen „Serious Games" liegt wohl darin, dass die haptischen in Gruppen unter unmittelbar Anwesenden gespielt werden. Haptische „Serious Games" greifen auf unterschiedlichste Spielmaterialien zurück. Auch ergeben sich andere Kategorisierungen bzw. Klassifizierungen als bei den digitalen Serious Games (siehe „Paderborner Modell"). Im bisherigen Planspielkatalog sind haptische Serious Games häufig in der Rubrik „Verhaltens- und Rollenspiele" erfasst. Für die Klassifizierung von haptischen Spielen bieten sich neben den Verhaltens- und Rollenplanspielen die folgenden Spielkategorien an (nach Treske/Ballin):

---

[104] Zu Spielaktionen siehe in Deutschland das Netzwerk Spielpädagogik an der Akademie Remscheid: www.netzwerk.spielaktionen.de.

[105] So hieß es auf der Spielschachtel des im Jahre 1965 zum Firmenjubiläum der Firma Röver-Dienste aus Darmstadt erschienenen „Reiniger-Spiel um zufriedenen Kunden": „Spannend finden alle das Spiel, und niemand merkt dabei, dass er zwar gespielt, aber spielend sogar Wirtschaftsvorgänge begriffen hat." Ähnlich verhält es sich in der Beschreibung des Wirtschaftsspiels „bigboss" (1968) der IWA Rechenschieberfabrik, heute erhältlich bei Ravensburger unter dem Titel „Playboss".

4.2.1 Narrationsorientiert

Narrationsorientierte Serious Games sind Spiele, die die Teilnehmenden durch ihr Regelwerk zum Erzählen anregen bzw. eine Diskussion unter den Anwesenden entstehen lassen. Typische Vertreter dieses Genres sind Spiele wie „Napuro" zur nachhaltigen Entwicklung in Unternehmen oder „Service Storys" zur innovativen Dienstleitung in der Hotellerie. „Service Storys" wurde entwickelt im Rahmen des Forschungsprojektes PiA für die deutsche Niederlassung des Hotelkonzerns Accor. Das Spiel „Service Storys" konstruiert mit zwei zufällig gezogenen Karten eine Situation im Hotelalltag. So versucht ein Gast an der Bar stehend, seinen Hotelaufenthalt zu verlängern. Auf diese Kundenanforderung müssen die Spieler mit den Karten, die sie auf der Hand halten, reagieren. Die Karteninhalte weisen nicht exakte Lösungen auf, sondern Umschreibungen, manchmal auch widersprüchliche Aussagen. Dies zwingt die Spielenden zum Improvisieren. Der/Die Spieler/-in kommentiert seine ausgelegte Karte und überzeugt seine/ihre Mitspieler/-in, dass es Sinn macht, diese Karte abzulegen. Es entsteht eine gemeinsame Geschichte, die auf ganz unterschiedlichen Ebenen Fantasie und Reflexion der Spieler/-innen anregt.[106] Dieses Spiel wird ohne Trainer/-in im Unternehmen eingesetzt.

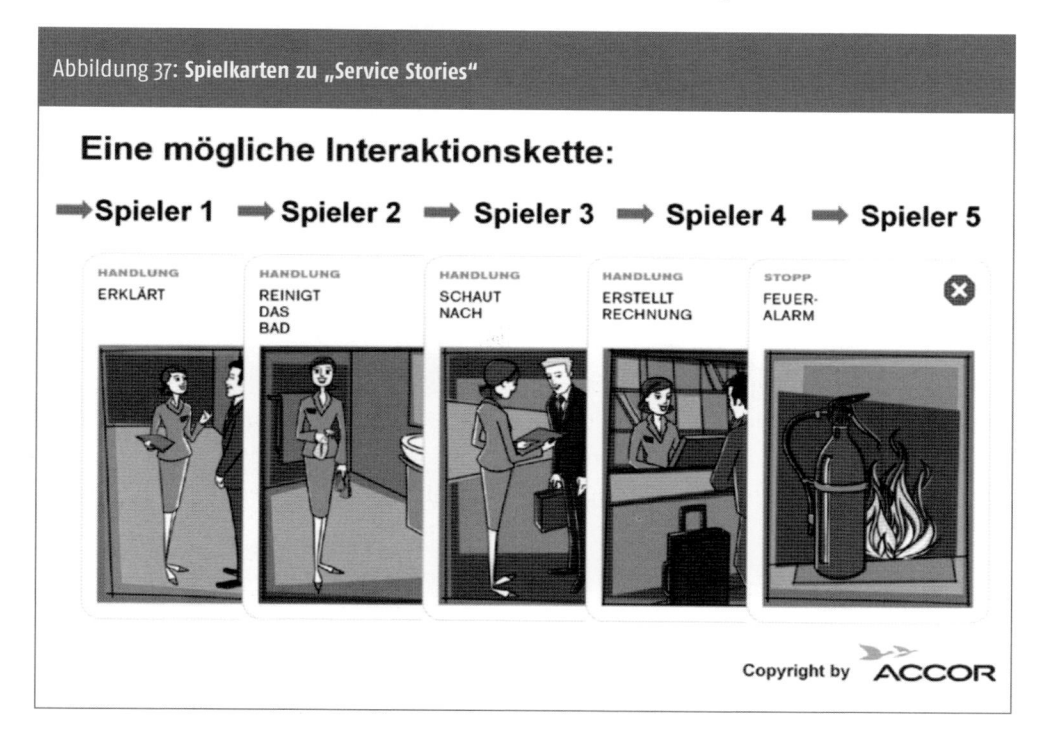

Abbildung 37: Spielkarten zu „Service Stories"

---

[106] Siehe hierzu die Veröffentlichung ALISCH, Mark & TRESKE, Eric (2012): „Service Storys" – spielerische Personalentwicklung in der Hotellerie. In: DUNKEL, Wolfgang; WEIHRICH, Margit (Hrsg.): Theorie, Praxis und Gestaltung von Dienstleistungsbeziehungen, Springer.

4.2.2 Prozessorientiert

Prozessorientierte Spiele bilden verkettete Ereignisse zeitlich sequenziell oder parallel ab. Typische Vertreter dieser Gattung sind Produktions- oder Logistikspiele, wie z. B. das Spiel „Schiffswerft FLOTT". Dieses Spiel wurde für die Lufthansa Technik AG entwickelt und sollte Führungskräfte sensibilisieren, wie ihre Entscheidungen den Umgang ihrer Mitarbeiter/-innen mit Qualität bestimmen. Die Spieler/-innen führen in diesem Spiel Arbeitsschritte aus, um Schiffe bzw. Schiffsteile zu produzieren. Jede Arbeitsgruppe folgt ihren Arbeitsanweisungen, im Zusammenspiel aller Arbeitsgruppen entsteht das Produkt des Unternehmens. Es macht einfach Spaß, möglichst viele Schiffe zu bauen – sich mit den anderen Gruppen im Spiel zu messen. Der Ernst entsteht durch die Parallelität des gezeigten Verhaltens – zwischen Spiel und der unternehmerischen Realität. Der Unterschied zu anderen Spielen zum gleichen Thema besteht darin, dass nicht nur Entscheidungen im Spiel getroffen werden, sondern man handelt im Spiel real. So kann zwar ein/-e Spieler/-in sich für Qualität entscheiden, aber sein/ihr konkretes Handeln in der „Schiffswerft FLOTT" kann sich von seinem/ihrem guten Vorsatz signifikant unterscheiden. Das Spiel zeigt eine Analogie auf, um das eigene Verhalten in der betrieblichen Realität angemessen zu reflektieren.[107]

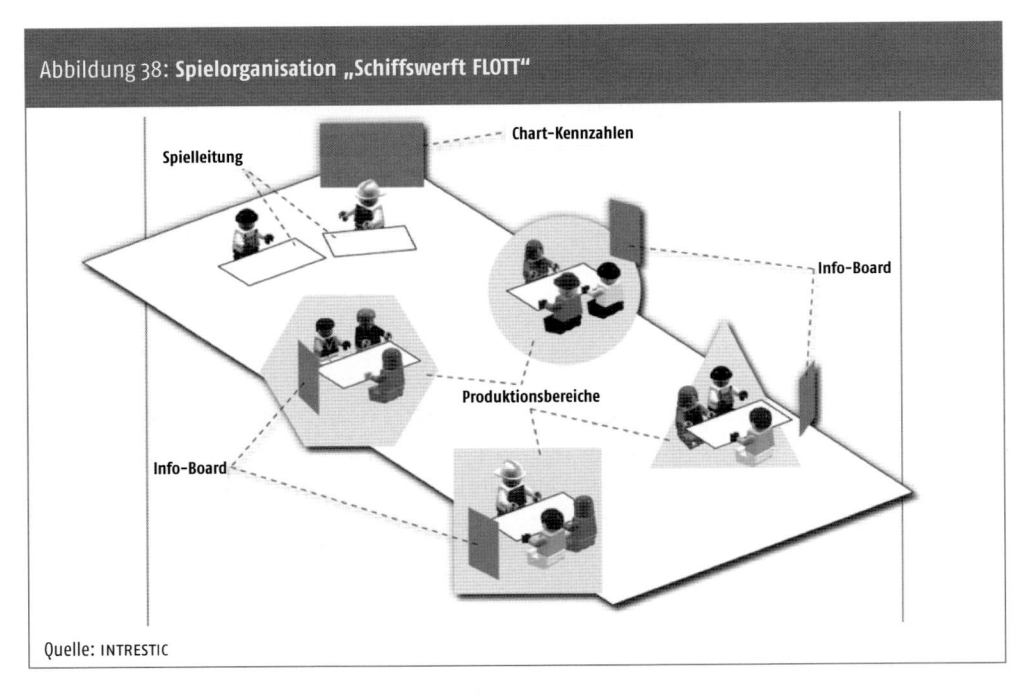

Abbildung 38: Spielorganisation „Schiffswerft FLOTT"

Quelle: INTRESTIC

<Fach> Beer Game reloaded – Erfahrungsbericht und Spielvarianten der Supply Chain Simulation „Beer Game" an der Hochschule Ludwigshafen am Rhein (Stefan Bongard)

---

107 Siehe hierzu auch die Veröffentlichung TRESKE, Eric (2011): Qualität erleben: „Schiffswerft FLOTT". In: HITZLER, Sebastian; ZÜRN, Birgit & TRAUTWEIN, Friedrich (Hrsg.): Planspiele – Qualität und Innovation, Neue Ansätze aus Theorie und Praxis, Schriftenreihe des Zentrums für Management Simulation.

4.2.3 Ereignisorientiert

Ereignisorientierte Spieler/-innen sind Spiele, die in ihrem Regelwerk Bezug auf konkrete Ereignisse in der Realität nehmen. Beispielsweise finden und benennen die Spieler/-innen mit Unterstützung des Kartenspiels „Discovery Cards" Ereignisse aus ihrem Unternehmen. Eine Karte zeigt ein allgemein bekanntes und idealtypisch formuliertes Problem. Alle auf den Karten dargestellten Probleme stammen aus dem konkreten Unternehmensalltag. Nur wenn alle Mitspieler/-innen aus ihren unterschiedlichen Perspektiven der Meinung sind, dass dieses Problem relevant und im Moment bedeutend ist, bleiben Karte und Thema im Spiel. Zum Spiel kommt es, weil die Grafik und die Überschriften der Karten genügend Raum für Interpretationen und Widerspruch lassen. In einem anderen Spiel („Mülleimer") versuchen die Teilnehmenden, die Ereignisse zu rekonstruieren oder zu verfolgen, die zu einer Entscheidung im Unternehmen geführt haben. Gemeinsam rekonstruieren sie daran die Interessen und Machtverhältnisse im Entscheidungsprozess.

4.2.4 Materialorientiert

Der Spielansatz von „Lego Serious Play®" treibt den Einsatz von Material auf die Spitze. Er zeigt, was passieren kann, wenn Spieler/-innen beginnen, buchstäblich mit den „Händen zu denken". Viele ernste Spiele im Bildungskontext legen großen Wert auf ein besonderes Material bzw. eine einzigartige Haptik. Allgemein spricht man daher von haptischen Spielen. „Lego Serious Play®" beispielsweise gibt mehreren Spielenden eine vorgegebene Auswahl an unterschiedlichsten Lego®-Steinen an die Hand, mit denen sie spontan zu einer Fragestellung jeweils ein Objekt bauen sollen. Die geschaffenen Objekte werden inszeniert, erklärt und kommentiert. Im nächsten Schritt erschaffen die Spieler/-innen aus allen Objekten ein Gesamtgebilde. Dass es sich dabei um „Kinderspielzeug" handelt, irritiert, ändert aber nichts am kreativen Prozess, der auf Basis der Materialität angestoßen wird. Ähnliches gilt für die Murmelbahnen von Cuboro®. Spielende erhalten die Aufgabe bei „Cuboro kreativ denken", nach einer groben Vorgabe eine Murmelbahn zu bauen. So entsteht nicht eine einzige Murmelbahn, sondern exakt so viele Bahnen wie Spieler mitbauen. Oder betrachten Sie „octopas" von Joachim Zischke – ein grafisches Werkzeug und Spiel aus Kartonage, mit dessen Hilfe man unterschiedliche Unternehmensfunktionen auf dem Tisch auslegen kann. Viele ernste Spiele greifen auf Material zurück, um Lerneffekte auszulösen – wichtig ist, dass die verwandten Materialien eine Funktion haben oder in einen Lernkontext eingebettet sind.

>   <Fach> octopas – Ein haptisches Methoden-Werkzeug für Lern- und Wissensszenarien (Joachim Zischke)
>
>   <Fach> Der Struwwelmanager – Ein ernsthaftes haptisches Spiel für Manager (Joachim Zischke)

4.2.5 Didaktische Bewertung von haptischen Serious Games

Übersicht 28: **Didaktische Bewertung von haptischen Serious Games**

Spielmotiv	Bewertung
Abschlussmotiv: Sich erfolgreich auf eine Abschlussprüfung vorbereiten	Als Einstimmung geeignet oder zur Vertiefung für Fachleute.
Wissens-/Erlebnismotiv: Führungswissen (was Unternehmensführung bedeutet/ welche Anforderungen sie stellt) erfahren	Die Auswirkungen von Führung bzw. Nichtführung (im Gegensatz zu Management gesehen) werden deutlich und unmittelbar erlebbar. Führung aus der Perspektive Führungskraft und Mitarbeiter/-in.
Problemlöse-/Probiermotiv: Erwerb von Problemlöseerfahrung durch Vergleich von Strategien	Die Spiele liefern einen Rahmen, innerhalb dessen unterschiedliche Strategien gespielt und somit erlebt werden können. Hohe Anforderung, dies klar in der Auswertung zu differenzieren bzw. jeweils zu unterscheiden.
Handhabungsmotiv: Umgang mit z. B. betriebswirtschaftlichen Instrumenten	Instrumente der Qualitätssicherung bzw. betriebswirtschaftlichen Steuerung können in die Spiele integriert werden – oder im anschließenden Seminar eingeführt werden.
Konkurrenzmotiv: Besseres Verstehen/Fokussieren der Konkurrenz, des Kunden/Marktes, seiner eigenen Fähigkeiten	Das Verstehen von Funktionen aus unterschiedlichen Perspektiven. Transfer hängt vom jeweiligen Spiel ab.
Austauschmotiv: Bedürfnis nach Erfahrungsaustausch unter „Branchen- oder Funktionskollegen/-kolleginnen"	Austausch erfolgt unmittelbar im Spiel, unter den Anwesenden.
Führungsmotiv: Führungssichten des übergeordneten Managements nachvollziehen wollen	Führungssichten werden auf die unteren Ebenen des Unternehmens oder Organisation heruntergebrochen und so in ihren unmittelbaren Auswirkungen verstehbar.

4.2.6 Weitere haptische Serious Games

Übersicht 29: Haptische Serious Games auf der DVD

2014	Bezeichnung	Thema	Demo bzw. Link
Neu	Benimm ist nicht schlimm!	Persönlichkeitsentwicklung	<Link>
	Beste Ernte	Erfolgsabhängige Entlohnung	
Neu	Colony	Welthandel, Kolonialismus	<Link>
	Das 4x4 der Effizienz	Teamdynamik	
Neu	DEAL!	Welthandel	<Link>
Neu	Der Struwwelmanager	Managementteam	<Link>
Neu	Ease-it	Prozessmanagement, Lean Management, BPM	
	Excelleron (1. Eintrag)	Change Management	
	Gebrauchtwagenhändler		
Neu	Global Conflicts	Sozialkunde, Geografie	
	Gold of the Desert King	Projektmanagement – Teamproduktivität	
	Inselforscher	Berufswahlkompetenz	
Neu	Integrate	Europa, europäische Einigung	
Neu	Integrate II Mars Mission	Europa, europäische Einigung	
Neu	Keep Cool	Klimawandel	<Link>
Neu	octopas:concept	Haptisches Analyse- und Strukturierungswerkzeug	<Link>
	Rattlesnake Canyon	Customer Awareness	
	Tacheles	Kommunikation	
	team&boss	Teamarbeit, Führungskompetenz, Ergebnisoptimierung	
	TopMobil	Einführung in Unternehmensprozesse	
	Transfer Tangram	Kommunikation und Wissenstransfer	
Neu	Wolfsspuren	Teambildung	<Link>

5. Entwicklung von computerunterstützten, kundenspezifischen Planspielen

Nicht immer entsprechen die von den Planspielherstellern auf den Markt gebrachten Spiele den Vorstellungen der/die Kunden/Kundinnen. Es tritt dann die Frage auf, wie erhält der/die Kunde/Kundin ein Planspiel, das möglichst genau seinen/ihren Vorstellungen entspricht. Dafür bieten sich verschiedene Wege und Möglichkeiten an.

Die erste und naheliegendste Möglichkeit ist die der Anpassung eines vorhandenen Spiels. Dieses wird als Basisspiel zur Spezifikation von Entwicklungsanforderungen herangezogen. Der/Die Kunde/Kundin analysiert das Basisspiel unter dem Aspekt, inwieweit es seine/ihre Anforderungen nicht erfüllt, und erstellt – in der Regel in Zusammenarbeit mit dem Hersteller – ein Pflichtenheft, das die Änderungswünsche möglichst präzise beschreibt. Die programmtechnische Umsetzung nimmt dann der Hersteller vor, oder der/die Kunde/Kundin erwirbt eine Lizenz, die ihn/sie zur selbstständigen Vornahme der Änderungen berechtigt. Die Anpassungsprogrammierung erfolgt dann in einer der für Planspiele gängigen Programmiersprachen PASCAL, C, C++ oder JAVA. Die Vorteile liegen auf der Hand: Der/Die Kunde/Kundin weiß, was er/sie erwarten kann, die Kosten halten sich in Grenzen, und das angestrebte Planspiel ist relativ schnell verfügbar. Dieses Vorgehen anzuwenden, empfiehlt sich besonders für geschlossene Planspiele, die seit Jahren auf dem Markt sind und bei denen der Änderungsaufwand überschaubar ist (z. B. bei Sprachvarianten, anderen Kostenrechnungsverfahren oder dgl.). Voraussetzung ist allerdings, dass der/die Kunde/Kundin das dem Spiel zugrunde liegende Modell sehr genau kennt und weiß, dass Änderungswünsche nicht an die strukturellen Grenzen des Systems stoßen.

<Fach> Entwicklung eines Unternehmensplanspiels für das Handwerk (Michael Motzkau, Harald Thieme)

<Fach> Das maßgeschneiderte Planspiel (The taylored business game) – Erfahrungen und Empfehlungen bei der kundengerechten Entwicklung von Brettplanspielen zur Unternehmenslogistik (Rico Wojanowski, Michael Schenk)

<Fach> Funktionen eines unternehmensspezifischen Management-Planspiels in einem PE-Konzept der Deichmann-Gruppe (Jörg Wins)

<Fach> Dynamische Szenarien – Schlüssel für erfolgreiche Unternehmensstrategien – Entwicklung und Einsatz dynamischer Szenarien bei Unternehmensplanung und -führung (Rainer Michaeli)

<Fach> Systematisches Komplexitätsmanagement – PC-Simulationen und Planspiele auf der Basis des Vernetzten Denkens (Jürg Honegger, Michael Hartmann)

<Fach> Unternehmenssimulationen entwickeln im eigenen Mitarbeiter-Team: Komplexitätsmanagement mit einer Mikrowelt (Mathias M. Fischer, Federico Barnabè)

<Fach> Methoden, Menschen, Modelle – Seminarkonzepte für Versicherungsplanspiele (Ralf Klotzbücher, Herbert Schmidt)

<Fach> Von der Balanced Scorecard zur computerunterstützten Entscheidungssimulation (Dieter Ballin)

<Fach> Management eines Wellness-Hotels mit der Dynamic Scorecard – Anwendungsbeispiel zur kundenspezifischen Planspielentwicklung (Falko Wilms, Margret Richter)

Die zweite Möglichkeit ist die der vollständigen Eigenentwicklung. Bei ihr ist das Unternehmen oder die Bildungseinrichtung sowohl für die Spielkonzeption, die Modellbildung als auch für die Programmierung der Simulation selbst verantwortlich. Hier sollte möglichst frühzeitig in Abhängigkeit von der Bedeutung der durch das Planspiel zu unterstützenden Bildungsmaßnahme Folgendes geklärt werden:

▶ Referenzspiele

Nach Sichtung des Marktangebots und Auswertung von Spielerfahrungen (z. B. anhand des Planspielkatalogs und der Fachbeiträge auf der DVD) sollten maximal drei bis vier Spiele als Orientierungsmuster vereinbart werden.

Die Auswahl dieser Referenzspiele ermöglicht bei der Neuplanung konkrete Bezugnahmen auf einzelne Facetten einer Spielkonzeption und verhindert das gefürchtete „Aneinandervorbeireden".

▶ Vorgehensweise

Hier ist ein evolutiver oder ein monolithischer Ansatz möglich. Evolutiv bedeutet, es werden zunächst einfache, relativ unvollkommene Prototypen möglichst schnell entwickelt, die dann nach ersten Erprobungen schnell und ständig verfeinert werden. Beim monolithischen Vorgehen wird das Spiel „aus einem Stück" geplant und nach einem Phasenschema realisiert. Kernstück ist ein Pflichtenheft mit einem detaillierten Bauplan.

▶ Spielkonzeption

Die Motivation zum Planspielen wird erheblich durch den Spielcharakter bedingt. Entscheidend ist hier die „Spieldramaturgie". Spiele ohne dramaturgisches Konzept zeigen keine Spannung und strahlen keinen Reiz aus. Es ist zu klären, wie sich das angestrebte Spiel von „reiner Arbeit" und „reinem Lernen" abgrenzt und wo die tatsächlichen Spielelemente liegen, die den „Spielspaß" auslösen. Eine gute Quelle für Spielideen sind Grundschullehrerinnen und -lehrer; denn sie sind dem „spielerischen Lernen" am nächsten.

▶ Software-Unterstützung

Die Palette spielunterstützender Software ist weit gespannt. Sie reicht von Arbeitsplatz-Software, die in das Lehr- und Lernarrangement des Planspiels einbezogen werden kann, über einfache Tabellenkalkulationsprogramme wie Excel bis hin zur Modellierungs- und Simulationssoftware, wie sie in diesem Kapitel noch vorgestellt wird. Es muss sichergestellt werden, dass die Software während des Spiels über eine geeignete Infrastruktur (Netz, Notebooks ...) für alle Spielteilnehmenden bereitsteht und ohne erheblichen Einarbeitungsaufwand genutzt werden kann. Ferner ist zu prüfen, ob und wie gegebenenfalls die geplante Software unter einer einheitlichen Benutzungsoberfläche präsentiert wird. Ausdrücklich zu warnen ist vor einer Überbetonung der Rolle und Funktion von Software. Sie ist eindeutig der Spiel- und Unterrichtskonzeption unterzuordnen. Ihre Schlüsselrolle liegt in der Übernahme von berechnungsintensiven Aufgaben, die bei Simulationen anfallen, und in der Ergebnisdokumentation. Die Phasen, wann und wie Software im Spielverlauf eingesetzt wird und was man sich von diesem Einsatz verspricht, sollten deutlich herausgestellt werden und auf die angestrebten Lernziele abgestimmt sein.

5.1 Die Methode des vernetzten Denkens und Handelns

Als grundlegende Möglichkeit, Planspiele, insbesondere offene Planspiele, zu entwickeln, bietet sich die Methode des „vernetzten Denkens und Handelns" an, wie sie beispielhaft und umfassend in P. Gomez/G. Probst „Die Praxis des ganzheitlichen Problemlösens"[108] oder in F. Vester „Die Kunst vernetzt zu denken"[109] dargestellt ist. Die mithilfe dieser Methode erstellten Wirkungsnetze (-modelle) eignen sich sowohl für die Bearbeitung von Problemstellungen in Workshops als auch für die Entwicklung von computerunterstützten Planspielen.

Bei der Simulation geht es um die Wirkungsanalyse von Zustandsänderungen, insofern liegt mit jedem erstellten Wirkungsnetz bereits ein offenes Planspiel vor. Offen insofern, dass das Wirkungsnetz von dem an der Modellbildung beteiligten Arbeitsteam jederzeit geändert, erweitert und neuen Herausforderungen bzw. Einsichten angepasst werden kann. Wirkungsnetze eignen sich demnach auch dafür, unter komplexen und turbulenten Umgebungsbedingungen den Überblick zu behalten.

Wird das Wirkungsnetz (= Simulationsmodell) kombiniert mit Ereignissen, deren Eintreten zu Auswirkungen auf die Zustände der Netzelemente führt, und lässt man von dem/

---

108 GOMEZ, Peter: Die Praxis des ganzheitlichen Problemlösens: vernetzt denken, unternehmerisch handeln, persönlich überzeugen, Bern; Stuttgart; Wien: Haupt, 1997.
109 VESTER, Frederic: Die Kunst vernetzt zu denken: Ideen und Werkzeuge für einen neuen Umgang mit Komplexität, Deutsche Verlags-Anstalt GmbH, Stuttgart, 1999.

der Benutzer/-in auslösbare Aktionen/Maßnahmen zu, erhält man ein flexibles und offenes Planspiel zur Simulation von Handlungsstrategien.

Nach einem kurzen Abriss zur Methode des vernetzten Denkens und Handelns wird anschließend ein auf diese Methode abgestimmtes Software-Werkzeug vorgestellt, das neben den Vorzügen einer konsequenten Methodenunterstützung die Möglichkeit offeriert, den Professionalisierungsgrad der angestrebten Planspielentwicklung frei zu wählen. Free-Form-Games lassen sich ebenso realisieren wie offene oder halboffene Planspiele.[110] Einfach gehaltene Individualplanspiele können ebenso erstellt werden wie multimediaunterstützte Gruppen-Planspiele.

Die Methode des vernetzten Denkens gehört heute zu den Standardarbeitstechniken im Management. Sie geht davon aus, dass Manager/-innen bei der Lösung von Problemen und der Umsetzung von Problemlösungen u. a. folgende Schwierigkeiten zu bewältigen haben:

- Zahlreiche Interessen und Ansprüche sind zu berücksichtigen,
- ihre Arbeitsteams entwickeln keine ganzheitliche Problemsicht,
- Abteilungsegoismen verhindern eine konstruktive Zusammenarbeit,
- kurzfristig betrachtet erweisen sich die gewählten Problemlösungen als optimal, langfristig führen sie unausweichlich in „Teufelskreise",
- unerwartete Nebenwirkungen gefährden den Erfolg der ergriffenen Maßnahmen,
- Wechselwirkungen und „Stör"-Ereignisse verkehren gute Absichten in ihr Gegenteil,
- Rückkopplungen führen zum fatalen „Aufschaukeln" von Nebensächlichkeiten.

<Fach> Machen Planspiele klüger? – Zur Förderbarkeit von vernetztem Denken durch modellgestützte Planspiele (Albert Heinecke, Dietrich von der Oelsnitz)

<Fach> Strategisches Denken aus dem Computer? – Über den Nutzen eines Trainings allgemeiner Problemlösestrategien (C. Buerschaper, G. Hofinger, R. von der Weth)

<Fach> Mit vernetztem Denken Probleme lösen (Walter Braun)

<Fach> Systematisches Komplexitätsmanagement – PC-Simulationen und Planspiele auf der Basis des Vernetzten Denkens (Jürg Honegger, Michael Hartmann)

<Fach> Strategie-, Entscheidungs- und Budgetoptimierung mit Wirkungsnetzen zum EFQM-Excellence-Modell (Cedric Ballin)

<Fach> Wirkungsnetze als Basis für die Entwicklung von Planspielen und Strategiesimulationen – Konzepte, Anwendungsbeispiele und Erfahrungen (Dieter Ballin)

<Fach> Brettplanspiel und Managementsimulationen – Schnittstellen und Anwendungsbereiche (Marko Willnecker, Uwe Schirrmacher)

---

110 Bei halboffenen Planspielen ist das Modell fest vorgegeben (ein „Expertenmodell"), aber die Szenarien und Handlungsstrategien sind frei eingebbar (siehe BURNOUT auf der begleitenden DVD).

Um diese Schwierigkeiten und die damit verbundenen Fehlentscheidungen zu vermeiden oder zumindest in ihren fatalen Auswirkungen abzumildern, wird beim vernetzten Denken ein 6-Phasen-Modell mit den nachfolgend skizzierten Schritten vorgeschlagen:[111]

1. Problemsichten
Es wird zunächst ein Projektteam aus möglichst vielen Betroffenen und Beteiligten (Mitarbeiter/-innen, Kunden/Kundinnen, Lieferanten/Lieferantinnen, Politik ...) gebildet. Das Projektteam erarbeitet verschiedene Sichtweisen und Problemaspekte und einigt sich auf die „zentrale Fragestellung".

2. Schlüssel-, Wirkungsfaktoren
Im Team werden alle Faktoren und Elemente gesammelt, die auf die Problemstellung einwirken und einen Einfluss ausüben. Für relevant erachtete Faktoren werden als Entscheidungsvariablen in das entstehende Wirkungsnetz aufgenommen.

3. Netzbeziehungen
Nun werden die Schlüsselfaktoren untereinander vernetzt. Das heißt, es wird festgestellt, wie sich die Entscheidungsvariablen gegenseitig beeinflussen und wie sich die Veränderung einer Entscheidungsgröße auf eine andere auswirkt „→" (z. B. Preisniveau → Umsatz oder Qualität → Kosten und Qualität → Umsatz).

4. Zustände, Gewichtungen ...
In dieser Phase werden so viele Fakten wie möglich in das bisher erstellte Modell eingebracht. Es wird festgestellt, welche Zustände die Entscheidungsvariablen annehmen können und wie diese Zustände vom Projektteam bewertet werden.

5. Simulation
Mit diesen Rahmendaten können mögliche Handlungsalternativen am Computer „durchgespielt" werden. So lässt sich z. B. feststellen, ob sich das Investment in den einen Faktor (z. B. Marketing) mehr lohnt als in einen anderen (z. B. Qualität) oder wo der richtige „Mix" liegt.

6. Maßnahmen
Die mit der Simulation gewonnenen Auswertungen können genutzt werden, um die zu ergreifenden Maßnahmen abzuleiten. Als Entscheidungsfunktion dient die mit dem Wirkungsnetz gleichzeitig aufgebaute „Balanced Scorecard"[112].

---

111 Die Phasenschemata zur Anwendung der Methode variieren je nach Autor/-in. Das hier vorgestellte Schema lehnt sich stark an die „St. Gallener Schule" (Gomez/Probst/Honegger) an, berücksichtigt aber auch Erfahrungen des Autors (D. Ballin)

112 Balanced Scorecard (deutsch: „ausgewogene Anzeigetafel") ist ein strategisch orientiertes Steuerungssystem, mit dem sich neben finanziellen Kennzahlen eines Unternehmens auch Kennzahlen einbeziehen lassen, welche andere Erfolgsfaktoren wie Kundentreue, Kundenzufriedenheit, Effizienz der Arbeitsprozesse u. a. berücksichtigen. Kennzahlen also, die die zukünftigen finanziellen Kennzahlen wiederum beeinflussen.

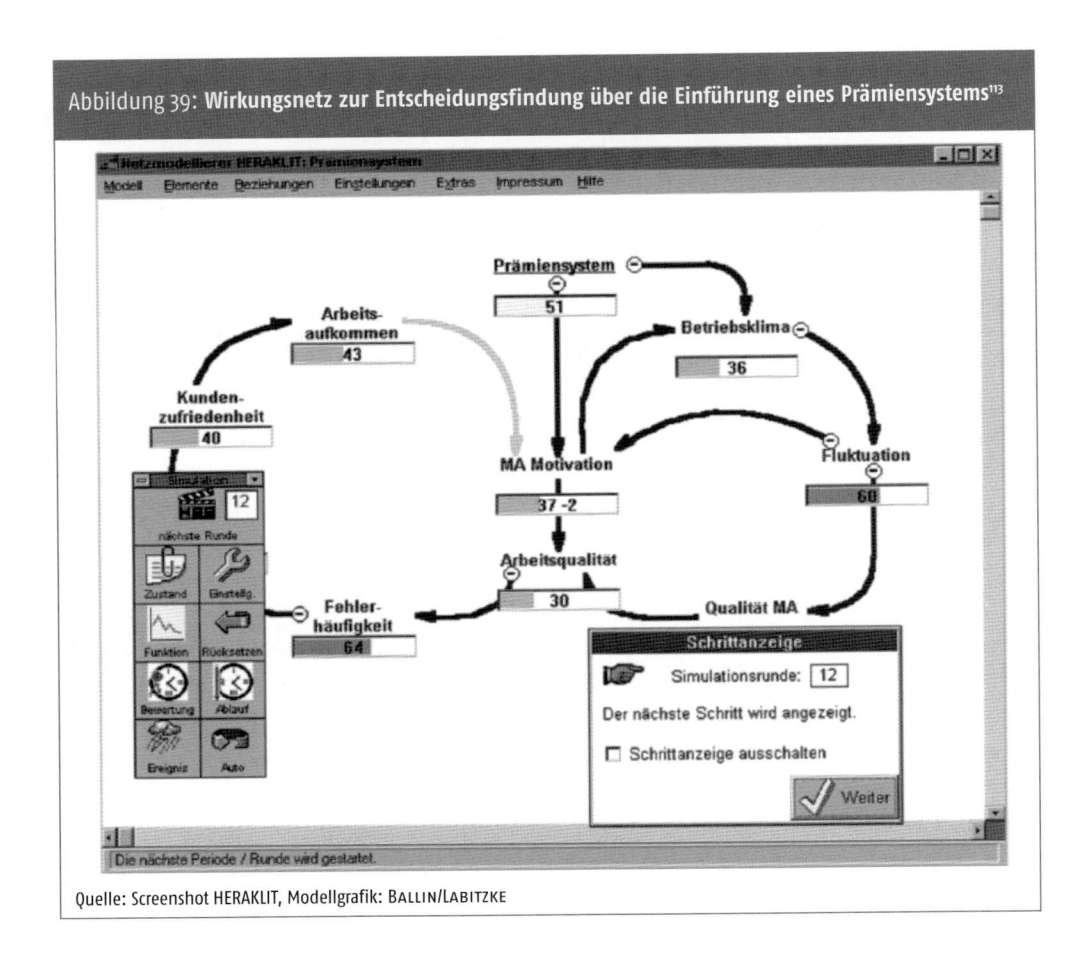

Abbildung 39: **Wirkungsnetz zur Entscheidungsfindung über die Einführung eines Prämiensystems**[113]

Quelle: Screenshot HERAKLIT, Modellgrafik: BALLIN/LABITZKE

5.2 Der Netzmodellierer und -simulator HERAKLIT

In dem BIBB-Modellversuch „Vernetztes Denken"[114] wurde die oben skizzierte Methode in zahlreichen Aus-, Weiterbildungs- und Train-the-Trainer-Maßnahmen bei Verbundpartnern aus verschiedenen Branchen und verschiedenen Unternehmensgrößen erprobt, um die Schlüsselqualifikation „Denken in Zusammenhängen" nachhaltig zu fördern. Ziel des BIBB-Modellversuchs war es unter anderem, einen Software-Werkzeugkasten zu entwickeln,

---

113 Quellenhinweis zum Wirkungsnetz: LABITZKE, F. In: „Ein Problem kommt selten allein – Was heißt denn Komplexität?" In: PERSONALPOTENTIAL, 1/96.
114 BIBB-Modellversuch „Konzeption, Entwicklung und Erprobung von Lehr- und Lernarrangements zur Förderung des Vernetzten Denkens und Handelns", Modellversuchsträger: „KHS Know How Systems Gesellschaft für Berufsforschung und Multimedia-Entwicklung", München, in Kooperation mit „GAB Gesellschaft für Ausbildungsforschung und Berufsentwicklung"; Laufzeit 1.5.1996–31.1.2000.

- ▶ der die einfache Erstellung und Präsentation von Wirkungsnetzen ermöglicht,
- ▶ der eine arbeitsplatzbezogene oder seminarbegleitende Dokumentation gestattet,
- ▶ mit dem die verschiedenen Sichtweisen von Projektbeteiligten und Problemlösern erfasst werden können,
- ▶ der einfache Auswertungen wie das Aufzeigen von Handlungsauswirkungen und -rückkoppelungen erlaubt,
- ▶ der die Integration weiterführender Informationsmedien auf verschiedenen Ebenen der Modellbildung ermöglicht,
- ▶ mit dem in einfacher Weise komplexe Wirkungszusammenhänge simuliert werden können,
- ▶ der eine Entscheidung über zu ergreifende Problemlösungsmaßnahmen unterstützt.

Mit dem Netzmodellierer und -simulator HERAKLIT liegt dieser Werkzeugkasten neben einem umfassenden Qualifizierungskonzept zum „Denken in Zusammenhängen" nunmehr vor.

Da die primäre Zielgruppe des Modellversuchs Auszubildende waren, musste HERAKLIT einfach handhabbar, intuitiv bedienbar und robust in der Anwendung sein. Dies wurde durch weitgehende Einhaltung von Standards der Windows-Benutzungsoberfläche erreicht. Die Benutzung des Werkzeugs dürfte auch computerunerfahrenen Managern/Managerinnen kaum Probleme bereiten.

Abbildung 40 bietet einen Überblick über den Funktionsumfang des Netzmodellierers sowie die weitere Visualisierung eines Wirkungsnetzes. In der sachlich-logischen Vorgehensweise beim Entwurf eines Wirkungsnetzes orientiert sich der Aufbau an der ganzheitlichen Problemlösungsmethode, wie sie an der Universität St. Gallen gelehrt und praktiziert wird. Dementsprechend bietet der Modellierer auch zahlreiche Formblätter zum Ausdruck, die eine geordnete und systematische Vorgehensweise bei der Modellentwicklung im Seminar unterstützen.

Abbildung 40: **Funktionsübersicht zum Netzmodellierer, -simulator HERAKLIT**

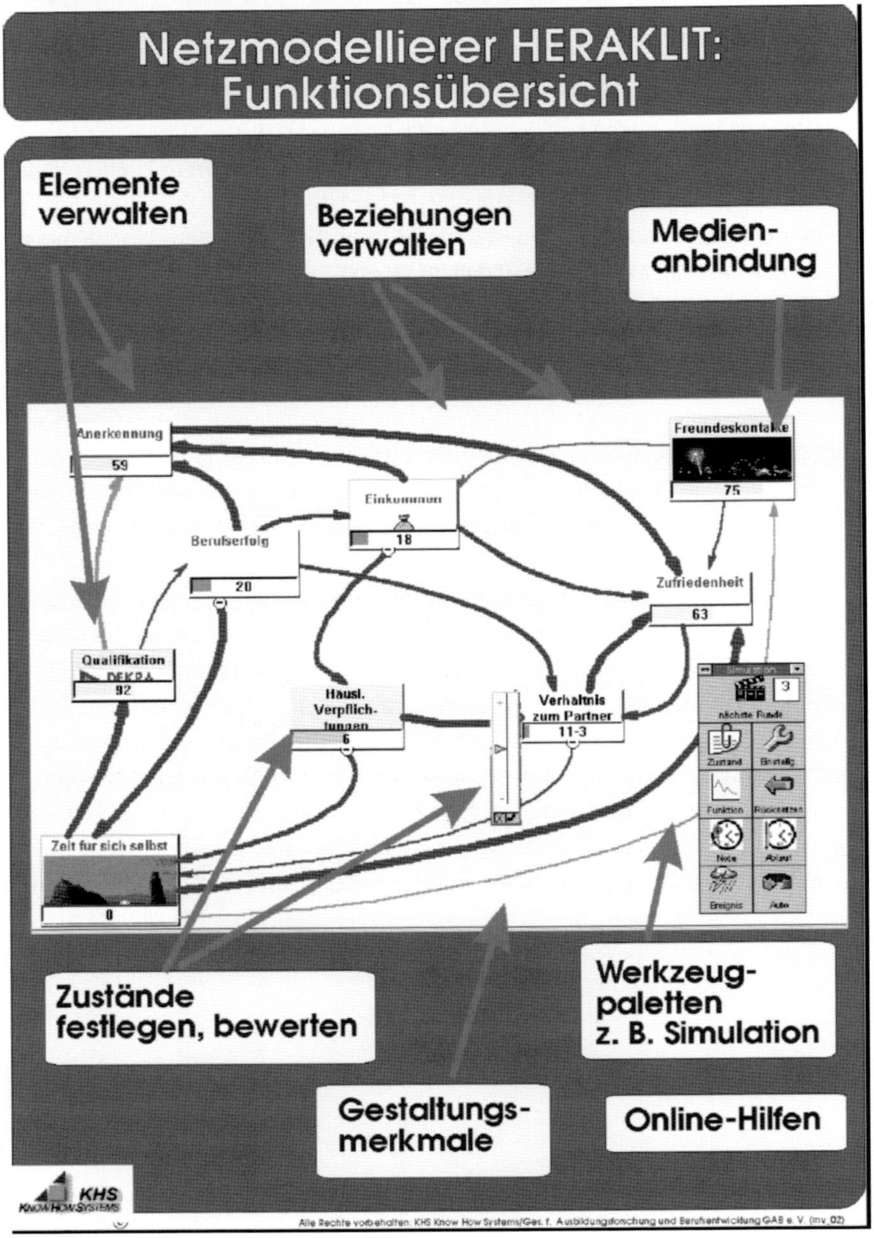

Quelle: BALLIN

5.2.1 Vom HERAKLIT-Netzmodell zum HERAKLIT-Planspiel

Die Erprobungserfahrungen zeigen, dass Auszubildende, Projektmitarbeiter/-innen und Manager/-innen kaum damit Probleme haben, die in der Regel an den Moderationswänden entworfenen Netzwerke mit dem Software-Werkzeug in ein HERAKLIT-Netzmodell umzusetzen und damit ihr team- und problemspezifisches Netz zu dokumentieren. Mit diesem ersten Schritt beginnt auch die Entwicklung eines offenen Planspieles. Die nachfolgenden Ausführungen umfassen Erfahrungen aus folgenden bisher mit HERAKLIT erstellten Planspielen:

- HeiCON – Ganzheitliches Controlling in einem Handelsbetrieb
- StratSIM Banking – Strategiesimulation für Führungskräfte der Schweizer Raiffeisenbanken (in Kooperation mit Dr. Honegger/NETMAP AG)
- BURNOUT: Altenpflege – Qualitätsmanagement und Anti-Stress-Training (in Kooperation mit Lindig Beratung)
- BURNOUT: Krankenpflege – Qualitätsmanagement und Anti-Stress-Training (i.V.) (in Kooperation mit Lindig Beratung)
- DEKRA Planspiel: Der Manager im Handelsbetrieb
- DEKRA Planspiel: Der Manager im Industriebetrieb
- HERAKLIT-Simulationen: Ökosystem See, Wald ... (in Kooperation mit KHSweb.de Bildungssoftware GmbH)
- IMAC-Managementplanspiele: Medienwirtschaft
- Brainjogger-Planspiele (in Kooperation mit ifc Institut für Controlling, Prof. Dr. Ebert).

5.2.2 Netzmodellierung: Elemente und Beziehungen

Mit der Entwicklung des zugehörigen Fachmodells wird der/die Kunde/Kundin selbst, ggf. unter Hinzuziehung eines externen Beraters, beauftragt. Ein Arbeitsteam entwickelt unter Verwendung der HERAKLIT-Basissoftware zunächst ein adäquates simulationsfähiges Fachmodell. Neben der Ausarbeitung des auch für den Planspielbenutzer sichtbaren Wirkungsnetzes gehört dazu auch die

- Festlegung bzw. Feststellung aller lenkbaren, d. h. der von dem/der Benutzer/-in durch seine/ihre Entscheidungen beeinflussbaren Elemente,
- Beschreibung und Festlegung der möglichen Elementzustände,
- Erfassung und Beschreibung der Wirkungszusammenhänge und -intensitäten in Form von Funktionsdiagrammen,
- Festlegung von Verzögerungseinheiten, da sich die an den Elementen auftretenden Ereignisse häufig erst mit Zeitverzögerung auswirken,
- Benotung von Elementzuständen und die Gewichtung der einzelnen Netzelemente, um damit eine Entscheidungsbasis für den/die Benutzer/-in zu schaffen und die in der Basis-Software enthaltene Bewertungsfunktion zu parametrisieren.

Durch die manuelle Eingabe von Ereignissen kann bereits in diesem frühen Stadium das Modellverhalten getestet werden, um einen ersten Einblick in mögliche Spielverläufe zu gewinnen.

5.2.3 Netzmodellierung: Ressourcenerzeuger und -verbraucher

Bei den mit dem Modellierer erstellten Netzen handelt es sich um Impuls-Wirkungs-Netze, d. h., Zustandsänderungen eines Elementes (Impulse) verändern den Zustand eines weiteren mit ihm verbundenen Elementes, das seine Änderung wiederum als Impuls weitergibt. Um einen Impuls zu erzeugen, werden Ressourcen verbraucht, das heißt, es muss Netzelemente geben, die sich einerseits verbrauchen, andererseits aber auch regenerieren. Als Ressourcenelemente eignen sich Kosten, Kredite, Zeiten, Informationen, Energie usw. Im Planspiel „HeiCON – Ganzheitliches Controlling" hat sich das Entwicklungsteam beispielsweise für die Einführung von Investitionspunkten als Ressourcenelement entschlossen. In anderen Planspielen dienen „Aktions- oder Budgetpunkte" als Ressource.

Sie bilden sozusagen das „Spielgeld", das durch Benutzerentscheidungen verbraucht und in Abhängigkeit vom aktuellen Zustand der Netzelemente „gefüllt" wird.

Die Festlegungen über Ressourcenverbrauch und -erzeugung werden mit dem HERAKLIT-Ressourcenmanager vorgenommen, der auf rechten Mausklick hin geeignete Pop-up-Menüs bereitstellt.

5.2.4 Szenariengestaltung

Ein Szenario besteht aus fünf Komponenten:
- Ausgangssituation (Zustand aller Elemente zu Beginn des Planspiels),
- Eigendynamik eines Elements (im Sinne von „Verzinsung" und „Abschreibung"),
- Set von Ereignissen, die im Spielverlauf auftreten können und die unabhängig von Benutzereingaben den Zustand ausgewählter Elemente verändern,
- Set von Aktionsbündeln, also konkreten Maßnahmen (z. B. Start einer Werbekampagne), die vom Spieler definiert und ausgelöst werden können,
- mehrere Ende-Kriterien, bei deren Erfüllung der Simulationsablauf gestoppt werden soll.

Mit der Ergänzung des Netzmodells um Ressourcen und (mindestens) ein Szenario entsteht ein erstes vollwertiges Spielmodell. Zur Beschreibung eines Szenarios wird der HERAKLIT-SzenarioManager eingesetzt (siehe Abbildung 41).

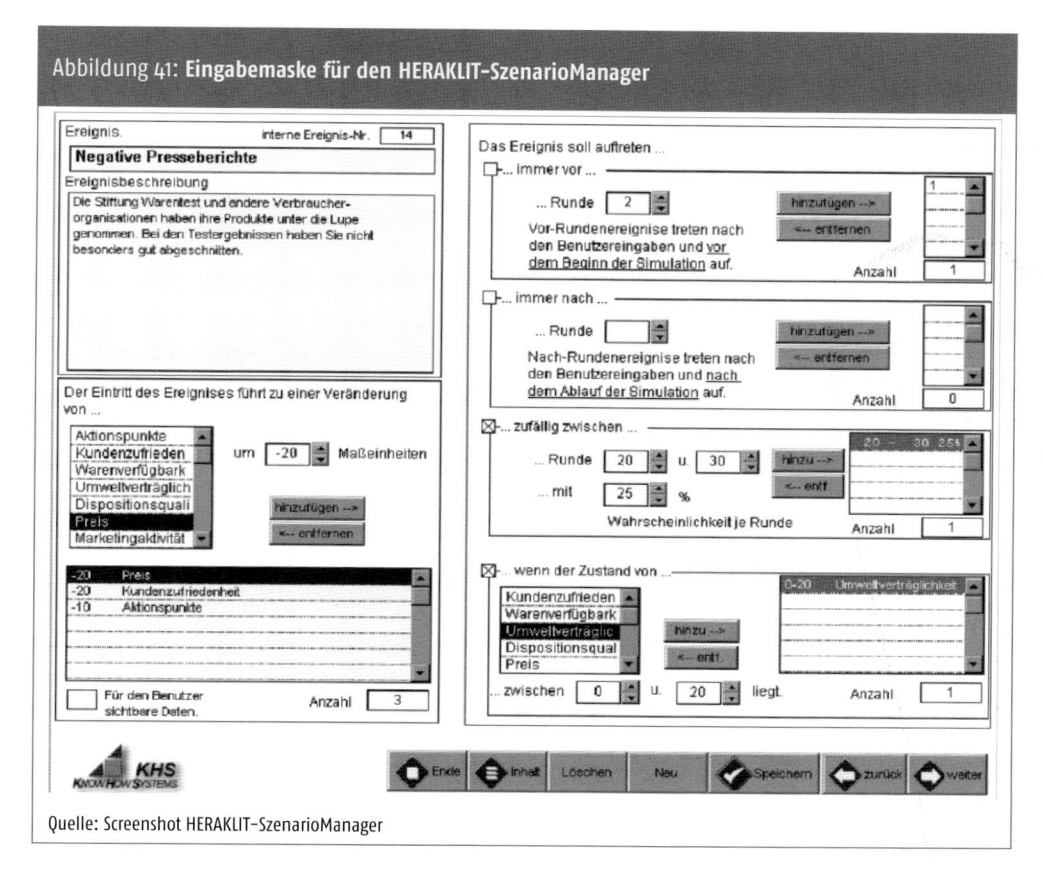

Abbildung 41: Eingabemaske für den HERAKLIT-SzenarioManager

Quelle: Screenshot HERAKLIT-SzenarioManager

Mit diesem einfach handhabbaren Zusatzprodukt lassen sich neben Ausgangssituationen, Eigendynamik und Ende-Kriterien folgende Ereigniskategorien editieren:
- ▶ zeitabhängige Ereignisse,
- ▶ zufallsabhängige Ereignisse,
- ▶ zustandsabhängige Ereignisse,
- ▶ kennzahlenabhängige Ereignisse,
- ▶ bearbeitungs- und verlaufsabhängige Ereignisse,
- ▶ benutzerdefinierte Ereignisse.

Zeitabhängige Ereignisse treten als Vor- bzw. Nachrundenereignisse in den festgelegten Spielrunden auf. Mit ihnen lassen sich immer wiederkehrende Ereignisse festlegen, so z. B. die ohne Benutzereingriffe auftretenden Umsatzsteigerungen zur Weihnachtszeit im Konsumgüterhandel. Für *zufallsabhängige Ereignisse* lassen sich Wahrscheinlichkeiten und die Häufigkeit ihres Auftretens in einem bestimmten Rundenbereich festlegen. Typische Beispiele sind „Neue Konkurrenten/Konkurrentinnen", „Neue Produktkonzepte", „Fortschreitende Globalisierung" usw. Auch die Zeiträume des Auftretens lassen sich frei definieren.

Zustandsabhängige Ereignisse treten dann auf, wenn der Zustand eines bestimmten, frei festlegbaren Elements in einem festzulegenden Wertebereich liegt, z. B. führt der Zustand „geringe Dividende" zum Ereignis „Aktionärsunmut". Ähnlich verhält es sich mit den *kennzahlenabhängigen Ereignissen*. Aufgabenabhängige Ereignisse treten nur dann ein, wenn der/die Spieler/-in eine Aufgabe erfolgreich bewältigt oder nicht. *Benutzerdefinierte Ereignisse* (= Spielaktionen) werden in den SzenarioManager vor dem Spielbeginn eingegeben und hinsichtlich der erwarteten Auswirkungen im Netz beschrieben. Sie können im Spielverlauf von dem/der Spieler/-in ausgelöst werden. *Bearbeitungs- und verlaufsabhängige Ereignisse* können verwendet werden, um ganze Ereignis- und Aktionsnetze zu definieren: Für jedes Ereignis – auch für benutzerdefinierte Ereignisse – lässt sich festlegen, welche anderen Ereignisse oder Maßnahmen zuvor eingetreten sein müssen (z. B. kann der SzenarioManager so eingestellt werden, dass der/die Spieler/-in einen neuen Mitarbeiter erst dann einstellen kann, wenn einem anderen Mitarbeiter gekündigt wurde). In gleicher Weise lassen sich Folgeereignisse einstellen: Ein Ereignis löst nach einer bestimmten, frei einstellbaren Rundenzahl weitere Ereignisse (wahlweise mit einer bestimmten Eintretenswahrscheinlichkeit) aus.

Für alle Ereignisse lassen sich die Auswirkungen auf die Netzelemente festlegen. Durch ein Ereignis kann der Zustand jedes Netzelements oder jeder Ressource erhöht oder gesenkt werden. Für den/die Benutzer/-in bestimmt ist eine Beschreibung des Ereignisses sowie eine Liste von Medien (Ton-, Video-, Bild- oder Fotodateien), die bei Eintreten des Ereignisses zu präsentieren sind. Ereignisse ohne Auswirkungen können als Warnungsmeldungen oder Frühwarnindikatoren bei bestimmten Spielzuständen genutzt werden. Die Auswirkungen eines Ereignisses lassen sich als „Belastungen" auf mehrere Spielperioden verteilen. Ereignisse und Aktionsbündel können aus verschiedenen Szenariendateien importiert werden.

In den vorliegenden Beispielen wurden von den Projektteams mithilfe des SzenarioManagers je Spiel über hundert Ereignisse und ihre Auswirkungen eingegeben und beschrieben, die während des Ablaufs auftreten können. Da das jeweilige im Spiel zum Tragen kommende Szenario beim Planspielbeginn festgelegt wird, lassen sich Szenarien von dem/der Trainer/-in oder Instruktor/-in beliebig ändern oder um neue Ereignisse und Aktionsbündel ergänzen. Per Mausklick lassen sich einmal vorgesehene Ereignisse jederzeit „vor Ort" aktivieren bzw. deaktivieren.

Über die Komponente Eigendynamik lassen sich je Netzelement prozentuale oder konstante Zu- oder Abnahmen eines Elementzustandes festlegen. Auf diese Weise lässt sich der Umstand, dass z. B. die Mitarbeitermotivation kontinuierlich abnimmt, wenn keine gegensteuernden Maßnahmen ergriffen werden, in einfacher Weise als realitätsnahe Spielherausforderung einbetten.

5.2.5 Didaktisches Modell

Das einem Planspiel zugrunde liegende didaktische Modell kann von Fall zu Fall stark variieren. Wenn keine kundenspezifischen Besonderheiten vorliegen, bieten HERAKLIT-Planspiele folgenden Standard, der keinen Eingriff in den Programmcode erfordert:

Als Spielmodus ist ein Trainings-, Manager- oder Instruktorenmodus auswählbar. Im Trainingsmodus kann das Auftreten von zufallsabhängigen Ereignissen ausgeblendet werden. Zudem ermöglicht der Trainingsmodus das in der Basis-Software vorgesehene Zurücksetzen auf die Vorrunde. Damit kann sich der Trainee durch Probehandeln an eine optimale Lösung „herantasten". Das Einblenden von Warnungsmeldungen ist ebenfalls nur dem Trainee vorbehalten. Der Instruktorenmodus erlaubt die Erstellung und Speicherung verschiedener Szenariendateien, sodass gezielt nur ausgewählte Entscheidungs- und Problemfälle behandelt werden können. Jeder Spielmodus lässt sich mit drei Schwierigkeitsgraden kombinieren. Die Schwierigkeitsgrade unterscheiden sich im zu ladenden Szenario. So bedeutet der Schwierigkeitsgrad „leicht", dass in der Ausgangssituation des Szenarios viele Ressourcen zur Verfügung stehen und dass die Zustände der Elemente überwiegend im positiven Bereich liegen. Vom Schwierigkeitsgrad abhängig ist auch die Vorgabe einer Best-Practice-Linie, die aufzeigt, welche Spielbewertung im Optimum erreicht werden kann.

Die Spielbewertung bietet fünf Bewertungskategorien, die von dem/der Kunden/Kundin frei gewichtet werden können und zu einer Gesamtnote verdichtet werden. Die Spielbewertung berücksichtigt,

- ▶ inwieweit es dem/der Planspieler/-innen gelungen ist, die aktuelle Modellbewertung im Vergleich zur Modellbewertung beim Spielstart zu verbessern,
- ▶ wie weit er/sie von der Best-Practice-Linie entfernt ist,
- ▶ wie viele Ressourcen er/sie noch vorrätig hält oder, anders ausgedrückt, über welchen Handlungsspielraum er/sie noch verfügt,
- ▶ wie verschwenderisch oder haushaltend er/sie mit den Ressourcen umgegangen ist,
- ▶ wie viele Spielrunden einer voreinstellbaren Maximalzahl er/sie bereits bewältigt hat.

Die erreichte Spielbewertung lässt sich in einem „Zeugnis" ausdrucken und in eine Bestenliste eintragen.

Im Beispiel „Controlling" wurde das didaktische Standardmodell in einigen Punkten erweitert. Um dem Plan-Ist-Gedanken des Controllings Rechnung zu tragen, kann der/die Benutzer/-in „persönliche Zielmarken" eintragen, deren Abgleich mit den Ist-Werten in die Spielbewertung eingeht. Zudem wird der Spielerfolg auch wesentlich mitbestimmt vom Verlauf einer ausgewählten Kennzahl, dem Marktwert des Beispielunternehmens, der ebenfalls in die Bewertung einfließt.

Für zukünftige Versionen ist vorgesehen, dass der/die Benutzer/-in Entscheidungen nur in Abstimmung mit Mitspielern treffen kann. Die dazu erforderliche Kooperationskomponente knüpft an die in HERAKLIT integrierte Beteiligten-/Betroffenen-Liste an.

5.2.6 Benutzungsoberfläche

Bei der Benutzungsoberfläche verhält es sich ähnlich wie beim didaktischen Modell. Die Umsetzung des nachfolgend umrissenen Standards erfordert keinen zusätzlichen Programmieraufwand. Er ist im HERAKLIT-Planspielmodellierer enthalten. Von der Auftraggeberseite ist lediglich die Bereitstellung aller Grafiken erforderlich.

Abbildung 42 zeigt die grafische Gestaltung und die Funktionalitäten der intuitiv bedienbaren Spieloberfläche, wie sie im Planspiel „HeiCON – Ganzheitliches Controlling" verwirklicht wurde.

Der Büroraum als „Entscheidungscenter" enthält die ständig präsente Spielbewertung als Verlaufsdiagramm und u. a. das „Netzwerk" sowie „nächste Runde" als anklickbare Bildsymbole. Klick auf „Netzwerk" führt zu einer Darstellung des Netzmodells als Auswahlmenü, und der dortige Klick auf ein Element oder einen Wirkungspfeil führt zu weiterführenden Informationen.

Im Beispiel „StratSIM Banking" wird im Büro als „Entscheidungscenter" ein Cockpit mit der Balanced Scorecard eingeblendet. Dort sieht der/die Spieler/-in auf einen Blick alle Zustandsverläufe von performancerelevanten Netzelementen. IN BURNOUT wird die Arbeitsenergie als Portfolio-Tafel dargestellt mit den Stresspunkten auf der x-Achse und den Motivationspunkten auf der y-Achse.

Grundsätzlich sind alle Farben und anzuzeigenden Grafiken einschließlich der Programmikonen von dem/der Kunden/Kundin frei wählbar und beliebig positionierbar.

Abbildung 42: Benutzungsoberfläche von HeiCON

Quelle: Espe/Modellversuch „CONWIZ – Controlling als Zusatzqualifikation"

Im Standard enthalten sind sämtliche Navigationsschaltflächen sowie die Funktionen „Benutzungshilfe" (softwareorientiert), „Spielhilfe" (fachlich orientiert), „Optionen" zur Spieleinstellung (z. B. Ein-/Ausblenden von Warnungen), „Rücksetzen", „Speichern" und „Laden" des Spielstandes usw.

5.2.7 Softwaretechnisches

HERAKLIT-Planspiele in deutscher oder englischer Sprache sind ablauffähig auf allen Windows-Varianten (XP/VISTA/7/8). Die Auslieferung erfolgt per Download oder auf einer DVD oder einem USB-Stick. Das Spiel kann wahlweise direkt von der DVD oder vom USB-Stick oder nach der Installation auf einer Festplatte gestartet werden. Server- und Netzinstallationen für beliebig viele Benutzer sind mit einer entsprechenden Freischaltung möglich. Sie sind damit am Arbeitsplatz oder im Intranet einsetzbar. Die aktuellen Weiterentwicklungen sehen eine im Browser ablauffähige Version vor, sodass HERAKLIT-Planspiele auch plattformunabhängig als Webapplikation genutzt werden können.

Hervorzuheben ist noch, dass Änderungen im Netzmodell und an den Szenarien ohne „Umprogrammierung" möglich sind. Änderungsvorstellungen des/der Kunden/Kundin lassen sich somit also bis zur „letzten Minute" vor der Freigabe ohne Gefährdung eines Projekttermins bewerkstelligen. Bei entsprechender Freischaltung können das einmal entwickelte Wirkungsnetz und die zugehörigen Szenarien von dem/der Kunden/Kundin gepflegt und geändert werden.

5.2.8 Zur Vorgehensweise und zum Aufwand

Mit dem HERAKLIT-Planspielmodellierer verfügt der/die Anwender/-in über ein Instrument zur effizienten Erstellung von offenen Planspielen und Handlungssimulatoren jeder Art. Am Beispiel von „DiPro – Planspiel zur Dienstleistungsproduktivität im Service" soll dies verdeutlicht werden.

Das DiPro-Planspiel dient der Verbesserung der Handlungskompetenzen von allen beteiligten und betroffenen Mitarbeitern/Mitarbeiterinnen bei der Steigerung der Dienstleistungsproduktivität. Das zugrunde liegende Modell ermöglicht es, die vielfältigen Zusammenhänge – die Dienstleistungsproduktivität hindern oder fördern – besser zu verstehen. Es macht komplexe Entscheidungen im Arbeitsumfeld transparent und unterstützt dabei, Maßnahmen und Aktionsbündel in dienstleistungsnahen Organisationen und Projekten zielorientiert einzusetzen und Risiken gegen Chancen abzuwägen. Zudem unterstützt das Planspiel das strategische Management durch ziel- und ressourcenorientierte Prioritätensetzung.

Das Planspiel Dienstleistungsproduktivität gehört zum Methoden-Set zur Messung und Bewertung der Produktivität wissensintensiver produktnaher Dienstleistungen für Investitionsgüterhersteller/-innen. Es ist wesentlicher Bestandteil eines Qualifizierungskonzeptes für Führungskräfte im Servicebereich.

Entwickelt wurde DiPro am Institut für Arbeitswissenschaft der RWTH Aachen (IAW) im Rahmen von Aestimo (www.aestimo-projekt.de). Aestimo ist ein Verbundprojekt im Programm „Innovationen mit Dienstleistungen". Es wurde vom Bundesministerium für Bildung und Forschung (BMBF) mit dem Förderkennzeichen 01FL10067 gefördert sowie vom Projektträger im Deutschen Zentrum für Luft- und Raumfahrt e.V. (DLR) betreut.

Das in DiPro hinterlegte Simulationsmodell wurde in seiner wesentlichen Ausprägung im Verlauf mehrerer Workshops vom Aestimo-Projektteam unter Einbeziehung von Forschungsergebnissen bei einem prototypischen Anwenderunternehmen entwickelt und anschließend verallgemeinert und verfeinert. Das erstellte Standardszenario stellt kein spezifisches Unternehmen oder Projekt in den Vordergrund und kann vorbereitend, begleitend oder vertiefend in Workshops zum Thema „Dienstleistungsproduktivität" genutzt werden. Für die Anpassung an bestimmte Branchen und Unternehmensgrößen sowie individuelle Zielsetzungen stehen veränderbare Szenarien zur Verfügung. Bei bisherigen Erprobungen wurden die realitätsnahe Balanced Scorecard, die einfachen Simulationsmöglichkeiten und das den Erfahrungswerten und Forschungsergebnissen entsprechende Wirkungsgefüge hervorgehoben.

<Fach> Wirkungsnetze als Basis für die Entwicklung von Planspielen und Strategiesimulationen – Konzepte, Anwendungsbeispiele und Erfahrungen (Dieter Ballin)

<Demo> Das Planspiel „DiPro – Dienstleistungsproduktivität" ist als spielbare Vollversion auf der beiliegenden DVD enthalten.

<Demo> Das Planspiel „VERMIKO – Vertrauensmanagement", das in einer ähnlichen Vorgehensweise entwickelt wurde, ist als spielbare Vollversion auf der beiliegenden DVD enthalten.

Die Planspielentwicklung mit HERAKLIT folgt dabei stets den gleichen Schritten:
- Entwicklung eines Netzmodells durch den/die Kunden/Kundin mithilfe der Basis-Software (Einarbeitungsaufwand je nach Vorkenntnissen zum vernetzten Denken: 1 bis 3 Tage)
- Festlegung der Ressourcenelemente und formale Evaluation des Netzmodells in Zusammenarbeit mit der prozessbegleitenden Moderation (Beratungsaufwand: ca. 3 bis 5 Tage)
- Ausarbeitung der Spielszenarien durch den Kunden und deren Eingabe in den SzenarioManager (Einarbeitungsaufwand: 1/2 Tag)
- Grafische Gestaltung der Spielelemente mit einem beliebigen Grafikprogramm durch den/die Kunden/Kundin oder beauftragte Agenturen
- Einbindung des Netzmodells, der Ressourcenelemente und der Szenarien in die Planspieloberfläche (Bearbeitungsaufwand: ca. 5 Tage)
- Feineinstellung aller Spielparameter durch den Kunden.

<Demo> Eine Demo-Version des HERAKLIT-Netzmodellierers, des HERAKLIT-SzenarioManagers und des HERAKLIT-Players finden Sie auf der beiliegenden DVD.

<Fach> Systematisches Komplexitätsmanagement – PC-Simulationen und Planspiele auf der Basis des Vernetzten Denkens (Jürg Honegger, Michael Hartmann)

<Fach> Funktionen eines unternehmensspezifischen Management-Planspiels in einem PE-Konzept der Deichmann-Gruppe (Jörg Wins)

<Fach> Der Weg ist das Ziel – Entwicklung eines Planspiels mit Nachwuchsführungskräften (Johann Bachner, Marko Willnecker)

<Fach> Existenzgründungsplanspiel „Selbst-ständig ist die Frau" (Renate Birgmayer, Dieter Ballin)

<Fach> Strategieoptimierung mit Vernetztem Denken und Entscheidungssimulationen in der Gesundheitswirtschaft (Margret Richter, Falko Wilms)

<Fach> Aufbau und Struktur eines Performance-Simulators zur Erreichung von Finanz- und Marketingzielen im Auftrag einer österreichischen Großbank (Aaron R. Jakob, Dieter Ballin)

<Fach> Szenarienentwicklung beim systemorientierten Management (Dieter Ballin)

<Fach> Management eines Wellness-Hotels mit der Dynamic Scorecard – Anwendungsbeispiel zur kundenspezifischen Planspielentwicklung (Falko Wilms, Margret Richter)

<Fach> VerSimBi – Ein Planspiel für die überbetriebliche Ausbildung in der Versicherungsbranche – Kooperative Planspielentwicklung (Herbert Schmidt, Ralf Klotzbuecher)

5.3 Weitere Software-Werkzeuge zur Entwicklung offener Planspiele

Neben der zuvor dargestellten Produktfamilie HERAKLIT gibt es einige weitere PC-Programmpakete, die schon seit Längerem auf dem Markt sind und es ermöglichen, die mit der Methode des vernetzten Denkens erstellten Systemmodelle abzubilden.

Auf der DVD finden Sie weitere Informationen zu folgenden, dort als Modellierungs-Software bezeichneten Software-Werkzeugen:

Übersicht 30: Modellierungs-Software auf der DVD

2014	Bezeichnung	Thema	Demo bzw. Link
Neu	dein/t/o/w/n – Schule	Virtuelle Stadtsimulation	
	Dynatrain	Simulationssoftware	
	EXPLA Model CD/DVD	Führungsentscheidungen	
Neu	HERAKLIT EFQM® Modellierer	Qualitätsmanagement	

2014	Bezeichnung	Thema	Demo bzw. Link
	HERAKLIT PROFESSIONAL Entscheidungs-, Budget- und Strategieoptimierung	Simulations- und Szenariensoftware	
	HERAKLIT PUBLISHER – Autorensystem für Planspiele und Strategiesimulationen	Entscheidungssimulationen	<Demo>
	INESSIM	Programmgenerator	
	LearnSim	Entscheidungsvorbereitung	
	MAKROMAT	Makroökonomie (Volkswirtschaft)	<Link>
	MAKROMAT-nfx	Makroökonomie (Volkswirtschaft)	<Link>
	octopas:basic	Entwicklungswerkzeug für haptische Planspiele	
	PC-Simulation HERAKLIT	Komplexitätsmanagement	
	PerfSIM – Performance Simulator Best Practices	Performance Improvement	
Neu	Powersim-Anwendungen	Modellierung, Szenariosimulation, Strategiesimulation	
Neu	SimuCoach		<Demo>
	Szenario.Plus		
	UGS SIM: Die Planungs- und Simulationssoftware	Unternehmensgründung	
	VENSIM	Simulationssoftware	
Neu	Vensim-Anwendungen	Modellierung, Szenariosimulation, Strategiesimulation	

5.3.1 GAMMA

Wie HERAKLIT bietet GAMMA Funktionen zur Erstellung, Analyse, Dokumentation und Präsentation von Wirkungsnetzen. Es kann visualisiert werden, welche Netzelemente von einer Zustandsänderung eines ausgewählten Elements beeinflusst werden (Wirkungsausbreitung) und von welchen anderen Elementen ein bestimmtes Element beeinflusst wird (Wirkungsaufnahme). Rückkopplungsschleifen können ebenso festgestellt werden wie zeitliche Verzögerungen. Die Klassifikation von Netzelementen nach aktiven, kritischen, puffernden und passiven Wirkungsfaktoren hilft, die „Stellhebel" im Wirkungsgefüge besser zu erkennen.

Da die Wirkungspfeile nicht mit mathematischen Funktionen hinterlegt werden können und die Zustände der einzelnen Netzelemente nicht quantifizierbar sind, eignet sich GAMMA nicht für die Simulation und die Kontrolle der Systemdynamik. Auch die Verbindung mit Szenariendateien, anderen Windows-Dateien oder HTML-Seiten ist nicht möglich. GAMMA ist preiswert und ebenso wie HERAKLIT einfach zu bedienen.

<Demo> Eine Demo-Version von GAMMA finden Sie auf der beiliegenden DVD.

5.3.2 Simulationsprogramme (Powersim, Ventsim ...)

Während in dem zuvor genannten Programm die Elemente der Systemmodelle (= Wirkungsnetze) primär unter qualitativen Gesichtspunkten erarbeitet werden, die dann durch Punkteskalen, Kennzahlen oder Messindikatoren für die Simulation quantifiziert werden, verfolgen Simulationsprogramme wie Powersim den umgekehrten Weg. Die Quantifizierung und mathematische Darstellung der Wirkungsbeziehungen stehen im Mittelpunkt.

Mit derartigen Programmen lassen sich ausgefeilte Simulationsmodelle erstellen, da sich eine enorme Vielfalt von Zustandsmöglichkeiten und Wirkungsverläufen dokumentieren und beschreiben lässt. Wenn alle Daten zur mathematischen Beschreibung der Wirkungszusammenhänge detailliert verfügbar sind, kann man mithilfe von Simulationssoftware sehr realitätsnahe Planspielprodukte erstellen.

Aufgrund des hohen mathematisch-technischen Anspruchs eignet sich Simulationssoftware in der Regel nicht für Teilnehmende in planspielintegrierenden Bildungsmaßnahmen. Hinzu kommt das Problem der Datenbeschaffung. Die für die Simulationsbeschreibung erforderlichen Daten liegen häufig nicht in der erforderlichen Menge und Qualität vor, oder sie sind für die einfachen Benutzenden nur schwer verständlich und kaum interpretierbar.

PC-Simulationsprogramme weisen in der Regel ein angemessenes Preis-Leistungs-Verhältnis auf.

<Fach> Dynamische Szenarien – Schlüssel für erfolgreiche Unternehmensstrategien – Entwicklung und Einsatz dynamischer Szenarien bei Unternehmensplanung und -führung (Rainer Michaeli)

<Fach> Multiplayer-Strategiespiele für mehrere Tausend Teilnehmer – Das Simulationssystem M3 (Man-Model-Measurement) (Helge Rosé, Mirjam Kaplow)

<Fach> Unternehmenssimulationen entwickeln im eigenen Mitarbeiter-Team: Komplexitätsmanagement mit einer Mikrowelt (Mathias M. Fischer, Federico Barnabè)

6. Evaluation und Qualitätssicherung von Planspielen

6.1 Allgemeine Überlegungen zur Evaluation und Qualitätssicherung von Planspielen

Evaluation dient allgemein der Planungs- und Entscheidungshilfe, der Überprüfung und Verbesserung von praktischen Maßnahmen, der Beurteilung von Handlungsalternativen und des Nutzens einer Intervention. Evaluation und Qualitätssicherung ist nach WOTTAWA[115] vor allem deshalb notwendig, weil die rationale Auswahl von Alternativen beim zielgerichteten menschlichen Handeln die Bewertung der Folgen von verschiedenen Handlungsmöglichkeiten voraussetzt, um letztlich das Risiko von unerwünschten Konsequenzen zu minimieren.

Betrachtet man den soeben dargestellten Zweck von Evaluation, so wird dabei sofort eine interessante Parallele zur Planspielmethode deutlich, die zwar nicht Kernpunkt dieses Beitrags ist, die aber an dieser Stelle doch angesprochen werden muss. Das „*Planspiel*" ist nämlich per definitionem eine „*Simulation der Auswirkungen von Entscheidungen von Personen, die Rollen übernehmen und Interessen vertreten, wobei die Handlungsspielräume zum Ausagieren dieser Rollen wiederum spezifischen Regeln unterliegen*".[116] Planspiele beinhalten Akteure, Regeln und Ressourcen.[117] Planspiele sind der Realität angenäherte Modelle, in denen aber immer Menschen als „Mitspieler" Rollen übernehmen und konkrete Entscheidungen treffen müssen, deren wirklichkeitsrelevante Aus- und Folgewirkungen dann wiederum geprüft werden. Hierbei ist der dynamische Charakter von entscheidender Bedeutung, da ein besonderer Vorzug der Modellbildung durch Planspiele darin liegt, dass sie als Nachbildung und Untersuchung von Systemabläufen eingesetzt werden können, die man in der Wirklichkeit aus Zeit-, Kosten- oder Gefahrengründen nicht real durchführen kann oder will. Letztlich dienen Planspiele somit ebenfalls der Risikominimierung und der Hilfe bei der Planung von komplexen Prozessen und/ oder bei der Entscheidungsfindung im Rahmen der Auswahl von Handlungsalternativen. Somit sind Planspiele eigentlich selbst Methoden der Evaluation und Qualitätssicherung (insbesondere einige spezielle Formen wie z. B. Policy Exercise). Auch wenn es im Folgenden um den Aspekt der Evaluation und Qualitätssicherung von Planspielen geht, so ist es doch wichtig,

---

115 WOTTAWA, H. (2001): Evaluation. In: KRAPP, A. & WEIDENMANN, B. (Hrsg.): Pädagogische Psychologie (S. 647–674). Weinheim: Beltz.
116 KRIZ, W. C. & BRANDSTATTER, E. (2003): Evaluation of a Training Program for Systems-Thinking and Teamwork-Skills with Gaming and Simulation. In: PERCIVAL, F.: The International Simulation and Gaming Research Yearbook. Volume 11. Interactive Learning through Gaming and Simulation (S. 243–247). Edinburgh University Press.
117 KLABBERS, J. (1999): Three easy pieces: a taxonomy on gaming. In: SOUNDERS, D. & SEVERN, J. (Hrsg.): Simulation and Games for Strategy and Policy Planning (S. 16–33). London: Kogan Page.

dass Planspiele eben auch zur Evaluation und Qualitätssicherung anderer Interventionsmaßnahmen dienen können (hier eignen sich insbesondere geschlossene Planspiele als eine Art „Planspielexperiment").

<Fach> Evaluation von Wissensvermittlung durch Planspielen – Methoden und Erkenntnisse aus der wirtschaftspädagogischen Forschung (Ulrich Getsch, Jens Simon)

<Fach> Machen Planspiele klüger? – Zur Förderbarkeit von vernetztem Denken durch modellgestützte Planspiele (Albert Heinecke, Dietrich von der Oelsnitz)

<Fach> Lernhandlungen im Handelsplanspiel – exemplarische Aufnahme und Schlussfolgerungen (Ulrich Blötz)

<Fach> Unternehmens-Brettplanspiele im Einsatz an der Hochschule – Eine empirische Studie (Edmund Schiffels, Alexander Stanierowski)

<Fach> HandSim®2 – Planspielen im Handwerk – Ein Erfahrungsbericht (Klaus-D. König, Thomas Stürzer)

<Fach> Evaluation von ePlanspielen und digitalen Lernspielen – Aktuelle Evaluationstrends beim Fernplanspiel MARGA (Willy C. Kriz)

<Fach> Beer Game reloaded – Erfahrungsbericht und Spielvarianten der Supply Chain Simulation „Beer Game" an der Hochschule Ludwigshafen am Rhein (Stefan Bongard)

Eine gebräuchliche Definition von Evaluation nach ROSSI & FREEMAN[118] bezeichnet *Evaluation als systematische Anwendung sozialwissenschaftlicher Forschungsmethoden zur Beurteilung eines Konzepts, Designs oder der Umsetzung und des Nutzens sozialer Interventionsprogramme.* Schon diese Definition macht deutlich, dass es bei der Evaluation von Planspielen viel zu kurz gegriffen wäre, sich allein mit dem Aspekt der Bewertung von Ergebnissen der Anwendung eines bestimmten Planspielproduktes als soziales Interventionsprogramm auseinanderzusetzen. Der Prozess des Planspielens (s. u.) umfasst eben nicht nur die Durchführung eines Planspiels als Trainingsmaßnahme, sondern schließt beispielsweise auch das Design eines Planspiels oder die Reflexion des Planspiels mit ein. Qualitätssicherung bedeutet so gesehen weit mehr als die reine Beurteilung von Lerneffekten von Spielteilnehmenden, auch in den Phasen von Design oder Reflexion sind Qualitätskriterien einzuhalten. Qualitätssicherung kann von der Beurteilung der Güte eines Planspielproduktes über die Prüfung der Wirksamkeit von Planspielen als Interventionsmaßnahme beim Wissens- und Kompetenzerwerb bis hin zur Überprüfung der Planspieldidaktik bzw. Planspielleitungsqualität reichen. Diese sehr unterschiedlichen Aspekte sollen im vorliegenden Beitrag aufgegriffen werden.

Evaluation wird generell zunehmend wichtiger, weil insbesondere bei der Intervention im

---

118 ROSSI, P. & FREEMAN, H. (1993): Evaluation: a systematic approach. Newbury Park: Sage.

Zusammenhang mit schulischer Ausbildung sowie betrieblicher Weiterbildung (als wichtige Einsatzfelder von Planspielen) ein angemessenes Qualitätsmanagement gefordert wird. Im Zuge der Sensibilisierung für die Notwendigkeit von *Bildungscontrolling* von beruflichen Weiterbildungsprogrammen (zunächst vor allem von Unternehmen, die schon länger Controlling in anderen Bereichen durchführen; leider noch weniger selbstverständlich für das öffentliche Bildungssystem) wird es auch für Planspielentwickler/-innen und -anwender/-innen immer zwingender (und in Zukunft sehr wahrscheinlich von steigender Bedeutung), die Vorzüge der Planspielmethode bzw. eines bestimmten Planspielproduktes nicht nur in schönen Worten, sondern auch anhand empirisch belegter Evaluationsergebnisse nachweisen zu können.

In der Praxis existiert heute eine Vielzahl von Evaluationsmodellen, die jeweils unterschiedliche Schwerpunkte setzen, die aber im konkreten Anwendungsfall auch häufig miteinander kombiniert werden. *Mikroevaluation* bezieht sich beispielsweise auf einzelne Aspekte eines beurteilten Programms, wohingegen die *Makroevaluation* auf die Feststellung einer Globalbewertung eines ganzen Interventionsprogramms abzielt. Bei der *inneren/internen Evaluation* wird eine Maßnahme von den Designern/Designerinnen des Programms selbst durchgeführt, äußere/externe Evaluation meint demgegenüber eine Trennung zwischen Interventionsgestaltern/-gestalterinnen und Beurteilern/Beurteilerinnen einer Maßnahme.

Wichtig ist die Unterscheidung zwischen formativer und summativer Evaluation. Die *summative Evaluation* dient der zusammenfassenden Bilanzierung einer bereits stattgefundenen Intervention und beurteilt die Wirkung der abgeschlossenen Maßnahme. Bei Planspielen stehen bei der rein summativen Wirkungsanalyse u. a. die Überprüfung der Akzeptanz der jeweiligen Simulationsmethode sowie die Bewertung der Erreichung von erwarteten Lerneffekten (Wissens- und Kompetenzerwerb) im Zentrum der Betrachtung. Die *formative Evaluation* liefert hingegen schon vor und während einer Intervention Informationen und Bewertungen mit dem Ziel, eine Maßnahme zu kontrollieren und zu optimieren. Einerseits wird hierbei eine fortlaufende Wirkungsanalyse durchgeführt, andererseits fokussiert diese Vorgehensweise auch verstärkt auf die Qualitätsanalyse der sich in Entwicklung befindlichen und zu testenden Planspiele und Lernmodule. Die summative Evaluation ist eher statisch und vergangenheitsorientiert, die formative Evaluation eher dynamisch und zukunftsorientiert ausgerichtet.

Bei der sogenannten *Input-Evaluation* werden die für eine Maßnahme eingesetzten Ressourcen bewertet (d. h., ob diese für das Erreichen der Ziele einer Maßnahme zuträglich oder abträglich sind), wobei hier auch nicht materielle Ressourcen (z. B. Teilnehmermotivation) eine Rolle spielen. Demgegenüber handelt es sich bei der *Output-Evaluation* um die Bewertung der tatsächlich aufgetretenen Ergebnisse.[119]

---

119 BORTZ, J. & DÖRING, N. (1999): Forschungsmethoden und Evaluation für Human- und Sozialwissenschaftler. Berlin: Springer.

6.2 Zentrale Aspekte für die Durchführung von Evaluationsstudien

Für Evaluationsstudien schlägt STUFFLEBEAM[120] im sog. KIPP-Modell vor, als Strukturierungshilfe Voraussetzungen, Prozesse und Ergebnisse zu analysieren:
1. Kontext: Erhebung der Rahmenbedingungen und Problemanalyse
2. Input: Feststellen vorhandener Ressourcen, Prüfung von Realisierungsmöglichkeiten, Kosten-Nutzen-Analyse der Evaluation
3. Prozess: fortlaufende Bewertung und Kontrolle von Maßnahmen
4. Produkt: Bewertung von Ergebnissen nach einer Maßnahme

Wottawa schlägt als weitere Orientierungshilfe in Anlehnung an das KIPP-Modell die Klärung der folgenden *Leitfragen* in einem möglichst frühen Stadium der Konzeption einer Evaluationsstudie vor. Diese vier Grundfragen sollen dann weiter ausgeführt werden:
1. Was wird wo mit welchem Ziel evaluiert?
2. Welche direkten und indirekten Kosten entstehen bei der Evaluation?
3. Womit werden die Ergebnisse verglichen?
4. Wer entscheidet über die Verwertung der Ergebnisse?

▶ Zu 1.

Zum „Was" gehört beispielsweise die Festlegung, ob es sich um die Evaluation von Zielvorgaben, von Handlungen Einzelner, um Verfahrensweisen, Interventionsprogramme oder ganze Bildungssysteme handelt. Zum „Wo" muss u. a. geklärt werden, ob die Evaluation im Labor, einer Bildungsinstitution, am Arbeitsplatz usw. stattfindet. Bei den Zielen ist zu beachten, dass sich diese oft mit dem Fortgang einer Interventionsmaßnahme bzw. einer Evaluationsstudie verändern und immer wieder neue Wünsche von Auftraggebern/Auftraggeberinnen berücksichtigt werden müssen. Zentral ist auch die sogenannte Operationalisierung der Ziel- und Bewertungskriterien, also die Festlegung, an welchen Ergebnissen man den Erfolg oder Misserfolg einer Maßnahme festmachen kann. Es müssen empirisch messbare Indikatoren ausgewählt werden, in den meisten Fällen werden dazu, wenn möglich, bereits bestehende diagnostische Instrumente eingesetzt oder adaptiert (z. B. Tests, Beobachtungsskalen usw.).

▶ Zu 2.

Damit sind nicht nur die finanziellen Kosten für die Evaluation gemeint, sondern auch zusätzlicher Zeitaufwand oder auch „Kosten" wie z. B. Unruhe bei den Beteiligten, die sich unter verschärfter Beobachtung sehen, und damit in Verbindung stehende aufkommende Zweifel an der Richtigkeit bisherigen Handelns oder auch an der Qualität der durchgeführten Maßnahme haben (leider ist die Auffassung weit verbreitet, dass etwas wirklich Gutes nicht mehr geprüft werden muss, sodass Evaluation an sich schon Misstrauen auslösen kann und damit die Maßnahme selbst unter Umständen negativ beeinflusst).

---

120 STUFFLEBAEM, D. L. (1972): Evaluation als Entscheidungshilfe. In: WULF, C. (Hrsg.): Evaluation (S. 113–145). Hamburg.

▶ Zu 3.

Hierbei ist denkbar, dass verschiedene Maßnahmen miteinander verglichen werden (z. B. verschiedene betriebswirtschaftliche Planspiele; Planspiel vs. normaler Unterricht usw.), um die beste Alternative zu finden. Es ist aber auch möglich nur eine einzige Alternative zu evaluieren, wobei sich die Maßstäbe dann z. B. an der Veränderung von Erwartungen, Leistungen usw. in einem Vorher-nachher-Vergleich oder an dem Erreichen eines vorgegebenen Leistungsstandards orientieren können. Genau genommen kann aber nur der Vergleich mehrerer Alternativen, also eine Vergleichsgruppenuntersuchung (mindestens daher eine Gruppe, bei der die Intervention durchgeführt wird, und eine unbehandelte Kontrollgruppe), Kausalaussagen erlauben, welche die Intervention eindeutig als Ursache von bestimmten Ergebnissen nachweist. Im extremen Fall kann nämlich auch eine scheinbar sehr positiv evaluierte Maßnahme mit objektiv nachgewiesenen Verbesserungen in der Leistung der Teilnehmenden die vergleichsweise schlechteste aller Alternativen sein. Leider sind Vergleichsgruppenstudien viel aufwendiger, sodass diese oft aus Kostengründen oder organisatorischen Zwängen nicht durchgeführt werden können. Zu Planspielmethoden existieren bedauerlicherweise kaum Vergleichsgruppenstudien, was natürlich die Aussagekraft über deren Effektivität wesentlich einschränkt. Manchmal ist aber eine Vergleichsgruppenstudie auch aus prinzipiellen Gründen nicht möglich (es wäre z. B. wenig sinnvoll, für die Evaluation des Einsatzes von Flugzeugsimulatoren in der Ausbildung von angehenden Flugzeugpiloten/-pilotinnen eine Vergleichsgruppe zu bilden, die ohne Simulatoren und dafür a priori gleich mit voll besetzten Passagiermaschinen fliegen lernt). Wird nur eine Maßnahme ohne Vergleichs- bzw. Kontrollgruppe(n) evaluiert, ist auch die Variation der Intensität der Maßnahme oder die Beurteilung durch die mehrfache Anwendung einer Maßnahme sinnvoll.

▶ Zu 4.

Hier rücken unterschiedliche Akteure/Akteurinnen in den Mittelpunkt des Interesses, z. B. die Teilnehmenden, die Trainer/-innen, die Entscheidungsträger/-innen usw., mit jeweils unterschiedlichen Erwartungen, und somit hat auch dieser Bereich oft erhebliche Relevanz für die Planung und Durchführung einer Evaluation.

6.3 Kritische Anmerkungen zur „traditionellen" Planspielevaluation

Traditionellerweise sind die meisten Ansätze der Planspielevaluation outputorientiert und summativ. Sie konzentrieren sich darauf, die Wirkungen der Teilnahme am Planspiel und dabei primär den Lernerfolg festzustellen.[121] Ein gern zitiertes Modell bei Beiträgen zur Evalua-

---

121 FARIA, A. J. (2001): The changing nature of business simulation/gaming research: A brief history. Simulation & Gaming, 32, S. 97–110.

tion von Planspielen (z. B. PETERS et al.)[122] bezieht sich auf die schon 1959 vorgestellte und inzwischen weitverbreitete und anerkannte *Taxonomie von Erfolgskriterien bei Personalentwicklungsmaßnahmen* von KIRKPATRICK. In diesem Modell (z. B. KIRKPATRICK[123]) werden wieder vier Ebenen unterschieden:

1. *Reaktion*: Damit sind subjektive Bewertungen, Einstellungen und Gefühle zur Intervention gemeint, die häufig durch Fragebögen oder Interviews erhoben werden.
2. *Lernen*: Dabei steht die Überprüfung der Aufnahme, Verarbeitung und Bewältigung von Lerninhalten durch die Teilnehmenden im Fokus, die häufig durch Testverfahren (Fehleranzahl) gemessen wird, aber auch auf Urteilen von Teilnehmern/Teinehmerinnen, Trainern/Trainerinnen oder Beobachtern/Beobachterinnen beruhen kann.
3. *Verhalten*: Dabei spielt die Umsetzung der Lerninhalte in verbesserten Handlungskompetenzen im realen Arbeitsverhalten eine zentrale Rolle, wobei häufig versucht wird, diese Transferleistung durch Befragungen von Teilnehmenden, Kollegen/Kolleginnen oder Vorgesetzten zu untersuchen.
4. *Resultate*: Diese Ebene bedeutet die Beurteilung der Erreichung/Verbesserung organisationaler Kennzahlen wie Quantität und Qualität von Arbeitsleistungen, Leistungsbeurteilungen, Beförderungen, Kostenreduktionen, Krankenständen usw.

Kriterien der Ebenen 1 und 2 werden in der Regel unmittelbar nach einer Intervention gemessen, die aufwendigere Überprüfung von Kriterien der Ebenen 3 und 4 sind erst nach einigem Zeitabstand zur Maßnahme sinnvoll zu evaluieren. Bei den Ebenen 3 und 4 ist es aber u. a. wegen dieses Zeitabstands relativ schwierig, eindeutig festzustellen, ob tatsächlich nur die Maßnahme für die Veränderung von Kriterien kausal verantwortlich gemacht werden kann, da die Teilnehmenden in der Zwischenzeit einer Vielzahl von weiteren Einflussfaktoren und Entwicklungen ausgesetzt sind, die als „Störvariablen" in der Praxis kaum kontrolliert werden können. Allinger & Janak[124] kommen nach einer umfassenden Literaturrecherche über 30 Jahre daher auch zu dem Ergebnis, dass meist (wohl auch aus Kostengründen und fehlenden Methodenkompetenzen der Evaluateure/Evaluateurinnen) nur Kriterien der Ebenen 1 und 2 (meist sogar nur der Ebene 1) bei der Evaluation von Trainingsmaßnahmen Verwendung finden. Leider bleibt damit aber genau die Frage nach dem Erfolg der Maßnahme für die nachhaltige Anwendung (Transfer) in der Arbeitspraxis unbeantwortet. Obwohl eine solche Metastudie zu Planspielen als Interventionsmethode fehlt, dürfte eine solche aber kaum andere Ergebnisse liefern.

---

122 PETERS, V. u. a. (2003): Evaluating the results of simulation games. In: Proceedings of the 34th Conference of the International Simulation and Gaming Association. Chiba.
123 KIRKPATRICK, D. L. (1960): Techniques for evaluating training programs. Journal of the American Society of Training Directors, 14, S. 13–18, 28–32.
124 ALLIGER, G. & JANAK, E. (1989): Kirkpatrick's levels of training criteria: Thirty years later, Personnel Psychology, 42, S. 331–342.

Typischerweise kommen zur Messung des Erfolgs von Planspielmaßnahmen im Sinne einer summativ-outputorientierten Evaluation quasiexperimentelle Designs zum Einsatz.[125] Jede zu prüfende Maßnahme ist dabei letztlich mit einer oder mehreren Wirkhypothesen verknüpft, die mit statistischen Methoden ausgewertet werden. Diese Wirkhypothesen sollten dabei auf einer Theorie basieren, die u. a. erklärt, wie die Maßnahme wirkt (s. u. theoriebasierte Evaluation). Allgemein wird die Wirkung einer Intervention in wissenschaftlichen Standards entsprechenden Studien als abhängige Variable bezeichnet und die Maßnahme selbst als unabhängige Variable aufgefasst.[126] Leider fehlt bei der Mehrzahl an „Planspielevaluationen" dieser eindeutige Theoriebezug, und auch die Analyse von Ergebniskriterien (selbst auf der relativ einfach zu untersuchenden Ebene 1 nach Kirkpatrick, s. o.) geht vielfach nicht über eine simple, deskriptive Beschreibung (z. B. Mittelwerte) von typischen Fragebogenitems zur Akzeptanz der Methode (nach dem Motto: „Das Planspiel hat Spaß gemacht") hinaus, differenziertere inferenzstatistische Analysen werden kaum berichtet. Die Kritik von Wottawa & Thierau[127], dass Evaluationsstudien a priori so angelegt sind, dass die erwünschten Ergebnisse mit hoher Wahrscheinlichkeit auftreten oder dass nur jene Ergebnisse berichtet werden, die den Wünschen der Evaluatoren entsprechen, dürfte insbesondere für die Evaluation von Planspielmethoden zutreffend sein. Gerade bei Planspielen ist auch die Schwierigkeit gegeben, dass der Evaluator meist finanziell von den Interessen der Auftraggeber/-innen und/oder vom Evaluationsergebnis betroffenen Gruppen abhängt (dieses Problem ist bei der internen Evaluation als noch gravierender einzustufen als bei der externen Evaluation).

6.4 Einige besondere Probleme bei der Evaluation von Planspielen

Bei Planspielen handelt es sich nicht um eine einzelne klar definierbare und abgrenzbare Methode. Der Überbegriff „Planspiele" wird in der Praxis vielmehr für ein breites Spektrum von im Detail recht unterschiedlichen Verfahren verwendet.[128, 129, 130] Das Planspiel stellt eine Hybridform von hochgradiger Komplexität dar, das sich einerseits von reinen Formen wie Simulation, Regelspiel, Rollenspiel, Schauspiel und Fallstudie unterscheidet, andererseits genau

---

125 CAMPBELL, D. T. & STANLEY, J. C. (1963): Experimental and quasi-experimental designs for research. Chicago: Rand-McNally.
126 BORTZ & DÖRING a. a. O.
127 WOTTAWA, H. & THIERAU, H. (1990): Lehrbuch Evaluation. Bern: Huber.
128 PERCIVAL, F. & SAUNDERS, D. (1999): The International Simulation and Gaming Research Yearbook Vol. 7. London: Kogan Page.
129 KRIZ, W. C. & GUST, M. (2003): Mit Planspielmethoden Systemkompetenz entwickeln, Zeitschrift für Wirtschaftspsychologie, 10 (1), S. 12–17.
130 CROOKALL, D. & ARAI, K. (1994): Global Interdependence. Proceedings of the 22nd ISAGA Conference in Kyoto. Tokyo: Springer.

jene Formen in verschiedenen Kombinationsanteilen integriert. Nicht nur das Spektrum an Planspielmethoden ist groß, sondern auch die Einsatzfelder von Planspielen variieren deutlich; z. B. wären Anwendungen im Bildungskontext (hier führend in kaufmännischen Berufsbildungsprogrammen), in der Organisationsentwicklung und in der Strategieberatung von Entscheidungsträgern in Wirtschaft und Politik zu nennen. Planspiele eignen sich sowohl für die Förderung allgemeiner Kompetenz im Umgang mit komplexen Systemen als auch für die Unterstützung des Wissens- und Kompetenzerwerbs im bereichsspezifischen Kontext.[131, 132] Planspiele haben sich als Bestandteil bei der Überprüfung von Kompetenzen und als Prädiktor von Leistungen im Rahmen der Personalauswahl mit Assessment-Centern und Potenzialanalysen und in beruflichen Trainings- und Bildungsprogrammen bewährt.[133, 134, 135]

Die Wirksamkeit von Planspielen ist zusätzlich bei Organisationsentwicklungen nachgewiesen.[136, 137, 138]

Dem Zitat von Herz & Blätte[139] *„Planspiel und Simulation lassen sich sinnvoll in Lehre, Fortbildung, Beratung und Forschung einsetzen"* ist zwar beizupflichten, dennoch wird die Mehrheit der verfügbaren Planspiele in Organisationen in Fortbildung, Beratung und Intervention eingesetzt und dient eben nicht primär Forschungszwecken. Die „face-validity" und der unmittelbar erlebte Nutzen von Planspielen sind dabei so überzeugend, dass auf die Prüfung von Gütekriterien oder die Evaluation im wissenschaftlichen Sinne in der Praxis meist verzichtet wird. Eine positive Ausnahme sind z. B. Forschungen zum „Work-Flow-Game", das an der Universität Helsinki von der Arbeitseinheit Work Psychology entwickelt und im Rah-

---

[131] KRIZ, W. C. (2000): Lernziel Systemkompetenz. Planspiele als Trainingsmethode. Göttingen: Vandenhoeck & Ruprecht. KRIZ, W. C. (2001): Die Planspielmethode als Lernumgebung. In: MANDL, H.: Planspiele im Internet. Konzepte und Praxisbeispiele für den Einsatz in Aus- und Weiterbildung (S. 41–64). Bielefeld: Bertelsmann.

[132] CAPAUL, R. (2000): Die Planspielmethode in der Schulleiterausbildung. Bad Heilbrunn: Klinkhardt.

[133] STRAUSS, B. & KLEINMANN, M. (1995): Computersimulierte Szenarien in der Personalarbeit. Göttingen: Verlag für angewandte Psychologie.

[134] HÖGSDAL, B. (1996): Planspiele. Der Einsatz von Planspielen in Aus- und Weiterbildung. Bonn: Manager Seminare Gerhard May Verlag.

[135] HENNING, K. & STRINA, G. (2003): Planspiele in der betrieblichen Anwendung. Aachen: Shaker.

[136] GEILHARDT, Th. & MÜHLBRADT, Th. (1995): Planspiele im Personal- und Organisationsmanagement. Göttingen: Verlag für Angewandte Psychologie.

[137] GEURTS, J.; JOLDERSMA, C. & ROELOFS, E. (1998): Gaming/Simulation for Policy Development and Organizational Change. Tilburg: Tilburg University Press.

[138] RUOHOMÄKI, V. & JAAKOLA, M. (2000): Teamwork Game for Team Building–A Case Study in a Pharmaceutical Company. In: VARTIAINEN, M.; AVALLONE, F. & ANDERSON, N. (Eds): Innovative Theories, Tools and Practices in Work and Organizational Psychology (pp. 217–132). Göttingen: Hogrefe.

[139] HERZ, D. & BLÄTTE, A. (2000): Einleitung. In: HERZ, D. & BLÄTTE, A. (Hrsg.): Simulation und Planspiel in den Sozialwissenschaften (S. 1–14), Münster: Lit.

men von Personal- und Organisationsentwicklungsmaßnahmen auf allen vier Ebenen von KIRKPATRICK recht positiv evaluiert wurde.[140]

Wegen der hier kurz skizzierten Vielfalt an Methoden und Einsatzfeldern und der Komplexität von Planspielmethoden können Evaluationsergebnisse sowie Evaluationsdesigns kaum von einer bestimmten Methode oder einem bestimmten Einsatzfeld auf eine andere Planspielart oder ein anderes Einsatzgebiet übertragen werden. Bei Planspielen ist außerdem meist eine Vielfalt an unterschiedlichen Bedingungen und Einflussfaktoren zu berücksichtigen, sodass es nicht einmal theoretisch möglich ist, ein einziges optimales Standarddesign zu postulieren. Planspiele sind in der Praxis abhängig von einer gewissen Eigendynamik des konkreten Spielgeschehens. Menschen, die u. a. ihre Emotionen und teils unvorhersehbaren Verhaltensmuster im Planspiel einbringen, und vielfältige, spontan auftretende soziale Prozesse durch die Interaktion von/in Gruppen tragen nicht gerade zu exakt standardisierbaren Ablaufbedingungen bei, sondern im Gegenteil zu einer Fülle de facto unkontrollierbarer Wechselwirkungen und Effekte. Das Spiel ist nicht gleichbedeutend mit dem „Spielen eines Spiels", da sich beim Spielen (play) innerhalb des vom Spiel (game) definierten und strukturierten Rahmens an Regeln kreativ Neues entfalten kann. Das „*Schachspiel*" definiert sich z. B. über die Existenz spezifischer Regeln (u. a. wie sich verschiedene Figuren auf dem Spielbrett bewegen dürfen usw.). Die konkreten Spiele des Spiels sind aber fast immer unterschiedlich (selten gleichen sich zwei gespielte Schachpartien vollständig). Dieser Aspekt, dass mitunter völlig verschiedene konkrete Realisationen ein und desselben Spiels durch das Spielen des Spiels möglich sind, ist ein weiteres Problem bei der Evaluation von Planspielen. Es ist in der Praxis häufig sehr schwierig, ohne erheblichen Zeit- und Kostenaufwand zur Gewinnung einer ausreichend großen Stichprobe an Spieldurchführungen zu gelangen, die aber für eine wissenschaftlich fundierte Evaluation und die Ableitung generalisierbarer Erkenntnisse notwendig wäre. Dieses Problem verschärft sich nochmals, wenn nicht vergleichsweise noch gut kontrollierbare geschlossene Planspiele evaluiert werden, sondern offene Planspiele beurteilt werden sollen, denn hier handelt es sich fast immer um einen einmaligen Einzelfall (vgl. zu geschlossenen und offenen Planspielen die Ausführungen von KLABBERS, GUST und BADURA in diesem Buch). Somit können häufig zwar nicht alle Prinzipien wissenschaftlicher Forschung eingehalten werden, trotzdem kann die Evaluation in der Praxis wichtige Erkenntnisse für Optimierungen einer Maßnahme oder die Entscheidung für eine von mehreren möglichen Alternativen bereitstellen.

---

[140] RUOHOMÄKI, V. (2003): Simulation gaming for organizational development. Journal of Simulation A Gaming, 34, S. 531–549.
RUOHOMÄKI, V. (2002): Simulation Game for Organisation Development. Development, use and evaluation of the Work Flow Game. Helsinki University of Technology. Industrial Management and Work and Organizational Psychology. Dissertation.

6.5 Theoriebasierte Evaluation von Planspielen und die Funktion logischer Modelle

Eine rein summative und outputorientierte Evaluation war vor allem in den frühen Phasen der Forschung über Planspiele ein wichtiges Unterfangen, da zunächst einmal die Frage von Interesse war, ob sich überhaupt zeigen lässt, dass mit Planspielen die erwarteten Lernergebnisse zu erzielen sind. Wie Überblicksarbeiten belegen, konnte dabei trotz teils heterogener Ergebnisse in der Tendenz gezeigt werden, dass Planspiele allgemein als effektive Lernmethode gelten können.[141, 142, 143, 144] Natürlich sind diese Herangehensweise und die damit verbundenen Fragen der Wirkungsanalyse von Planspielen durchaus auch heute noch berechtigterweise ein wesentlicher Teil der Evaluation, insbesondere wenn dies auf einem für die Psychologie oder Soziologie üblichen methodischen Niveau geschieht.

Jedoch ist diese traditionelle Herangehensweise als zu eng anzusehen, da rein outputorientierte Evaluationen nicht ausreichend in der Lage sind aufzuklären, warum und wie es zu den erzielten Lernergebnissen einer Maßnahme kommt.[145] Dies ist aber in vielen Planspielprojekten von zentraler Bedeutung, da meist eine Verknüpfung klassischer summativer und outputorientierter Ansätze mit einer formativen Evaluation sinnvoll ist, die das Ziel verfolgt, im gesamten Projektablauf immer wieder erforderliche Informationen zur Verbesserung der entwickelten Planspielvarianten und der weiteren mit den Planspielen vernetzten Lern- und Transfermodule zu liefern. Deshalb hat sich im Laufe der vergangenen Jahre die Sichtweise darüber verändert, welche Methoden und Kriterien der Evaluation von Planspielen zugrunde zu legen sind.[146]

Ein Hauptkritikpunkt der summativ-outputorientierten Evaluation besteht darin, dass im Prinzip das Planspiel bei solchen Studien als „Black Box"[147] (CHEN & ROSSI) betrachtet wird mit den Variablen Teilnahme/Nichtteilnahme als Input und der Variable Lernerfolg als Output. Schon allein die heterogenen Ergebnisse verschiedener Outcomestudien von Planspielen deuten aber darauf hin, dass zwischen Input und Output intervenierende Variablen beteiligt sind, die einen Einfluss auf das Lernergebnis nehmen. Gerade wenn man nun aber an der Verbesserung eines konkreten Planspiels oder an einer Optimierung der Lernmethode an sich interessiert ist, dann ist es notwendig, die Black Box aufzulösen, den Lernprozess als Ganzes in den Blick zu nehmen und aufzuklären, welche intervenierenden Variablen dabei eine Rolle spielen.

---

141 FARIA, a. a. O.
142 GREENLAW, P. S. & WYMAN, P. P. (1973): The teaching effectiveness of games in collegiate business courses. Simulation & Games, 4 (3), S. 259–294.
143 KEYS, J. B. & WOLPE, J. (1990): The role of management games and simulations in education and research. Yearly Review of Management, 16 (2), S. 307–336.
144 LAINEMA, T. (2004): Enhancing Organizational Business Process Perception – Experiences from Constructing and Applying a Dynamic Business Simulation Game. Turku School of Economics: Turku.
145 JUDD, Ch. M. (1987): Combining process and outcome evaluation. New directions for program evaluation, 33, S. 23–41.
146 FEINSTEIN, A. H. & CANNON, H. M. (2002): Constructs of simulation evaluation. Simulation & Gaming, 33, S. 425–440.
147 CHEN, H. T. & ROSSI, P. H. (1983): Evaluating with sense. The theory-driven approach. Evaluation Review, 7, S. 283–302.

Genau diesen Intentionen versucht der Evaluationsansatz der theoriebasierten Evaluation zu entsprechen.[148, 149] Obwohl dessen Grundideen und -konzepte schon seit einiger Zeit in der Evaluationsliteratur zu finden sind[150], hat er erst in jüngerer Zeit breite Akzeptanz in der Evaluationsforschung gefunden.[151, 152] Hauptthese und Stärke des theoriebasierten Ansatzes ist seine Prämisse, dass die Evaluation von Maßnahmenprogrammen, Projekten, Interventionen oder Lernumgebungen – wie etwa auch dem Planspiel – von einem logischen Modell, einer „Theorie" des Evaluationsgegenstandes ausgehen sollte. Ein solches logisches Modell repräsentiert die theoretischen Annahmen, die dem Design und der Durchführung einer Maßnahme implizit oder explizit zugrunde liegen.[153] Gewöhnlich besteht es aus verschiedenen Variablen, die den drei Komponenten Vorbedingungen (input), Prozess (actions) und Wirkungen (output bzw. outcome) der Maßnahme zugeordnet werden können, und deren gegenseitigen Abhängigkeiten. Grafisch werden logische Modelle gewöhnlich ähnlich repräsentiert wie Pfaddiagramme oder wie Systemmodelle in der Systemdynamik.

Im Fall von Planspielen wäre von einem logischen Modell zu erwarten, dass es aufzeigt, wie die Teilnahme an dem Planspiel zu den erwünschten Lernergebnissen und Projektzielen führt. Daher müssten zu seiner Erstellung nicht nur Ergebnisse der aktuellen Planspielforschung[154, 155, 156, 157] berücksichtigt werden, sondern vor allem aktuelle lernpsychologische Ansätze wie die des situierten Lernens[158, 159, 160] – insbesondere zum problemorientierten Lernen (s. u.) – sowie allgemeinere Modelle der Qualität von Unterricht und Lernumgebungen.[161, 162]

---

148 CHEN, H. T. (1990): Theory-driven evaluations. Newbury Park: Sage.
149 WEISS, C. H. (1998): Evaluation. Methods for studying programs and policies. Upper Saddle River, NJ: Prentice Hall.
150 FITZ-GIBBON, C. T. & MORRIS, L. L. (1975): Theory based evaluation. Evaluation Comment, 5 (1), S. 1–4.
151 ROSSI, P.; LIPSEY, M. W. & FREEMAN, H. (2004): Evaluation. A systematic approach. Thousand Oaks: Sage.
152 WEISS, C. H. (1997): Theory-based evaluation: Past, present, and future. New Directions for Evaluation, 76, S. 41–56.
153 ROGERS, P. J. (2000): Causal models in program theory evaluation. New directions for evaluation, 87, S. 47–54.
154 FARIA, a. a. O.
155 GARRIS, R.; AHLERS, R. & DRISKELL, J. E. (2002): Games, motivation, and learning: A research and practice model. Simulation & Gaming, 33, S. 441–467.
156 HINDLE, K. (2002): A grounded theory for teaching entrepreneurship using simulation games. Simulation & Gaming, 33, S. 236–241.
157 WOLFE, J. (1997): The effectiveness of business games in strategic management course work. Simulation & Gaming, 28 (4), S. 360–376.
158 BROWN, J. S.; COLLINS, A. & DUGUID, P. (1989): Situated cognition and the culture of learning. Educational Researcher, 18 (1), S. 32–42.
159 GRUBER, H. u. a. (1995): Situated learning and transfer. In: REIMANN, P. & SPADA, H. (Hrsg.): Learning in humans and machines: Towards an interdisciplinary learning science (S. 168–188). Oxford: Pergamon Press.
160 HENSE, J.; MANDL, H. & GRÄSEL, C. (2001): Problemorientiertes Lernen. Warum der Unterricht mit Neuen Medien mehr sein muss als Unterrichten mit neuen Medien. Computer und Unterricht, 11 (4), S. 66–11.
161 DITTON, H. (2000): Qualitätskontrolle und Qualitätssicherung in Schule und Unterricht. Ein Überblick zum Stand der empirischen Forschung [Quality control and quality assurance in schools and classrooms. A survey of the state of empirical research]. In: HELMKE, A.; HORNSTEIN, W. & TERHART, E. (Hrsg.): Zeitschrift für Pädagogik, 41. Beiheft (S. 72–92). Weinheim: Beltz.
162 FRIEDRICH, H. F., HRON, A. & HESSE, F. W. (2001): A framework for designing and evaluating virtual seminars. European Journal of Education, 36, S. 157–174.

In einem konkreten Evaluationsprojekt kann ein logisches Modell des Evaluationsgegenstands und seiner Wirkung verschiedene Funktionen erfüllen:
▶ Erstens dienen sie zur Fokussierung der Evaluation, indem sie die Identifikation und Auswahl jener Variablen erleichtern, die während der Evaluation beachtet werden müssen.
▶ Zweitens können sie den Austausch- und Kommunikationsprozess mit den Programmverantwortlichen und -durchführenden unterstützen.[163]
▶ Drittens liefert ein logisches Modell einen Rahmen für die Interpretation dessen, was im Planspiel geschieht. Die im Modell angenommenen Beziehungen zwischen Input-, Prozess- und Output-/Outcomevariablen können dann je nach Datenqualität und Stichprobengröße mittels korrelativer und regressionsanalytischer Verfahren, Pfadanalysen oder Strukturgleichungsmodelle untersucht werden. Dadurch können jene Variablen identifiziert werden, die einen besonders großen Beitrag zum Erreichen der Lernziele in einem Planspiel leisten.
▶ Viertens sind diese genannten Quellen des logischen Modells (Planspielforschung, lernpsychologische Ansätze und Erkenntnisse der Unterrichtsforschung) und das jeweilige logische Modell selbst dabei gleichzeitig wesentliche Grundlagen, die bereits in der Designphase zur optimalen Gestaltung des zu entwickelnden Planspiels beitragen. Das logische Modell ist dabei Ausgangspunkt für die didaktische Konzeption des Planspiels und unterstützt so Designentscheidungen schon in der frühen Entwicklungsphase eines ersten Planspielprototyps und erlaubt so unmittelbare Verbesserungen im Design des Planspiels oder bei seiner Durchführung.

6.6 SimGame: Ein Beispiel eines logischen Modells im Rahmen einer theoriebasierten Evaluation

In einer konkreten Evaluationsstudie, der Evaluation des Planspiels SimGame, haben wir den theoriebasierten Ansatz unter anderem angewandt, um in einer frühen formativen Phase der Spielentwicklung Hinweise auf mögliche Verbesserungspunkte zu finden. Bei SimGame handelt es sich um ein 2003 und 2004 durchgeführtes Leonardo-da-Vinci-Programm der Europäischen Union[164], bei der zwei Varianten eines geschlossenen brettbasierten Unternehmensplanspiels für den Wirtschaftsunterricht an Sekundarstufen und für die Personalentwicklung von KMU entwickelt und in fünf Nationen evaluiert wurden.[165, 166]

---

163 KLABBERS, J. G. (1988): Stakeholder participation and utilization in program evaluation. Evaluation Review, 12, S. 91–116.
164 Weitere Informationen zu Projektpartnern, Beteiligten, Ergebnissen usw. unter www.simgame.org oder www.vernetzt-denken.de/simgame/start.htm.
165 HENSE, J. (2004): Theory-oriented evaluation of gaming simulations – the case of Simgame. In: KRIZ, W. C. & EBERLE, Th. (Hrsg.): Bridging the Gap: Transforming Knowledge into Action through Gaming & Simulation (S. 339–351). München: Sagsaga.
166 KRIZ, W. C. & HENSE, J. (2004): Evaluation of the EU-Project „Simgame" in business education. In: KRIZ, W. C. & EBERLE, Th. (Hrsg.): Bridging the Gap: Transforming Knowledge into Action through Gaming & Simulation (S. 352–363). München: Sagsaga.

Bei der statischen Version stehen die Spielteams nicht in Konkurrenz zueinander, alle haben gleiche Entscheidungsabläufe und Ergebnisse. Diese erste Version dient dem Kennenlernen der zentralen betriebsinternen Abläufe. Die zweite, dynamische Version beinhaltet darüber hinaus die Möglichkeit, dass die Spielteams eigene Entscheidungen treffen können. Die Teams repräsentieren dabei verschiedene Unternehmen, die auf gemeinsamen Märkten in Konkurrenz zueinander stehen. Dies führt letztlich auch zu unterschiedlichen Betriebsergebnissen (Spielerfolgen) für die einzelnen Spielteams.

<Fach> Theorieorientierte Evaluation von Planspielen und Simulation am Beispiel SimGame (Jan Hense)

Die folgende Abbildung zeigt als Beispiel das logische Grundmodell von SimGame. Obwohl für die Evaluation jedes Planspiels prinzipiell ein eigenes logisches Modell erstellt werden muss, so enthält das hier vorgestellte logische Modell für SimGame doch eine Reihe von generalisierbaren Aspekten, insbesondere für geschlossene Planspiele, die in einem Ausbildungskontext eingesetzt und evaluiert werden. Die Abbildung zeigt dabei das grobe Überblicksmodell; es sind im Detail noch verfeinerte und genauere Festlegungen und Analysen von einzelnen Wechselwirkungen zwischen Input-, Prozess- und Outcomevariablen notwendig, die hier jedoch nicht ausführlich diskutiert werden können. Exemplarisch seien einige Beispiele mit entsprechendem Theoriebezug aufgeführt:

Bei den Schüler-/Teilnehmervariablen (Input) wurde die Motivation als Variable aufgenommen, da diese lernpsychologisch als bedeutende Einflussgröße für Lernergebnisse von Maßnahmen gilt (vgl. z. B. Deci & Ryan)[167]. Weitere Faktoren sind Geschlecht und Alter der Teilnehmenden, denn diese konnten in empirischen Studien als wichtig für Lernmotivation, Selbstkonzept und Leistung nachgewiesen werden.[168] Auch das Vorwissen kann theoretisch als Wirkfaktor angesehen werden, welches sich auf die Leistungserwartungen und das Selbstkonzept der eigenen Fähigkeiten auswirkt; gute Vorkenntnisse stärken das Selbstvertrauen und sind somit eine entsprechende Voraussetzung für erfolgreiches Lernen.[169] Als ein Beispiel für den Bereich der Prozessvariablen kann das QUAIT-Modell (Quality of Instruction, Appropriateness, Incentives, Time) von Slavin[170] zentrale Faktoren beisteuern, nämlich die verfügbare Lernzeit und die Angemessenheit des Schwierigkeitsgrades von Lerninhalten und den Aspekt der Über- oder Unterforderung, wobei hier auch Studien mit Planspielen zeigen, dass eine längere Phase der Über- oder Unterforderung durch die Auswahl eines Planspiels mit einem ungeeigneten Komplexitätsgrad in Bezug zur Zielgruppe (und hier ist u. a. wieder das Vorwissen der

---

[167] Deci, L. E. & Ryan, R. M. (1993): Die Selbstbestimmungstheorie der Motivation und ihre Bedeutung für die Pädagogik. Zeitschrift für Pädagogik, 39, 1, S. 223–238.
[168] Fend, H. (1997): Der Umgang mit Schule in der Adoleszenz. Göttingen: Hogrefe.
[169] Krapp, A. (1997): Selbstkonzept und Leistung: Dynamik eines Zusammenspiels. In: Weinert, F. E. & Helmke, A. (Hrsg.): Entwicklung im Grundschulalter (S. 325–339). Weinheim: Beltz.
[170] Slavin, R. E. (1996): Education for all. Lisse: Swets & Zeitlinger.

Teilnehmenden relevant) zu keinen oder sogar negativen Effekten führt.[171] Alle Variablen eines logischen Modells sollten in dieser Weise auf Forschungsergebnisse und damit in Zusammenhang stehende Theoriekonzepte zurückgeführt werden können.

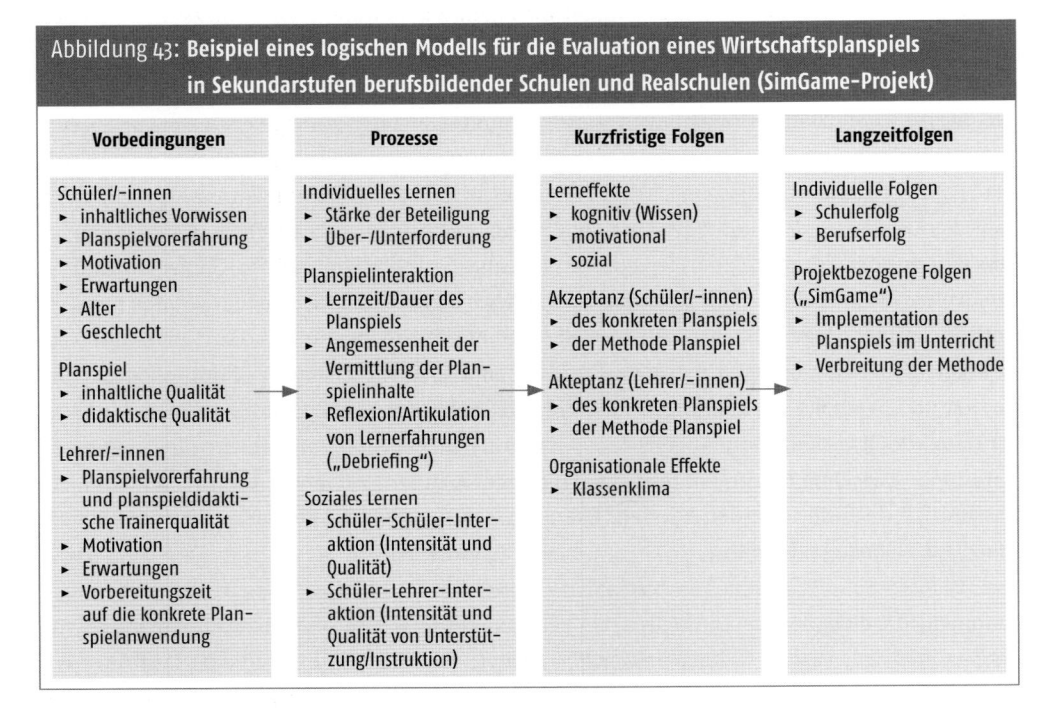

Abbildung 43: **Beispiel eines logischen Modells für die Evaluation eines Wirtschaftsplanspiels in Sekundarstufen berufsbildender Schulen und Realschulen (SimGame-Projekt)**

Vorbedingungen	Prozesse	Kurzfristige Folgen	Langzeitfolgen
Schüler/-innen ▸ inhaltliches Vorwissen ▸ Planspielvorerfahrung ▸ Motivation ▸ Erwartungen ▸ Alter ▸ Geschlecht **Planspiel** ▸ inhaltliche Qualität ▸ didaktische Qualität **Lehrer/-innen** ▸ Planspielvorerfahrung und planspieldidaktische Trainerqualität ▸ Motivation ▸ Erwartungen ▸ Vorbereitungszeit auf die konkrete Planspielanwendung	**Individuelles Lernen** ▸ Stärke der Beteiligung ▸ Über-/Unterforderung **Planspielinteraktion** ▸ Lernzeit/Dauer des Planspiels ▸ Angemessenheit der Vermittlung der Planspielinhalte ▸ Reflexion/Artikulation von Lernerfahrungen („Debriefing") **Soziales Lernen** ▸ Schüler-Schüler-Interaktion (Intensität und Qualität) ▸ Schüler-Lehrer-Interaktion (Intensität und Qualität von Unterstützung/Instruktion)	**Lerneffekte** ▸ kognitiv (Wissen) ▸ motivational ▸ sozial **Akzeptanz (Schüler/-innen)** ▸ des konkreten Planspiels ▸ der Methode Planspiel **Akteptanz (Lehrer/-innen)** ▸ des konkreten Planspiels ▸ der Methode Planspiel **Organisationale Effekte** ▸ Klassenklima	**Individuelle Folgen** ▸ Schulerfolg ▸ Berufserfolg **Projektbezogene Folgen („SimGame")** ▸ Implementation des Planspiels im Unterricht ▸ Verbreitung der Methode

Die Evaluationsinstrumente bestanden bei der statischen Version auf Lehrer/-innen-/Trainer/-innenseite aus zwei Fragebögen, einer sollte von jedem/jeder Planspielleiter/-in vor und der andere unmittelbar nach SimGame ausgefüllt werden. Auf Schüler/-innen-/Teilnehmer/-innenseite entwickelten wir ebenfalls einen Fragebogen zur Vor- und Nachbefragung. Zusätzlich zu den Fragebögen wurde (gemeinsam mit Experten/Expertinnen) ein Wissenstest konzipiert, der das für SimGame relevante Fachwissen erfassen sollte. Dieser Test wurde ebenfalls vor und nach SimGame zur Bearbeitung vorgelegt.

Bei der dynamischen Version wurden im Wesentlichen dieselben Instrumente verwendet, um die Vergleichbarkeit zu erhalten. Die dynamische Version der Simulation wurde drei bis sechs Monate nach der statischen Version von denselben Personen bearbeitet. Der Wissenstest vor der dynamischen Version kann somit auch als Gradmesser für einen Langzeiteffekt der statischen Version herangezogen werden. Um den Langzeiteffekt zu messen, wurde zusätzlich nochmals im Fragebogen vor der Durchführung der dynamischen Version um eine Bewertung einiger zentraler Aspekte der statischen Version gebeten (u. a. zu der Erreichung der Lernziele). Hinzuge-

---

[171] RENKL, A. u. a. (1994): Hilft Wissen bei der Identifikation und Kontrolle eines komplexen ökonomischen Systems? Unterrichtswissenschaft, 22, S. 195–202.

nommen wurden auch einige abschließende Fragebogenitems zum direkten Vergleich zwischen statischer und dynamischer Version, die im Fragebogen nach dem Einsatz der dynamischen Version bearbeitet wurden. Die Stichprobe bestand aus insgesamt 49 Planspielleitern/-leiterinnen und 642 Teilnehmenden, die bei 37 Durchführungen teilnahmen (meist eine zwei- bis dreitägige geblockte Anwendung von SimGame). Zusätzlich wurde zu dieser Wirkungsanalyse eine Qualitätsanalyse mit Experten durchgeführt. Letztlich sollten möglichst alle im logischen Modell dargestellten Faktoren dann auch gemessen und aufgrund der abgeleiteten theoriebasierten Hypothesen in ihrem Zusammenwirken analysiert werden, was bei SimGame weitgehend realisiert werden konnte. Bei SimGame handelte es sich insofern um eine formative Evaluation, weil die Ergebnisse der Wirkungs- und Qualitätsanalyse der statischen Version im Designprozess genutzt wurden, um eine optimierte dynamische Version zu entwickeln. Die Durchführung und Erprobung von SimGame (beide Versionen) kann durchaus als Erfolg gewertet werden. In der Einschätzung von Lehrern/Lehrerinnen/Trainern/Trainerinnen und den Teilnehmenden wurden die Lernziele im fachlichen, sozialen und motivationalen Bereich erfüllt, fachliche Verbesserungen und positive motivationale Effekte konnten auch in der Langzeitmessung nachgewiesen werden. Die Fülle der Ergebnisse kann und soll hier natürlich nicht dargestellt werden.[172]

Wieder nur als ein Beispiel zur Illustration sei hier die Analyse des als Inputfaktor postulierten Einflusses der Erwartungshaltung der Trainer/-innen (Lehrer/-innen) herausgegriffen, die u. a. aufgrund von Untersuchungen zum sog. Pygmalion-Effekt[173] als zentrale Größe in das logische Modell einbezogen wurde. Damit lassen sich z. B. im Sinne einer sich selbst erfüllenden Prophezeiung tatsächlich messbare bessere Leistungen von Schülern/Schülerinnen erklären, die Lehrer/-innen mit vergleichsweise positiverer Erwartungshaltung haben. Zur Analyse bildeten wir zunächst durch Medianteilung verschiedene Gruppen von Lehrern/Lehrerinnen, z. B. Lehrer/-innen mit vergleichsweise geringer (Werte unter dem Median) vs. hoher (Werte über dem Median) Problemerwartung (z. B. erwartete Probleme bei der Planspieldurchführung), und Gruppen mit positiver vs. negativer Einstellung zum Einsatz des Planspiels im Unterricht. Anschließend wurden zum Mittelwertvergleich T-Tests für unabhängige Stichproben (Signifikanzniveau jeweils $p < .05$) durchgeführt. Dabei ergab sich an signifikanten Effekten, dass in Klassen mit Lehrern/Lehrerinnen mit negativer Voreinstellung zu SimGame (im Vergleich mit Lehrern mit positiver Voreinstellung)

▶ die Schüler/-innen auch die Trainerqualität ihrer Lehrer/-innen bedeutend geringer einstufen,
▶ die Schüler/-innen einen wesentlich geringeren Leistungszuwachs im Wissenstest erzielten (dieser war sogar negativ, d. h. eine reale Leistungsverschlechterung!),
▶ Lehrer/-innen- und Schüler/-innen- die inhaltlichen und sozialen Lerneffekte als viel geringer einschätzten.

---

172 Kriz, W. C.; Hense, J. & Puschert, M. (2004): Endbericht zur Evaluation des EU-Projektes „Simulation betriebswirtschaftlicher Entscheidungsprozesse – Simgame" – siehe auch www.vernetzt-denken.de/simgame/start.htm.
173 Ludwig, P. H. (1998): Pygmalioneffekt. In: Rost, D. H. (Hrsg.): Handwörterbuch Pädagogische Psychologie (S. 415–419). Weinheim: PVU.

Solche Ergebnisse zeigen u. a. auch die Bedeutung der planspieldidaktischen Qualifikation der durchführenden Lehrkräfte auf. Diese und andere Befunde führten uns dann zur Forderung der Entwicklung eines zielgruppenspezifischen Trainingsprogramms für Lehrkräfte, das zurzeit entwickelt wird. Dieses Training soll dabei durch den Aufbau planspieldidaktischer Kompetenzen gleichzeitig auch Ängste und Vorurteile der Lehrer/-innen zur Anwendung von Planspielen bearbeiten und mithelfen, dass Lehrer/-innen mit Selbstvertrauen in die eigene Rolle im Planspiel und positiv eingestellt das Planspiel anleiten. In dieser Weise kann eine theoriebasierte, formative Evaluation zur Qualitätssicherung bedeutend beitragen.

6.7 Qualitätskriterien von Planspielprodukten

Als Teil der Evaluation im oben dargestellten SimGame-Projekt wurde eine Reihe von Kriterien für die fortlaufende Qualitätsanalyse des Planspiels (durch Expertenurteile) definiert, die aufgrund der oben bereits zitierten Quellen (Planspiel-, Lernpsychologie- und Unterrichtsforschung) abgeleitet wurden und die teilweise auch aus der aktuellen Diskussion mit Planspielexperten/-expertinnen entnommen wurden, die im Zuge der Aufstellung von Zertifizierungskriterien in der ISAGA (International Simulation and Gaming Association) stattfindet. Der Vorteil einer solchen Liste – die keinen Anspruch auf Vollständigkeit erhebt, aber wohl eine ganze Reihe zentraler Kriterien enthält – besteht u. a. auch darin, bereits in der Entwicklungsphase eines Planspielproduktes als Orientierungshilfe zu dienen:

1. Die Lernziele sind deutlich definiert.
2. Die Zielgruppe/n ist/sind deutlich definiert.
3. Die Einsatzfelder des Planspiels sind deutlich definiert.
4. Der zeitliche Ablauf und die Spielstruktur sind deutlich definiert.
5. Das räumliche Spielsetting ist deutlich definiert.
6. Das Planspiel ist im definierten Zeitrahmen vollständig spielbar.
7. Die Spielregeln sind deutlich definiert.
8. Die Spielerrollen sind deutlich definiert.
9. Das Spielszenario und im Spiel auftretende Ereignisse sind deutlich definiert.
10. Alle notwendigen Materialien, Spielbeschreibungen, Ressourcen usw. sind für eine erfolgreiche Spieldurchführung vorhanden.
11. Die notwendigen Trainerqualifikationen sind deutlich formuliert.
12. Die notwendigen Spielerqualifikationen sind deutlich definiert.
13. Die Verständlichkeit von schriftlichen Spielunterlagen (Bedienungsanleitungen, Trainer- und Spielerhandbüchern usw.) ist sehr hoch.
14. Die vorhandenen schriftlichen Spielunterlagen sind angemessen ausführlich.
15. Es existiert ein theoretisches Rahmenmodell, das zielgruppenspezifisch erklärt, was durch das Spiel wie und warum gelernt werden kann.
16. Das Spiel bietet sehr gute Visualisierungen von simulierten Abläufen und Strukturen.

17. Das Spiel bietet attraktive Materialien.
18. Das Spiel bietet haltbare Materialien.
19. Das Spiel bietet einfach handhabbare Materialien.
20. Das Spieldesign unterstützt eine leicht verständliche und intuitive Benutzung des Spiels für Trainer/-innen und Spieler/-innen (bei computerunterstützten Planspielen ist zusätzlich die Software technisch fehlerfrei und benutzerfreundlich gestaltet).
21. Das Spiel ist mit angemessenem Aufwand bedienbar.
22. Das Spiel ist mit angemessenem Aufwand auswertbar.
23. Das Spiel bietet ein gutes Aufzeichnungs- und Auswertungssystem (Entscheidungsprozesse, Veränderung von simulierten Systemen und Erreichung der Lernziele sind jederzeit anhand geeigneter Indikatoren nachvollziehbar).
24. Das Spiel bietet angemessene Flexibilität im Ablauf (z. B. kann man Spielschritte zurückgehen und Entscheidungen rückgängig machen).
25. Das Spiel bietet angemessene Adaptierbarkeit für geänderte Rahmenbedingungen (z. B. für kleinere/größere Teilnehmerzahlen oder für längere/kürzere zur Verfügung stehende Zeit usw.), und es werden im Trainerhandbuch konkrete Hinweise zum flexiblen Einsatz unter geänderten Rahmenbedingungen dargestellt.
26. Das Spiel bietet ein motivierendes und interessantes Spielszenario.
27. Das Spiel bietet ein für die Spieler/-innen angemessenes Ausmaß an Ungewissheit.
28. Das Spiel regt zum Nachdenken über Zusammenhänge an.
29. Das Spiel regt zur Strategieentwicklung an.
30. Das Spiel regt zur Einschätzung von Folge- und Nebenwirkungen von Problemlösealternativen an.
31. Das Spiel bietet eine Vielzahl an Interaktionssituationen zwischen Mitspielenden.
32. Das Spiel regt zu Perspektivenvielfalt an.
33. Das Spiel regt zu einem Verständnis unterschiedlicher Rolleninteressen an.
34. Das Spiel bietet einen für die Zielgruppe angemessenen Realitätsbezug; Spielregeln, Rollen und simulierte Ressourcen entsprechen realen, authentischen Situationen.
35. Zentrale Faktoren und Zusammenhänge der Realität wurden im Spielmodell korrekt abgebildet.
36. Das Spiel hat eine für die Zielgruppe angemessene Komplexität (keine längere Unter- oder Überforderung).
37. Im Spiel existieren jeweils verschiedene Handlungsalternativen.
38. Es gibt einen realistischen Handlungs- und Entscheidungsspielraum für die Spielenden.
39. Kompetente Spielende/Teams erzielen bessere Spielergebnisse (gemessen an den Lernzielen) als weniger kompetente Spielende/Teams.
40. Es existieren deutliche Hinweise im Trainerhandbuch zum Briefing des Planspiels (z. B. Rollenzuteilungen, Rahmeninformationen, Verständigung über tolerierte und nicht tolerierte Verhaltensweisen der Teilnehmenden usw.).

41. Die Anweisungen zur Planspieldidaktik im Trainerhandbuch tragen zu einem reibungslosen Spielablauf bei (die Trainertätigkeiten – z. B. von dem/der Trainer/-in zu übernehmende Rollen – während des Spiels sind deutlich dargestellt).
42. Die Anweisungen im Trainerhandbuch zum Debriefing (Reflexion, Nachbesprechung) sichern gewünschte Lerneffekte in der Praxis (d. h., es existieren Hinweise zu Themen, Struktur/Ablauf und Methoden des Debriefings).
43. Die Anweisungen zur Planspieldidaktik im Trainerhandbuch sichern gewünschte Lerneffekte in der Praxis (z. B. gibt es konkrete Hinweise zur Vernetzung des Planspiels mit Anforderungen der zielgruppenspezifischen Berufspraxis).
44. Es existieren deutliche Hinweise in den Handbüchern zur Einbettung des Planspiels in einen umfassenderen Lehr-/Lernkontext (z. B. Bezug zum Curriculum).
45. Es existieren neben dem Planspiel noch weitere ergänzende Lehrmodule (d. h. zusätzlich zu Debriefingmodulen), die zielgruppenspezifisch darauf ausgerichtet sind, die Planspielerfahrung mit relevanten Wissens- und Kompetenzkomponenten im Sinne eines übergeordneten Qualifizierungskonzeptes zu verknüpfen (z. B. Fallbeispiele, Lehrtexte, fachbezogene Lehrvideofilme usw.).
46. Das Spiel wird laufend evaluiert und gegebenenfalls verbessert.
47. Die zentralen Lernziele werden von der Mehrheit der Spielenden erreicht.
48. Das Spiel bietet eine angemessene Kosten-Nutzen-Relation (Preis, Zeitaufwand, verglichen mit erwartbarem Interventions- oder Lerneffekt).
49. Das Spiel hält sich an übliche ethische Richtlinien (z. B. Menschenwürde wird nicht verletzt, keine dauerhafte und durch das Spielziel nicht gerechtfertigte Diskriminierung usw.).
50. Die Teilnehmenden besitzen die Freiheit, jederzeit aus dem Spiel auszusteigen (nur freiwillige Teilnahme), wenn sie persönliche Grenzen von Würde oder zumutbarer Belastung gefährdet sehen; es existieren für den Fall des Ausstiegs geeignete Beobachterrollen oder -aufgaben.

6.8 Qualitätssicherung im gesamten Planspielprozess

Betrachtet man den Gesamtprozess des Planspielens (vgl. Abbildung 44) im groben Überblick, so lassen sich einige Phasen kurz zusammengefasst beschreiben.[174]

---

[174] Kriz, W. C. (2003): Creating Effective Interactive Learning Environments through Gaming Simulation Design, Journal of Simulation & Gaming, 34 (4), S. 117–134.

Abbildung 44: Der Planspielprozess

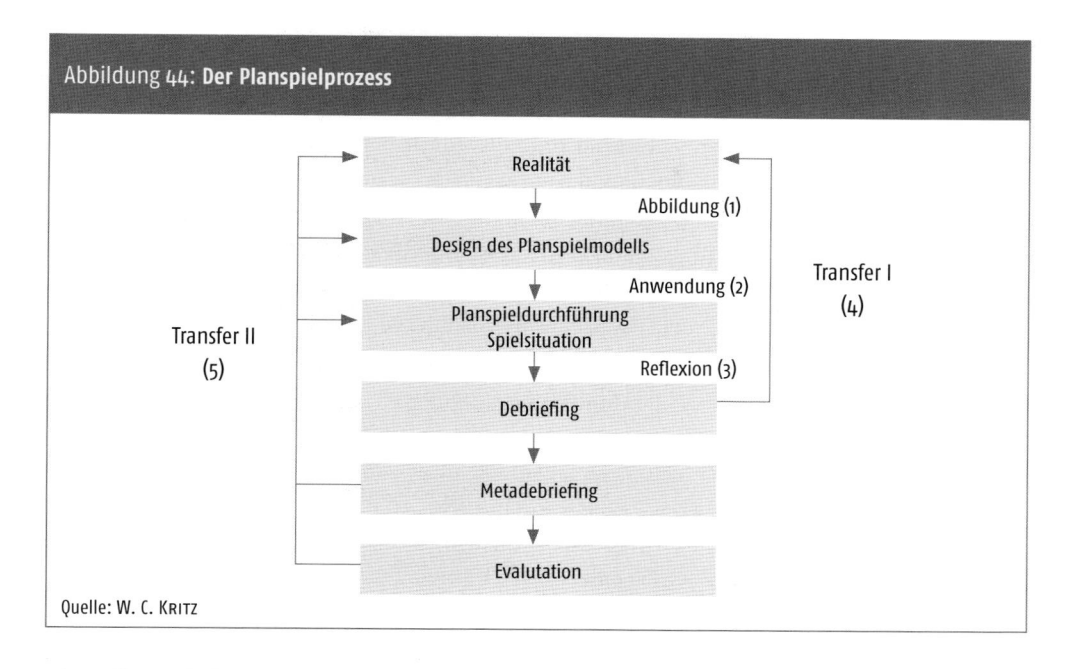

```
                    Realität
                       ↓
                       Abbildung (1)
              Design des Planspielmodells
                       ↓
                       Anwendung (2)         Transfer I
              Planspieldurchführung              (4)
                  Spielsituation
                       ↓
                       Reflexion (3)
                    Debriefing
                       ↓
                   Metadebriefing
                       ↓
                    Evaluation

Transfer II
   (5)
```

Quelle: W. C. Kriz

Ein Teilbereich der Realität wird für die Simulation durch das Planspiel ausgewählt. Im Design wird ein konkretes Planspiel (game) als Modell der Realität entwickelt. Dabei kommt es zu einer „Verzerrung" der Realität u. a. durch bewusste und unbewusste Komplexitätsreduktion der Designer/Designerinnen. Durch Anwendung des Planspiels wird eine Spielrealität (play) erzeugt. Zentrale Voraussetzung für eine sinnvolle Verwendung von Planspielen ist das „Debriefing".[175] Damit ist die gemeinsame Reflexion des Erlebten im Hinblick auf eine Bewertung der im Spiel aufgetretenen Prozesse gemeint, mit dem Ziel, daraus Konsequenzen für reale Situationen abzuleiten. Mit „Metadebriefing" ist eine Reflexion gemeint, in der nicht nur die Durchführung des Planspiels und sich direkt daraus ergebende Schlussfolgerungen diskutiert werden, sondern auch der Abbildungsprozess der Realität in der Designphase. Damit wird die Konstruktion von Wissen gemeinsam infrage gestellt und deutlich, in welchen Kontexten bestimmte Möglichkeiten der Realitätskonstruktion angemessen sind. Auch die Evaluation des Planspiels gehört zum Planspielprozess, wobei in diesem Schema mit Evaluation eine eher traditionelle summative Evaluation gemeint ist, die jedoch in Feedbackschleifen auch im Sinne einer formativen Evaluation kontinuierlich in allen Phasen stattfindet. In diesen Phasen existieren jeweils verschiedene „professionelle" Verhaltensweisen von Planspieldesignern (Designqualität) und Trainern (Planspielleiter- oder „Facilitator"-Qualität), die in einigen Unterpunkten diskutiert werden sollen (s. u.).

Betrachtet man den Planspielprozess zunächst nochmals als Ganzes, so muss im Sinne eines umfassenden Qualitätsmanagements dabei aber zusätzlich noch die Einbettung dieses

---

[175] KRIZ, W. C. & NÖBAUER, B. (2003): Debriefing von Planspielen. In: BLÖTZ, U.; Bundesinstitut für Berufsbildung, BIBB Bonn (Hrsg.): Planspiele in der beruflichen Bildung (DVD-Publikation, 3. erweiterte Auflage). Bielefeld: Bertelsmann.

Prozesses in ein übergeordnetes Qualifizierungskonzept beachtet werden. GREIF & KURZ[176] argumentieren, dass vor der Entwicklung und Anwendung einer Interventionsmethode (das gilt natürlich auch für Planspiele) zunächst eine Bildungsbedarfsanalyse (Kontextkontrolle) stehen muss, die wiederum in drei Teilkomponenten aufgegliedert werden kann: Organisationsanalyse zur Ermittlung organisationaler Rahmenbedingungen, Aufgabenanalyse zur Bestimmung von konkreten Arbeitsanforderungen und Leistungsstandards sowie eine Personenanalyse zur Erfassung von Defiziten bzw. Potenzialen der potenziellen Teilnehmenden. Damit wird insgesamt der Trainingsbedarf festgestellt. Das Planspiel als Interventionsmaßnahme sollte deshalb in ein übergeordnetes Bildungs- oder Personalentwicklungskonzept integrierbar sein. Um diese Anschlussfähigkeit des Planspiels in ein übergeordnetes Programm (z. B. Ausbildungscurriculum) zu gewährleisten, müssen eventuell spezielle Trainingsmodule für eine Phase vor dem Planspiel und auch die richtigen Teilnehmenden ausgewählt werden (Inputkontrolle). So wird manchmal beispielsweise relativ naiv für Planspiele „geworben" und behauptet, dass sie die Teamfähigkeit, Kritikfähigkeit usw. fördern würden. Der Einsatz eines Planspiels allein gewährleistet jedoch den Erwerb erwünschter sozialer Kompetenzen keineswegs, wenn die Teilnehmenden vorher kaum gelernt haben, z. B. zu kooperieren oder Feedback zu geben[177], denn dann werden sie es auch im Planspiel nicht adäquat tun. Gleiches gilt für die Entwicklung von zusätzlichen Lehrmodulen für eine Phase nach dem Planspiel (und gemeint ist damit auch für eine Zeit nach dem Debriefing!), die so konzipiert sind, dass sie mit dem Planspiel zielgruppenspezifisch inhaltlich verzahnt werden und die Anwendung des neu Erlernten in der Praxis weiter fördern (Transferkontrolle). Zusätzlich sind auch die Kultur und die Strukturen einer Organisation, in der Planspiele angewendet werden sollen, kritisch zu betrachten (was nützt z. B. ein Planspiel, in dem die Teilnehmenden lernen, teamfähig zu sein, wenn die Vorgesetzten, die nicht im Planspielseminar dabei sind, ihre autoritäre Führungskultur nicht verändern wollen oder können?). Alle diese Überlegungen, die auch durchaus zu dem Schluss führen können, dass Planspielmethoden in dem konkreten Fall gar nicht empfehlenswert sind, oder die ggf. zu notwendigen zusätzlichen Maßnahmen führen, sind im Sinne eines seriösen Qualitätsmanagements von entscheidender Bedeutung.

6.9 Qualitätssicherung im Design eines Planspiels

Es existieren zahlreiche Vorschläge zur möglichst optimalen Gestaltung und Strukturierung der Planspielentwicklung, so begründen beispielsweise Duke & Geurts[178] insgesamt 21 Schritte, die hier jedoch nur als ein Beispiel vereinfacht dargestellt werden sollen. Die Kenntnis und

---

[176] GREIF, S. & KURTZ H.-J. (1995): Ausbildung, Training und Qualifizierung. In: GREIF, S.; HOLLING, H. & NICHOLSON, N. (Hrsg.): Arbeits- und Organisationspsychologie. Weinheim: PVU.
[177] COHEN, E. G. (1992): Bedingungen für produktive Kleingruppen. In: HUBER, G. L. (Hrsg.): Neue Perspektiven der Kooperation (S. 45–53). Hohengehren: Schneider.
[178] Duke, R. & Geurts, J. (2004): Policy Games for strategic management. Amsterdam: Dutch University Press.

die Orientierung an solchen Ablaufmodellen für das Design dient dabei der Qualitätssicherung in dieser Phase, da hinter diesen Sequenzmodellen der Designphase das Bestreben nach Professionalisierung steht, das insbesondere für Designanfänger/-innen wertvolle Anregungen geben kann und dazu beiträgt, eine Reihe von Fehlerquellen zu eliminieren.

<Fach> Integration von Planspielen in Weiterbildungslehrgänge – ein evaluiertes Modell (Thomas Stürzer)

<Fach> Entwicklung eines Unternehmensplanspiels für das Handwerk (Michael Motzkau, Harald Thieme)

<Fach> Realitätsnahe Planspiele als didaktisches Element in der beruflichen Bildung am Beispiel eines Lehrgangs zum Industrial Engineering (Thomas Mühlbradt, Gerd Conrads)

<Fach> Das maßgeschneiderte Planspiel (The taylored business game) – Erfahrungen und Empfehlungen bei der kundengerechten Entwicklung von Brettplanspielen zur Unternehmenslogistik (Rico Wojanowski, Michael Schenk)

Der eigentlichen Designphase geht eine erste grobe Abklärung der Ziele mit dem Auftraggeber voraus, bei der auch geprüft wird, ob die Planspielmethode grundsätzlich überhaupt aus inhaltlichen und pragmatischen Gründen für die vorliegende Problemstellung geeignet ist. Zunächst erfolgt eine Phase der *Problemklärung und Problemformulierung*. Idealerweise wird dabei ein Projektteam mit möglichst vielen Betroffenen und Beteiligten (z. B. Mitarbeitende der Organisation aus verschiedenen Ebenen) gebildet, die verschiedene Problemsichten und Problemaspekte einbringen können. Da das Handeln und Entscheiden von Akteuren/Akteurinnen und die Interaktion von Akteuren/Akteurinnen in Planspielen von zentraler Bedeutung ist, wird es als Vorteil gesehen, dass beim Design des Planspiels bereits in der Problembeschreibung relevante Akteure (z. B. Entscheidungsträger und andere Personen mit Schlüsselpositionen) in das Projektteam mit eingebunden sind. Dieses Team einigt sich auf die zentrale Fragestellung und definiert Modellziele („Defining the Macro-Problem").

Danach erfolgt die *Systemanalyse und Modellkonstruktion*, in der geeignete Theorien ausgewählt und zu simulierende Systeme und Systemelemente analysiert und definiert werden. Im Team werden Faktoren und Elemente erörtert, die Einfluss auf die Problemstellung ausüben bzw. im zu simulierenden System zusammenwirken. Damit wird die Problemumgebung exploriert, und relevante Faktoren und Beziehungen werden in das Modell aufgenommen, Variablen und Parameter werden bestimmt und operationalisiert. Es ist hierbei notwendig, vorhandene empirische Daten und theoretisch fundierte Erkenntnisse über Wirkungszusammenhänge zu ermitteln, in einem logischen Modell darzustellen (s. o.) und in das Planspielmodell einzubringen. Dabei spannt sich der Bogen von der Analyse der Forschungsliteratur bis hin zur Erhebung neuer Daten in der betroffenen Organisation, wobei in dieser Phase selbst wiederum verschiedenste Methoden der qualitativen und quantitativen Sozialforschung zum

Einsatz kommen. Beispielsweise werden Methoden wie schriftliche Befragung, Interview, Dokumentenanalyse, Beobachtung von Arbeitsabläufen usw. angewandt, um fehlende empirische Daten und Erkenntnisse zu erlangen. Ein weiteres Ziel kann es dabei sein, kritische Fälle zu explorieren, in denen das Makroproblem besonders deutlich wird und die später in die Planspielszenarien einfließen. Zentral ist bei der Modellkonstruktion auch die Veranschaulichung der Systemelemente und ihrer Wechselwirkungen in Diagrammen, „Schematics" und Wirkungsnetzwerken. Dabei haben sich z. B. Netzwerksmodellierungsprogramme bewährt (vgl. Kapitel 7 in diesem Buch). Diese Visualisierung des Problemumfeldes ist auch deshalb wichtig, weil dadurch auch die Grenzen des Simulationsmodells deutlich werden. Darauf aufbauend werden die Elemente und Beziehungen weiter formalisiert.

Es wird definiert, welche Zustände Elemente annehmen können, und die (meist nicht linearen) Beziehungen zwischen den Elementen werden genau festgelegt. Bis zu diesem Punkt wurde im Wesentlichen an dem Simulationsmodell gearbeitet.

<Fach> Von der Balanced Scorecard zur computerunterstützten Entscheidungssimulation (Dieter Ballin)

<Fach> Szenarienentwicklung beim systemorientierten Management (Dieter Ballin)

Da die Simulation aber nur ein Teil des Planspiels darstellt, muss in einer weiteren Phase des *Entwurfs* eine konkrete Planspielmethode ausgewählt werden. Es werden u. a. Akteure/Akteurinnen, aber auch konkrete Spielerrollen definiert. Es muss festgelegt werden, welche Akteure/Akteurinnen von Planspielern/-spielerinnen konkret gespielt werden und welche Akteure/Akteurinnen anders simuliert werden (hierbei kann z. B. die Spielleitung mehrere Akteure selbst spielen, oder diese werden in einer Computersimulation abgebildet). Der Handlungs- und Entscheidungsspielraum der Spieler/-innen muss durch entsprechende Spielregeln festgelegt werden. Es muss entschieden werden, welche Ressourcen die Spielenden im Planspiel konkret oder symbolisiert verwenden können und wie dies geschehen soll. Auch die Sequenzierung des Planspiels ist zu überlegen. Hier sind z. B. Planspiele möglich, die durch weitestgehend gleichartig ablaufende Spielrunden gekennzeichnet sind, in denen jeweils bestimmte Entscheidungen getroffen werden müssen und in denen die Auswirkung dieser Entscheidung auf andere Systemelemente geprüft wird. Die Spielenden erhalten dabei am Beginn jeder Runde meist eine Rückmeldung über die aktuellen Zustände der verschiedenen Systemelemente, und das Rundenende ist erreicht, wenn die notwendigen Entscheidungen festgelegt wurden. Hierbei ist auch zu bedenken, welches Aufzeichnungssystem (accounting system) von Systemveränderungen und Spielverläufen gewählt werden soll und welche Systemelemente lenkbar oder unlenkbar sind (lenkbare Elemente sind jene Systemfaktoren, auf welche die Spielteilnehmenden direkten Einfluss durch ihre Entscheidungen ausüben, unlenkbare Elemente können hingegen nur indirekt beeinflusst werden). Es sind auch Planspiele möglich, die nicht in gleichartigen Runden ablaufen, sondern als Abfolge immer neuartiger Szenarien, oder eine Kombination beider

Ansätze. Auch die Szenarien selbst müssen definiert werden. Kennzeichen von Szenarien sind bestimmte Ausgangssituationen (Zustände von Systemelementen), die definierten Eigendynamiken von Systemelementen, definierte Ereignisse, die unabhängig von Spielerentscheidungen auftreten sollen, und definierte Aktionen, die von Spielenden ausgelöst werden können (z. B. durch Entscheidungen bedingte Maßnahmen). Letztlich fließen alle diese notwendigen Festlegungen in die Erstellung einer *Systemkomponenten-Spielkomponenten-Matrix* ein, eine systematische Übersicht des Spielaufbaus, in der veranschaulicht wird, wie die Systemelemente und ihre Beziehungen in Planspielelementen und deren Beziehungen abgebildet werden (Spielelemente sind Regeln, Rollen, Ereignisse usw.). Wenn Computersimulationen Teil von Planspielen sind, so müssen zusätzlich alle programmierungstechnischen Details festgelegt werden.

Im Schritt der konkreten *Entwicklung bzw. des Planspielbaus* wird ein Planspielprototyp hergestellt, getestet und modifiziert.

Hier spielen wieder viele verschiedene Aspekte eine Rolle, von der Überprüfung der inhaltlichen Angemessenheit des Modells über das grafische Design bis hin zur technischen Evaluation. Letztlich wird hier das Planspiel immer weiter optimiert. Dazu können weitere Experten/Expertinnen zugezogen werden, und das Planspiel wird intensiv vom Projektteam selbst getestet, bis es dann mehrmals mit der Zielgruppe von Personen (z. B. Mitarbeitern/Mitarbeiterinnen einer Organisation) überprüft wird. Insgesamt sollte das Planspiel in dieser Phase durchschnittlich rund zehn („rule of ten") Testanwendungen mit anschließender Überarbeitung durchlaufen. Gerade hier wird die entscheidende Funktion einer formativen Evaluation deutlich.

6.10 Qualitätsaspekte bei der Planspieldurchführung

Das Planspiel kann geradezu als Paradebeispiel einer kooperativen[179, 180], erfahrungsorientierten[181, 182], problemorientierten und somit situierten[183, 184] und vor allem auch selbst gesteuerten[185, 186] Lernmethode charakterisiert werden. Für den/die Trainer/-in bzw. Lehrer/-in, der das Planspiel leitet und für den sich der Begriff des „Facilitators" eingebürgert hat, ergibt sich damit die zentrale Frage, welche Rolle ihm in dem eigentlichen Planspielablauf zukommt. Im Vergleich zu traditionellen Instruktionsansätzen (z. B. Frontalunterricht) können für den/die Anfänger/-in

---

179 HUBER, G. L. (1987): Kooperatives Lernen: Theoretische und praktische Herausforderung für die Pädagogische Psychologie. Zeitschrift für Entwicklungspsychologie und Pädagogische Psychologie, XIX, 4, S. 340–362.
180 RENKL, A. & MANDL, H. (1995): Kooperatives Lernen. Die Fragen nach dem Notwendigen und Ersetzbaren, Unterrichtswissenschaft, 23, S. 292–300.
181 KOLB, D. A. (1984): Experiential Learning: Experience as the source of learning and development. New York: Prentice Hall.
182 JOHNSON, D. W. & JOHNSON, F. P. (1994): Joining together. Group theory and group skills. Boston: Allyn & Bacon.
183 GRÄSEL, C. (1997): Problemorientiertes Lernen. Göttingen: Hogrefe.
184 MANDL, H. & GERSTENMAIER, J. (2000): Die Kluft zwischen Wissen und Handeln. Göttingen: Hogrefe.
185 WEINERT, F. E. (1982): Selbstgesteuertes Lernen als Voraussetzung, Methode und Ziel des Unterrichts. Unterrichtswissenschaft, 2, S. 99–110.
186 GREIF, S. & KURTZ, H.-J. (1996): Handbuch Selbstorganisiertes Lernen. Göttingen: Verlag für Angewandte Psychologie.

häufig Unsicherheiten wegen der Komplexität und Eigendynamik von Planspielen und Ängste vor Kontrollverlust und Disziplinschwierigkeiten entstehen. Tatsächlich ist bei Planspielen eine Art von Leitung bzw. Führung sinnvoll, die im Wesentlichen Kontrolle abgibt und nur möglichst optimale Rahmenbedingungen für selbst organisierte Prozesse bei den Teilnehmenden bereitstellt.[187] In der entsprechenden Fachliteratur wird häufig davon gesprochen, dass der/die Planspielleiter/-in seine/ihre Aufgabe gut macht, wenn er/sie von den Teilnehmenden möglichst wenig wahrgenommen wird. Dabei muss er/sie aber im Hintergrund so aktiv sein, dass ein reibungsloser Ablauf erreicht wird, und so konzentriert beobachtend präsent sein, dass er/sie jederzeit über die ablaufenden Entscheidungs- und gruppendynamischen Prozesse der Teilnehmenden informiert ist, dass er/sie im richtigen Moment steuernd eingreifen kann, was als eine Art „aktiver Inaktivität"[188, 189] beschrieben wird.

<Fach> Trainerkompetenz als Erfolgsfaktor für die Qualität in Planspielen (Willy C. Kriz)

<Fach> Anforderungen an Planspielleiter – Planspielleiterseminare (Kai Neumann)

<Fach> Lehrerfortbildung: Planspieleinsatz im Handel – Längsschnittstudie zum Anwendungstransfer (Ewald Blum)

Besonders passend dürfte die Übertragung einer entwicklungsorientierten Gestaltung der Führung auf den/die idealen Planspielleiter/-leiterinnen zutreffen. WAGEMAN[190] geht davon aus, dass ein/-e Führer/-in seine Rolle im Zeitverlauf der Interaktion mit einer Gruppe verändern muss, und diese drei Aufgaben scheinen gut adaptierbar für die Führungsaufgaben eines *Planspielleiters* in Bezug auf die Teilnehmergruppe:

1. *Gestalter:* Als Gestalter/-in hat der/die Leiter/-in in der Startphase die Aufgabe, eine Richtung vorzugeben, indem er/sie eine klare Spieleinführung (Briefing) gibt, auch gestaltet er/sie im Vorfeld das Planspielsetting (u. a. die räumliche Gestaltung, Aufbau usw.) und stellt die notwendigen materiellen Ressourcen bereit.
2. *Geburtshelfer:* Diese Rolle nimmt der/die Leiter/-in beim Start des eigentlichen Spiels ein, wenn die Teilnehmenden an die ersten kritischen Punkte gelangen. Dabei unterstützt sie der/die Leiter/-in, indem er/sie z. B. hilft, angemessene Leistungsziele zu vereinbaren, grundlegende Fragen und Unklarheiten (z. B. über Regeln usw.) nochmals zu klären, bei gruppendynamischen Problemen als Mediator Konflikte zu lösen oder auch motivierende Rückmeldungen zu geben.

---

187 KRIZ, W. C. (2001): Human-Resource Development with Gaming and Simulation: Structure, Contents and Evaluation of a Training Program. In: VILLEMS, A. (Hrsg.): Bridging the Information and Knowledge Societies (S. 143–153). Tartu: Tartu University Press.
188 KATO, F. (2004): Facilitation and Communication: Toward a Study of an Educational Gaming Simulation. In: SHIRATORI, R.; ARAI, K. & KATO, F. (Hrsg.): Gaming, Simulations and Society (S. 71–80). Tokyo: Springer.
189 LEIGH, E. & SPINDLER, L. (2004): Researching Congruency in Facilitation Styles. In: KRIZ, W. C. & EBERLE, Th. (Hrsg.): Bridging the Gap: Transforming Knowledge into Action through Gaming & Simulation (S. 309–317). München: Sagsaga.
190 WAGEMANN, R. (1999): So haben sich selbst steuernde Teams Erfolg. Organisationsentwicklung 1, S. 44–55.

3. *Coach:* Wenn das Planspiel richtig angelaufen ist, sollten Teilnehmende bzw. Spielteams in der Lage sein, weitgehend selbstverantwortlich zu arbeiten. Der/Die Planspielleiter/-in ist dann hauptsächlich Beobachter/-in, der/die sensibel unterstützt und betreut und eher die Eigeninitiative der Teilnehmenden fördert, zu selbstständigen Lösungen und Entscheidungen zu gelangen.

Natürlich ist es insbesondere im Verlauf längerer (mehrtägiger Planspiele) meist notwendig, diese drei Rollen im Verlauf immer wieder abzuwechseln. Der/Die Planspielleiter/-in muss das Spielgeschehen genau beobachten und das Einhalten der Spielregeln überwachen, ohne dabei als autoritär kontrollierend in Erscheinung zu treten. Bei Bedarf muss der/die Leiter/-in das Spiel unterbrechen, die Teilnehmenden zusammenführen, eventuell wichtige Regeln nochmals erklären (dabei auch den Sinn dieser Regeln deutlich machen) und Impulse für die Spielfortführung geben.[191] Zusätzlich ist von dem/der Leiter/-in gefordert, weitere Koordinierungsaufgaben vorzunehmen, wie z. B. die Bedienung von Software bei computerunterstützten Planspielen, Handhabung eines Aufzeichnungssystems für die spätere Spielauswertung (Spieldokumentation), Übernahme des Ausagierens bestimmter und manchmal auch mehrerer Akteursrollen gleichzeitig, die für das Planspiel notwendig sind, die aber von den Teilnehmenden nicht übernommen werden (z. B. die Rolle als „Bank", Lieferant/-in und Kunde/Kundin in einem Unternehmensplanspiel). Für alle diese Aufgaben ist eine genaue Kenntnis und gründliche Vorbereitung auf das Planspiel Voraussetzung, um dann die Übersicht nicht zu verlieren.

Zu einem gelungenen Briefing (Einführung) gehört es, die Lernziele und die Planspielmethode selbst vorzustellen. Auch die Regeln und Rollen müssen klar und deutlich dargestellt werden. Dabei ist anzugeben, welche Regeln absolut eingehalten werden müssen, da sie für den sinnvollen Ablauf des Spiels und zur Erreichung der Lernziele unabdingbar sind. Auch ist zu klären, inwieweit Freiräume für die Teilnehmenden bestehen, Regeln selbst zu gestalten und Rollen eigenständig zu interpretieren. Je offener das Planspiel wird, umso kritischer ist meist die Gratwanderung zwischen einem Zulassen von selbstorganisiert entstehenden Regeln und kreativen Lösungen von Problemen (was manchmal einen „kreativen" Umgang mit Regeln bzw. Umdeutung von Regeln oder das Ausnutzen von „Regellücken" bedeutet) oder einem Unterbinden von Eigendynamik aufseiten der Teilnehmenden im Sinne des Einhaltens von Regeln. Dabei sollte möglichst alles zugelassen werden, was die Erreichung von zentralen Lernzielen nicht gefährdet oder was ethische Grenzen nicht überschreitet. Wurde vergessen, in der Spieleinführung eine Regel zu erklären, und ist diese nicht absolut notwendig, so sollte auf eine Einbringung im späteren Spielablauf verzichtet werden. Gerade wenn mehrere Spielleiter das Planspiel durchführen, ist hier eine gute interne Abstimmung notwendig, um gegenüber den Teilnehmenden eine klare gemeinsame Linie zu vertreten, insbesondere was das Zulassen der Veränderung des Umganges mit Regeln und Rollen aufseiten der Teilnehmenden

---

191 CAPAUL, a. a. O.

bedingt oder was die flexible Anpassung von Regeln im Spielverlauf durch die Spielleiter/-innen selbst angeht.

In der Briefingphase ist vor allem auch die gemeinsame Abklärung der Motive für die Teilnahme notwendig und die Diskussion der Situationsdefinitionen der Planspielteilnehmenden für die Spielresultate von Bedeutung. Geht es ihnen beispielsweise darum, in irgendeiner Form zu gewinnen, Probleme rational zu lösen, eine Rolle schauspielerisch besonders gekonnt auszuagieren, oder wollen sie sich „professionell" verhalten? Verschiedene Teilnehmende haben noch dazu meist auch verschiedene Motive und Situationsinterpretationen. Zwar kann dieser Faktor durch eine klare Spieleinführung, die die Teilnehmenden genau über den Zweck des Planspiels und die Motive und Situationsdefinition des/der Planspielleiters/-leiterin selbst (oder übergeordneter Programmverantwortlicher/-verantwortliche) aufklärt, weitgehend in den Griff bekommen, jedoch niemals vollständig kontrolliert werden.[192]

Ein weiteres Kennzeichen der Qualitätssicherung ist auch die Kontrolle des Einhaltens ethischer Normen. Einerseits muss die Freiwilligkeit der Teilnahme jederzeit oberstes Prinzip sein, andererseits ist es bei Planspielen oft sinnvoll, die Spielenden an die Grenzen der Belastung zu führen, auch Emotionen und Frustrationen zuzulassen. Auch hier bedarf es einer sensiblen Abwägung, wann notfalls ein Spiel unterbrochen werden sollte, um durch Zwischenreflexionen Motivationsdefizite und Emotionen aufzuarbeiten oder den Sinn von bestimmten Prozessen im Planspiel deutlich zu machen. Generell hat es sich bewährt, vor dem Spielbeginn mit den Teilnehmenden eine vertrauensvolle und offene Atmosphäre zu schaffen (eventuell durch geeignete Warming-up-Übungen und Teamübungen vor Planspielbeginn unterstützt), und das Prinzip der Freiwilligkeit der Teilnahme sollte erklärt werden. In der Praxis wird dabei häufig ein sogenannter *„Full Value Contract"* abgeschlossen, ein Vertrag (mündliche und/oder schriftliche Übereinkunft), wie miteinander umgegangen werden soll, um gemeinsames Lernen optimal zu unterstützen. Ein solcher gemeinsam verabschiedeter Wertekatalog bezieht sich auch darauf, welche Verhaltensweisen erwünscht sind (z. B. Bereitschaft, Feedback zu geben und sich gehen zu lassen usw.) und welche Verhaltensweisen unter keinen Umständen toleriert werden (z. B. körperliche Gewalt, Mobbing usw.).

6.11 Qualitätsaspekte beim Debriefing und Metadebriefing von Planspielen

Da Planspiele und zugrunde liegende Simulationsmodelle Ausschnitte der Realität abbilden, stellt sich bei der Interpretation der Planspielerfahrungen der Teilnehmenden und der Planspielergebnisse die Frage, wie diese auf die Realität (rück-)übertragen werden können. Mit dem englischen Fachbegriff *„Debriefing"*, der wörtlich mit „Nachbesprechung" übersetzt werden

---

192   JONES, K. (1997): Games & Simulations made easy. London: Kogan Page.

könnte, ist die gemeinsame Reflexion des Erlebten mit den Spielteilnehmenden in Hinblick auf eine Bewertung der im Spiel aufgetretenen psychischen (Kognition, Emotion usw.), sozialen (Handlung, Kommunikation usw.) und weiteren simulierten Systemprozesse (Veränderung von Ressourcen, Strukturen usw.) gemeint, mit dem Ziel, daraus Konsequenzen für „reale" Situationen abzuleiten. Es existieren verschiedene Ablaufmodelle des Debriefings (z. B. Thiagarajan[193]), denen spezifische Reflexionsthemen und Basisfragen zugeordnet werden können (s. u.)

Dabei ist es für eine langfristige Nutzung von erworbenen neuen Einstellungen, Erkenntnissen und sozialen Kompetenzen durch Planspiele notwendig, geeignete Maßnahmen zu ergreifen, die den Transfer des Erlernten in die reale Lebenswelt (z. B. Arbeitsplatz) der Trainingsteilnehmenden sicherstellen. Der Einsatz von wirksamen Reflexions- und Transfermodulen (s. u. Reflexionstechniken) schafft die Voraussetzung dafür, dass die gewonnenen Erkenntnisse und die wahrgenommenen Entwicklungspotenziale für neue innovative Konzepte und Planungen für die Zukunft des eigenen Teams (und der Organisation) und für die persönliche Zukunft der eigenen Person im Beruf genutzt werden können. Ein Planspiel ohne Debriefing durchzuführen wird in der Fachliteratur durchwegs als uneffektiv und manchmal sogar als unethisch betrachtet.[194]

<Fach> Den Lernerfolg mit Debriefing von Planspielen sichern (Willy C. Kriz, Brigitta Nöbauer)

Um die Reflexionsphase möglichst gewinnbringend für alle Beteiligten zu gestalten und um Lernprozesse durch das Debriefing sicherzustellen, ist es sinnvoll, die Moderation eines Debriefings nach bestimmten Kriterien zu strukturieren. Im Wesentlichen beinhaltet jedes Debriefing die gemeinsame Beschreibung der Erfahrungen, die die Teilnehmenden im Spiel gemacht haben, die Auseinandersetzung mit deren Gedanken, Gefühlen und Reflexionen zur Anwendung der auf den Erfahrungen beruhenden neuen Erkenntnisse und der ihnen zugewiesenen Bedeutungen für Situationen der Realität.[195] Ein einfaches und zugleich doch wirkungsvolles Modell soll im Folgenden ausführlicher dargestellt werden. Diese Struktur teilt das Debriefing in sechs Phasen ein (in Anlehnung an Thiagarajan), denen spezifische Reflexionsthemen und Basisfragen zugeordnet werden können (genauer in Kriz & Nöbauer)[196]:

▶ *Phase 1: „Wie hast du dich gefühlt?"* Die Teilnehmenden werden aufgefordert, ihre momentanen Emotionen nach Beendigung des Planspiels und ihre Gefühle während des Spiels zu beschreiben. Diese Phase ermöglicht es, in gewisser Weise „Dampf abzulassen", um

---

193 Thiagarajan, S. (1993): How to maximize transfer from simulation games through systematic debriefing. In: Percival, F.; Lodge, S. & Saunders, D. (Hrsg.): The Simulation and Gaming Yearbook 1993 (S. 45–52). Kogan Page: London.
194 Stewart, L. P. (1992): Ethical Issues in Postexperimental and Postexperiential Debriefing, Simulation & Gaming, 23 (2), S. 196–211.
195 Crookall, D. (1990): Editorial: Future Perfect? Simulation & Gaming, 21 (1), S. 3–11.
196 Kriz, W. C. & Nöbauer, B. (2002): Teamkompetenz. Konzepte, Trainingsmethoden, Praxis. Göttingen: Vandenhoeck & Ruprecht. 2. Auflage: 2003.

Spannungen abzubauen und um eine größere Ruhe, Gelassenheit und Konzentration für eine weniger emotionale Diskussion der Erfahrungen in den folgenden Phasen zu gewährleisten. Funktion dieser Phase ist es, eine größere Distanz zum vorangegangenen Spielgeschehen herzustellen, und sie dient dazu, die Teilnehmenden aus ihrer Rolle, die sie in der Spielaktivität übernommen hatten, zu „entlassen". Manchmal, wenn besonders lange dauernde oder intensive emotionale Prozesse im Spielgeschehen auftreten, die auch nach Beendigung der Spielaktivität fortwirken und eine rationale Auseinandersetzung mit dem Erlebten stark einschränken, ist es sogar hilfreich, diese Loslösung vom Spiel und den erfolgten Rollenidentifikationen durch Rollenloslösungsrituale zu unterstützen. Die Diskussion der Frage „Wie hast du dich gefühlt?" ist aber auch wichtig, um verschiedene Gefühle und emotional gefärbte Bewertungen von Teilnehmenden über zentrale Situationen des Spiels transparent zu machen. Die Teilnehmenden können so erfahren, dass dieselbe Situation ganz unterschiedlich wahrgenommen und bewertet werden kann und verschiedenste Gefühle auslösen kann. Einerseits ist in dieser Phase bereits ein Klima gegenseitigen Vertrauens und der Wertschätzung notwendig, damit die Teilnehmenden sich offen über ihre Gefühle austauschen, und andererseits kann diese Phase zu einem tieferen gegenseitigen Verständnis beitragen. Wichtig ist es für den/die Trainer/-in, niemanden zu einer Aussage zu drängen und zu akzeptieren, wenn manche Teilnehmende nicht offen oder nur recht oberflächlich über ihre Gefühle berichten. Wenn typische Abwehrmechanismen auftreten, wie z. B. Rationalisierungen des Erlebten, Erklärungen und Rechtfertigungen von Verhalten, Lächerlichmachen der Frage nach Gefühlen selbst usw., kann von dem/der Trainer/-in durchaus die Bedeutung dieser Phase (und auch der anderen Phasen) erläutert werden, damit sich die Teilnehmenden darauf einstellen können, was sie im Debriefing erwartet, und eine Begründung zu Sinn und Zweck der einzelnen Phasen erhalten. Gleichzeitig sollte der/die Trainer/-in die Teilnehmenden immer wieder sanft auf das Thema dieser Phase, den Ausdruck von Gefühlen, zurückführen. Das Gesagte sollte vom Trainer dabei niemals abgewertet oder kritisiert werden.

▶ *Phase 2: „Was ist geschehen?"* Die Teilnehmenden werden in dieser Phase dazu ermutigt, über ihre Wahrnehmungen und Beobachtungen oder ihre aktuellen Gedanken zum Spielgeschehen zu sprechen. Ziel ist es, Informationen und verschiedene Sichtweisen zum Ablauf des Spielgeschehens zu sammeln und gemeinsam zu analysieren. Dabei kann das Spielgeschehen zunächst überblicksartig rekonstruiert werden, um dann bei einzelnen kritischen Situationen ins Detail zu gehen. Einerseits sollten in dieser Phase Sachaspekte diskutiert werden, z. B. eine Bewertung verschiedener Entscheidungen und Lösungsstrategien des Teams. Hier sollte der/die Spielleiter/-in im Sinne einer Spielauswertung auch seine Beobachtungen und Bewertungen von Strategien usw. mit Rückgriff auf die Spieldokumentation vornehmen. Andererseits ist es wichtig, die mit den Sachaspekten verbundenen gruppendynamischen Prozesse und Beziehungsaspekte zu thematisieren. In dieser Phase kann auch das Geben und Nehmen von persönlichem Feedback einbezogen werden. Ein weiterer zentraler Bestandteil dieser Phase ist es, dass der/die Trainer/-in spezifische Fragen in die Reflexion einbringt, die auf die jeweiligen Lernziele und Bedürfnisse der Teilnehmenden Bezug nehmen (z. B. Konfliktmanagement, Kundenorientierung usw.).

▶ *Phase 3: „Was hast du gelernt?"* In dieser Phase sollen die Teilnehmenden ihre wichtigsten Erkenntnisse identifizieren und über ihre Schlussfolgerungen berichten, die sie aus der Spielerfahrung ziehen. Damit wird zugleich das in der vorangegangenen Phase Reflektierte nochmals verdichtet und zusammengefasst. Die Teilnehmenden versuchen in dieser Phase, die gemachten Erfahrungen in ihre kognitiven Strukturen einzugliedern. Die gezogenen Schlussfolgerungen werden aus verschiedenen Perspektiven untersucht, und es wird versucht, Hypothesen für Ursache-Folge-Beziehungen und Gesetzmäßigkeiten bzw. Regelhaftigkeiten aufzustellen. Ziel ist es, die zunächst einmalige Spielerfahrung zu generalisieren, d. h., in Beziehung zu typischen Verhaltensmustern zu setzen. Die Teilnehmenden stellen ihre gegenwärtigen mentalen Modelle und gebildeten subjektiven Handlungstheorien, Attributionen (kausale Erklärungen von Verhalten) und Personenwahrnehmungen infrage. Die Teilnehmenden können dadurch ihre handlungsleitenden kognitiven Schemata, Annahmen und Überzeugungen durch neues Erfahrungswissen erweitern und durch Artikulation in der Gruppe festigen.

▶ *Phase 4: „Wie hängen Spiel und Realität miteinander zusammen?"* In dieser Phase wird die Beziehung des im Spiel Erlebten zur Realität eingehend reflektiert, um einen Transfer der Lernerfahrungen und Erkenntnisse in die reale Lebenswelt der Teilnehmenden bzw. des Teams zu gewährleisten. An dieser Stelle diskutieren die Teilnehmenden die Bedeutung des Spiels für die Gestaltung ihrer Teamprozesse am Arbeitsplatz. Ein zentrales Thema dieser Phase ist die Frage, ob bestimmte im Spiel gezeigte Verhaltensweisen lediglich „zufällig" und einmalig aufgetreten sind oder ob das Verhalten im Spiel in Beziehung zu den realen im Team ablaufenden Kommunikations- und Handlungsmustern steht. Im ersten Fall hat das im Spiel Erlebte wenig mit der Realität zu tun und ist für die weitere Reflexion nicht relevant. Im zweiten Fall sollte die Reflexion weiter vertieft werden, und es ist von Bedeutung, Konsequenzen für Veränderungen und Verbesserungen festzulegen. Bei Planspielen ist es auch Teil dieser Phase, das Simulationsmodell und die Realität miteinander zu vergleichen. Nicht nur Übereinstimmungen, sondern auch Unterschiede zwischen Spielerfahrung und Realität sollten reflektiert werden, um „falsche" Generalisierungen und Schlüsse zu vermeiden.

▶ *Phase 5: „Was wäre gewesen, wenn … ?"* In dieser Phase spekulieren die Teilnehmenden über hypothetische Szenarien. Sie reflektieren, welche möglichen Veränderungen und Folgewirkungen auf das Verhalten im Team andere Regeln und Rahmenbedingungen, andere Entscheidungen usw. ausgelöst hätten. Ziel dieser Phase ist es, dass die Teilnehmenden zu einer weiter vertieften Exploration der wesentlichen Prinzipien und Bedingungen des Spiels angeregt werden.

▶ *Phase 6: „Wie geht es nun weiter?"* Die letzte Phase verfolgt den Zweck, eindeutige, realistische und messbare Ziele und Konsequenzen für das zukünftige Handeln aller Beteiligten festzulegen. Die Teilnehmenden sollen möglichst konkret beschreiben, wie sie sich in einer mit der Spielsituation vergleichbaren realen Arbeitssituation (anders) verhalten wollen. Pläne für Handlungsschritte werden konkretisiert. Der/Die Trainer/-in kann auf dieser Phase aufbauend zu einer zielorientierten Aktionsplanung mit den Teilnehmenden übergehen. Dabei geht es dann vorwiegend um die Gestaltung und Moderation von realen Veränderungsprozessen in der Organisation und im Arbeitsteam, wobei allerdings immer wieder auf die Spielerfahrungen und die im Debriefing reflektierten Lernerfahrungen und Erkenntnisse Bezug genommen werden sollte.

Die dargestellte Struktur zum Ablauf eines Debriefings gilt dabei nicht nur für eine Gesamtreflexion, die nach Beendigung der Spielaktivität als abschließender Teil der Lernerfahrung stattfinden sollte, sondern sie kann auch für die Gestaltung kürzerer sog. „Zwischendebriefings", die zwischen verschiedenen Runden eines Planspiels stattfinden, genutzt werden. Um das Debriefing möglichst hilfreich für die Lernenden zu gestalten, werden verschiedene notwendige Fähigkeiten des/der Trainers/Trainerin in der Literatur immer wieder genannt[197]:

▶ *Fragen stellen und Antworten zuhören*: Neben den oben genannten Hauptfragen können weitere wichtige Fragen zum Teamprozess gestellt werden. Es sollte von den Trainern/Trainerinnen möglichst vermieden werden, selbst Antworten auf ihre Fragen zu geben. Trainer/-innen sollten nicht erklären, was man aus dem Planspiel lernen kann, sondern die Teilnehmenden einfühlsam dazu hinführen, ihre eigenen Schlussfolgerungen zu ziehen. Dies beinhaltet ein eher nondirektives Moderationsverhalten.

▶ *Ambiguitätstoleranz*: Beim erfahrungsorientierten Lernen mit Planspielen sind die Erfahrungen und Lernergebnisse der Teilnehmenden individuell und weniger vorhersehbar wie z. B. bei einem Vortrag. Trainer/-innen sollten ihr Bedürfnis nach umfassender Kontrolle aufgeben. Spontaneität ist wichtiger als eine aufgezwängte Struktur.

▶ *Beobachten von Verhalten*: Trainer/-innen sollten das Verhalten der Teilnehmenden genau beobachten. Sie sollten im Debriefing auch vorwiegend Beobachtungen zulassen und keine Bewertungen oder Interpretationen von Verhalten vornehmen und vornehmen lassen.

▶ *Zeit*: Beim Debriefing sollte sich der/die Trainer/-in mit der Gruppe genug Zeit nehmen, sodass alle Personen ausführlich reflektieren können. Zeitdruck oder vorzeitiges Abbrechen des Debriefings sind möglichst zu vermeiden.

Es existiert eine Reihe von konkreten Debriefingmethoden, um die Reflexionsphase möglichst effektiv zu gestalten, auf die hier aber nicht näher eingegangen werden kann. In der Praxis werden dabei verschiedene Methoden miteinander kombiniert. Die Teilnehmenden an einem Plan-

---

197 KRIZ & NÖBAUER, a. a. O.

spiel können – um nur ein beliebiges Beispiel zu nennen – zuerst mit expressiv-künstlerischen Methoden (z. B. Aufstellungsarbeit und Skulpturen, Malen von Bildern) im Planspiel erlebte Gefühle ausdrücken, danach individuell mithilfe von Fragebögen über sachliche Aspekte des Spiels reflektieren, dann in Kleingruppen zu speziellen Fragen eine selbstständige Diskussion abhalten, deren Ergebnisse sie später in der Gesamtgruppe präsentieren, daran anschließend eine vertiefte, von dem/der Trainer/-in moderierte Reflexion in der Gesamtgruppe unter Einbeziehung von Videoanalysen durchführen und abschließend mit der Fish-Bowl-Technik konkrete Veränderungen der realen Arbeitssituation diskutieren.

Mit der gemeinsamen reflexiven Nachbesprechung mit den Planspielteilnehmenden lassen sich direkte Erkenntnisse gewinnen, und es erfolgt so eine erste Auswertung des Planspiels und der Folgen von im Spiel getroffenen Entscheidungen in Hinblick auf die Veränderung interessierender Systemgrößen sowie die Definition von Konsequenzen für zukünftiges reales Entscheiden und Handeln. Das Debriefing hat demnach insgesamt auch die Funktion einer Art Selbstevaluation. Damit ist für die Auftraggebenden, insbesondere wenn es in erster Linie um Personalentwicklung mit Planspielen geht, der Zweck der Maßnahme manchmal bereits erfüllt. Im Rahmen komplexerer Organisationsentwicklungsmaßnahmen und Organisationsforschung ist das aber vielfach nicht ausreichend.

Im *Metadebriefing und der formativen Evaluation* findet eine tiefer gehende Analyse und Interpretation durch die beteiligten Planspielexperten/-experten, Forscher/-innen und im Idealfall durch das gesamte Projektteam, das das Planspiel entwickelt hat, statt. Das Debriefing mit der Teilnehmergruppe kann dabei sogar als weitere Quelle der Datenerhebung im Sinne einer Evaluationsstudie genutzt werden, sodass z. B. im Debriefing eingesetzte Methoden, wie Reflexions-Fragebögen, Interviews, gemeinsame quantifizierte Bewertungen von Planspielergebnissen usw., im Metadebriefing neben den im Planspiel angewandten Erhebungsinstrumenten und erzeugten Daten ausgewertet werden können.

Ziel des Metadebriefings ist ein weiterer praktischer Nutzen durch die Ableitung empirisch und theoretisch fundierter Handlungsempfehlungen (z. B. für strategische Planungsentscheidungen) und durch die Überprüfung oder Generierung von Hypothesen und die dadurch ermöglichte Weiterentwicklung von Planspielen und ganzer Qualifizierungskonzepte. Dabei können auch die Wirkungen des Planspiels hinsichtlich der durch das Planspiel in Gang gesetzten realen Veränderungen im System überprüft und Folgen für das reale Verhalten der Teilnehmenden am Arbeitsplatz evaluiert werden.

Da es sich beim Gesamtprozess des Planspielens (s. o.) um einen rekursiven Prozess handelt, wird auch das Planspielmodell nochmals kritisch geprüft und optimiert. Hier diskutieren die Projektteammitglieder über weitere hypothetische Szenarien, sie reflektieren, welche möglichen Veränderungen und Folgewirkungen andere Regeln und Rahmenbedingungen, andere Entscheidungen und Ereignisse usw. ausgelöst hätten.

Als Ergebnis dieser Reflexion können weitere experimentelle Variationen der Planspieldurchführung festgelegt oder neue Planspielvarianten entwickelt werden, mit denen dann neu generierte Hypothesen mit neuen Planspielteilnehmenden überprüft werden. In Metadebriefing und Evaluation erfolgt im Projektteam eine gemeinsame Interpretation der Daten, die in mündlichen und/oder schriftlichen Berichten auch an die Auftraggebenden (meist Entscheidungsträger in Organisationen) jeweils zugeschnitten auf das Erkenntnisinteresse der Zielgruppen die zentralen Ergebnisse und Konsequenzen dokumentieren.

7. Aufbau und Inhalt der begleitenden DVD *(Dieter Ballin)*

7.1 Installation

Die dieser Broschüre begleitende DVD ist auf allen Windows-Systemen ab Windows 95 nutzbar. Eine Installation auf der Festplatte ist nicht erforderlich. Das Programm startet mit Einlegen der DVD im Autostart-Verfahren. Wenn das Autostart-Verfahren deaktiviert ist, kann das Programm per Doppelklick auf die Datei START.EXE gestartet werden.

Die auf der DVD abgelegten Fachbeiträge sind im PDF-Format für den Acrobat Reader gespeichert. Das Programm prüft beim Start, ob auf Ihrem System der Acrobat Reader installiert ist oder nicht. Sollten beim Aufruf der Fachbeiträge Schwierigkeiten auftreten, ist möglicherweise eine ältere Acrobat-Reader-Version installiert.

Eine Installation auf der Festplatte ist dann sinnvoll, wenn Sie den Aktualisierungs-Service über das BIBB-Planspielforum nutzen möchten. Kopieren Sie dazu ggf. den gesamten Inhalt der DVD (inkl. versteckter Dateien) in ein beliebiges Verzeichnis der Festplatte. Folgen Sie dann den Aktualisierungshinweisen im BIBB-Planspielforum.

7.2 Hauptmenü

Nach dem Programmstart erscheint zunächst die Begrüßungsseite in einem Standard-Windows-Fenster. Im Windows-Fenster können Sie wie üblich das Minimieren-, Maximieren- und Schließen-Symbol nutzen. Durch Klick auf den Anzeigebalken und mit gedrückter Maustaste können Sie das Windows-Fenster beliebig auf Ihrem Desktop positionieren. Mit Klick auf „A+" bzw. „A++" können Sie die Schriftgröße verändern. Klick auf „A" stellt die normale Darstellung wieder her.

Abbildung 45: Begrüßungsseite des BIBB-Planspiel-Forums

Mit Klick auf das Weiter-Symbol rufen Sie das Hauptmenü auf. Es bietet Ihnen die in der Abbildung gezeigten Möglichkeiten.

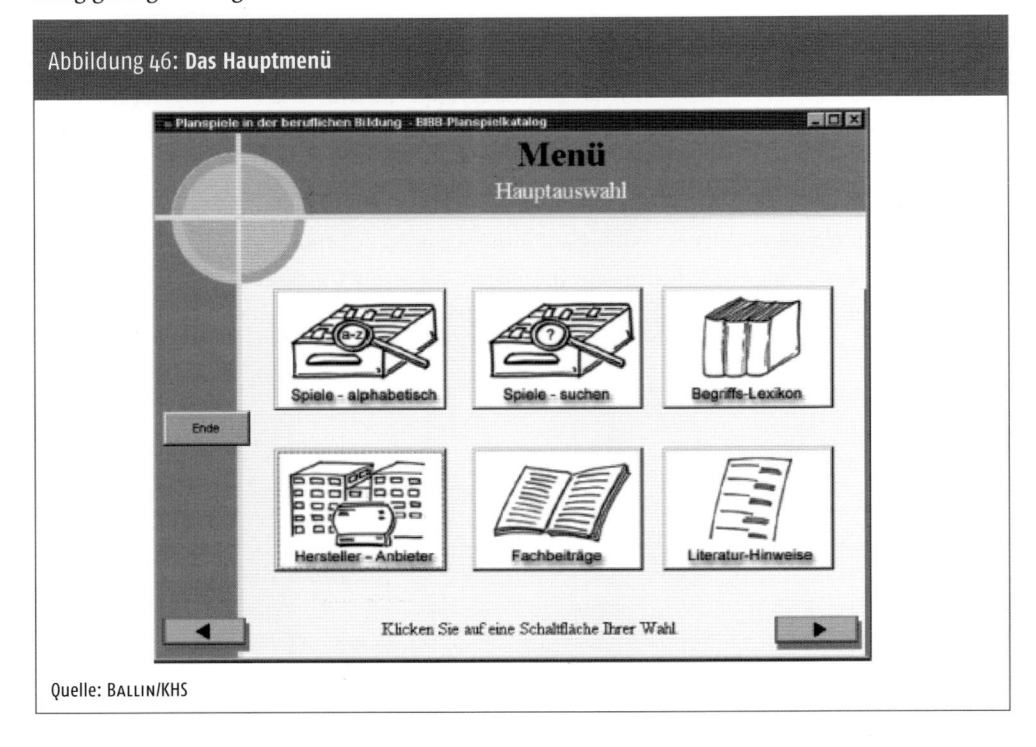

Abbildung 46: Das Hauptmenü

Quelle: BALLIN/KHS

7.2.1 Spiele – alphabetisch

Dieser Programmteil zeigt alle im Programm enthaltenen Spieltitel in alphabetischer Folge an. Mit dem Rollbalken, den Buchstaben-Schaltflächen oder durch die Eingabe eines Anfangsbuchstabens können Sie die Anzeige der Spielselektion beliebig positionieren. Klick auf einen Spieltitel verzweigt zu entsprechender Produktbeschreibung.

Mit der Freitextsuche wird der gesamte Bestand an Produktbeschreibungen (einschließlich der Datenfelder wie Hersteller, Branche, Kurzbeschreibung ..., s. u.) nach der eingegebenen Zeichenfolge durchsucht. Sie starten die Suche durch Betätigung der Enter-Taste. Die Suche stoppt an der ersten Fundstelle. Falls weitere Fundstellen vorliegen, werden Sie darauf hingewiesen; ebenso falls die eingegebene Zeichenfolge nicht vorkommt.

7.2.2 Spiele – suchen

Dieser Menüpunkt ruft eine Seite auf, in die Sie Ihre Suchkriterien eingeben können. Die Suchkriterien sind:
- Branche
- Funktionsbereich
- Zielgruppen
- Spielart

Durch Klick auf den Abwärtspfeil der jeweiligen Drop-down-Felder können Sie vorgegebene Suchbegriffe eingeben. Die Suchbegriffe sind mit „und" verknüpft. So erhalten Sie durch Auswahl der Branche „Handel" und Eingabe der Zielgruppe „Auszubildende" alle Planspiele angezeigt, die sich für Auszubildende in der Branche Handel eignen. Stellen Sie bei der Auswahl Zielgruppe „keine bestimmte" ein, erhalten Sie alle Handelsplanspiele. Sie starten die Suche durch Klick auf die Schaltfläche „Suche starten". Im Feld oberhalb der Schaltfläche werden dann alle gefundenen Planspielprodukte aufgelistet. Klick auf den Namen öffnet die Seite mit der Beschreibung. Durch Klick auf die Schaltfläche „Neue Suche" werden die Felder mit den zuvor eingegebenen Suchkriterien gelöscht. Auch auf dieser Seite steht Ihnen die Freitextsuche zur Verfügung.

7.2.3 Hersteller, Anbieter

Dieser Programmteil zeigt alle im Programm enthaltenen Hersteller und Anbieter von Planspielen und Serious Games in alphabetischer Folge an. Mit dem Rollbalken, den Buchstaben-Schaltflächen oder durch die Eingabe eines Anfangsbuchstabens können Sie die Anzeige der Herstellerselektion beliebig positionieren. Klick auf einen Spieltitel verzweigt zu den entsprechenden Herstellerdaten mit einer Liste der im Katalog enthaltenen Planspielprodukte.

Mit der Freitextsuche wird der gesamte Bestand an Herstellerdaten (einschließlich der Datenfelder wie Adresse, Kurzprofil …, aber nicht die Produktliste) nach der eingegebenen Zeichenfolge durchsucht. Sie starten die Suche durch Betätigung der Enter-Taste. Die Suche stoppt an der ersten Fundstelle. Falls weitere Fundstellen vorliegen, werden Sie darauf hingewiesen; ebenso, falls die eingegebenen Zeichenfolge nicht vorkommt.

7.2.4 Fachbeiträge

Über diesen Programmteil haben Sie Zugriff auf die in diesem Buch erwähnten Fachbeiträge. Sie können sich die Fachbeiträge in sachlogischer Folge oder alphabetisch nach Titeln anzeigen lassen. Das Feld mit Rollbalken in der rechten Bildschirmhälfte enthält die Titel in der jeweiligen Ordnungsfolge. Klick auf einen Titel, von dem nur ca. die ersten 30 Zeichen lesbar sind, zeigt den vollständigen Titel und den bzw. die Namen der Autoren und Autorinnen im Info-Feld im unteren Bildschirmteil. Wenn die Autoren/Autorinnen Schlagworte zu ihrem Fachbeitrag angegeben haben, werden diese eingeblendet. Mit Klick auf „Lesen" öffnet sich der Acrobat Reader mit dem jeweiligen Fachbeitrag.

Der Doppelklick auf einen Titel ermöglicht Ihnen einen Schnellzugriff, d. h., Sie brauchen nicht eigens auf die Schaltfläche „Lesen" zu klicken.

Ist der Acrobat Reader mit einem Fachbeitrag geöffnet und klicken Sie dann für einen anderen Fachbeitrag Ihres Interesses auf die Schaltfläche „Lesen", wird der aktuell angezeigte Fachbeitrag sofort durch den neu ausgewählten Fachbeitrag ersetzt. Im Acrobat Reader stehen Ihnen die üblichen Funktionen wie Drucken, Zoom und insbesondere die Such-Funktion zur Verfügung. Die Such-Funktion erreichen Sie über den Menü-Befehl „Werkzeuge" und dann „Suchen".

7.2.5 Begriffs-Lexikon

In diesem Programmteil finden Sie ausführlicher erläuterte Begriffe oder Querverweise in alphabetischer Folge. Mit dem Rollbalken, den Buchstaben-Schaltflächen oder durch die Eingabe eines Anfangsbuchstabens können Sie die Anzeige der Begriffsselektion beliebig positionieren. Klick auf einen Begriff verzweigt zu der entsprechenden Begriffserläuterung, oder es wird ein Querverweis angezeigt.

Mit der Freitextsuche wird der gesamte Begriffsbestand nach der eingegebenen Zeichenfolge durchsucht. Sie starten die Suche durch Betätigung der Enter-Taste. Die Suche stoppt an der ersten Fundstelle. Falls weitere Fundstellen vorliegen, werden Sie darauf hingewiesen; ebenso falls die eingegebene Zeichenfolge nicht vorkommt.

7.2.6 Literaturhinweise

Über diesen Programmteil können Sie mit dem Acrobat Reader auf zwei PDF-Dokumente zugreifen. Das erste Dokument enthält eine Liste von zehn empfohlenen Titeln mit Standard-Literatur zu Planspielen und Serious Games. Das zweite Dokument enthält die Literaturhinweise zu „Gaming Simulation – State of the Art" (Kapitel 9). Über den Link „ZMS-Literaturdatenbank" erhalten Sie Zugang zu einer Online-Datenbank mit Rezensionen und umfassenden Recherchemöglichkeiten.

7.3 Planspielbeschreibungen

Für jedes Planspiel ist eine Beschreibungsseite mit den aus der Abbildung ersichtlichen Informationselementen vorgesehen. Bitte beachten Sie folgende Hinweise:

Die *Spielbezeichnung* enthält die von dem/der Hersteller/-in bzw. Anbieter/-in genannte Bezeichnung. Aus dem Fehlen eines Warenzeichens kann nicht abgeleitet werden, dass keine Schutz- und Warenzeichenrechte des Herstellers bestehen.

Die *Spielart* wurde entsprechend der Gliederungsabfolge im Fachbuch gegliedert, wobei die offenen Planspiele nochmals in Free-Form-Spiele, Verhaltens-/Rollenspiele und Software-Werkzeuge (Modellierungssoftware) unterteilt wurden.

Lautet der Eintrag „keine bestimmte", war es uns trotz sorgfältiger Recherche nicht möglich, die Spiel- bzw. Software-Art festzustellen.

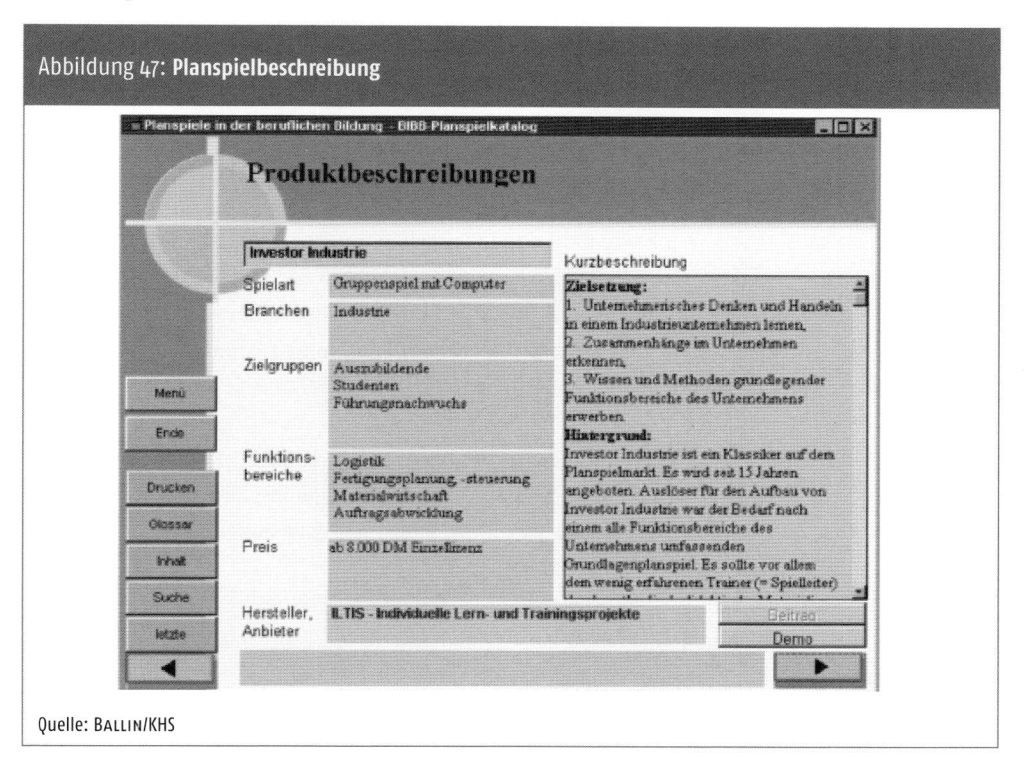

Abbildung 47: Planspielbeschreibung

Quelle: BALLIN/KHS

Die *Branchenzuordnung* erfolgte laut Herstellerangaben oder eigener Recherche. Sind mehr als drei Branchen angegeben, erscheint in dem Feld automatisch ein Rollbalken.

Wurden bei der Erfassung der Zielgruppen mehr als fünf angekreuzt, haben wir den Eintrag in „keine bestimmte" geändert. Gleiches gilt für das Informationselement Funktionsbereiche.

Die *Preisangaben* sind ohne Gewähr. Bei nur sehr umfassend darzustellenden Lizenzpreiskonzepten finden Sie einen Querverweis auf die Kurzbeschreibung.

Die *Herstellerangaben* sind als Hyperlink angelegt. Das heißt, wenn Sie den Mauszeiger auf einen Namen bewegen, erscheint ein Klick-Symbol, Klick auf den Namen öffnet die Seite mit den Herstellerdaten. Sind zu einem Planspiel mehrere Anbieter verzeichnet, wurden diese durch einen Schrägstrich getrennt.

Die *Kurzbeschreibungen* entstammen unterschiedlichen Quellen. Zum einem wurden sie von den Herstellern/Anbietern bereitgestellt, zum anderen wurden sie vom Autorenteam erstellt. Einige Planspielbeschreibungen wurden der sodis-Datenbank entnommen. Umfasst die Kurzbeschreibung mehr als den dafür vorgesehenen Platz, wird automatisch ein Rollbalken eingeblendet.

Die Schaltfläche „*Beitrag*" ist aktiviert, wenn das jeweilige Planspiel in einem Fachbeitrag erwähnt wird. Klick auf die Schaltfläche öffnet den jeweiligen Fachbeitrag im Acrobat Reader. Wird ein Planspiel in mehreren Beiträgen erwähnt, ist die Anzahl aus der Schaltflächenbeschriftung ersichtlich (z. B. „3 Beiträge"). Klick auf die Schaltfläche zeigt dann die Titel der Beiträge der Reihenfolge nach an und bietet sie Ihnen zum „Lesen" an.

Die Schaltfläche „*Demo*" ist aktiviert, wenn auf der DVD eine Demo- oder Präsentationsversion gespeichert ist. Klick auf die Schaltfläche startet die Demo bzw. Präsentation. Sind vor dem Aufruf der Demo Besonderheiten zu beachten, stehen diese am Ende der Kurzbeschreibung. Bei Demo-Versionen, die nur über das Internet bereitgestellt werden, erhalten Sie bei Klick auf die Schaltfläche einen entsprechenden Hinweis. Das Programm versucht dann, Sie direkt mit der angegebenen Seite zu verbinden, was natürlich nur gelingt, wenn Ihr Internetanschluss gerade aktiv ist. Sämtliche Felder (mit Ausnahme der Herstellerangabe) sind so angelegt, dass Sie beliebige Textpassagen markieren können. Markierte Textpassagen können Sie mit der Tastenkombination Strg+C in die Zwischenablage kopieren und dann mit der Tastenkombination Strg+V in andere Windows-Anwendungen einfügen.

Beim Feld „Kurzbeschreibung" müssen Sie vor dem Markieren und Kopieren von Textpassagen das Feld über eine Schaltfläche freigeben, da die in manchen Kurzbeschreibungen enthaltenen Hyperlinks nur funktionieren, wenn das Feld nicht freigegeben ist. Die Freigabe schaltet sich mit Seitenwechsel automatisch aus.

Durch Klick auf die Schaltfläche „*Drucken*" (Druckersymbol) können Sie die jeweilige Seite als Hardcopy oder als Bericht ausdrucken. Der Ausdruck als Hardcopy hat den Nachteil, dass Sie den Text aus Feldern mit Rollbalken nicht vollständig lesen können. Nach der Auswahl „Bericht" erhalten Sie ein Druckmenü, in dem Sie noch eigene Einstellungen vornehmen können

(z. B. Kopf-, Fußzeilen einfügen oder Randbegrenzungen verändern). Das Auswahlmenü ist allerdings in Englisch abgefasst. Wollen Sie keine Änderungen vornehmen, klicken Sie einfach auf „Print". Bitte achten Sie darauf, dass stets die Einstellung „this page only" eingestellt ist, andernfalls werden auch noch andere Seiten ausgedruckt, die Sie möglicherweise nicht haben möchten.

Die weiteren Schaltflächen auf der Seite sind selbsterklärend. Sie finden eine direkte Verzweigung zum Hauptmenü, zum Begriffs-Lexikon oder zur Suchmaske oder auf die vorherige Seite. Mit dem Zurück- und Vorwärtspfeil können Sie auf die alphabetisch vorherige bzw. nächste Seite verzweigen.

7.4 Herstellerdaten

Die Seite mit den Herstellerdaten zeigt für jeden der uns bekannten Hersteller die postalische Adresse, Telefon, Fax, E-Mail und Internet-Website. Zudem wird in der Regel ein/-e Ansprechpartner/-in ausgewiesen. Einige Hersteller haben von der Möglichkeit Gebrauch gemacht, in einem Kurzprofil den Umfang ihrer Leistungspalette darzustellen. Sie können den Cursor in allen Feldern mit Herstellerdaten positionieren und dann beliebige Textpassagen markieren. Mit der Strg+C-Taste können Sie den markierten Text in die Windows-Zwischenablage kopieren und anschließend in eine beliebige andere Windows-Anwendung mit der Strg+V-Taste einfügen. Auf diese Weise können Sie die Daten zur Pflege Ihrer eigenen Adressbücher nutzen und so z. B. Kontakt mit dem Hersteller aufnehmen, indem Sie z. B. die Website in das Browser-Fenster einkopieren oder die Faxnummer in die Fax-Software Ihres Systems.

Neben diesen mehr formalen Angaben finden Sie in der rechten Bildschirmhälfte eine Auflistung der angebotenen Planspielprodukte. Klick auf einen Produktnamen verzweigt zur Seite mit der entsprechenden Produktbeschreibung.

Wie bei den Planspielbeschreibungen, so können Sie auch die Herstellerdaten als Hardcopy oder als Bericht ausdrucken.

Abbildung 48: Herstellerdaten

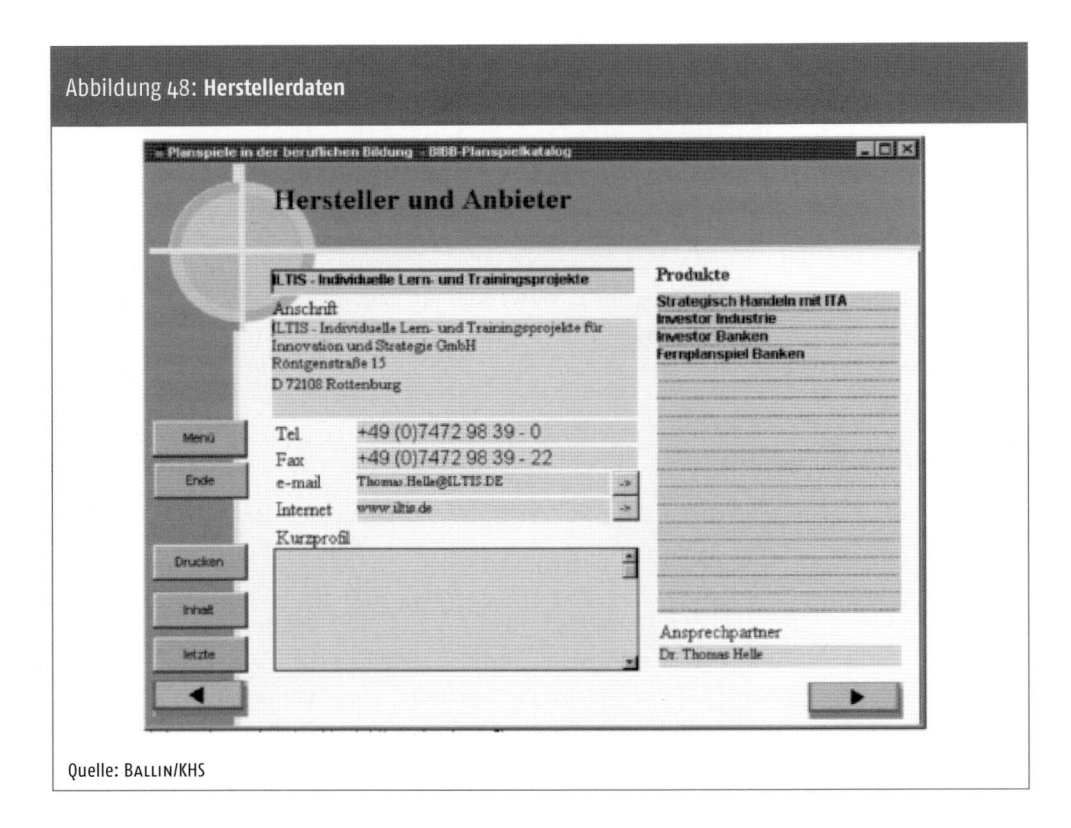

Quelle: BALLIN/KHS

7.5 Lexikon-Begriffe

Da das Begriffs-Lexikon eher Glossarcharakter hat, haben wir immer dann, wenn wir es für angebracht hielten, neben den Begriff ein Feld für die Anzeige von den Fachbeiträgen gestellt, die geeignet sind, das Begriffsverständnis zu vertiefen. Durch Klick auf „Lesen" wird mit dem Acrobat Reader der entsprechende Fachbeitrag geöffnet. Liegen mehrere vertiefende Fachbeiträge vor, können Sie diese über die Schaltfläche „nächster" einblenden.

Wenn unter Quelle nichts anderes vermerkt ist, entstammen die Begriffe dem „Begriffslexikon zum vernetzten Denken" aus dem gleichnamigen Modellversuch (Hauptautor: R. LINDIG).

7.6 Zur Datenpflege

Redaktionsschluss für Planbeschreibungen und Herstellerdaten war Dezember 2013. Wenn Ihnen Planspiele bekannt sind, die im Katalog nicht enthalten sind, freuen wir uns über einen entsprechenden Hinweis und werden diesen in der nächsten Auflage bzw. auf der Internet-Website vorab berücksichtigen. Auch für Hinweise auf erläuterungsbedürftige Begriffe aus dem Planspielumfeld, die wir gerne in das Begriffs-Lexikon aufnehmen, sind wir dankbar.

8. Vom Wissen zum Handeln – Informations- und Aktionsforen

Planspiele und Simulationen als relativ neue Lehr- und Lernformen unterliegen einem ständigen Wandel. Die nachfolgenden Abschnitte verweisen auf Selbstdarstellungen von Informations- und Aktionsforen, die es sich mit unterschiedlichen Schwerpunkten zum Ziel gesetzt haben, Planspielforscher/-innen, -entwickler/-innen, -anbieter/-innen und -anwender/-innen auf dem Laufenden zu halten. Der letzte Abschnitt dieses Kapitels zeigt den aktuellen Stand der internationalen „Planspielkunst" auf, wie er sich auf den letztjährigen ISAGA-Konferenzen darstellt.

8.1 Internet-Website „BIBB-Planspielforum" – Forschung, Beratung und Dienstleistungen für Planspiele in der beruflichen Bildung

Wie in der Erstauflage dieses Fachbuchs angekündigt, haben die Autoren und Autorinnen mit dem Aufbau eines Planspielforums begonnen. Gemäß dem BIBB-Leitmotiv „Forschen – Beraten – Zukunft gestalten" finden Sie dort aktuelle Informationen, Kommunikationsmöglichkeiten und weiterführende Links zur „Lernwelt Planspiele". Sie erreichen das BIBB-Planspielforum unter der Adresse: www.bibb.de/planspielforum. Abbildung 49 zeigt die Auswahlmöglichkeiten nach dem Anwählen der Leitseite.

Planspielarten: Diese Seite soll den schnellen Rückgriff auf die unterschiedlichen Begriffe zur Klassifizierung der zahlreichen Planspielarten und -konfigurationen ermöglichen. Dabei greifen wir auf das in Abschnitt 1.4 dieses Buches erarbeitete Klassifikationsschema zurück.

Fachbuch: In dieser Rubrik finden Sie unter Planspiele eine Auflistung aller im BIBB-Planspielkatalog verzeichneten Planspiele. Dort finden Sie auch Planspiele, die uns nach Redaktionsschluss gemeldet werden. Gleiches gilt für Hersteller/-innen von Planspielen. Ein Verzeichnis aller auf der DVD enthaltenen Demos, Präsentationsversionen und Links auf Downloads oder Testanmeldungen enthält die gleichnamige Unterrubrik.

Die Seite dient zudem zur Aufnahme neuer Demos oder Internetlinks auf Fernplanspiel-Wettbewerbe. Die Übersicht der Fachbeiträge bietet Ihnen zugleich den direkten E-Mail-Kontakt mit dem/der jeweiligen Autor/-in. Ein Klick auf den Autorennamen öffnet das Mitteilungsfenster Ihres E-Mail-Systems. Darüber hinaus finden Sie dort redaktionell bearbeitete Fachbeiträge, die erst nach Redaktionsschluss aufgenommen wurden.

Modellversuche: Mit Modellversuchen erprobt und evaluiert das Bundesinstitut für Berufsbildung neue Aus- und Weiterbildungskonzepte. Über diese Seite erhalten Sie Zugang zu aktuellen Modellversuchen mit Bezug zur Planspielthematik.

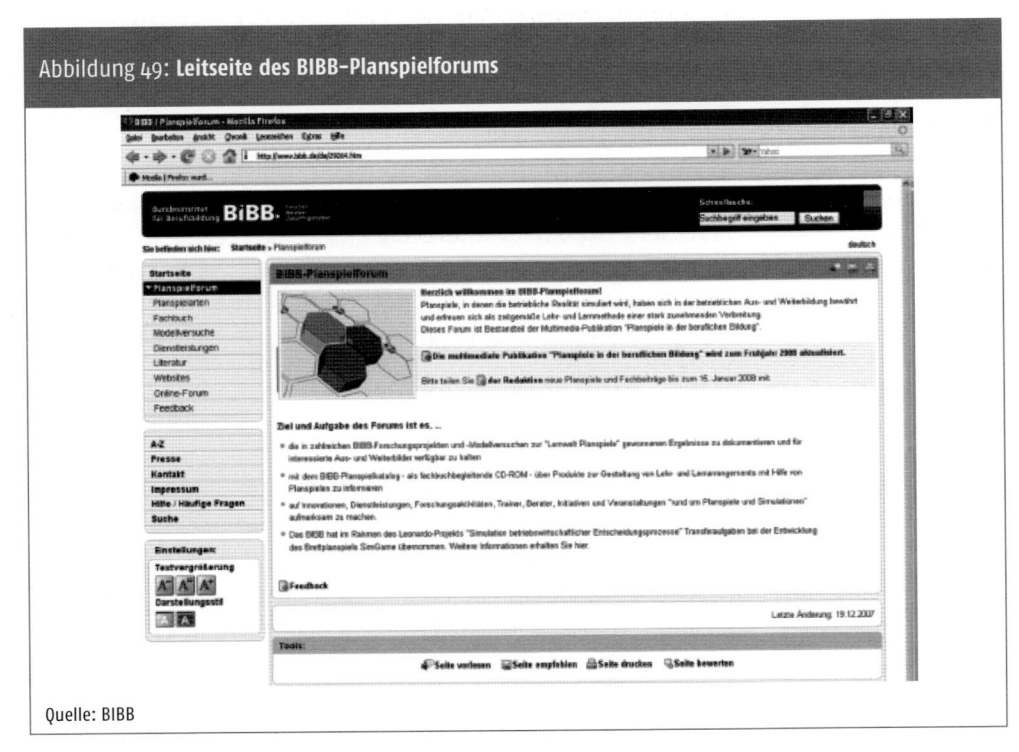

Abbildung 49: **Leitseite des BIBB-Planspielforums**

Quelle: BIBB

Bei den jeweiligen Modellversuchsträgern können Sie Zwischenergebnisse und/oder Abschlussergebnisse abrufen, oder Sie nehmen Kontakt mit der wissenschaftlichen Begleitung auf.

Dienstleistungen: Diese Rubrik wurde aufgenommen, um den an uns herangetragenen Beratungsbedarf besser zu vermitteln. Ziel dieser Rubrik ist es, Nutzer/-innen und Anbieter/-innen von Dienst- und Serviceleistungen „rund um Planspiele" zusammenzubringen. Als
- Trainer/-innen und/oder Seminaranbieter/-innen,
- Berater/-innen und/oder Unternehmensentwickler/-innen,
- Forscher/-innen und/oder Wissenschaftler,
- Entwickler/-innen und/oder Programmierer/-innen

können Sie Ihre Dienstleistung im BIBB-Planspielforum anbieten und bekannt machen.

Trainer/-innen & Seminaranbieter/-innen: Die mit Planspielen erzielbaren Qualifikationserfolge sind in hohem Maße abhängig von der Erfahrung und Qualität der/die Trainer/-in und Weiterbildner/-in. Nehmen Sie Kontakt mit der Redaktion des BIBB-Planspielforums auf, um Ihren Eintrag zu organisieren.

Berater/-innen & Unternehmensentwickler/-innen: Für die im BIBB-Planspielkatalog ausgewiesenen Planspiele werden in der Regel nur die Hersteller/-innen der jeweiligen Planspiele genannt. Nicht genannt sind diejenigen Anwender/-innen, die diese Planspiele in ihre Beratungsaktivitäten einbinden. Als Unternehmensberater, Personal- und Organisationsentwickler können Sie sich in diese Kategorie eintragen lassen, wenn Sie beratende/-r Anwender/-in von Planspielen sind. Auch wenn Ihr Beratungsportfolio die Auswahl von Planspielen für Kunden/Kundinnen umfasst, ist ein Eintrag möglich.

Forscher/-innen & Wissenschaftler/-innen: Diese Kategorie wendet sich an Diplomanden/Diplomandinnen, Doktoranden/Doktorandinnen sowie an Lehrstühle der allgemeinen Pädagogik, der Betriebs- oder Wirtschaftspädagogik und an die verschiedenen Fachrichtungen der Betriebswirtschaftslehre und anderer Wissenschaftszweige mit einem Forschungs- und Lehrschwerpunkt in der Planspieldidaktik. Hier nehmen wir gerne abgeschlossene oder laufende Diplomarbeiten, Promotionen oder Projekte mit Planspielbezug auf.

Entwickler/-innen & Programmierer/-innen: Unternehmen und Einzelpersonen, deren Leistungsspektrum die Entwicklung von Planspielen aller Art (auch Brettplanspiele und Internetplanspiele), die kundenspezifische Anpassung bestehender Planspiele oder die Integration in E-Learning-Plattformen umfasst, nehmen wir gerne hier auf.

Sicherlich haben Sie Verständnis dafür, dass die Veröffentlichung Ihres Eintrages dem redaktionellen Vorbehalt des BIBB unterliegt und kein Rechtsanspruch auf einen Eintrag geltend gemacht werden kann.

Literatur: In dieser Rubrik finden Sie Literaturhinweise mit Bezug zu Planspielen und Serious Games sowie eine Liste empfohlener Standardliteratur. Sie wurde durch das Zentrum für Managementsimulation (ZMS) der DHBW Stuttgart (siehe Abschnitt 8.4) gemeinsam mit führenden Planspielexperten/-expertinnen erstellt. Sie hat zum Ziel, zehn Bücher zu empfehlen, die den Einstieg in das Thema erleichtern. Eine umfassende Literaturdatenbank mit Recherchemöglichkeiten steht auf der Plattform Planspiel+ zur Verfügung. Dort erhalten Sie zudem jede Menge hilfreicher und interessanter Informationen rund um das Thema.

Websites: Hier finden Sie eine kurz kommentierte Linkliste zu weiteren Internetseiten, die mit Planspielen in mehr oder minder losem Zusammenhang stehen.

Online-Forum: Über dieses Forum können Sie an die „Planspielgemeinde" Fragen stellen oder auch vorliegende Fragen beantworten.

Feedback: Über diese Seite können Sie direkten E-Mail-Kontakt zu den Redakteuren des BIBB-Planspielforums aufnehmen. Ein Klick auf E-Mail-Kontakt oder Bild öffnet das Mail-Formular Ihres Mail-Systems mit eingetragener E-Mail-Adresse der jeweiligen Person.

8.2 SAGSAGA – Fachverband für Deutschland, Österreich und Schweiz

Die SAGSAGA ist ein interdisziplinärer trinationaler Fachverband von Planspielexperten. SAGSAGA bedeutet Swiss Austrian German Simulation And Gaming Association. Sie wurde 2001 gegründet und unter dem Namen „Gesellschaft für Planspiele in Deutschland, Österreich und Schweiz e.V." als Verein mit Sitz in München registriert. Die SAGSAGA ist die offizielle Vertreterin für Deutschland, Österreich und die Schweiz in der seit mehr als 40 Jahren international erfolgreichen und anerkannten ISAGA (International Simulation and Gaming Association) – siehe Abschnitt 8.3.

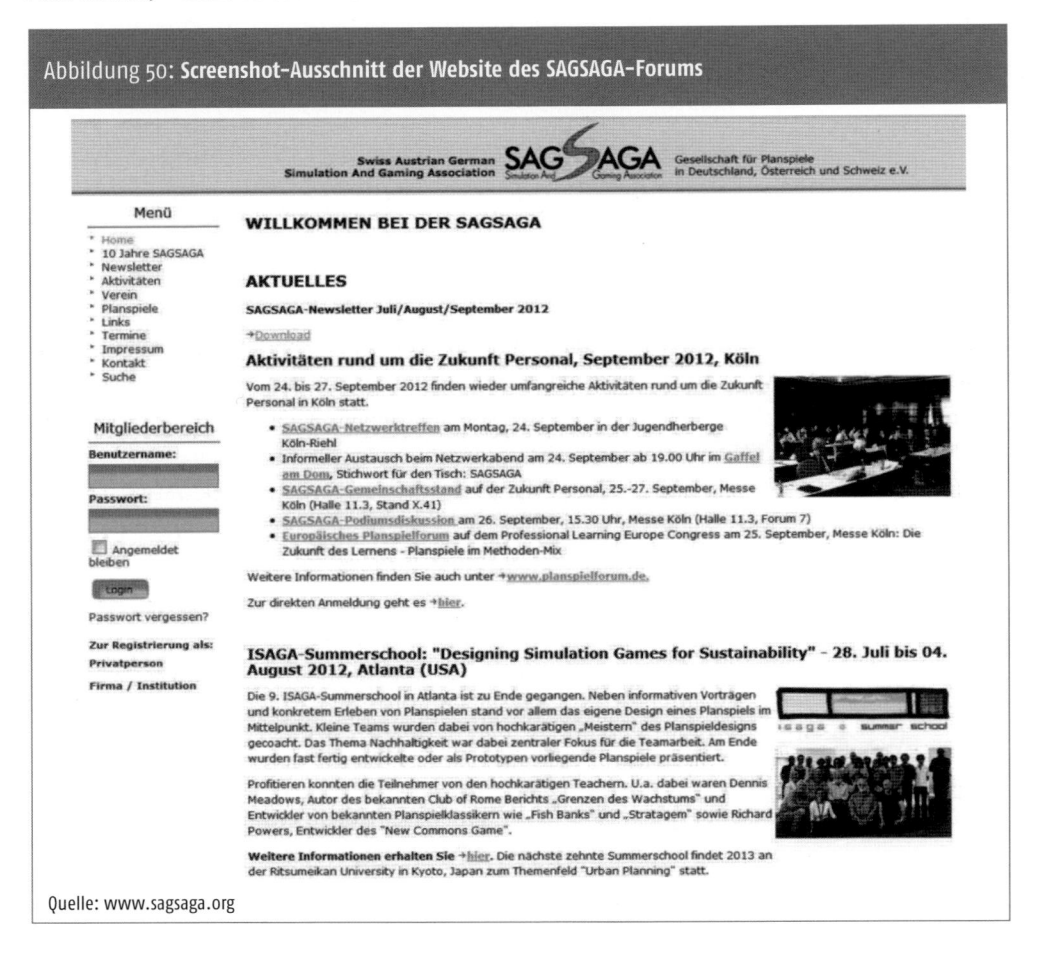

Abbildung 50: **Screenshot-Ausschnitt der Website des SAGSAGA-Forums**

Quelle: www.sagsaga.org

8.2.1 Zielsetzung

Ziel der SAGSAGA ist die Förderung von erfahrungsorientierten Lehr- und Lernformen, die zur Simulation von Prozessen (u. a. wirtschaftliche, technische und soziale Prozesse) und zur Entwicklung von Systemkompetenz in unterschiedlichen Lebensbereichen beitragen. Dies umfasst insbesondere den Aufbau und die Pflege eines Netzwerks und die Förderung der Kommunikation zwischen professionellen Anwendern/Anwenderinnen, Entwicklern/Entwicklerinnen und Nutzern/Nutzerinnen von Planspielmethoden in der Privatwirtschaft und in öffentlichen Institutionen (Wissenschaft, Bildungswesen, Verwaltung, NGOs etc.); die Realisierung von Forschungsprojekten zur Entwicklung, Anwendung und Evaluation der Planspielmethode, der Planspieldidaktik und von einzelnen Planspielanwendungen; die Förderung der Aus-, Fort- und Weiterbildung von Planspielspezialisten/-spezialistinnen in Entwicklung, Anwendung und Evaluation von Planspielmethoden.

Die SAGSAGA fördert die Planspielmethode. Unter der Planspielmethode wird ein breites Spektrum von erfahrungsorientierten Lehr- und Lernformen subsumiert, wie:

- ▶ Klassische Unternehmens- und Managementplanspiele
- ▶ Computersimulationen
- ▶ Verhaltensorientierte Planspiele und Rollenspiele
- ▶ Haptische und digitale Lernspiele
- ▶ Szenariotechniken
- ▶ Erlebnispädagogische Aktivitäten

8.2.2 SAGSAGA-Netzwerk

Im SAGSAGA-Netzwerk sind im Jahr 2012 rund 40 institutionelle und 200 persönliche Mitglieder aus Wissenschaft und Forschung, Beratung, Bildungswesen (Schule, Hochschule usw.), Unternehmen, Verwaltung, NGOs usw. aktiv. Sie arbeiten gemeinsam an der Entwicklung, Anwendung und Evaluation von neuen Planspielmethoden und Lernprogrammen. Zudem unterstützt ein Fachbeirat aus namhaften Experten ihre anwendungsorientierte und wissenschaftlich fundierte Arbeit.

8.2.3 Aktivitäten

Die SAGSAGA wirkt an verschiedenen Veranstaltungen, Fachtagungen und Publikationen mit. Sie veranstaltet zudem mehrere Netzwerktreffen pro Jahr in Deutschland, Österreich und der Schweiz. Beispiele:

- ▶ Kooperation mit der jährlichen ISAGA-Conference und Summer School
- ▶ SAGSAGA-Gemeinschaftsstand auf der „Zukunft Personal" und anderen Messen
- ▶ Podiumsdiskussionen
- ▶ Jährliche Veranstaltung des „Europäischen Planspielforums"

- Kooperationspartner des Deutschen Planspielpreises
- Zwei bis drei Netzwerktreffen (1–2 Tage) pro Jahr mit aktuellen Vorträgen und Workshops zum Kennenlernen und Mitspielen von Planspielen

Die SAGSAGA und ihre Mitglieder unterstützen interessierte Anwender/-innen bei der Suche nach dem geeigneten Planspiel und/oder vermitteln Planspielexperten/-expertinnen für die Durchführung und Entwicklung von Planspielen.

8.2.4 Mitgliedschaft

Da sich die SAGSAGA in erster Linie als „Learning Community" versteht, sind die jährlichen Mitgliedsbeiträge des Vereins mit 15 Euro für Studenten und Studentinnen, 30 Euro für Einzelpersonen und 100 Euro für Firmen und Institutionen bewusst niedrig festgelegt (2012). Vorteile für Mitglieder:

- Informationsaustausch im Netzwerk
- Teilnahme am Webangebot
- Journal Simulation & Gaming zum Spezialpreis
- Diverse Rabatte bei Publikationen
- Spezielle Mitgliederpreise bei Fachveranstaltungen der ISAGA und SAGSAGA

Die SAGSAGA kooperiert eng mit der internationalen ISAGA (ist aber rechtlich und in ihren Entscheidungen unabhängig). Sie stellt meist Vertreter/-innen im internationalen Vorstand und Beirat. Im Jahr 2004 hat die SAGSAGA die internationale Welttagung der Planspieler/-innen, die 35. ISAGA-Conference, an der Universität München sowie eine Internationale Summerschool zum Thema „Planspieldesign" mit über 500 Teilnehmenden aus 31 Nationen ausgerichtet. Eine DVD und ein Buch mit über 100 Konferenzbeiträgen ist über die SAGSAGA beziehbar. Als offizielle wissenschaftliche Zeitschrift fungiert das Journal Simulation & Gaming. 2014 hat die 45. ISAGA-Conference wieder im deutschsprachigen Raum an der Hochschule Vorarlberg (Dornbirn, Österreich) stattgefunden.

Kontakt: www.sagsaga.org/E-Mail: info@sagsaga.org

8.3 ISAGA International Simulation and Gaming Association
(Eric Teske)

Die ISAGA ist weltweit die einzige Vereinigung zum breiten Feld von Simulation and Gaming. Simulation and Gaming ist der internationale Begriff für das deutsche Wort Planspiel. Entstanden ist die ISAGA aus einem spontanen Treffen im Jahre 1970 in Bonn-Bad Godesberg (Deutschland). Der Amerikaner Richard D. Duke, einer der Urväter der Planspielmethode, lud während seines Fulbright-Forschungsaufenthaltes in Deutschland Interessierte zu einem Grillnachmittag ein. Statt der eingeladenen 20 kamen 37 Personen, und aus einer Idee des informellen Austausches entstand ein langjähriges Netzwerk. Seither treffen sich an Simulation and Gaming Interessierte aus der gesamten Welt einmal jährlich zu einer viertägigen Konferenz. Birmingham (GB), Mailand, Riga, Haifa, Kyoto, St. Petersburg oder Ann Arbor (USA) sind nur einige der Konferenzstädte der letzten 40 Jahre.

Ziel der ISAGA-Konferenzen ist es, Forschern/Forscherinnen, Anwendern/Anwenderinnen und Anbietern/Anbieterinnen von Planspielen eine internationale Plattform für Austausch und Kooperation zu bieten. Bei diesen Treffen zeigen sich die länderspezifischen Unterschiede ebenso wie die verschiedenen Themen, Einsatz- und Forschungsschwerpunkte innerhalb der Planspielmethode. Dieser Austausch ist deswegen so wichtig, weil es in fast keinem Land der Welt eigene Forschungsinstitute oder Lehrstühle zum Planspiel gibt. Meist handelt es sich um einzelne Wissenschaftlerinnen und Wissenschaftler, die im Rahmen ihrer Fachprofession Planspiele für ihre Forschung bzw. Lehre entwickeln und einsetzen. Die Ausnahme bilden die Universitäten von Michigan (USA) und Delft (Niederlande), die eigene Studiengänge bzw. Programme z. B. für Planspieldesign entwickelt haben. Neben der Konferenz stellt die ISAGA den Rahmen für eine jährliche Summer School zu Game Design und Facilitation, etabliert seit der Konferenz im Jahre 2004 in München.

Das Programm einer „typischen" ISAGA-Konferenz besteht aus wissenschaftlichen Fachvorträgen, Poster Sessions, Best-Practice-Beiträgen, Planspielentwicklungs-Workshops oder einfach dem Anspiel eines Planspiels. Oft stellen die Wissenschaftler/-innen, Anbieter/-innen und Anwender/-innen des Gastlandes die jeweils größte Gruppe der Konferenz – dadurch wird ein einzigartiger Einblick in die Planspielkultur und Angebote des Gastlandes gewährt. Die Formen und Themen der vorgestellten Planspiele folgen den aktuellen Entwicklungen im Spielbereich. Die Breite, in der hier Simulation, Gaming und Play betrachtet werden, lässt die Konferenz sich immer wieder neu erfinden. Das Besondere an den ISAGA-Konferenzen bilden jedoch, ganz in der Tradition der Gründungsgeschichte, die informellen Gespräche und der enge Austausch zwischen den offiziellen Programmpunkten.

Organisiert und veranstaltet werden die ISAGA-Konferenzen durch Vertreter/-innen aus der internationalen Simulation and Gaming Community, jeweils angesiedelt an deren Hochschulen. Seit dem Jahre 2010 ist aus dem Netzwerk ein international eingetragener Verein mit Sitz in den Niederlanden geworden.

Informationen über Termine, Mitgliedschaft, Themen und Berichte der letzten Jahre gibt es unter: www.isaga.com oder im vierteljährlichen unentgeltlichen Newsletter (zu bestellen über die Homepage).

8.4 Zentrum für Managementsimulation (ZMS) an der Dualen Hochschule Baden-Württemberg Stuttgart
(Birgit Zürn, Sebastian Schwägele)

Seit 2008 gibt es das Zentrum für Managementsimulation (ZMS) an der Dualen Hochschule Baden-Württemberg Stuttgart (DHBW). In seiner Konzeption als Dienstleistungs- und Forschungszentrum ist es eine einmalige Einrichtung im deutschsprachigen Raum. Planspiele haben seit Gründung des Vorgängers der DHBW, der Berufsakademie, einen festen Platz im dualen Studium. Um die Nutzung der Planspielmethodik weiter auszubauen und zugleich die Qualität stetig zu verbessern, wurde das ZMS eingerichtet.

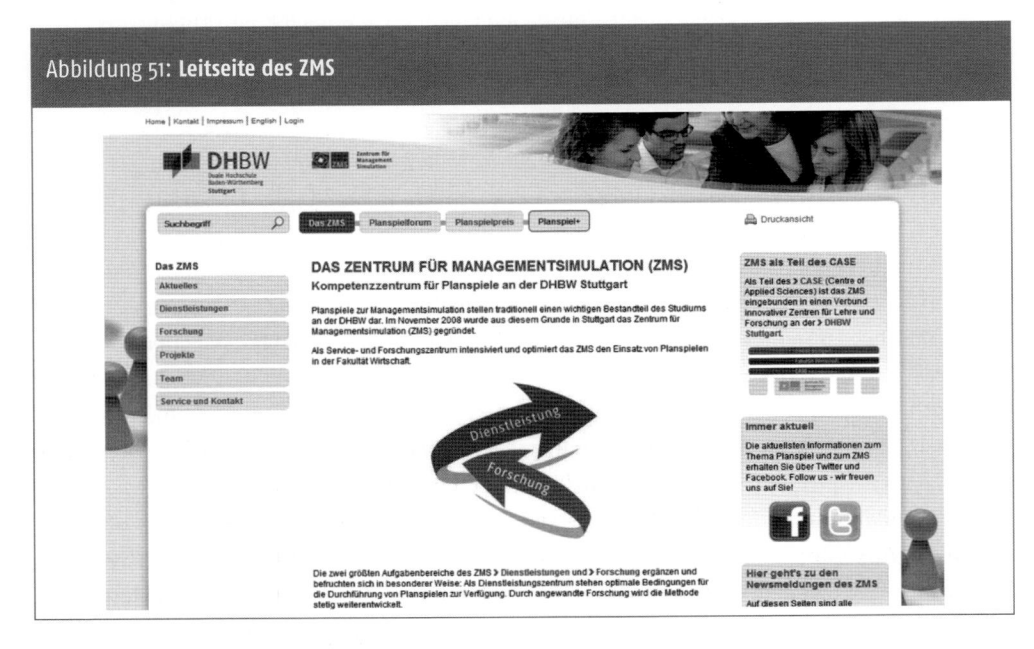

Abbildung 51: **Leitseite des ZMS**

Es versteht sich als Dienstleistungszentrum für alle Belange rund um den Einsatz von Planspielen, insbesondere an der DHBW Stuttgart. In dieser Funktion werden über 100 Planspielveranstaltungen und 2.500 Teilnehmende pro Jahr begleitet. Hierfür werden sowohl Planspiele als auch speziell konzipierte Infrastruktur, geschulte Trainer/-innen, innovative Seminar- und Trainingskonzepte und individuelle Beratungen angeboten. Zum anderen hat das ZMS einen Forschungsauftrag. Dieser ist gemäß der Philosophie der Dualen Hochschule anwendungsorientiert und praxisnah. Hierzu zählen u. a. Evaluationen oder die Entwicklung neuer Methodenbausteine zur Optimierung des Planspieleinsatzes.

Auch wenn der Fokus des ZMS zunächst auf die DHBW gerichtet ist, ist der Austausch und Kontakt mit Fachverbänden, Unternehmen und anderen Hochschulen von großer Bedeutung. Das ZMS übernimmt hier zentrale koordinierende und allgemein unterstützende Aufgaben. So ist das ZMS der Initiator des Deutschen Planspielpreises und der Internetplattform Planspiel+ sowie Koordinator und Organisator des Europäischen Planspielforums, die nachfolgend beschrieben werden.

Für das „BIBB-Forum für Planspiele und Serious Games" (siehe Abschnitt 8.1) übernimmt das ZMS die Erstellung und Pflege der Literaturhinweise. Weitere Informationen über die Dienstleistungen und Forschungsprojekte sowie zu den weiteren Aktivitäten des ZMS stehen im Internet zur Verfügung.

Kontakt:
Zentrum für Managementsimulation (ZMS)/DHBW Stuttgart
Paulinenstraße 50
70178 Stuttgart
Tel.: +49 (711) 1849 868
E-Mail: zms@dhbw-stuttgart.de
www.zms.dhbw-stuttgart.de

8.4.1 Deutscher Planspielpreis

Jährlich werden viele interessante Themen in wissenschaftlichen Abschlussarbeiten aufgearbeitet – auch Aspekte rund um die Lehr- und Lernmethode „Planspiel". Leider werden viele dieser Arbeiten nicht veröffentlicht und gewürdigt, das generierte Wissen bleibt sozusagen „in der Schublade" und geht verloren. Ziel des Deutschen Planspielpreises ist es, diese Arbeiten allgemein zugänglich zu machen und damit einen Beitrag zur Weiterentwicklung dieser Methode zu leisten. Zudem bietet der Preis jungen Wissenschaftlerinnen und Wissenschaftlern eine Präsentationsplattform und transportiert die Relevanz des Themas.

Unter dem Motto „Ihr Spielfeld für ausgezeichnete Ideen" werden hervorragende wissenschaftliche Abschlussarbeiten im Themenspektrum (der Lehr- bzw. Lernmethoden) „Planspiel" und seinen Teilbereichen ausgezeichnet. Die Arbeiten sollen einen Beitrag zur Weiterentwicklung von Theorie und Praxis des Themenfeldes leisten. Neben den drei Preisen für Studienabschlussarbeiten kann ein Sonderpreis für Dissertationen oder Habilitationen verliehen werden. Eingereicht werden können Studienabschlussarbeiten aus ganz Europa in deutscher und englischer Sprache.

Die Auswahl der Arbeiten erfolgt durch eine hochkarätig besetzte Jury. Planspielexperten/-expertinnen aus Wissenschaft und Praxis und mit unterschiedlichen fachlichen Hintergründen bewerten die Arbeiten bezüglich ihrer Wissenschaftlichkeit und des Innovationsgehalts.

Der Deutsche Planspielpreis wird in zweijährigem Rhythmus durch das Zentrum für Managementsimulation (ZMS) der DHBW Stuttgart in Kooperation mit der SAGSAGA (siehe Abschnitt 8.2) verliehen. Unterstützt wird er durch zahlreiche Partner aus der Wirtschaft.

Informationen über Termine, ehemalige Preisträger oder Wettbewerbsbedingungen stehen im Internet zur Verfügung: www.deutscher-planspielpreis.de.

8.4.2 Planspiel+

Die Zahl Planspielinteressierter steigt stetig. Die Community setzt sich allerdings sehr interdisziplinär zusammen und ist auch räumlich weit gestreut. Über regionale Fachverbände wie die SAGSAGA (siehe Abschnitt 8.2) für den deutschsprachigen Raum oder SAGANET für die Niederlande gibt es regelmäßige reale Treffen, beispielsweise bei Netzwerktreffen oder auf dem Europäischen Planspielforum. Die weltweite Vernetzung wird vor allem durch Verbände wie ISAGA oder ABSEL ermöglicht. Der Austausch erfolgt fast nur über persönliche Kontakte oder auf den Präsenzveranstaltungen, was häufig mit großem zeitlichem und finanziellem Aufwand verbunden ist.

Im deutschsprachigen Raum sind Planspieler derzeit – einmal abgesehen von klassischen Firmen-Webseiten – nur sehr begrenzt im Internet präsent. Soziale Netzwerke werden oft auch aus durchaus nachvollziehbaren Argumenten gemieden. Gleichzeitig gibt es aber auch nur begrenzte Publikationsmöglichkeiten in klassischen Printmedien wie Fachzeitschriften.

Das Internet bietet für den fachlichen Austausch hervorragende Chancen, gerade auch für eine „Special-Interest-Community":

- ▶ Intensivierung und Erweiterung des (weltweiten) Netzwerks
- ▶ Schneller Austausch von Informationen, Ideen und Fragen
- ▶ Ermöglichung von Innovation durch engere Zusammenarbeit
- ▶ Öffentliche Aufmerksamkeit für das Thema und aktive Institutionen und Personen

Diese Möglichkeiten bietet jetzt Planspiel+. Es ist konzipiert als „Wissensmarktplatz" für die Community. Ziel ist es, Planspielinteressierten Informations- und Interaktionsangebote zu machen und somit den Austausch, aber auch die Innovationskraft der Community zu stärken.

Ein zentraler Baustein von Planspiel+ ist ein themenspezifischer Blog. Viele Planspielerinnen und Planspieler haben gute Ideen, kritische Fragen oder möchten von Konferenzen, Summerschools und Tagungen berichten und so ihre Erfahrungen teilen. Der Blog bietet diese Möglichkeit, ohne einen wissenschaftlichen Fachbeitrag über viele Seiten schreiben zu müssen.

Neben dem Blog bietet Planspiel+ aber weit mehr: So steht eine umfassende Literaturdatenbank mit einer stetig steigenden Zahl an Quellen aus dem Themenfeld Planspiel zur Verfügung. Die Suchfunktion hilft dabei, schnell die passenden Quellen zu finden. Der Bereich Fragen & Antworten ermöglicht es, fachspezifische Themen und spezielle Fragen zu diskutieren. Über den Bereich Veranstaltungen bleiben die Nutzer immer auf dem Laufenden über Möglichkeiten, sich auch in der realen Welt zu treffen und auszutauschen. Über zahlreiche Linklisten finden Interessierte auch planspielaffine Institutionen und beispielsweise Informationen zu Planspielwettbewerben.

Die Pläne für die Zukunft sehen vor, die Angebote nach und nach weiter auszubauen. Alle diese Bereiche bieten die Möglichkeiten, nicht nur zu konsumieren und interessiert zu verfolgen, sondern auch selbst aktiv zu werden, Antworten zu geben, mitzudiskutieren oder einen Blog-Beitrag zu schreiben: www.planspielplus.de.

8.4.3 Europäisches Planspielforum

Seit über einem Vierteljahrhundert gibt es inzwischen das Europäische Planspielforum. 1985 wurde es durch Dr. Walter Rohn, den damaligen Leiter der Deutschen Planspielzentrale, ins Leben gerufen. Inzwischen hat sich das Europäische Planspielforum als eine herstellerunabhängige Plattform und als wichtiger Baustein in der deutschsprachigen Planspielszene etabliert.

Lange Zeit fand das Forum in einer Kombination aus Anwendervorträgen und einer Messe verschiedener Planspielhersteller/-innen und -entwickler/-innen als eigenständige Veranstaltung statt. Seit 2000 wurde es im Rahmen verschiedener Kongresse und Messen wie der edut@in, der LEARNTEC und der Professional Learning Europe (PLE) im Rahmen der Zukunft Personal veranstaltet.

Ziel des Europäischen Planspielforums ist es, die Variantenvielfalt der Planspielmethode zu präsentieren, künftige Entwicklungen aufzuzeigen und mit Planspielern zu Einsatz- und Anwendungsmöglichkeiten ins Gespräch zu kommen. Die Zielgruppe besteht daher aus Personalverantwortlichen, Planspielentwicklern/-entwicklerinnen und -anbietern/-anbieterinnen sowie Vertretern/Vertreterinnen der Wissenschaft. Das Planspielforum ist außerdem die Plattform für die Verleihung des Deutschen Planspielpreises.

Seit einigen Jahren setzt sich das Programm aus (wissenschaftlichen) Fachvorträgen, Best-Practice-Beiträgen und Workshops zusammen. Anbieter/-innen und Anwender/-innen präsentieren – häufig gemeinsam – unterschiedliche Konzepte und Ansätze. Vertreten sind dabei sowohl Brett- und Verhaltensplanspiele als auch computer- und internetgestützte Formen. Außerdem werden innovative Ideen zu ganzheitlichen Trainingskonzepten oder Kombinationen mit anderen Lehr- und Lernformen vorgestellt und diskutiert.

Organisiert und veranstaltet wird das Planspielforum durch das Zentrum für Managementsimulation (ZMS) der Dualen Hochschule Baden-Württemberg Stuttgart und den deutschsprachigen Planspielfachverband SAGSAGA.

Die Kombination des Know-hows beider Institutionen ist dabei die Grundlage für den Blick auf die Innovationen und den Facettenreichtum der Methode.

Informationen über Termine, Themen und Berichte der letzten Jahre gibt es unter: www.planspielforum.de.

8.5 XING-Gruppen

8.5.1 Simulation & Gaming SimBizz

SimBizz ist eine der „Pioniergruppen" in Social Networks und wurde im Frühjahr 2005 von Stephan Magnus und Jörg Wingerath auf XING gegründet, um Profis aus den Bereichen Simulation und Game Based Learning eine digitale Diskussionsplattform zu bieten. Die Gruppe ist in verschiedene Foren aufgeteilt, die sich z. B. mit Modellierung & Simulation, Game Based

Learning, Business Wargaming und neuen Entwicklungen oder Veranstaltungen beschäftigen. Auch das BIBB-Planspielforum hat ein Forum in SimBizz.

Viele Planspielanbieter/-innen oder Software-Hersteller finden in SimBizz eine Plattform, um ihre Produkte den Anwendern/Anwenderinnen vorzustellen. Und zahlreiche Kontakte führen zur Zusammenarbeit, da SimBizz natürlich auch ein passender Ort ist, um Talent für die eigenen Projekte zu finden. Die Hauptsprache der Gruppe ist Deutsch, es gibt aber auch einige Foren in Englisch.

Einige Ideen prägen das Konzept dieser Gruppe: Lernen wird in Zukunft immer stärker von „Präsenz und frontal" zum Erleben übergehen. Es wird in Planspielen, Computerspielen und Virtual-Reality-Welten (VR) gelernt. Und was gelernt wird, wird darauf fokussiert sein, was gerade benötigt wird – nichts Abstraktes auf Vorrat, sondern direkt erlebt und ausprobiert. Das passt auch zu aktuellen Trends wie Microlearning, Mobile Learning oder Learning-on-Demand.

Andererseits wird bewusster, dass eine komplexe Welt mit vielen vernetzten Zusammenhängen besondere Formen von Einsichten und Verhaltensweisen erfordert. Diese sind schwer linear und säuberlich zerteilt zu vermitteln. Hierfür brauchen wir experimentelle Lernumgebungen, mit denen wir das Gespür für passende und unpassende Handlungen verbessern können. Wie in einem Flugsimulator sollten Bruchlandungen in Politik, Wirtschaft, Unternehmensführung, aber auch im privaten Umfeld simuliert erlebt werden können. Dieses sind Argumente für eine steigende Nachfrage nach Training und Lernen in Simulationen und Spielen.

Für die Zukunft solche Lern- und Erlebniswelten zu entwickeln, erfordert die Kombination einer Vielzahl von Ressourcen und Disziplinen. Das reicht von den Systemwissenschaften über Planspiel- und Computerspielentwickler, 3D-Grafiker, Lernpsychologen und Managementtrainer bis hin zu Neurologen, Biofeedback-Anwendern oder Betreibern von virtuellen Welten und sozialen Netzwerken.

Ebenso bunt ist eben auch die Zusammensetzung der SimBizz-Mitglieder. Wirtschaft, Kunst, Sport, Psychologie, Militär, Technologie, Forschung, alle Disziplinen sind vertreten. Es gibt Mitglieder, die Sportler/-innen mit VR trainieren, Planspielerfinder/-innen, die Polizei und Feuerwehr mit Papier und Bleistift für das Krisenmanagement qualifizieren, aber auch Spieledesigner/-innen mit Entertainment-Hintergrund oder Menschen, die tatsächliche sportliche Bewegung in die sitzlastige Spielewelt bringen. Die Gruppe ist Schnittstelle einiger Disziplinen wie System Dynamics, Game Based Learning, Serious Gaming, Virtual Reality, E-Learning und dem erlebnisorientierten Lernen.

Ein klarer Vorteil für Mitglieder ist: In der Gruppe finden sich Menschen aus all diesen Bereichen, Vertreter/-innen der wesentlichen Anbieter/-innen und Forschungsgruppen. Plant man ein ungewöhnliches neues Projekt in diesem Feld, bekommt man hier leicht Tipps, Erfahrungswerte und Ressourcen.

SimBizz ist offen gehalten, jeder kann ohne Einschränkung Mitglied werden (www.xing.com/net/simbizz/).

8.5.2 Systemdenken und Strategiesimulationen mit HERAKLIT *(Marko Willnecker)*

Die XING-Gruppe wurde im Herbst 2012 von Marko WILLNECKER gegründet, um Erfahrungen zur interaktiven Modellierung in einem sozialen Netzwerk zu gewinnen und bestehende Erfahrungen aus der Entwicklung von Strategiesimulationen einem breiten Publikum bereitzustellen.

Welche Themen werden in der Gruppe bearbeitet?
In der XING-Gruppe steht die Erfassung, Darstellung und Analyse komplexer Entscheidungssituationen sowie die Erarbeitung zielgerichteter Handlungsalternativen im Vordergrund.
  Als Methodik dient das Systemdenken. Kennzeichnendes Merkmal dieses Ansatzes ist die Arbeit mit (vernetzten) Wirkzusammenhängen, um komplexe Situationen anschaulich darstellen zu können.

Welche Ziele hat diese Gruppe?
- Vorstellung der Denk- und Arbeitsweise sowie der Möglichkeiten des Systemdenkens hinsichtlich der Entwicklung und Bewertung von Strategien, des Setzens von Prioritäten sowie der Budgetoptimierung
- Austausch über Erfahrungen und „Best-Practice-Ansätze"
- Gemeinsame Identifizierung und Bearbeitung von Themen in interaktiver Form

Als Werkzeug dient dazu die Modellierungs- und Simulationssoftware HERAKLIT. Die Nutzung auch anderer Instrumente ist möglich und erwünscht.

Welchen Mehrwert kann ein Beitritt für Sie haben?
- Zielgerichteter Erfahrungsaustausch mit „Gleichgesinnten"
- Eigene Themen einzubringen, in der Gruppe mit Moderatorunterstützung zu bearbeiten und neue Sichtweisen auf „alte" Situationen zu generieren
- Erlernen einer Methodik, mit der eigenständig Themen bearbeitet werden können

8.6 Das Netzwerk Spielpädagogik der Akademie Remscheid
(Gerhard Knecht, Marietheres Waschk)

Spielpädagogen/-pädagoginnen, die an der Akademie Remscheid ihre Ausbildung absolvierten, haben sich zu einem Netzwerk zusammengeschlossen. Im Netzwerk werden Praxiserfahrungen reflektiert und ein fortlaufender Informationsaustausch über Entwicklungen in spielpädagogisch relevanten Bereichen gewährleistet. Das Netzwerk umfasst über 60 Mitglieder aus Deutschland, Österreich und der Schweiz.

Leistungen des Netzwerkes Spielpädagogik in der Akademie Remscheid
1. Informations-Mail – Das Netzwerk informiert drei- bis viermal jährlich die Mitglieder über aktuelle Fragen der Spielpädagogik. Vorgestellt werden neue Projekte, aktuelle Termine, Fort- und Weiterbildungsangebote sowie Anfragen an Referenten und Referentinnen.

2. Jährliches Fachtreffen auf dem Spielmarkt in Remscheid – Der Spielmarkt bietet den Rahmen für ein jährliches Fachtreffen, indem im Anschluss an den Spielmarkt das Netzwerktreffen stattfindet mit interessanten und neuen Fragestellungen der Spielpädagogik.
3. Veröffentlichungen – Das Netzwerk hilft, interessante Spielprojekte seiner Mitglieder zu veröffentlichen über die Zeitschriften Gruppe und Spiel sowie die Spielmobilszene. Für Buchprojekte werden Kontakte zu Verlagen vermittelt wie zum Friedrich Verlag oder zu Ökotopia.
4. Referentenservice – Das Netzwerk vermittelt qualifizierte Referenten/Referentinnen für unterschiedliche Fortbildungen im spielpädagogischen Bereich. Es bietet auch mobile Spielberatung vor Ort sowie Beratung in allen Fortbildungsangelegenheiten. Zuständig dafür sind Gerhard Knecht und Ralf Brinkhoff.
5. Projektwerkstatt – Mitglieder des Netzwerkes treffen sich dezentral, um eigene Projekte in Kooperation mit Netzwerkmitgliedern umzusetzen. Beispiele hierfür sind Neuentwicklungen von Planspielen, Auftragsspielen sowie die Mitentwicklung neuer Spielformate zwischen realen und digitalen Welten wie Super Mario life oder Educachen.

Wie kann man Netzwerkmitglied werden?
In das Netzwerk Spielpädagogik der Akademie Remscheid für kulturelle Bildung werden alle Absolventen/Absolventinnen der Spielpädagogik-Grundausbildung sowie die der darauf aufbauenden Qualifizierung aufgenommen.

Die Ausbildung zum/zur Spielpädagogen/-pädagogin an der Akademie Remscheid umfasst eine berufsbegleitende Fortbildung mit fünf Kursphasen, in der Fachkräfte aus der Kinder- und Jugendarbeit, aber auch aus der Schule befähigt werden, ein pädagogisch reflektiertes Angebot an Spielen einzusetzen, Spielaktionen und Programme zu planen und durchzuführen sowie eine qualifizierte Spielberatung anzubieten.

Zu den Inhalten und Methoden dieser Fortbildung gehören:
▶ Kennenlern- und Einstiegsspiele, Spiele mit wenig Material, alte Spiele – neu entdeckt, Planung von Spielketten, Einführung in die Spieltheorie. Spielleitertraining: Eingabe von Spielen.
▶ Spiele zum sozialen Lernen (Wahrnehmung, Kreativität und Kooperation), Spiele zur Naturerfahrung und Sinneswahrnehmung, Spiele zur Inklusion. Spielleitertraining: Intervention beim Spiel.
▶ Rollen- und Entscheidungsspiele, Szenenentwicklung und Improvisation, darstellendes Spiel und Mitspielformen. Spielleitertraining: Auswertung von Spielprogrammen.
▶ Erprobung und Test von Brettspielen und ihr Einsatz in der Kinder- und Jugendarbeit, Veränderung von Regeln und Abwandlung auf spezielle Situationen; Kennenlernen, Testen und Bewerten von Computerspielen und interaktiven Internetspielen. Spielleitertraining: Spontane Spielabwandlungen.

▶ Planung und Durchführung einer Spielaktion: Von der Idee bis zum Spielprojekt. Spielleitertraining: Dokumentation und Auswertung eines Spielprojekts.

Ein erfolgreicher Abschluss dieser Kursphasen ist die Voraussetzung zur Teilnahme an der Qualifizierung zum Spielpädagogen, die mit der Präsentation einer Praxisaufgabe abschließt. Die Kurseinheiten und die Praxisaufgaben entsprechen ca. 400 Stunden Weiterbildung im Grundkurs, die Qualifizierung über vier Kurswochen mit einer ausführlichen Dokumentation der Praxisaufgabe und Kolloquium bedeutet weitere 350 Stunden Weiterbildung in der Akademie Remscheid.

Spielpädagogen und -pädagoginnen lernen in der Akademie Remscheid, Spiele gezielt einzusetzen. Sie nutzen das Spiel als Methode, um Kindern und Jugendlichen im Spiel die Möglichkeit zu bieten, Neues zu entdecken, Verhalten zu erproben und zu reflektieren und daraus Schlüsse für das eigene Handeln zu ziehen. Sie kennen den Wert des freien, nicht angeleiteten Spieles für das Aufwachsen der Kinder, und sie wissen, wie sie die Rahmenbedingungen beeinflussen können. Sie verstehen Spiel als Methode und als kulturelle Lebensäußerung.

Spielpädagogik in der Akademie Remscheid zielt auf die Vermittlung von Methoden, die zur Lebensfreude, zur Lebensgestaltung und zur sozialen Verantwortung hinleiten. Es geht darum, die Stärken von Menschen sowie Freude am Tun zu entwickeln und die soziale wie kulturelle Umwelt mitzugestalten. Spielpädagogik will auch zeigen, wie mit der Methode Spiel auf vielfältige Art und Weise gelernt werden kann.

Auf dem Spielmarkt in Remscheid bildet das Netzwerk der Spielpädagogen einen festen Bestandteil in der Mitgestaltung des Bildungsforums mit Fachvorträgen und Diskussionen, Aktionsräumen und Workshops. Spielpädagogen aus dem Netzwerk präsentieren sich mit neuen Anregungen für die pädagogische Arbeit in verschiedenen Arbeitsbereichen. Die Präsentationen reichen von der Veröffentlichung neuer Bücher bis hin zu der Vorstellung neuer Spiel- und Lernmaterialien.

In jedem Jahr steht der Spielmarkt unter einem anderen Thema und zeigt so die Vielfältigkeit für den methodischen Einsatz des Spiels für alle Altersgruppen. Informationen zum Spielmarkt findet man im Internet unter der Adresse: www.spielmarkt.de.

Ansprechpartner für das Netzwerk der Spielpädagogen/-pädagoginnen sind:
Gerhard Knecht und Marietheres Waschk
Dozenten für Spielpädagogik
Küppelstein 34
42857 Remscheid
Tel.: 02191 794-264 oder -273
Fax: 02191 794-205
E-Mail: knecht@akademieremscheid.de oder waschk@akademieremscheid.de

9. Gaming Simulation – „State of the Art International 2013" *(Willy Christian Kriz)*

In diesem Abschnitt sollen einige aktuelle Trends der internationalen Planspielszene aufgezeigt werden. Die International Simulation and Gaming Association (ISAGA) feierte 2009 ihr 40-jähriges Bestehen. Die jährlichen Conference-Proceedings (die erste ISAGA-Konferenz fand übrigens 1970 in Deutschland statt), die seit 1970 quartalsweise erscheinende wissenschaftliche Zeitschrift „Simulation & Gaming: An International Journal of Theory, Practise and Research" und das von der britischen SAGSET (Society for the Advancement of Games and Simulations in Education and Training) jährlich herausgegebene „Simulation and Gaming Research Yearbook" sind empfehlenswerte Quellen für die vertiefte und aktuelle Beschäftigung mit Planspielmethoden. Im deutschsprachigen Bereich ist die 2001 gegründete SAGSAGA (Swiss Austrian German Simulation and Gaming Association) als Vereinigung von Wissenschaftlern/Wissenschaftlerinnen, Praktikern/Praktikerinnen und Anwendern/Anwenderinnen im Bereich von Planspielmethoden zu nennen (siehe www.sagsaga.org). Seit 2010 organisiert das Zentrum für Managementsimulation (ZMS) der Dualen Hochschule Baden-Württemberg Stuttgart (DHBW) in Kooperation mit der SAGSAGA den „Deutschen Planspielpreis" für herausragende Studienabschlussarbeiten und Dissertationen zum Themenfeld „Planspiele". Ziel des Preises ist es, zumeist unveröffentlichte Arbeiten zugänglich zu machen und damit einen Beitrag zur Weiterentwicklung der Planspielmethode zu leisten. Eine eigene Schriftenreihe zu den eingereichten Arbeiten stellt ebenfalls den aktuellen „State of the Art" dar.[198]

Planspiele sind als dynamische Modelle von realen Lebensprozessen immer auch ein Spiegelbild der gesellschaftlich gerade aktuellen Themen und somit Produkte des „Zeitgeistes"[199]. In den letzten Jahren sind daher wenig überraschend Planspiele zu Themen wie Förderung von Unternehmer- und Gründerqualifikationen[200], interkulturelle Kommunikation und Konflikte[201], Umweltthemen von Klimaschutz über biologische Landwirtschaft bis hin zur Unterstützung kommunaler Nachhaltigkeitsprojekte[202], Katastrophenmanagement und Sicherheitsstrategien[203] verstärkt dargestellt worden, um nur einige Beispiele zu nennen.

---

198 Vgl. Schwägele, Zürn & Trautwein, 2012.
199 Van der Hijden, 1996.
200 Auchter & Keding, 2004; Liebig, 2004; Kriz, Auchter & Wittenzellner, 2008.
201 Beazley & Lobuts, 1996; Moore, 1996; Hofstede, 1998; Simons, 2001; Kawagoe, 2003; Andreu-Andres & Garcia-Casas, 2004.
202 Klabbers, Bernabo, Hisschemsller & Moomaw, 1996; Bisters, 1997; Ulrich, 1998; Ulrich, Borner & Kyburz-Graber, 2001; Hirose, 2003; Kitani, Arai, Hasebe, Nomura & Nakano, 2004; Kriz, Schmitt, Thomé & Ziegleder, 2004; Kavtaradze, Lihacheva & Miroshnychenko, 2008.
203 Quanjel, Willems & Talen, 1998; Tsuchiya, 2001; Borodzicz & van Haperen, 2003; Strohschneider, 2004; Kikkawa, Yamori, Ajiro & Hayashi, 2004; Holenstein & Bruno, 2004.

Nach KLABBERS (1999) beinhalten Planspiele Regeln, Akteure und Ressourcen. Planspiele simulieren reale Systemabläufe und beziehen sich dabei immer auch auf real vorhandene Ressourcen, d. h. auf materielle und/oder symbolische Manifestationen der Lebenswelt (z. B. Zeit, Geld, Materie, Energie). Da sich heute technologische Entwicklungen immer rasanter vollziehen, sind in vielen Bereichen in Planspielen neue Informations- und Kommunikationstechnologien (als Ressourcen) für die Gestaltung einer authentischen realitätsnahen Lernumgebung einzubeziehen. Dies bedeutet, dass als materielle Ressource Computer, Internet, Multimedia und entsprechende Software in das Planspiel einbezogen werden müssen. Zugleich eröffnen neue Technologien aber auch selbst innovative Möglichkeiten für neue Planspielformen.[204]

Seit der schnell wachsenden Bedeutung von „E-Business" und „E-Commerce" werden beispielsweise e-Planspiele in diesen Bereichen entwickelt (z. B. Simulation von B2B-Prozessen)[205]. Natürlich liegt es bei dieser Thematik besonders nahe, eine Integration von Planspiel und Ansätzen des E-Learning durchzuführen.[206] Allerdings wird das Internet mit seinen verschiedenen Gestaltungsmöglichkeiten für Lernplattformen (u. a. Chats, E-Mail, Foren etc.) heute generell immer stärker für eine Reihe von „Fernplanspielen" genutzt. Sinnvoll erscheinen dabei insbesondere Anwendungen, die Planspielen im Internet ermöglichen und mit Lerneinheiten des CBT (Computer Based Training) und WBT (Web Based Training) oder Simulationen von sogenannten „Übungsfirmen" kombiniert werden. Ein weiterer Vorteil der Verknüpfung von E-Learning und Planspiel liegt in der Möglichkeit zu virtueller Teamarbeit, die auch im realen Berufsalltag immer wichtiger wird.[207] Nicht nur im Bereich von Wirtschaftsprozessen, sondern auch in anderen Bereichen haben sich dabei Internetplanspiele durchaus bewährt, von der Stadtentwicklung[208] über die Umweltbildung[209] und Strategieentwicklung bei internationalen Migrationsprozessen[210] bis hin zur Ausbildung von Juristen[211], um nur einige Beispiele anzuführen.

Als Beispiele für den Einsatz neuer Technologie für innovative Planspiele seien zwei Anwendungen der letzten beiden ISAGA-Konferenzen genannt. 2003 wurde in Kizarazu (bei Tokio, Japan) ein Planspiel demonstriert, welches elektronische Funketiketten nutzte. Hierbei wurden sogenannte „RF-ID tags" verwendet (Radio Frequency Identification Technology), die heute u. a. schon bei der effizienteren Sortierung von Warenpaletten Einsatz finden. Diese „Tags" haben die Größe eines Knopfes und senden elektronische Wellen aus, die den genauen Standort des

---

[204] KLABBERS, 2001; VILLEMS, TAREMAA & JESMIN, 2001; MARTIN, 2003; VAN HOUTEN & VERBRACEK, 2004; DE CALUWÉ, HOFSTEDE, KEERIS & PETERS, 2008.
[205] HÖFT, MANSCHEWTEUS & STÖBER, 2004; SCHÖPF, 2004.
[206] RAHNU & KRAAV, 1999; SCHUELER, 2001; BAGDONAS, PATASIENE & SKVERNYS, 2001; HÖGSDAL, 2001; KELLER, 2001; JIWA, LAVELLE & ROSE, 2003; KERN, 2003; SHOSTAK & DE HOOG, 2004; FECHNER & NILL, 2004; MANDL, 2004; ANBAU, 2004; BICKEL, YILDIZ, BLESSING, KRIZ, OLSOWSKY & EIZELLEN, 2008; VAN DER HIJDEN, 2008.
[207] SILBERMANN, 2000; SARIOGLU, RIEDEL & PAAR, 2003; MAHIR, 2004.
[208] RIZZO, 2004.
[209] HANSMANN, WEGMANN, FRANCKE & SCHOLZ, 2003.
[210] MATTHES & KLABBERS, 2004.
[211] JAGER & HOLZHAUER, 2004.

Senders angeben (gekoppelt mit einem elektronischen Empfängersystem). Dieses System wurde über entsprechend entwickelte Software mit den Mobiltelefonen der Teilnehmenden vernetzt, die dadurch z. B. beim Betreten eines Seminarraumes per SMS relevante Information über das aktuelle Konferenzprogramm erhielten. Als Spiel „Automatical-Matching Game"[212] wurde dieses System genutzt, indem Teilnehmende bei der Registrierung nicht nur den „RF-ID tag" bekamen, sondern auch einen Fragebogen zur eigenen Person bearbeiten mussten. Passten bestimmte Items von so gewonnenen Teilnehmerprofilen zueinander (z. B. „Lieblingsfarbe") und hielten sich diese Personen in unmittelbarer räumlicher Nähe auf, so wurden diese Informationen und letztlich damit die Teilnehmenden selbst über die Mobiltelefone „vermittelt".

Eine andere Technologie, die in letzter Zeit für Planspiele nutzbar gemacht wurde, sind Infrarot-Abfragesysteme (bekannt u. a. aus Fernseh-Quizshows wie z. B. „Wer wird Millionär"). Jeder Teilnehmende erhält zu diesem Zweck einen Sender. Die Teilnehmereingaben werden via Empfänger und Computer mit entsprechender Software verarbeitet. Dabei können beispielsweise interessierende Fragen von einer großen Anzahl von Personen gleichzeitig (anonym oder identifiziert) beantwortet werden und die Ergebnisse sofort für alle sichtbar per Beamer projiziert und bei Bedarf diskutiert werden. In großen Gruppen kann man damit aktive Partizipation bei Diskussionen, aber auch bei Entscheidungen (Abstimmungen) unterstützen. Auf der ISAGA-Konferenz 2004 in München wurde das mobiTED-Feedbacksystem verwendet, um bei einer eigens dafür programmierten Adaption des „New Commons Game" (es geht dabei um ein Fischereikonfliktspiel und Entscheidungen über das Fangverhalten der einzelnen Spieler) Entscheidungen aller Teilnehmenden zeitgleich in die Simulation von Systemabläufen einzubeziehen (ULRICH, GUST, BEYER, SCHMID & STUTZER, 2004). Dadurch konnten mehrere Hundert Teilnehmende gleichzeitig an dem Planspiel teilnehmen.

Ein anderer aktueller Trend, der ebenfalls ohne moderne Computertechnologie nicht möglich wäre, sind Ansätze zum „Real Time Gaming" (Lainema, 2004a und 2004b). Hierbei handelt es sich zwar um durchaus klassische geschlossene betriebswirtschaftliche Unternehmensplanspiele, die allerdings nicht rundenbasiert ablaufen (mit Entscheidungsinput, Feedback und Systemveränderungen zwischen den Runden); stattdessen werden Entscheidungen von den Spielteams (meist simulierte und in Konkurrenz zueinander stehende Unternehmen) in Echtzeit gefällt, im Computersystem sofort verarbeitet und ihre Auswirkungen für alle Beteiligten unmittelbar erfahrbar.

Zunehmend wird auch der Dialog zwischen der „klassischen Planspielentwicklerszene" und Designern von Multimedia und digitalen Spieldesignern geführt. Dies lässt sich nicht nur in der seit 2003 bestehenden Kooperation zwischen ISAGA und DiGRA (Digital Games Research Association) erkennen, sondern auch anhand einer Reihe von Beiträgen auf Planspielkonferenzen nachweisen, in denen die Verbindung von Planspiel, virtueller Realität, 3D-Spieleengins, Rollenspielen im Internet, Cybergaming etc. aufgegriffen wird.[213] Auf der ISAGA-Konferenz 2007 fand

---

212   SAKKO, YOKOHAMA, YAMADA, NAGANO, TAKEUCHI & KATO, 2003.
213   Z. B. JOLDERSMA, 2001; WILMOTT, 2002; HUSSAIN, 2003; PEZZULO & CALVI, 2004.

dieser Dialog mit einer Vielzahl von Beiträgen unter dem Motto „First Life meets Second Life" einen Höhepunkt. Dieser Austausch bringt zwar schon erste gegenseitige Befruchtungen, eine echte Zusammenarbeit von Vertretern klassischer Planspielansätze und Vertretern/Vertreterinnen neuerer Internetspieleansätze (Serious Games) zeichnet sich jedoch noch nicht ab.[214]

Während der „Hype" um Second Life weitgehend bereits wieder abgeflaut ist, so sind die Begriffe „Serious Game" und „Game Based E-Learning" nach wie vor in aller Munde. Dies rechtfertigt einen genaueren Blick auf das Thema „Serious Games". Auch die Neuauflage des BIBB-Planspielkataloges widmet den Serious Games ein eigenes Kapitel.

Aus Sicht der meisten klassischen Planspielvertreter/-innen wird der Begriff „Serious Games" hingegen nach wie vor kritisch gesehen. In den letzten Jahren steigt zwar das Interesse von Bildungsinstitutionen und Unternehmen an Serious Games. Der Begriff Serious Games ist allerdings – so die Kritik – widersprüchlich und erklärt wenig. Es existieren bisher nämlich keine wissenschaftlich haltbaren Kriterien, um die Ernsthaftigkeit von Spielen schlüssig zu definieren oder gar zu messen. Sind Spiele im Sandkasten, in denen kleine Kinder ihrer Fantasie freien Lauf lassen, nicht ebenso „ernsthaft"? Ist „Fußball" angesichts von schweren körperlichen Verletzungen und Transfersummen in Millionenhöhe nicht auch ein sehr „ernsthaftes" Spiel? Umgekehrt können das beste didaktisch konzipierte digitale Lernspiel und ein realistisches Planspielszenario so angewendet werden, dass es zu einer sinnlosen Spielerei ausartet. Der Begriff „Ernsthaftigkeit" bringt also an sich noch gar keinen zusätzlichen Erkenntnisgewinn.

Huizinga charakterisierte bereits in den 1930er-Jahren den Menschen als „Homo ludens" und betrachtete das Spiel als fundamentale menschliche Errungenschaft und als den Ursprung von Kultur, ähnlich wie schon Friedrich Schiller 1795 formulierte: „… und er [der Mensch] ist nur da ganz Mensch, wo er spielt." Huizinga weist auch darauf hin, dass die Begriffsbedeutung von „Ernsthaftigkeit" in unserer westlichen Kultur verbunden ist mit „Arbeit" und damit das „Spiel" geradezu als Gegenteil ausschließt. Ernsthaftigkeit ist vielfach gleichbedeutend mit „nicht spielen". Speziell in unserer Kultur, in der Lernen mit Konzepten wie Anstrengung, Überwindung, Arbeit, Seriosität usw. verbunden ist, ruft der Begriff Spiel häufig Ablehnung hervor. Vielfach entsteht das Vorurteil, es handle sich nur um eine „Spielerei", die für Lernzwecke ungeeignet erscheint, und auch das Missverständnis, dass „gaming" etwas mit „gambling" (Glücksspiel) zu tun hat, ist verbreitet. Obwohl der Ursprung des Simulationsspiels im militärischen „Kriegsspiel" die Ernsthaftigkeit sehr deutlich macht, wurde, um Missverständnissen vorzubeugen, der Begriff Serious Games von Clark Abt bereits 1970 eingeführt.

Im Kern geht es bei Serious Games um Lernspiele, die zwar wie typische Spiele durchaus auch Elemente von Unterhaltung (und manchmal auch von Wettbewerb) nutzen, die aber im Wesentlichen dem Wissens- und Kompetenzerwerb von Menschen dienen. Die Abbildung und Simulation eines Realitätsausschnittes, wie dies für Planspiele (s. o.) zentral ist, kann, muss aber

---

[214] Vgl. van der Spek & van de Laar, 2008; Müller, Weiss & Spierling, 2008; Pel, 2008; Schrader, 2008; Claassen, Gruijs & van den Berg, 2008; Spierling, Paiva & Müller, 2008; Cai, 2008; Bagdonas & Patasiene, 2009.

dabei nicht notwendig ein weiteres Element eines Lernspiels sein. Im Unterschied zu e-Planspielen, die hauptsächlich in Gruppen durchgeführt werden, sind digitale Lernspiele häufiger auch nur von Einzelpersonen spielbar und stehen damit dem traditionellen E-Learning näher.

„Serious Game" wird heute immer mehr als „Marketingbegriff" von Spieleherstellern/-herstellerinnen genutzt, um Produkte von reinen Unterhaltungsspielen abzugrenzen (ALDRICH, 2008). Der Begriff Serious Games ist zwar bereits mehr als 35 Jahre alt, er wird gerade in den letzten Jahren als Modetrend schwerpunktmäßig für digitale Spiele verwendet, da viele Unternehmen schon Computerspiele nicht mehr nur als Freizeitbeschäftigung von Kindern und Jugendlichen erkennen, sondern als Potenzial für Lernen von Mitarbeitern/Mitarbeiterinnen. Die Nutzung digitaler Medien und Spiele für Schulungen ist eine „technische" Entwicklung im Zuge des E-Learning. Möglich wird dies, weil nun die entsprechende hard- und softwarebasierte virtuelle Umgebung für Web Based Games und Online-Spiele, Game Based Learning bzw. digitale Lernspiele existiert. Dabei sind die Grundidee und Methodik im Wesentlichen trotz der technologischen Innovation gleich geblieben, die klassische Plan- und Lernspiele schon seit Jahrzehnten auszeichnet. Clark ABT, dem Begründer des Begriffs „Serious Games" (ABT, 1970), ging es noch überhaupt nicht um digitale Lernspiele, sondern um nicht digitale Karten- und Brettspiele, die neben einem Unterhaltungseffekt in erster Linie für Lern- und Bildungszwecke eingesetzt werden. Digitale Lernspiele sind so gesehen ein Teilbereich von „Gaming Simulation"-Methoden, die Planspiele aller Art – Rollenspiele mit und ohne computerunterstützte Simulationen, haptische Brettplanspiele, verhaltensorientierte Simulationen und Spiele und alle Formen von Lernspielen – einschließen.

Das Spektrum der digitalen Lernspiele reicht wiederum von einfachen Computer-Denkspielen, bei denen Schüler/-innen Rätsel lösen müssen (z. B. im Fachgebiet Physik), über Videospiele (die z. B. krebskranken Kindern Mut machen sollen und spielerisch vermitteln, was im eigenen Körper geschieht) bis hin zu digitalen Lernspielen im Militär (z. B. für das Training interkultureller kommunikativer Kompetenzen in komplexen Entscheidungssituationen). Zahlreiche webbasierte Lernspiele werden heute natürlich auch in Unternehmen eingesetzt, u. a. zum virtuellen Kennenlernen des Unternehmens und wichtiger Regeln und Abläufe für neue Mitarbeiter/-innen, zum Erlernen von Projektmanagement, zur Optimierung von Logistikprozessen bis hin zur Simulation der Anwendung sicherheitsrelevanter Standards in Gefahrensituationen in der Produktion.

Bei all diesen Formen von Spielen geht es immer auch um die Abbildung von Aspekten der Realität. Hierbei ist von Bedeutung, dass ein besonderer Vorzug der Modellbildung durch Simulationen darin liegt, dass sie als Nachbildung von Abläufen eingesetzt werden können, die man in der Wirklichkeit aus Zeit-, Kosten- oder Gefahrengründen nicht real durchführen kann oder will. Zentral ist auch hier die didaktisch angemessene Reduktion der Realität. Spiele werden nicht per se durch unterstützte Computersimulation „realistischer" oder „serious". Eine Computersimulation als Teil eines Planspiels garantiert noch keine Realitätsnähe, sog. Brettplanspiele sind nicht a priori weniger realitätsnah. Lerneffekte bei digitalen Lernspielen sind ebenfalls nicht unbedingt besser als bei nicht digitalen Lernspielen. So werden beispielsweise in der Methode „Lego Serious Play®" überhaupt keine digitalen Medien und keine Computersimulation eingesetzt, sondern die Spielenden bauen mit Legosteinen. Der kontinuierliche erfolgreiche Einsatz dieser Methode, insbesondere für Aufgabenstellungen des Projektmanagements in führenden Unternehmen, zeigt exemplarisch, dass auch so ernsthafte Lernziele professionell und mit positiven Emotionen der Teilnehmenden begleitet erreicht werden.

Für digitale Lernspiele sprechen die klassischen Gründe des Einsatzes von E-Learning-Technologien wie z. B. die Entmaterialisierung des Lernens von Ort und Zeit („anytime", „anywhere") durch Fernunterricht, eine größere Wahlmöglichkeit beim Arbeitsstil und individuelle Vorgangsweisen beim Lernen usw. Diese digitale Form von Serious Games ist sehr gut skalierbar und versucht, insbesondere Motivationsmethoden aus Unterhaltungsspielen anzuwenden, um Lernziele zu erreichen und Lernaktivitäten anzuregen (über die Story, über Beziehungen zwischen echten Spielern und simulierten Akteuren usw.). Hierbei ist eine wichtige Dimension die individuelle Adaptierbarkeit des Lernspiels. Didaktisch gut gemachte digitale Lernspiele können den Schwierigkeitsgrad und die Komplexitätsstufe in Bezug auf das Fähigkeitsniveau der Spielenden ideal variieren (Unter- und Überforderung wird vermieden). Daher sollte der noch spärliche Dialog der klassischen Planspieler/-innen und der Vertreter/-innen von Serious Games weiter intensiviert werden. Dies ist z. B. einer der geplanten Schwerpunkte der für 2014 geplanten 45. jährlichen ISAGA-Konferenz an der FH Vorarlberg (Österreich).

Allerdings sollten bei aller Begeisterung für neue Techniken die eigentlichen Lernziele eines Planspiels nicht aus den Augen verloren werden. Nicht alles, was technisch machbar ist, ist auch didaktisch sinnvoll. Klassische brettbasierte Planspiele haben durchaus nicht an Wert verloren, sind diese doch in vielen Fällen für die gewählte Zielgruppe didaktisch sinnvoller und häufig in der Kosten-Nutzen-Relation effizienter anzuwenden. Nicht einmal bei der Simulation von E-Learning-Prozessen ist ein Internetplanspiel a priori immer die beste Lösung. Ein Beispiel ist das von van der Hijden (2001) entwickelte „TacTecGame – The Tactics of Electronic Commerce", in dem es um die Simulation der Entwicklung strategischer Visionen und Unternehmensziele und der Entwicklung einer E-Business-Strategie bei der Einführung von E-Commerce in einem Unternehmen geht. Dieses Planspiel kommt dabei vorzüglich ohne jegliche Computertechnologie aus.

Gerade die oben erwähnten Internetplanspiele stellen nicht nur eine technische Herausforderung dar (die meist schon recht gut bewältigt wird), sondern das Problem besteht in erster Linie in der Gestaltung einer sinnvollen Lernumgebung. Die Reflexion von sachlichen und gruppendynamischen Aspekten des Spiels, die gemeinsame Festlegung von Alternativstrategien und Schlussfolgerungen aus dem Erlebten, die Identifikation von typischen (eventuell dysfunktionalen) Verhaltensmustern der Beteiligten, die Diskussion der Beziehungen zwischen Modell und Realität usw. im sog. „Debriefing" werden in klassischen Planspielanwendungen von „Angesicht zu Angesicht" in der Teilnehmergruppe diskutiert. Bei Fernplanspielen, in denen die Teilnehmenden keine gemeinsame Präsenzphase an einem Ort mehr haben, müssen gute elektronische Debriefing-Konzepte erst entwickelt werden. Die bisher zur Verfügung gestellten Module in Online-Tutorials eignen sich in der Regel maximal für Feedback und Reflexion zu Sachaspekten. Soll lediglich reines Faktenwissen erworben und geprüft werden, so ist dieser Aspekt des Debriefings durchaus ausreichend. Für weitergehenden Kompetenzerwerb, für die Reflexion sozialer Prozesse und für die Unterstützung der Persönlichkeitsentwicklung von Planspielteilnehmern stellen die bisherigen Online-Tutorials aber zum Großteil keine geeignete Reflexionsumgebung dar (am ehesten noch die Nutzung von Videokonferenzen, die in der Praxis jedoch aufwendig sind und kaum zum Debriefing von e-Planspielen eingesetzt werden). Der Schlüssel zum Lernerfolg liegt weniger in dem Serious Game, sondern vor allem in einem „Serious Debriefing". Die Reflexion des Spiels kommt allerdings bei den meisten digitalen Lernspielen heute noch zu kurz.

Eine kritische Betrachtung der oben dargestellten innovativen Technologien zeigt, dass sie zwar das Potenzial für effektive Lernumgebungen in sich tragen, derzeit sind es aber weitgehend noch „Spielereien" ohne allzu große Wirkung auf die Veränderung von mentalen Modellen und Handlungsmustern der Teilnehmenden. Natürlich gibt es Bestrebungen, die Technologie auch im Rahmen sinnvoller Lernumgebungen zu nutzen. Ein Beispiel wäre die „Knowledge-Diversity-Methode" (GUST & KRIZ, 2004), in der durch ein spezielles mehrdimensionales Kommunikationsdesign und durch die konsequente Anwendung einer Diskursethik möglichst vielfältige und gleichberechtigte Kommunikationsprozesse in großen Gruppen zu verbindlichen gemeinsamen Entscheidungen im Konsens führen können. Diese offene „Framegame"-Planspielmethode verwendet dazu u. a. das mobiTED-Infrarot-Feedbacksystem (s. o.). Auch andere klassische Medien werden für Planspiele neu und innovativ einbezogen, wie z. B. ein Managementplanspiel, das gänzlich über das Medium der Radiosendung funktioniert (GANDZIAROWSKA & SREDNICKA, 2008).

Diese Entwicklungen fordern eine adäquate Planspieldidaktik. In den letzten Jahren ist dieses Thema im Rahmen der Diskussion um Qualitätssicherung bei Planspielen aufgegriffen geworden. Dabei werden Qualitätsaspekte beim Design eines Planspiels, für Planspielprodukte selbst und für die Planspieldurchführung thematisiert.[215] Hierbei spielt auch die Qualifizierung der Planspieltrainer/-innen eine wichtige Rolle.[216] Eine wesentliche Erkenntnis ist, dass es für Lerneffekte bei Weitem nicht ausreicht, Teilnehmende „nur" mit einem vom Komplexitätsgrad her angemessenen und inhaltlich korrekten Modell der Realität im Planspiel zu konfrontieren. Vielmehr existiert eine Reihe von planspieldidaktischen Rahmenbedingungen, die schon im Planspieldesign geplant und in der Spielsituation von den Planspielleitern/-leiterinnen entsprechend umgesetzt werden müssen (KRIZ, 2000). Dazu zählt u. a. die Gestaltung eines effektiven Debriefings bzw. die Umsetzung von wirksamen Transfermodulen, die die Anwendung des im Planspiel Erlebten im realen Beruf sicherstellen.[217] Diese Themen werden im Sinne einer Professionalisierung der Planspieldisziplin derzeit in ISAGA und SAGSAGA im Zuge von Bestrebun-

---

[215] HITZLER, ZÜRN & TRAUTWEIN, 2011.
[216] LEIGH & SPINDLER, 2004; KATO, 2004.
[217] LEDERMAN & KATO, 1995; KRIZ & NÖBAUER, 2008; WENZLER, 2004.

gen zur Planspielprodukt- und Planspielleiterzertifizierung erörtert; diese Aspekte bilden auch den Schwerpunkt der letzten ISAGA Summer Schools. Entsprechende Weiterbildungslehrgänge wurden von 2004 bis 2012 zum Thema „The Art and Science of Gaming/Simulation Design" und zum Thema „Facilitation and Debriefing of Simulation/Games" angeboten. Einige zentrale Forderungen und Kriterien der Qualitätssicherung sind zu diesem BIBB-Planspielkatalog ausführlich dargestellt.[218] Didaktisch interessant ist eine aktuelle Entwicklung mit dem Ziel, die PBL-Methodik (Problem Based Learning) mit klassischen Planspielansätzen zu verbinden.[219]

Verbunden mit der Qualitätssicherung von Planspielen ist die ebenfalls zunehmend ernsthafter geführte Diskussion um die Evaluation von Planspielen.[220] Dabei geht es nicht nur um Fragen der Gestaltung von summativen Wirkungsanalysen und Qualitätsanalysen von Planspielen,[221] sondern auch um die Anwendung theoriebasierter formativer Evaluation. Eine Kombination verschiedener Evaluationsansätze mit einem theoriebasierten Modell ist erstmalig im deutschen Sprachraum in dem von der Europäischen Union (Leonardo-da-Vinci-Programm) geförderten „SimGame-Projekt" 2003–2004 durchgeführt worden.[222] Hintergrund für dieses – hinsichtlich Planspielevaluation richtungsweisende – Projekt ist die bei der theoriebasierten Evaluation übliche Definition eines sog. „logischen Modells", d. h., es wird von einer „Theorie" des Evaluationsgegenstandes ausgegangen.[223] Ein solches logisches Modell repräsentiert die theoretischen Annahmen, die dem Design und der Durchführung einer Maßnahme implizit oder explizit zugrunde liegen. Im Fall von Planspielen ist von einem logischen Modell zu fordern, dass es aufzeigt, wie die Teilnahme an dem Planspiel zu den erwünschten Lernergebnissen und Projektzielen führt (klassische Ansätze liefern hingegen lediglich Erkenntnisse darüber, ob eine Planspielmaßnahme erwünschte Ergebnisse bringt). Daher müssen zu seiner Erstellung nicht nur Ergebnisse der aktuellen Planspielforschung[224] berücksichtigt werden, sondern vor allem aktuelle lernpsychologische Ansätze wie den des „problemorientierten Lernens"[225] sowie Modelle der Qualität von Unterricht und Lernumgebungen.[226]

Im Bereich der Weiterentwicklung von Methodik und Theorie von Planspielmethoden sollen abschließend drei aktuelle Diskussionspunkte herausgegriffen werden, wobei hier zwei wesentliche Impulse von Jan KLABBERS, dem langjährigen Generalsekretär der ISAGA, ausgingen.

Nach einem Ansatz von SIMON (1969), der im Diskurs von Planspielen neuerdings wieder aufgegriffen wird (KLABBERS, 2003), bedeutet „Design" ganz allgemein die Entwicklung und Anwendung von Strategien in Organisationen zur Veränderung bestehender dysfunktionaler

---

218 Vgl. KRIZ & HENSE, 2005.
219 SCHELL & KAUFMAN, 2008; OLSOWSKI, 2007.
220 Vgl. u. a. KRIZ & HENSE, 2005, im Buch zu dieser CD und neuere Literatur: HENSE & KRIZ, 2008; KRIZ & AUCHTER, 2007.
221 Plummer, 1996; VISSERS, PETERS, HEYNE & GEURTS, 1998; RISING, 2003; KRIZ & BRANDSTÄTTER, 2003; JIWA & LAVELLE, 2003.
222 Vgl. PUSCHERT & WEINERT, 2004; KRIZ & HENSE, 2004.
223 HENSE, 2004; HENSE & KRIZ, 2005.
224 Z. B. FARIA, 2001; GARRIS, AHLERS & DRISKELL, 2002.
225 MANDL & GERSTENMAIER, 2000; HENSE, MANDL & GRÄSEL, 2001; KRIZ & GUST, 2003.
226 DITTON, 2000, 2002; FRIEDRICH, HRON & HESSE, 2001.

Situationen mit dem Ziel der Herstellung erwünschter Situationen. Dieser Ansatz des „design in the large" ist auch die Basis von Wissensmanagement, denn dieses Design zielt auf die Veränderung von inadäquaten Strukturen und Prozessen auf individueller (z. B. unangemessene Überzeugungen, fehlendes oder träges Wissen), sozialer (z. B. hinderliche Kommunikationsmuster, unzureichende Handlungskompetenz) und organisationaler Ebene (z. B. fehlende „Teamkultur", zu starre Hierarchisierung). Offene Planspiele, die Organisationsmitglieder in das Design von Planspielen mit einbeziehen, werden in diesem Zusammenhang als „design in the small" (DIS) bezeichnet, das aber mit dem „design in the large" (DIL) verknüpft werden kann. In der laufenden Diskussion geht es nun darum zu klären, in welcher Weise DIS und DIL theoretisch zusammenspielen und praktisch nutzbringend kombiniert werden können.[227] Diese Fragestellung ist insbesondere auch für das Anwendungsfeld von Planspielen bei der Organisationsentwicklung mit offenen oder halboffenen Planspielmethoden von hoher Relevanz.[228] Dabei werden z. B. in einem rückgekoppelten Prozess immer wieder neue Alternativmodelle von Realität (DIS) entwickelt und ausprobiert, die eine Zukunftsvision bzw. einen erwünschten Soll-Zustand eines Systems im Planspiel repräsentieren. Dieses Planspielmodell wird so lange optimiert, bis alle Beteiligten mit den im Planspiel simulierten Arbeitsabläufen einverstanden sind. Dann wird die Organisation entsprechend dem Planspielmodell real verändert (DIL).

Eine zweite aktuelle theoretische Auseinandersetzung mit praxisrelevanten Folgewirkungen ist die von KLABBERS (2004) aufgebrachte Diskussion der Planspieldisziplin aus zwei traditionell antagonistischen Perspektiven, der „Science of Design" und der „Science of Analysis". Einerseits ist Planspielentwicklung eine „praktische Kunst", bei der es u. a. um das Design von Planspielen mit klar definierten Anwendungskontexten und -zielen geht (häufig einmalig auf den Einzelfall optimiert zugeschnitten). Erfolg bemisst sich hier eher pragmatisch anhand der Nützlichkeit, praktische Probleme angemessen zu bewältigen. Andererseits werden Planspiele im Sinne einer „theoretischen Forschung" von Wissenschaftlern/Wissenschaftlerinnen in den jeweiligen Fachdisziplinen zur Generierung und Überprüfung von spezifischen Theorien benutzt, häufig geschieht das in Form von quasiexperimentellen Designs,[229] womit aber durchaus im Sinne angewandter Forschung praxisrelevante Erkenntnisse gewonnen werden können. Erfolg bedeutet hier aber eher eine Bestätigung oder das Verwerfen von Theorien und/oder die Möglichkeit der Weiterentwicklung theoretischer Konzepte, die möglichst allgemeingültige Gesetzmäßigkeiten beschreiben. Die derzeit geführte Diskussion versucht, die Gegensätze herauszuarbeiten und die potenziellen wechselseitigen Bezüge in einer Synthese zu verbinden und das Zusammenspiel beider Zugänge für die Weiterentwicklung der Planspieldisziplin fruchtbar zu machen.[230]

---

[227] KRIZ, 2003; KRIZ, PUSCHERT, KARL & DUFTER-WEIS, 2003.
[228] RUOHOMÄKI, 2003.
[229] HERZ & BLÄTTE, 2000; KRIZ, 2005.
[230] KRIZ & HENSE, 2006; KLABBERS 2006; KRIZ, 2012.

Zunehmendes Interesse und Einsatzfelder gewinnen Planspielmethoden als Instrumente zur Unterstützung und Gestaltung von Organisationsentwicklungsprozessen und als Großgruppenintervention[231]. Erstmals wurden zu diesem Themenbereich in einem Buch eine Reihe von unterschiedlichen Perspektiven zusammengetragen (20 Beiträge; verfasst von Kolleginnen und Kollegen des deutschen Planspiel-Fachverbandes SAGSAGA und der niederländischen SAGANET), die sich speziell mit dem Nutzen der Planspielmethode für die Organisationsentwicklung beschäftigen (Kriz, 2007). Der Trend bestätigt sich auch auf den letzten ISAGA-Konferenzen und Summer Schools, z. B. 2012 mit dem Haupttitel „The Journey of Change: Mapping the process". Hierbei ist erkennbar, dass insbesondere Planspielkonzepte zum partizipativen humanen Gestalten von Lebenswelten durch Bürgerbeteiligung im öffentlichen Bereich wieder verstärkt diskutiert werden. In gewisser Weise kehrt man damit zu einer der Wurzeln der Planspielmethode der 1960er-Jahre zurück, die in der Stadtplanung liegt, wenn man für die Veränderung von Kommunen zu nachhaltigen gesellschaftlichen Systemen wieder auf Planspielmethoden zurückgreift.[232]

Ausblick

Die große Anzahl aufwendiger Simulationen sozialer Prozesse für Bildungszwecke sowie der ungehemmte Entwicklungsdrang sind Beleg für den Bedarf an simulationsgestützten Lernmedien. Planspiele haben als alternative Lernwelten für schulisches Lernen gute Chancen, in der nicht technischen Fachbildung eine neue handlungsorientierte Lernkultur durchzusetzen.

Zunehmend werden Konstruktionserfahrungen zu Simulationen und Planspielen synergetisch für leistungsfähigere Konstruktionsprozesse genutzt, die vielleicht schon bald den Sprung der „Planspielbranche" in eine neue Produktions- und Angebotsdimension hoch entwickelter und zugleich preiswerter Produkte ermöglichen. Das vorliegende Fachbuch und insbesondere das BIBB-Planspielforum sollen dafür einen Beitrag leisten.

Zugleich wird zunehmend bewusst, dass sich neue Lernansätze bzw. anspruchsvolle Trainingsszenarien nicht ohne speziell qualifizierte Trainer/-innen verbreiten lassen. Das Motto „Von dem/der Lehrer/-in zum/zur Trainer/-in/Moderator/-in" sollte Leitgedanke für einen Entwicklungspfad des Personals beruflicher Bildung sein. Nach Ansicht der Autorinnen und Autoren sind über die Lehrer- und Ausbilderweiterbildung hinaus Hochschulstudienangebote „Trainer/-in" zeitgemäß, im Besonderen auch, um das in den verschiedenen Trainingsansätzen liegende weitgreifende didaktische Potenzial zu erschließen.

Für weitere Ideen und Anregungen sind wir dankbar.

---

231 Von Ameln & Kramer, 2007; Saam & Kriz, 2010.
232 Beran, 2011; Bielecki, Gandziarowska-Ziolecka, Pikos & Wardaszko, 2012.

Autoren/Autorinnen des Fachbuchs

Dieter Ballin

Dieter Ballin ist Diplom-Mathematiker wirtschaftswissenschaftlicher Richtung. In zahlreichen BIBB-Modellversuchen (u. a. „PC-Fachberater/-in im Handel", „IKTH Einführung und Nutzung von Informations- und Kommunikationstechniken im Handwerk", „Konzeption, Planung, Entwicklung und Erprobung von Lehr- und Lernarrangements zur Förderung des Vernetzten Denkens und Handelns") war er für die Projektleitung und/oder -durchführung verantwortlich; Autor des Fachbuchs „Handlungsorientiert lernen mit Multimedia" sowie zahlreicher Multimedia-Publikationen und Software-Tools; Geschäftsführer der KHS Know How Systems Gesellschaft für Berufsforschung und Multimedia-Entwicklung mbH.

Adresse:
KHS Know How Systems GmbH
Lützenkirchenstraße 30
81929 München
Tel.: 089 9394026-0
Fax: 089 9305764
E-Mail: db@KHSweb.de
Internet: www.Vernetzt-Denken.de

Dr. Ulrich Blötz

Dr. Ulrich Blötz ist promovierter Berufspädagoge und wissenschaftlicher Mitarbeiter am Bundesinstitut für Berufsbildung, vorrangig in der Qualifikations- und Ordnungsforschung. Er ist seit 1978 in der Berufsbildungsforschung tätig. Seine Beschäftigung mit Planspielen steht in Verbindung mit der Suche nach handlungsorientierten curricularen Konzepten für die Weiterbildung mittlerer Fach- und Führungskräfte.

Adresse:
Bundesinstitut für Berufsbildung
53142 Bonn
Tel.: 0228 107-2619
E-Mail: bloetz@bibb.de
Internet: www.bibb.de

Mario Gust

Mario Gust ist Diplom-Betriebswirt und Diplom-Psychologe. Neben der Entwicklung und Anwendung von Planspielen, Simulationen und Großgruppenveranstaltungen liegt sein Arbeitsschwerpunkt im Seminarbereich, vor allen Dingen in den Themen resultatsorientierte Führung, Kompetenzmanagement, Führungskompetenz und Wissensmanagement. Dabei stehen ausschließlich der Einsatz und die Entwicklung mithilfe von Bildungscontrolling evaluierter Seminarkonzepte im Vordergrund.

Adresse:
R.-Breitscheid-Straße 69 A
14532 Kleinmachnow

Prof. Dr. Jan H. G. Klabbers

Prof. Dr. Jan Klabbers war Professor an der Universität Nimwegen, Fachbereich Arbeits- und Organisationspsychologie. Er war Gründer und Leiter der Untersuchungsgruppe „Entwicklung Sozialer Systeme" an der Fakultät der Sozialwissenschaften. Er war als Harkness Fellow verbunden mit der Sloan School of Management (MIT) und als „Research Fellow" an dem Systems Research Center der Case Western Reserve University. Er war Professor für Zukunftsforschung an der Universität Leiden, Professor der Andragogik, Professor für Gamma-Informatik an der Universität Utrecht und Professor für Verwaltungswissenschaften an der Erasmus Universität Rotterdam. Jetzt ist er Direktor der KMPC GmbH, einem Management- und Organisationsberatungsunternehmen. Er ist Generalsekretär und ehemaliger Präsident der „International Simulation And Gaming Association" (ISAGA).

Adresse:
Oostervelden 59
NL 6681 WR Bemmel
Tel.: +31 (0) 481 462455
Fax: +31 (0) 481 461828
E-Mail: JKlabbers@kmpc.nl
Internet: www.kmpc.nl

Dr. Willy C. Kriz

Dr. Willy C. Kriz ist promovierter Psychologe (Universität Wien). Er war wissenschaftlicher Mitarbeiter bei der Wiener Internationalen Zukunftskonferenz, wissenschaftlicher Assistent in der Abteilung für Sozial- und Wirtschaftspsychologie der Universität Linz, Mitarbeiter und Projektleiter am Institut für Personal- und Organisationsentwicklung der Universität Linz und ist derzeit wissenschaftlicher Assistent an der Ludwig-Maximilians Universität München. Er war oder ist Gastdozent an der Fachhochschule Hagenberg, Universität Linz, Universität Krems, Venice International University (Italien), Universidad Nacional de Trujillo (Peru) und der University of New Delhi (Indien). Er ist erster Vorsitzender und Gründungsmitglied des Fachverbandes für Planspielmethoden SAGSAGA (Swiss Austrian German Simulation and Gaming Association), Mitglied im Steering Committee der ISAGA (International Simulation And Gaming Association) und 2004/05 Präsident der ISAGA, Mitglied im Editorial Board des Journal Simulation & Gaming sowie Direktor und Dozent der ISAGA Summer School. Er ist auch Mitglied der Deutschen Gesellschaft für Psychologie, Gesellschaft für wissenschaftliche Gesprächspsychotherapie, Gründungsmitglied des Forschungsinstitutes für komplexe Systeme in den Humanwissenschaften und war Leiter der Evaluation von Planspielmethoden in einem Leonardo-da-Vinci-Programm der Europäischen Union. Er ist Autor/Herausgeber von vier Büchern und von rund 50 Fachbeiträgen. Er ist zusätzlich in der Weiterbildung (insbesondere Lehrerfortbildung) und in der Organisationsberatung tätig. Arbeitsschwerpunkte: Organisationspsychologie, Pädagogische Psychologie und Beratungspsychologie; Personal- und Teamentwicklung, Training von System- und Teamkompetenz, Planspielmethoden; selbstorganisiertes, problemorientiertes und kooperatives Lernen; Evaluation von Bildungsmaßnahmen.

Adresse:
University of Applied Sciences Vorarlberg
Department Management and Research Methods
Hochschulstraße 1
A 6850 Dornbirn, Austria
Tel.: +43 (0) 5572 792-3218
E-Mail: willy.kriz@fhv.at
Private E-Mail/Internet: wkriz@wkriz.com/www.wkriz.com

Prof. Dr. Heinz Mandl

Prof. Dr. Heinz Mandl, Professor für Empirische Pädagogik und Pädagogische Psychologie an der Ludwig-Maximilians-Universität München; Dekan der Fakultät für Psychologie und Pädagogik (1995–2000). President of the European Association for Research in Learning and Instruction (EARLI) (1989–1991); Oevre Award for Outstanding Contributions to the Science of Learning & Instruction (EARLI, 2003). Fellow of the American Psychological Association. Gastprofessuren an den Universitäten Fribourg (CH) 1999, Helsinki 2000, Viseu (P) 2000, Zürich 2002, Linz 2002, Teheran 2004. Arbeitsschwerpunkte im Bereich der Lehr-Lern-Forschung mit Neuen Medien in der Aus- und Weiterbildung, insbesondere des selbst gesteuerten und kooperativen Lernens, des Wissensmanagements, der Gestaltung netzbasierter Lernumgebungen. Mitinitiator der DFG-Schwerpunktprogramme bzw. Forschergruppen zu Wissenspsychologie, Netzbasierte Wissenskommunikation in Gruppen, Wissen und Handeln. Im Bereich der angewandten Forschung Zusammenarbeit u. a. mit BMW, Siemens, Telekom, VW, Phoenix, Münchener Rück, DaimlerChrysler, Altana.

Adresse:
Ludwig-Maximilians-Universität München
Department Psychologie
Leopoldstraße 13
80802 München
Tel.: 089 2180-5146
Fax: 089 2180-5002
E-Mail: mandl@edupsy.uni-muenchen.de
Internet: http://lsmandl.emp.paed.uni-muenchen.de/

Thorsten Unger

Geschäftsführender Gesellschafter der Zone 2 Connect GmbH, einem führenden Anbieter von spielbasierten Lernmedien. Mitautor des Portals www.seriousgames.de für spielbasierte Wissensvermittlung. Arbeitsschwerpunkte: Konzeption und Umsetzung von Serious Games und Game Based Learning.

Adresse:
Wegesrand GmbH & Co. KG
Speditionstraße 21
40221 Düsseldorf
E-Mail: t.unger@wegesrand.biz
Tel.: 0211 882-31724
Fax: 0211 882-31515
Internet: www.wegesrand.biz

Eric Treske

Eric Treske studierte Sozialpädagogik und Soziologe mit den Schwerpunkten Arbeit und Organisationen. Er war wissenschaftlicher Mitarbeiter am Institut für sozialwissenschaftliche Forschung (IsF) und am Lehrstuhl für Organisations- und Bildungssoziologie des Instituts für Soziologie der LMU München. Er war und ist beteiligt an unterschiedlichen Forschungsprojekten zu den Themen Dienstleistung, erfahrungsorientierte Montage und Wissenstransfer. Im Jahre 2004 gründete er das Beratungsunternehmen intrestik. Getreu dem Motto „Weiter mit Spielen" nutzt er in seiner Arbeit die Dynamik des Spiels, um komplexe soziale Sachverhalte verständlich zu erklären oder gemeinsam mit seinen Kunden und Kundinnen zu erarbeiten. Aus den unterschiedlichen Perspektiven der Beschäftigten, der Abteilungen oder Interessengruppen entsteht so für die Beratung ein Abbild der Realität. Mögliche Zukunftsvarianten bildet er in haptischen Planspielen ab bzw. lässt sie so begreifbar werden. Eric Treske engagiert sich im Vorstand des nationalen und internationalen Planspielverbandes (SAGSAGA bzw. ISAGA). Arbeitsschwerpunkt im Forum: Brettspiele und haptische Serious Games.

Adresse:
intrestik – Organisation & Planspiel
Holzstraße 33
80469 München
Tel.: 089 8208-6471
Fax: 089 8208-6473
E-Mail: eric.treske@intrestik.de
Internet: www.intrestik.de

Birgit Zürn und Sebastian Schwägele

Birgit Zürn und Sebastian Schwägele leiten seit November 2008 das Zentrum für Managementsimulation (ZMS) an der DHBW Stuttgart. Dort sind sie zuständig für die Organisation, Durchführung und Optimierung von Planspiel-Lehrveranstaltungen. Zudem sind sie mit angewandten Forschungsaktivitäten zum Themenfeld betraut. Mit Vorträgen und Workshops beteiligen sie sich an zahlreichen nationalen als auch internationalen Tagungen und Kongressen. Sie sind Organisator/-in und Moderator/-in des Europäischen Planspielforums, der größten herstellerunabhängigen Fachtagung zu Planspielen im deutschsprachigen Raum. Seit 2010 schreibt das ZMS gemeinsam mit der SAGSAGA den Deutschen Planspielpreis aus. Sebastian Schwägele und Birgit Zürn sind seit 2012 Mitglieder des Vorstands der SAGSAGA (Swiss Austrian German Simulation And Gaming Association). Im Rahmen der BIBB-Publikation „Planspiele und Serious Games in der beruflichen Bildung" sind sie federführend für den Aufbau, den Ausbau und die Pflege der ZMS-Literaturdatenbank (inkl. Rezensionen) verantwortlich.

Adresse:
Zentrum für Managementsimulation (ZMS)/DHBW Stuttgart
Paulinenstraße 50
70178 Stuttgart
Tel.: 0711 1849-868
Fax: 0711 1849-504
E-Mail: zms@dhbw-stuttgart.de
Internet: zms.dhbw-stuttgart.de

Autoren/Autorinnen der Fachbeiträge auf der DVD

Autoren/Autorinnen, die Mitglieder der SAGSAGA (Swiss Austrian German Simulation and Gaming Association – Gesellschaft für Planspiele in Deutschland, Österreich und Schweiz e.V.) sind, werden nachfolgend durch ein **S** gekennzeichnet.

BACHNER, Johann; WILLNECKER, Marko
Neu 2015 Der Weg ist das Ziel – Entwicklung eines Planspiels mit Nachwuchsführungskräften

BADURA, Jürgen
Wirtschaftspolitik „zum Anfassen" – Mit dem Computer gegen die Rezession!

BALLIN, Cedric
Neu 2015 Strategie-, Entscheidungs- und Budgetoptimierung mit Wirkungsnetzen zum EFQM-Excellence-Modell

BALLIN, Dieter **S**
Szenarienentwicklung beim systemorientierten Management

BALLIN, Dieter **S**
Von der Balanced Scorecard zur computerunterstützten Entscheidungssimulation

BALLIN, Dieter **S**
Neu 2015 Wirkungsnetze als Basis für die Entwicklung von Planspielen und Strategiesimulationen

BECKMANN, Klaus; HEINZ, Adele
Integriertes Planspielen im Trainingskonzept der Fortbildung zum Tagungsfachwirt

BIRGMAYER, Renate **S**
Wifuzitake® – Ein Planspiel für Betriebliche Weiterbildung

BIRGMAYER, Renate **S**
Existenzgründungsplanspiel „Selbst-ständig ist die Frau"

Blötz, Ulrich
Das Planspiel als didaktisches Instrument

Blum, Ewald **S**
Unternehmensplanspiele – eine Methode für den wirtschafts-wissenschaftlichen Unterricht beruflicher Schulen?

Blum, Ewald **S**
Neu 2015 Lehrerfortbildung: Planspieleinsatz im Handel – Längsschnittstudie zum Anwendungstransfer

Bongart, Stefan
Neu 2015 Beer Game

Böttcher, Tido
Computergestützte Simulation von Versicherungsfilialen

Braun, Walter
Mit vernetztem Denken Probleme lösen

Buerschaper, C.; Hofinger, G.; von der Weth, R.
Strategisches Denken aus dem Computer? – Über den Nutzen eines Trainings allgemeiner Problemlösestrategien

Diener, Richi
Das Theateranimierte Planspiel©: Neues Leben im Planspiel-Lernen

Dierks, Joachim; Weber, Andreas
Bewerberauswahl mit Recruitment-Spielen

Dufter-Weis, Angelika **S**
Kooperatives Planspieldesign – Entwicklung eines Planspiels unter Lehrerbeteiligung am Beispiel Möbel-Messe München, einem Planspiel für Schüler des BGJ – Holztechnik

Ebbinghaus, Margit **S**
Zur Eignung von Planspielen und computersimulierten Szenarien für (geregelte) Prüfungen

EBERLE, Thomas **S**
Personalentwicklung mit Planspiel- und Outdoor-Training – Theoretische Grundlagen, Gemeinsamkeiten und Unterschiede

ERLEN, Bert; ROTHER, Lutz
Neu 2015 Unternehmenssimulation – Führungskräfteentwicklungsmaßnahme bei den Stadtwerken Bielefeld

FECHNER, Hans-Jörg **S**
Alles für den Kunden – Anforderungen an ein Dienstleistungsplanspiel

FEHLING, Georg **S**; GLAG, Jörg; HÖGSDAL, Nils **S**
Großgruppenveranstaltungen mit Unternehmensplanspielen – Weiterbildung oder Event?

FEHLING, Georg **S**; HÖGSDAL, Nils **S**
Integration des offenen und geschlossenen Planspielansatzes für individuelle Gründungsszenarien – Erfahrungen aus dem Projekt „Jugend gründet"

FISCHER, Mathias M.; BARNABÈ, Federico
Neu 2015 Unternehmenssimulationen entwickeln im eigenen Mitarbeiter-Team: Komplexitätsmanagement mit einer Mikrowelt

FLORSCHUETZ, Kai Henning; NILL, Andreas
Neu 2015 Wissenstransfer durch simulierte Erfahrungen

FRACKMANN, Margit; BRÜSE, Thomas; LAMMERS, Wilfrid
Planspiel Kugelschreiberfabrik – Prozessorientierung für Auszubildende

GABRIEL, Werner
Betriebswirtschaftliche Planspiele in Brettform – Planspiele von Celemi

GETSCH, Ulrich; SIMON, Jens
Evaluation von Wissensvermittlung durch Planspielen – Methoden und Erkenntnisse aus der wirtschaftspädagogischen Forschung

GEUTING, Manfred
Soziale Simulation und Planspiel in pädagogischer Perspektive

GÖPFERT, Ingrid; NEHER, Axel
Erfolgreiches Speditionsmanagement trainieren: Wie sich Führungsnachwuchs und Führungskräfte mit einem Planspiel auf ihre Managementaufgaben vorbereiten

GRAF, Michael
Konzept für KMU-Planspiele

GUST, Mario **S**
Knowledge diversity© – In drei Tagen 95 % des Wissens einer Gruppe auf alle Köpfe verteilen!

GUST, Mario **S**; KLABBERS, Jan H. G. **S**
Der Nutzen unterschiedlicher Planspiel- und Simulationskonzepte für Unternehmen und Manager

GUST, Mario **S**; KLABBERS, Jan H. G. **S**
Auswahlkriterien für Planspiele und ein innovatives Durchführungsbeispiel

GUST, Mario **S**; KLABBERS, Jan H. G. **S**
Mitarbeiterbefragung und was dann? Lernen mit offenen Planspielen in der Organisationsentwicklung

GUST, Mario **S**; KLABBERS, Jan H. G. **S**
Systemkompetenzen für das 21. Jahrhundert – ein integriertes Seminarkonzept

HALBRITTER, Karin; WILLNECKER, Marko
Neu 2015 Mini-Sims als Reflexions-Katalysatoren: Didaktische Ergänzungen zur Komplexitätshandhabung

HAMELA, Thomas; HÖGSDAL, Nils **S**
Metro Business Simulation – Best-Practice beim Blended-Learning

HEIDACK, Clemens
Lern- und Lehrhandeln im Planspiel – Erfolgsfaktoren

HEILMANN, Vivienne; PAPKE, Anne
Fünfzehn Jahre Bankenplanspiel SCHUL/BANKER – Erfahrungen des Bankenverbands

HEINECKE, Albert; VON DER OELSNITZ, Dietrich
Machen Planspiele klüger? – Zur Förderbarkeit von vernetztem Denken durch modellgestützte Planspiele

HELLE, Thomas **S**
Training internationaler Geschäfts- und Kommunikationskompetenzen mit dem BWL-Planspiel Investor Industrie

HENSE, Jan **S**
Aktualisiert Theoriebasierte Evaluation von Planspielen

HERRENBRÜCK, Erika **S**
„Super im Markt" – Handlungssimulation für Jugendliche zu einem Arbeitstag im Supermarkt im Auftrag der METRO Group

HERRENBRÜCK, Erika **S**
Fallstudie: Entwicklung einer Simulation von Unternehmensprozessen für kaufmännisch-gewerbliche Azubis

HÖFT, Uwe; MANSCHWETUS, Uwe; STÖBER, Tobias **S**
Einsatz des Planspieles SELL THE ROBOT in der beruflichen Weiterbildung am Beispiel von Weiterbildungsstudiengängen und eines Fallstudienseminars als Angebot der VDI-Online-Lernplattform CAMPUS

HOLZBAUR, Ulrich
Spieltheoretische Aspekte im Planspiel – Optimierung, Entscheidung und Strategie

HONEGGER, Jürg **S**; HARTMANN, Michael
Systematisches Komplexitätsmanagement – PC-Simulationen und Planspiele auf der Basis des Vernetzten Denkens

JAKOB, Aaron R.; BALLIN, Dieter **S**
Aufbau und Struktur eines Performance-Simulators zur Erreichung von Finanz- und Marketingzielen im Auftrag einer österreichischen Großbank

KAISER, Artur; KAISER, Manfred
Planspiele zur Team-Entwicklung, Führung und Kommunikation

KÄMPFE, Werner
Aktualisiert Spielen für den eigenen Job – Wie man mit Planspielen Mitarbeiter auswählt und entwickelt.

KÄMPFE, Werner
Neu 2015 Mit Chips und Bechern gegen die "Alltäglichkeiten" – Wie man spielerisch das Unternehmensergebnis verbessern kann.

KÄMPFE, Werner
Aktualisiert Mehr Ertrag, mehr Kundenorientierung im Vertrieb – Neuartiges Planspiel unterstützt Analyse und Entwicklung verkäuferischen Potenzials

KELLER, Christel; SCHÖPF, Nicolas
Planspielen in der beruflichen Ausbildung – Erfahrungsbericht über den Einsatz eines Internetplanspiels zu E-Commerce

KLABBERS, Jan H. G. **S**; GUST, Mario **S**
Wechselnde Paradigmen im Management und berufliche Bildungsbedürfnisse: Unterschiedliche Formen von Planspielen

KLABBERS, Jan H. G. **S**; GUST, Mario **S**
Moderne Managementparadigmen als Planspiel-Grundlage – Konzepte und praktische Erfahrungen

KLANDT, Heinz
„Eva": Planspiel für Existenzgründer, mittelständische Unternehmer und „Intrapreneurs"

KLOTZBÜCHER, Ralf **S**; SCHMIDT, Herbert **S**
Methoden, Menschen, Modelle – Seminarkonzepte für Versicherungsplanspiele

KOLLMANNSPERGER, Martina; BRONNER, Rolf **S**
SimConsult: Betriebswirtschaftliches Lern-System auf Planspielbasis

KÖNIG, Klaus-Dieter; STÜRZER, Thomas
HandSim®2 – Planspielen im Handwerk – Ein Erfahrungsbericht

KÖNIG, Klaus-Dieter
Funktionsplanspiele in der Fortbildung zum Betriebswirt des Handwerks

KRASKA, Thorsten; STEWART, Terry
Diagnosis for Crop Protection – ein Planspiel in der phytomedizinischen Ausbildung

KRIZ, Willy Christian S
Aktualisiert Trainerkompetenz als Erfolgsfaktor für Planspielqualitäten

KRIZ, Willy Christian S
Systemkompetenz spielend erlernen – ein innovatives Trainingsprogramm in der universitären Lehre

KRIZ, Willy Christian S; SAAM, Nicole J.
Aktualisiert Großgruppenplanspiele als Interventionsmethode

KRIZ, Willy Christian S
Neu 2015 Evaluation von ePlanspielen und digitalen Lernspielen – Aktuelle Evaluationstrends beim Fernplanspiel MARGA

KRIZ, Willy Christian S; Nöbauer, Brigitta S
Aktualisiert Den Lernerfolg mit Debriefing von Planspielen sichern

KUPKA, Kristof
Internetbasierte simulative Spiele und Self-Assessments als Hilfe für die Berufs-, Studien- und Ausbildungswahl

LIESEGANG, Eckart S
PriManager – Primaner managen eine AG – Erster landesweiter Planspielwettbewerb für Gymnasien in Baden-Württemberg

MAASSEN, Johannes
Modifizierte Planspielnutzung in der Aus- und Weiterbildung verschiedener Zielgruppen bei Mannesmann

MANSCHWETUS, Uwe; STÖBER, Tobias S
SELL THE ROBOT – Ein webbasiertes Planspiel für das B2B-Marketing

MASCH, Klaus S
CRUZ DEL SUR© – Schulentwicklung durch Gaming Simulation

MICHAELI, Rainer
Dynamische Szenarien – Schlüssel für erfolgreiche Unternehmensstrategien – Entwicklung und Einsatz dynamischer Szenarien bei Unternehmensplanung und -führung

MIEZ-MANGOLD, Peter **S**
Hybride Qualifizierungskonzepte mit Simulationen/Planspielen, Web Based Training und Classroom-Settings

MOTZKAU, Michael; THIEME, Harald
Entwicklung eines Unternehmensplanspiels für das Handwerk

MÜHLBRADT, Thomas
Planspiele zur Entwicklung von Gruppenarbeitsstrukturen

MÜHLBRADT, THOMAS; Conrads, Gerd
Neu 2015 Realitätsnahe Planspiele als didaktisches Element in der beruflichen Bildung am Beispiel eines Lehrgangs zum Industrial Engineering

NEUBAUER, Rainer
Das Verhaltensplanspiel – Eine Simulation des prozesshaften Zusammenspiels zwischen weichen und harten Faktoren der Wirklichkeit

NEUBAUER, Renate
HANSE – Planspiel für die Aus- und Weiterbildung im Einzelhandel

NEUMANN, Kai **S**
Anforderungen an Planspielleiter – Planspielleiterseminare

NÖBAUER, Brigitta **S**; KRIZ, Willy Christian **S**
Konstruktivistische Planspielansätze zum Erwerb von Teamkompetenzen

OTT, Michael
DoLoRES – ein Planspiel zur Logistikausbildung von Studenten und Mitarbeitern in kleinen und mittleren Unternehmen

PAPENROTH, Jürgen; HOKE, Ralf
Bankplanspiele in der Aus- und Fortbildung der Sparkassen

Papke, Anne; Hartmann, Vivienne
Neu 2015 www.schulbanker.de – Planspiel-e-Learning für das Erlernen von Strategien

Puschert, Matthias **S**; Weinert, Jürgen **S**
SIMGAME – von theoretischem zu praktisch anwendbarem betriebswirtschaftlichem Wissen

Rally, Peter; Schweizer, Wolfgang
Kunden- und prozessorientiert arbeiten … Planspielgestützte Seminare zum Business-Reengieering

Rappenglück, Stefan **S**
Mit Planspielen Politik spielerisch vermitteln

Rathert, Wolfgang
Simulationen: Mehr Motivation am „Lernort Wirklichkeit"

Reinhardt, Rüdiger; Pawlowsky, Peter
Unternehmensplanspiele im organisationalen Wissensmanagement

Reiter, Wilfried **S**; Ballin, Dieter **S**; Teigeler, Thorsten **S**
Business Performance Improvement – Von systemischen Aufstellungen zur technischen Objektsimulation

Reiter, Wilfried **S**
Die Aufstellungsmethode als Planspiel- und Simulationsmöglichkeit – Komplexitätsverarbeitung und simulierte Realität im Projekt

Richter, Margret; Wilms, Falko **S**
Strategieoptimierung mit Vernetztem Denken und Entscheidungssimulationen in Pharmaunternehmen und Apotheken

Rosé, Helge; Kaplow, Mirjam
Multiplayer-Strategiespiele für mehrere Tausend Teilnehmende – Das Simulationssystem M3 (Man-Model-Measurement)

Röwenstrunk, Markus; Mütze-Niewöhner, Susanne
Neu 2015 Planspiele als Instrument zur Konsolodierung, zum Transfer und zur Verbreitung von Forschungsergebnisse – aufgezeigt am Beispiel VERMIKO-Vertrauensmanagement

Ruder, Georg; Horn, Ute
Einführung eines computergestützten Branchenplanspieles in Bildungszentren des Einzelhandels

Salzer, Sigrid
Einsatz des Planspiels „Mein Unternehmen" zur Simulation von Unternehmens- und Entscheidungsprozessen und Entwicklung von Handlungskompetenzen

Sauter, Birgit
Planspielgestützte Gruppenarbeit zur Weiterentwicklung des Unternehmenskonzeptes eines Energieversorgers

Schempf, Thomas
Planspielen in der Bankakademie

Schiffels, Edmund **S**; Stanierowski, Alexander
Unternehmens-Brettplanspiele im Einsatz an der Hochschule – Eine empirische Studie

Schmidt, Herbert **S**; Klotzbuecher, Ralf **S**
VerSimBi – Ein Planspiel für die überbetriebliche Ausbildung in der Versicherungsbranche – Kooperative Planspielentwicklung

Schüler, Thomas
Planspielen im Internet

Seufert, Sabine; Meier, Christoph
Planspiele und digitale Lernspiele – Neue Edutainment-Welle und Potenziale neuer Lernformen in der beruflichen Bildung

Siebenhüner, Andreas
Computergestützte Gruppenplanspiele – erläutert an der Topsim-Reihe

Steincke, Willy **S**
Planspiele als Baustein bei der Einführung von Wissensmanagement in KMU

Steinhübel, Volker; Monien, Frank
„Sima&Co." – Nutzung einer computerunterstützten Wirtschaftssimulation als Individual- und Gruppenplanspiel

STROHSCHNEIDER, Stefan; STARKE, Susanne **S**
Planspiele und Simulationen für das Verhaltenstraining in kritischen Situationen: Das Beispiel MS ANTWERPEN

STÜRZER, Thomas
Integration von Planspielen in Weiterbildungslehrgänge – ein evaluiertes Modell

THIERMEIER, Markus
Integration von Unternehmensplanspielen in die Handwerksfortbildung – Modellversuch der Handwerkskammer Berlin

TRAUTMANN, Stephanie; WALTER, Thomas
Neu 2015 Wettbewerbsorientierte Planspiele im Einsatz

TRESKE, Eric
Neu 2015 Gamification – Exit Games – Wir lassen spielen!

TRESKE, Eric **S**; ORLE, Karin
Unklarheiten im Unternehmen – genau der richtige Moment für ein Planspiel

ULRICH, Markus **S**
Komplexität anpacken – Mit Planspielen erfolgreiches Handeln erlernen

ULRICH, Markus **S**
Sind Planspiele langwierig und kompliziert? Eine Abhandlung über die Anforderungen der Planspielmethodik und die Fortbildung von Lehrkräften

VOIGT, Helmut
Planspieldidaktik und -erfahrungen mit Umschulungsteilnehmern – dargestellt anhand von Topsim-Planspielen

VON STUDNITZ, Andreas
Neu 2015 Orientierungs-Center mit Planspielübung: Talent zur Führungskraft gefahrlos erproben

WALTER, Dieter
Nutzung klassischer Unternehmensplanspiele für Existenzgründerseminare

WILLNECKER, Marko; SCHIRRMACHER, Uwe
Neu 2014 Brettplanspiel und Managementsimulationen – Schnittstellen und Anwendungsbereiche

WILMS, Falko S; RICHTER, Margret
Management eines Wellness-Hotels mit der Dynamic Scorecard – Anwendungsbeispiel zur kundenspezifischen Planspielentwicklung

WINS, Jörg
Funktionen eines unternehmensspezifischen Management-Planspiels in einem PE-Konzept der Deichmann-Gruppe

WOJANOWSKI, Rico; SCHENK, Michael
Das maßgeschneiderte Planspiel (The taylored business game) – Erfahrungen und Empfehlungen bei der kundengerechten Entwicklung von Brettplanspielen zur Unternehmenslogistik

ZIMMER, Christiane
Training mit „GRIPS": Internationales Fernplanspiel der BASF

ZISCHKE, Joachim
Aktualisiert octopas – Ein haptisches Methoden-Werkzeug für Lern- und Wissensszenarien

ZISCHKE, Joachim
Neu 2015 Der Struwwelmanager – Ein ernsthaftes haptisches Spiel für Manager

Abstract

The multimedia-based publication "Simulation games and serious games in vocational education and training" is an aide to using such games in vocational education and training.

It makes transparent the diversity of this games market and the ideas for learning it contains.

The textbook introduces the current game types and applications. Widely used game concepts such as computer games, group and individual games, board games, online simulations and adventure games are described. Presented as well are so-called open simulation games (free form games), which are becoming more and more important for organisational learning in the companies. In addition, the textbook explains how simulation games can be developed by the readers themselves. Finally, the authors have selected a number of playable demo versions of PC-based simulation games that allow the reader to test and compare them.

The accompanying DVD provides an index of more than 600 simulation games and serious games currently on offer and explains them with the aid of over 100 specialised contributions written by trainers.

Hintergründe · Standpunkte · Perspektiven

6 Mal im Jahr wissenschaftliche Erkenntnisse und praktische Erfahrungen zu aktuellen Themen der Berufsbildung

Herausgegeben vom
Bundesinstitut für Berufsbildung
ISSN 0341-4515

Mit der BWP können Sie den Austausch zwischen Berufsbildungsforschung, -praxis und -politik regelmäßig und aktuell verfolgen.

Jede Ausgabe widmet sich einem Themenschwerpunkt, der vielschichtig und fundiert aufbereitet wird. Dabei werden nicht nur nationale, sondern auch internationale Entwicklungen berücksichtigt.

Die Zeitschrift enthält Nachrichten, Hinweise auf Veröffentlichungen und Veranstaltungen und dokumentiert Beschlüsse und Empfehlungen des BIBB-Hauptausschusses.

Mit umfangreichem Online-Archiv unter **www.bwp-zeitschrift.de**

Franz Steiner Verlag

Bestellung: www.steiner-verlag.de/bwp
Postfach 10 10 61 · 70009 Stuttgart | Birkenwaldstr. 44 · 70191 Stuttgart
E-Mail: Service@steiner-verlag.de
Telefon 0711 2582 -387 | Fax 0711 2582 -390 | www.steiner-verlag.de